# 사회복지 정책학습
# : 호주 사회보장의 이해

정용문

KNOWLEDGE COMMUNITY 공동체

# 머리말

이 책을 엮는 데에는 다분히 개인적인 동기가 자리잡고 있다. 애당초 이 책은 잘 짜인 구조하에서 호주 사회보장 제도를 소개하기 위한 목적으로 설계되지 않았다. 호주에서 수학한 이유로 호주 사회보장을 소개하는 글을 쓸 기회가 종종 있어 왔다. 그 글들은 사회보장의 개별 영역이나 특정 이슈에 의해 동기화된 매우 독립적이고 단편적인 글들이었다. 이 글들이 여기저기 산재해 있어서 그것들을 한 데 묶어 놓고 싶었던 것이다.

호주는 언어와 문화적으로 영미권에 속해 있지만 지리적으로 아시아권에 위치하고 있어 한국과는 물리적인 접근성이 높은 서양 국가로 볼 수 있다. 이 때문에 호주는 한국과 여러 방면에서 서로 활발하게 교류하고 있다. 많은 한국인들이 거주, 교육, 취업, 그리고 여행의 목적지로 호주를 선택하고 있고, 한국을 방문하는 호주인들도 증가하고 있다. 그러나 사회정책의 측면에서 한국과 호주는 얼핏 교류가 별로 많지 않을 것 같은 느낌이 있다. 실제로 호주가 학문적으로 복지선진국으로 분류되고 있지 않고, 한국과 호주는 상당히 다른 사회보장 체제하에서 발달해 옴으로써 정책교류의 필요성이 높지 않을 수 있다.

그러나 호주는 한국과 사회정책 교류가 매우 활발한 나라 중의 하나다. 호주의 정책 사례는 본보기로서 또는 반면교사로서 한국의 사회정책에 직간접적인 교훈을 제공해 왔다. 소득보장 체계의 운영원리에 있어서 두 나라는 뚜렷한 차이점을 보이지만, 호주의 소득보장과 사회서비스 체계는 장기적인 관점에서 한국 사회보장의 벤치마크가 될 수 있다고 본다. 호주의 사회서비스는 새롭게 성장하고 재편되고 있는 한국의 사회서비스 설계와 운영에 직접적인 통찰을 제공해 오고 있다. 한국의 중앙 및 지방 정부의 공무원, 학자, 언론인 그리고 민간 사회복지 종사자 등 수많은 정책 행위자들이 과거에도 그리고 지금도 호주의 정책 사례를 경험 또는 관찰하기 위해 호주를 방문하고 있다.

호주 사회정책과 사회보장을 소개한 책들은 기존에도 있어 왔다. 그럼 이 책은 어떤 의미가 있는지에 대한 대답이 필요할 것 같다. 어느 저자도 남들과 같은 글을 반복하고 싶지는 않을 것이다. 글의 존재가치는 그 고유함에 있기 때문이다. 본 저술이 다른 저술과 굳이 다른 점은 도구적 학습을 넘어서서 사회적 학습을 추구한 점이라고 대답하고 싶다. 호주 사회보장의 실태에 대한 지식의 제공을 넘어서서 그 운영원리와 정책담론을 파악하고, 때로는 비판적인 접근을 함으로써 조금이나마 깊이를 더하고자 노력했다.

비체계적으로 쓰인 글들을 하나의 틀에 묶기 위한 개념적 도구가 필요했다. 본 저술은 정책학습을 개념적 틀로 사용했다. 혹시 정책학습이라는 용어가 불필요한 오해를 초래할지 모른다는 기우에 한마디 덧붙여 본다. 마치 한국이 호주의 정책을 배우는 학생이고, 호주가 가르치는 교사인 것 같은 뉘앙스가 있기 때문이다. 정책학습은 정책교류의 한 유형이고, 비록 적극성의 비대칭성은 존재할 수 있지만 한 방향으로만 일어나지 않는다. 본 저술은 한국을 학습의 주체로 설정하고 있지만 호주 역시 한국의 정책사례를 적극적으로 배우고 있다는 점을 알려둔다.

단편적인 글들의 묶음이지만 대략 4개의 영역으로 배치해 보았다. 제1부는 호주 사회보장 일반으로서 주로 소득보장을 다루고 있다. 호주보다 더 좋은 복지국가들이 있지만 호주는 나름의 관점에서 합의된 소득보장체계를 구축하고 있다. 필자는 호주의 소득보장을 '최소극대화(maximin)'의 분배전략으로 이해한다. 전반적으로 소득분배의 평등도가 높게 평가되고 있지는 않지만, 저소득계층에게 높은 수준의 보호를 제공한다. 제2부는 노인 사회보장으로서 노후 소득보장제도와 사회서비스를 다룬다. 현거주지에서의 노화 혹은 지역사회 계속거주로 해석되는 에이징인플레이스(agein-in-place) 실현 전략을 살펴보고, 결국 소득보장과 사회서비스가 호주 노인들의 삶의 질을 어떻게 형성하는지 고찰한다. 제3부는 전통적인 이민국가인 호주가 다양성과 사회통합이라는 얼핏 상충하는 가치에 대해 사회보장체계가 어떻게 접근하는지 고찰한다. 체류외국인과 난민 등 비시민들이 호주 사회보장에서 어떤 자격과 지위를 부여받고 있는지 알려준다. 제4부는 장애과 정신건강 영역에서의 사회보장체계를 고찰한다. 전 세계적인 주목을 받고 있는 호주의 국가장애보험(NDIS)의 운영 원리를 살펴보고, 탈시설화와 소비자 주권의 가치가 사회보장체계에서 어떻게 구현되는지에 대한 통찰을 제공한다.

본 저술에 포함된 글들은 최대 10여 년의 편차를 가지고 있다. 사회정책은 그 변화 속도가 빠르기 때문에 변화된 정책 환경을 적절히 반영하지 못하는 글들이 포함되어 있다는 의미다. 순전히 저자의 노력이 부족한 결과이며, 최신화되지 않은 글들을 읽을 때 독자들의 주의가 필요한 점에 대해 양해를 구한다. 또한 각 장들의 내용은 주제에 따라 일부 중복되는 부분도 있음도 알려둔다.

머리말을 어떻게 쓸까 고심하던 중에 ‘인연’이라는 단어가 떠올랐다. 평소에 새로운 만남이 있을 때 필자가 자주 쓰면서 만남에 의미를 부여하는 단어다. 독자가 (얼마나) 있을지 가늠할 수 없지만, 작지 않은 인연의 작용으로 이 책이 독자에게 닿았을 것이다. 귀한 인연으로 만난 독자에게 이 책이 지식이든 영감이든 그 어떤 형태로 조금이나마 도움이 되길 바랄 뿐이다. 좋은 글로 독자와의 인연을 시작하고 싶었지만, 언제나처럼 결과는 그렇게 되지 못한 것 같다.

이 책에 담긴 챕터들의 상당수는 필자가 호주에 거주할 때 작성되었다. 그동안 식구가 늘어나고 자녀들은 호주에서 성장했다. 그렇게 보면 이 책의 작성 과정은 필자의 가족의 생애와 상당한 시간을 공유하고 있다. 그러하기에 누구보다도 나의 가족, 아내 이소영 박사, 세 아들 준기(Joonki), 유진(Eugene), 그리고 이완(Ewan)에게 이 책을 바치고 싶다. 또한 이 글들을 작성할 기회를 주신 한국의 연구기관들과 학자들(여유진 박사님, 임완섭 박사님, 김태완 박사님, 김안나 교수님, 조윤화 박사님, 정소양 박사님, 김경란 박사님, 엄태완 교수님)께도 진심의 감사를 전하고 싶다. 변함없이 졸고의 출판에 도움을 주신 공동체 출판사에 깊은 감사를 표한다.

저자 정용문

# 서문

## 사회복지 정책학습

# 1. 정책학습의 개념

국내외 사례를 검토하는 것은 최근 정책과정(policy process)의 필수적인 요소가 되어 있다. 정책을 형성하거나 실행하는 과정에서 국내외의 다른 경험을 검토하지 않았다면 중요한 요소가 생략된 것으로 간주되는 경향이 있다. 다른 시대나 국가의 정책을 검토하고 참고하는 과정은 일반적으로 정책학습(policy learning)이라는 개념으로 불린다.

정책 수립가와 실행자, 그리고 정책 연구자들은 사안의 복잡성을 완전히 이해할 수 없고, 정책을 다룰 때 발생하는 문제를 최소화하기 위해서는 학습이 필수적이다. 정책의 수립은 다른 정책의 경험에 대한 학습을 바탕으로 이루어지며, 정책의 설계와 실행에는 다양한 피드백 메커니즘이 수반된다. 우수한 사례를 학습하거나, 반대로 잘못된 사례를 반면교사로 활용하는 것은 더 나은 정책을 개발하는 효과적인 전략이 된다.

정책학습이 정책과정의 보편적인 요소로 활용되는 배경에는 공공행정 실천의 환경변화가 자리잡고 있다. 세계화와 정보화 등의 정책환경의 변화는 지속적으로 가속화되고 있고, 정책행위자들(policy actors)은 이 변화에 대응하는 정책을 신속한 방법으로 수립 및 실행해야 하는 역할 변화를 요구받고 있다(김주환, 2010). 공공행정에 대한 수요는 증가하고 있고, 요구사항들도 다변화되고 있다. 기존에는 민간의 영역 혹은 개인과 가족의 책임으로 귀속되던 것들이 점차 공공 혹은 정부의 책임으로 이전되고 있다. 과거보다 더 넓어진 정책 영역에서 더 신속한 정책적 대응을 해야 하는 조건에서 정책학습은 정책 수립가들에게 효율적인 정책실천의 방법을 제공하고 있다.

정책학습은 보편화되고, 바람직한 정책 실천을 구성하는 필수적인 요소로 간주되고 있지만, 정책학습과 관련해서는 여전히 다양한 질문들이 제기되고, 이에 따른 연구가 수행되고 있다. 정책학습과 관련된 질문에는 다음과 같은 것들이 포함된다. 정책학습의 기초는 무엇인가(정의), 무엇을 학습하는가(대상), 누가 학습하는가(주체), 어떤 방식으로 학습하는가(방식), 정책학습은 어떤 결과를 초래하는가(효과), 정책학습은 정책 참여자들로부터 어떻게 인식되는가(가치)(R. Rose, 1991). 물론 정책학습에 대한 연구는 이에 한정되지 않고, 광범위한 연구주제로 확산될 수 있다.

일반적인 수준에서 정책학습은 '정책과 관련된 이해와 믿음의 조정(adjustment) 혹은 최신화

(updating)'로 정의된다(Dunlop & Radaelli, 2012; Moyson, Scholten, & Weible, 2017). 흔히 정책학습은 더 좋은 정책을 위한 정책 행위자들의 의도적이고 의식적인 노력(deliberate attempts)으로 간주되지만, 정책학습은 인지된 자극들에 대한 반응(reaction to some perceived stimulus)으로서 덜 의식적이고 덜 인위적인 대응이거나(Heclo, 1974), 전혀 의도하지 않은 결과로 학습이 이루어질 수도 있다. 정책학습은 그 목적과 심도에 따라 쉬운(soft) · 간단한 · 얕은 학습일 수도 있고, 어려운(hard) · 복잡한 · 깊은 학습일 수도 있다(Dunlop & Radaelli, 2012). 전자는 특정한 주제나 상황적 정보에 대한 지식을 획득하는 것이며, 후자는 왜 그리고 어떻게 그런 정책적 현상이 발생했고, 그 (기대되는) 결과는 어떠한지 등 더 나은 지식으로 안내하는 형태의 학습이다(Dolowitz, 2009).

정책학습은 실용적인 측면에서 다양한 목적을 가질 수 있다. 무엇을 해야 할지 불확실한 상황에서 정책학습은 아이디어의 원천을 제공할 수 있고, 현행 정책의 목표와 수단이 적절하게 설정되었는지 비교하고 정당화하는 수단을 제공한다. 정책학습을 통해 정책수행의 성공과 실패를 가늠하는 기준을 확보할 수 있고, 오류가 발생했을 때 원인규명과 해결책 모색의 단서를 제공할 수 있다. 정책학습은 단순히 정책 참가자들의 호기심에 의해 추동되지는 않는다. 일반적으로 정책수립가들은 '아무것도 안 하기' 전략을 추구한다. 무행동 혹은 무정책의 정책(inaction)은 추가적인 투자와 노력을 요구하지 않기 때문에 효율적이다. 실제로 정책수립가들은 끊임없이 이상적인 정책을 쫓아다니는 최대치 추구자들(maximisers)이 아니다. 특히 현재와 같이 큰 정부하에서 공공조직들은 루틴(routine)에 의해 운영된다(R. Rose, 1991).

루틴에 의한 운영은 그것이 만족스러운 상황을 산출하는 한 그 자체로 나쁜 것은 아니다. 그러나 정책에 대한 불만이 제기되는 상황이 필연적으로 발생하며, 이 불만족은 정책학습의 필요조건이 된다. 새로운 정책에 대한 수요를 창출하는 요인들은 다양하다. 불확실성(uncertainty)은 정책과정을 지배하는 항시적인 불안요인이다. 사회변동과 인구구조의 변화 등 정책환경의 변화는 불만족을 창출한다. 왜냐하면 현행 정책이 변화된 환경에서도 여전히 긍정적인 효과를 만들어 낼 수는 없기 때문이다. 정치적인 가치의 변화 역시 불만족을 생성한다. 예를 들어, 미국의 '빈곤과의 전쟁(War on Poverty)' 정책은 미국에서 빈곤이 증가했기 때문이 아니라 빈곤 감소 정책에 대한 요구를 창출하는 가치의 변화에 의해 시행되었다(R. Rose, 1991).

결국 정책학습은 정책의 변화에 대한 요구에 의해 자극되며, 정책 교훈(policy lesson)이 그 둘 간을 매개한다. 즉, 정책학습의 직접적인 산출물(product)은 교훈이다. 이 교훈을 적용하여 정책 변화가 이끌어 낸다. 교훈은 관찰이나 경험을 통해 추출된 어떤 결론으로서 배움의 가치가 있는(instructive) 메시지나 가르침이다. 정책 교훈은 단순히 알게 되는 것을 넘어서서 행동지향적이며(action-oriented), 구체적인 정책이나 프로그램에 대한 어떤 결론으로 이어져야 한다.

교훈 얻기는 다른 곳에서 실행 중인 정책이나 프로그램에 대한 경험적 근거에 의지하는 것이다. 정책 교훈을 획득하는 방식은 크게 다섯 가지로 구분할 수 있다. 첫째, 모방(copying)은 말 그대로 다른 곳에서의 정책경험을 모델 혹은 청사진으로 설정하고 그대로 따르는 것이다. 둘째, 본보기 삼기(emulation)는 다른 곳에서의 정책 경험을 최고의 기준(best standard)으로 삼는다는 점에서 모방과 유사하지만, 상황적인 차이를 고려하여 변형된 적용을 하는 것이다. 실제 정책 학습에서는 개별 국가들의 고유한 정책환경(intervening variables)을 무시하고 그대로 수용하는 경우는 거의 없다. 셋째, 혼성화(hybridisation)는 다른 두 곳의 정책요소들을 결합하는 것이다. 넷째, 종합(synthesis)은 세 개 이상의 다른 곳에서의 정책요소들을 결합하는 것이다. 다섯째, 영감 얻기(inspiration)는 새로운 정책이나 프로그램을 개발하는 데에 있어서 다른 곳에서 실행 중인 정책이나 프로그램을 지적인 자극(intellectual stimulus)으로 활용하는 것이다(R. Rose, 1991).

정책학습과 교훈 얻기는 결국 현행 혹은 잠재적인 정책에 변화를 추구하는 과정이다. 학습을 통해 얻은 교훈은 크게 세 가지 변화를 지향한다. 하나는 조직적인 변화(organisational change)로서 정책을 실행하기 위한 조직이나 관리체계 (재)구축에 관심을 둔다. 둘째는 프로그램 변화(program change)로서 정책의 목표를 실현하기 위한 도구나 기법에 있어서의 변화를 지향한다.[1)] 셋째는 패러다임 전환(paradigm shift)으로, 이는 현재 지배적인 정책 아이디어 혹은 정책 담론에 있어서의 변화다(Bennett & Bowlett, 1992).

정책학습은 반드시 다른 공간이 원천이 되는 것은 아니다. 동일한 정책 행위자가 직접 정책을 실행한 결과에서 학습이 이루어질 수도 있고, 동일한 체제나 국가 내에서 다른 정책행위

---

1) 정책은 달성하고자 하는 목표를 포함하는 높은 수준의 행동 계획이며, 프로그램은 정책을 실행하기 위해 고안된 절차 및 프로젝트의 집합체를 의미한다.

가 과거의 정책경험에서 교훈을 얻을 수도 있다. 직접적인 정책경험 혹은 시행착오(trial-and-error)는 학습의 주요한 원천이 될 수 있다. '헤쳐 나아가기(muddling through)'를 통해 정책 행위자들은 정책 환류와 정책 진화를 이루어 낼 수 있다(Lindblom, 1959). 그러나 다른 선례나 사례에 대한 관찰과 평가를 통한 학습은 분명히 좀 더 체계적이고 효율적인 정책 실천일 수 있다.

정책학습 연구자들은 정책학습을 개념화하기 위한 노력을 해왔다. May(1992)는 정책학습을 모방과 따라하기와는 구별되는 개념으로 보고, 학습의 내용과 목적에 따라 정책학습을 도구적, 사회적, 그리고 정치적 학습 등 세 가지로 유형화했다. 도구적(instrumental) 학습은 말 그대로 정책 수단들에 대한 새로운 이해를 목적으로 한다. 도구적 학습의 관심사는 개입의 방법이나 정책 실행에 대한 디자인이다. 도구적 학습은 주어진 정책 목표와 전략보다는 새로운 정책 수단 모색을 목표로 하는 Fiorino(2001)의 기술적(technical) 학습과 유사한 개념이다. 사회적(social) 학습은 정책의 사회적 재구성을 수반한다. 사회적 학습의 관심사는 정책의 목표와 접근법이다. 문제의 인과관계, 바람직한 정책 결과에 대한 선호(예를 들어, 교육의 질 보장에서 교육에 대한 접근성 향상으로의 목표 변화), 정책 대상에 대한 인식(장애인들의 결함 교정에서 비장애인들의 편견과 사회적 인식 변화로의 전환), 그리고 정책을 뒷받침하고 있는 정책 아이디어(예를 들어, 기존에는 당연한 권리로 인식되는 것을 제한하기 위해 권리를 재규정하는 것) 등 정책의 근본적인 측면을 구성하는 사회적 합의(social consensus)의 변화가 사회적 학습의 목적이다. 즉, 사회적 학습은 정책의 패러다임 전환을 지향한다(Hall, 1993). 문제를 재정의하고, 정책 목표를 재정립하며, 전략을 재조정하는 과정으로서 Fiorino(2001)는 이를 개념적(conceptual) 학습이라 명명했다. 마지막으로, 정치적(political) 학습은 정책 아이디어에 대한 지지를 확보하고, 정책 문제에 대한 관심을 도출하기 위한 전략에 관심을 둔다. 정책과정은 기본적으로 정치적 논쟁과 설득을 수반하며, 사회적으로 바람직한 것으로 간주되는 정책도 정치적 과정에 따라 승인, 변경, 혹은 무효화될 수 있다. 즉, 정치적 학습은 정책안(policy proposal)의 정치적 실행 가능성(feasibility)을 제고하는 것을 목표로 한다.

## 2. 사회정책 분야의 정책학습

사회복지 분야에서 정책학습은 매우 활성화되어 있다. 각국의 사회정책은 진공상태에서 만들어지지 않으며, 정책과 아이디어들은 국가 간의 직간접적인 상호작용의 결과물로 볼 수 있다. 사회정책은 그 기원부터 국제적인 현상이었다. 사회정책이 한 맥락, 시대, 장소에서 다른 맥락, 혹은 다른 장소로 이동한다는 관찰은 새로운 것이 아니다. 현대 복지국가의 시작을 알린 것으로 평가받는 비스마르크의 사회보험 제도는 유럽 내 다른 국가와 미주 및 대양주 지역으로 이전된다(D. Rodgers, 2000). 사회정책의 이동은 특정 지역에 국한된 것이 아니라 전 세계 및 다양한 시점에 걸쳐 관찰된다(Kuhlmann, de Reufels, Schlichte, & Nullmeier, 2020).

지구화와 정보통신의 발달은 사회정책을 포함한 제 분야의 정책학습을 더욱 촉진하고 있다. 복지국가는 그 자체로 국민국가(nation–state)와 밀접한 관련이 있다. 국민국가는 연대, 재분배, 그리고 사회규제를 위한 주요 공간적 기준점이었으며, 복지국가는 국민국가의 통합과 결속을 강화하고 정당성을 강화해 왔다. 따라서 전통적으로 복지국가 비교 연구의 초점이 국민국가에 맞춰져 왔다. 그러나 이러한 분석적 관점은 '방법론적 민족주의(methodological nationalism)'라는 비판의 대상이 되었다(Zürn, 2005).

현대의 사회정책은 일국 내의 사회경제적, 정치적 발전으로만 설명할 수 없으며, 국가 간의 관계와 초국가적(supranational) 영향에 의해서도 형성된다. 개별 국가들 간의 경제적, 정치적, 그리고 사회적 상호의존성의 강도는 증가하고 있다. 국가는 다른 국가가 채택한 정책에 전략적으로 대응하거나(예 국가 간 조세 경쟁), 해외에서 성공한 정책을 모방하거나, 특정 정책을 채택하라는 외부 압력에 반응한다. 더 좋은 사회경제적 정책을 위한 국가 간 경쟁은 사회정책 발전을 추동하는 주요한 요인이다. 예를 들어, 초기 복지국가의 형성과 발전은 냉전시대 서구 민주주의 국가들과 사회주의 국가들 간의 체제경쟁의 특성을 보여준다(Obinger & Schmitt, 2011; Petersen, 2013).

강화되는 국가들 간의 상호의존성(inter–dependence)뿐만 아니라 국제기구들은 사회정책 학습의 촉진제가 된다. 1919년 국제노동기구(ILO)의 설립은 사회 문제에 대한 국제적 협력이라는 측면에서 이정표가 된 사건이다. 국제 사회 표준을 촉진함으로써 ILO는 당시 경제적으로 상호 연관성이 높았던 산업 경제 간의 파괴적인 경쟁을 피하는 데에 기여를 했다(G.

Rodgers, Swepston, Lee, & van Daele, 2009). 유엔(UN), 경제협력개발기구(OECD), 유럽연합(EU) 등 제2차 세계대전 이후 확립된 국제적 협력 국가 간 협력을 강화하고 사회정책에 대한 정보와 경험의 국경 간 교류를 촉진했다(Obinger, Schmitt, & Starke, 2013). 국제기구들은 각 국가들이 정책을 어떻게 학습해야 할지에 대한 강력한 규범적 가정들(normative assumptions)을 제공하고, 각 국가들로 하여금 교훈 얻기, 외삽(extrapolation), 그리고 벤치마킹을 하도록 유도한다(Dunlop & Radaelli, 2012). 예를 들어, 사회정책 연구자들은 국제기구들에게 제공하는 통계자료들을 활용하여 국제비교를 한다. 소득, 불평등, 고용, 그리고 삶의 질 등에 관해 국제기구들이 사용하는 지표들은 각 국가의 데이터 생산과정을 표준화하고, 이를 통해 개별 국가의 상대적 위상을 확인할 수 있게 한다. 정책 행위자들과 연구자들은 자연스럽게 지표상에 관찰된 차이의 원인을 밝혀내는 데에 관심을 가지며, 다른 나라의 정책과 프로그램을 학습하고자 하는 동기가 유발된다.

사회정책 영역에서 정책학습은 좀 더 물리적으로 구체성을 띤 개념들로 대체되는 경향이 있어 보인다. 복지국가 비교 연구에서 주로 사용되는 개념에는 정책확산(diffusion)과 정책전이(transfer)가 있다. 두 개념은 사실상 혼용해서 사용되고 있지만, 개념정의와 개념이 등장한 시대적인 배경, 그리고 관심대상에 다소 차이는 있다. 정책확산은 한 나라의 정책이 다른 나라의 정책 선택에 영향을 미치는 과정이다(Meseguer & Gilardi, 2009). 정책전이는 한 나라의 정책, 행정, 제도 및 아이디어에 대한 지식을 다른 나라가 활용하는 것으로 정의된다(Dolowitz & Marsh, 2002). 정책확산과 정책전이는 정책수립 과정에 국가 간의 상호의존성을 대변한다는 공통점을 가지고 있지만, 정책전이에서는 학습주체(agency)의 의도성과 지식의 관련성이 강조되는 반면, 정책확산에서는 구조적이고 관심에 기초한 비의도적인 학습 과정이 강조된다. 두 개념은 연구방법에서도 추가적인 차이가 있는데, 정책확산 연구는 양적인 접근을 하는 반면, 정책전이 연구는 사례연구 방법을 사용하는 경향이 있다(Obinger et al., 2013). 정책확산 개념은 일찍이 1960년대 후반에 등장했고, 정책전이는 1990년대 후반에 연구에 활용되기 시작했다. 좀 더 최근에 사용되는 개념으로는 정책이동(policy mobility)이 있다. 이 개념은 정책확산과 정책전이가 국가 중심적인 접근을 함으로써 사회공간적(socio-spatial) 접근을 제한해 온 점을 비판한다. 정책이동은 정책의 변동 가능성(modifiability)에 관심을 가지며, 정책학습에 있어서 비영리기관, 민간자문회사 및 다국적 기업 등 비국가적인 정책 행위자들의 역할에 관심을 가진다. 정책이동에 대한 연구는 2010년대부터 수행되기 시작했다(Haupt, 2023).

정책전이와 정책확산은 엄밀하게 다른 개념일 수 있지만 그 구분은 분명하지 않다. 어떤 학자들은 정책전이를 정책확산의 한 유형으로 보는 반면 어떤 학자는 반대로 정책확산을 정책전이의 한 유형으로 본다. 두 개념을 모두 정책학습과 교훈얻기의 유형으로 보는 학자도 있다(Stone, 2001). 정책학습과 교훈은 정책전이와 확산을 위한 선행 과정일 수 있지만, 교훈 획득이 반드시 정책확산을 의미하지는 않는다. 교훈은 이후 어떤 행동을 취할 것인지에 대한 결론으로 안내하지만 그 결론이 반드시 정책 수용(adoption)일 필요는 없다. 그러나 아이디어와 지식의 확산이 정책확산과 정책전이를 구성한다면, 정책학습, 정책전이 그리고 정책확산 간의 관계는 만화경(kaleidoscope)처럼 더욱 복잡하고 모호해진다(Stone, de Oliveira, & Pal, 2020).

정책학습에 대한 연구는 대체로 세 가지 연구주제를 포함한다. 정책확산은 일어나는가, 일어난다면 왜 그리고 어떻게 일어나는가(Fundytus, Santamaria, & McLaren, 2023). 정책학습을 분석하는 수준에 따라 문헌들은 미시, 중시, 그리고 거시 세 가지로 구분된다. 미시 연구는 정책 아이디어와 불확실성을 다루는 개별 정책 행위자들이 궁금해하는(puzzling) 과정에 관심을 가진다. 중시 연구는 정책학습을 통한 조직 차원에서의 지식과 정보의 증가, 그리고 정책문제해결 능력의 변화를 탐구한다. 거시 연구는 제도체계 차원에서 정책이 결정되는 일련의 과정을 탐구한다(Moyson et al., 2017). 일반적으로 정책학습은 거시 수준에서 일어나는 국가 정책의 상호 영향으로 간주된다.

거시 수준에서 정책학습이 일어나는 메커니즘 혹은 정책확산의 동기에 대한 연구는 활성화되어 있다. 앞서 논의한 개념에 대한 연구들과 함께 실증적인 연구도 꾸준히 진행되고 있다. 국가 간 정책학습의 메커니즘에는 학습, 모방, 경쟁, 그리고 압박 등의 네 가지 요인이 작용하는 것으로 논의되어 왔다(Fundytus et al., 2023; Kuhlmann et al., 2020; Marsh & Sharman, 2008; Obinger et al., 2013). 정책결정자들은 정책 결과의 불확실성을 감소시키기 위한 방안으로 다른 나라에서 인증된 모범사례(best practices)를 학습(learning)하고자 한다. 다른 나라의 정책 경험에 대한 정보에 기초하여 그 사례는 전적으로 혹은 부분적으로 채택되거나(긍정적인 학습) 회피될 수 있다(부정적인 학습). 정책결정자들의 제한적 합리성(bounded rationality)으로 인해 초국적 학습 과정은 복잡성을 감소시키는 인지적 지름길(cognitive shortcut)의 역할을 한다

(Cairney, 2019).

두 번째 메커니즘인 본보기 삼기(emulation)는 학습 또는 교훈얻기와 유사하지만, 본보기 삼기는 문제해결과의 관련성이 학습에 비해 낮다. 본보기 삼기는 국제적 정책 트렌드에 동참하고, 국제적 규범 공동체(norm-based community)에 소속되고자 하는 정책 행위자의 열망과 관련이 있다. 문제해결이라는 실제성보다는 정책 형성의 상징성과 관련되며, 이로 인해 많은 나라들이 유사한 정책을 보유하는 현상이 발생한다. 이는 정책의 유질동상(isomorphism) 또는 정책수렴(policy convergence)으로 불린다(Holzinger & Knill, 2005).

학습과 본보기 삼기와는 달리 경쟁(competition)은 국가 간의 전략적 상호작용에 기초하고 있다. 순수하게 다른 나라의 사례를 학습할 수도 있지만, 경쟁이 불가피한 국제관계하에서 개별 국가는 경쟁국가보다 더 나은 사회정책을 시행하고자 하는 욕구가 있으며, 전략으로도 경쟁적인 우위(competitive advantage)를 실현할 수 있는 정책을 추구한다. 예를 들어, 노동비용을 감소시키는 것을 목적으로 하는 한 나라의 사회정책 개혁은 경쟁적 불이익을 회피하고자 하는 경쟁국에게 동일한 정책을 학습·채택하도록 유도할 수 있다(Obinger et al., 2013).

압박(coercion)은 정책학급에 있어서 권력의 작용의 측면을 보여준다. 정책학습은 동등한 지위를 가진 국가들 간의 자발적인 행위로 이루어질 수 있지만, 비자발적인 정책확산은 점점 더 주요한 학습의 메커니즘으로 주목받고 있다. 압박적인 정책확산(coercive diffusion)을 초래하는 국가 간 권력의 비대칭(power asymmetries)의 근원에는 경제적인 압박, 전쟁 상황에서의 폭력, 식민권력(colonial power) 또는 국제기구의 역할 등 다양한 원인이 있을 수 있다. 국제노동기구는 국가의 사회정책에 우호적인 영향을 미친다. 예를 들어, 국제노동기구(ILO)는 실업급여 범주, 최저 급여수준, 급여기간, 그리고 자격요건 등 노동자 보호와 관련한 정책 설계와 법규 제정에 기여했다. 세계보건기구(WHO)는 국제기능장애건강분류(International Classification of Functioning, Disability and Health)를 통해 사회적 장애를 개념화함으로써 전 지구적으로 장애인 복지에 대한 새로운 접근법을 제시했다. 각 국가들은 국제기구의 요구사항을 비준(ratification)함으로써 대외 이미지를 제고하고, 국제사회에서의 발언권을 강화할 수 있다(Strang & Chang, 1993). 이와는 다른 방향에서 국제기구는 조건부(conditionality) 재정지원을 통해 지원 대상 국가에게 특정한 정책 도입과 실행을 요구할 수 있다(Holzinger & Knill, 2005). 예를 들어, 국제통화기금(International Monetary Fund)과 세계은행(World Bank)은 채무국에게 엄격한 긴축정책을 요구함과 동시에 관련된 사회정책 개혁 압박을 가하기도 한다(Kwon, 2001).

이상 통상적으로 논의되는 네 가지 정책학습 메커니즘 이외에 사회적 전파(social contagion) 메커니즘도 추가될 수 있다. 사회적 전파는 여론이 정책 결정에 영향을 미쳐 정책이 확산이 확산되는 현상이다. 여론이 형성되는 메커니즘은 다양할 수 있는데, 여기서는 인접국 혹은 다른 나라의 정책에 대해 시민들이 먼저 선호를 형성하는 경우를 의미한다. 이 여론에 정책 결정자들이 반응하여 해당 국가에 정책이 도입되는 메커니즘에 대한 경험적인 근거들은 흔하게 발견된다(Pacheco, 2012).

정책학습 메커니즘이 어떻게 작동하고, 실제 그 결과가 어떠한지에 대한 실증연구들도 다수 존재한다. 이들은 과학적인 근거를 통해 정책 성공과 효과에 대한 지표들을 확인하는 것에 관심을 가진다(Fundytus et al., 2023). 복지국가 프로그램의 확산에 영향을 미치는 요인들은 직접적인 요인과 간접적인 요인들이 복합적으로 작용한다. 전자는 재화와 사람들 간의 교류와 교환을 의미하며, 후자는 공통적인 언어와 종교 등 문화적 요인을 포함한다. 예를 들어, 학자들은 동아시아 복지 체제를 서양 복지국가와는 다른 문화적 전통에 기초한 복지 오리엔탈리즘(Goodman & White, 1998) 혹은 유교주의 복지국가(Jones, 1993)로 규정하기도 했다. 복지 프로그램의 확산에는 지리적 근접성이 작용하고, 근접한 국가들이 정책 도입에 있어 일정한 규칙이나 패턴을 보이기도 한다. 예를 들어, 복지국가들은 산재보험, 고용보험, 그리고 가족수당을 이 순서대로 도입하는 경향이 있다(Abbott & DeViney, 1992).

정책확산이 전 지구적인 정책가치의 변화 혹은 지리적인 근거리성(propinquity), 그리고 공유된 문화의 영향 등의 요인에 따라 진행될 수 있지만, 일관된 양상을 보이지는 않는다. 이는 다양한 국내 요인들이 정책도입에 영향을 미치기 때문이다(Marsh & Sharman, 2008; Obinger et al., 2013). 예를 들어, 복지국가의 제도적 정책의 경제사상적 기초가 되었던 케인즈주의(Keynesianism)는 전후 1950년대와 1960년대를 주도하는 거시경제 정책이었지만, 케인즈주의의 확산은 순조롭지 않은 방식으로(unevenly) 진행되었다(Maes, 2007). 중증장애인 보호에 관한 바람직한 모델로 국제적인 지지를 받고 있는 탈시설화가 국제적으로 확산되는 데에는 반세기 이상이 걸렸다. 다수의 국가들은 선도적인 일부의 혁신국가(innovators) 또는 초기 도입국(early adopters)의 정책경험을 관찰한 이후 국가의 여건에 따라 전략적으로 도입되었다(Shen

& Snowden, 2014). 국제적인 정책확산에는 재정상황이나 제도적 환경 등 개별 국가의 다양한 내부 요인들이 작용한다(Holzinger & Knill, 2005; Obinger et al., 2013).

## 3. 한국과 호주의 사회정책 교류

한국과 호주는 오랜 상호 교류의 역사를 가지고 있다. 양국의 인적 교류는 호주 선교사들이 한국에 처음 상륙한 19세기 후반으로 거슬러 올라간다(Yang, 2008). 이를 계기로 호주가 한국에 처음 소개되었고, 이후 양국 간 인적 교류 규모는 급속도로 성장했다. 많은 한국인이 거주, 교육, 취업 또는 휴가를 위한 목적지로 호주를 선택하고 있다. 최근 COVID−19 팬데믹으로 인해 그 규모에 큰 변동이 있었지만, 한국 유학생과 워킹홀리데이 방문자들은 호주 전체 유학생과 워킹홀리데이 방문자 수에서 상위 비중을 차지해 왔다(Australian Department of Education, 2024; Australian Department of Home Affairs, 2023). 이러한 인구이동의 결과로 2023년 현재 16만 명 이상의 한국인이 호주에 거주하고 있다(재외동포청, 2023). 한국을 방문하는 호주인 역시 급증하는 추세에 있으며, 양국 간 경제교역도 활발하여, 한국은 호주에서 네 번째로 큰 무역 상대국이다(Australian Department of Foreign Affairs and Trade, 2021).

다양한 분야에서 활성화되어 있는 한국과 호주 간의 교류는 사회정책 분야에서도 동일하게 관찰되고 있다. 정책과 학문의 교류를 계량화하기는 어려우나 양국의 사회정책 사례는 상호 간에 활발하게 소개되어 왔다. 그러나 양국 간의 사회정책 교류에는 다소간의 불균형과 제약사항들이 존재하는 것으로 보인다. 대체로, 호주는 한국에게 벤치마킹의 대상이 되어 왔으며, 그 반대의 경우는 상대적으로 드문 것으로 평가된다. 이는 호주가 한국에 비해 사회정책에 관한 한 훨씬 긴 역사적 경험을 가지고 있기 때문에 발생하는 자연스러운 현상이다(여유진・정용문, 2011b).

호주는 다른 선진 복지국가들과 마찬가지로 19세기 말부터 20세기 초중반에 걸쳐 이미 많은 사회보장 체계가 형성되었다. 일부 사회보장제도들은 다른 복지국가들에 비해 훨씬 선도적으로 도입되었고, 사회정책 분야에서 일찍 진보적인 개혁을 단행함에 따라 20세기 초반 호주는 '사회적 실험실(social laboratory)'로 간주되었다(Francis G. Castles & John Uhr, 2007). 특히 호주의 노동관계 영역에서의 개혁은 특기할 만하다. 유럽대륙 국가들보다 이른 시기인 1850년대에 일부 노조에서는 8시간 노동을 위한 투쟁에서 승리했다. 1890년대 초반에는 대규모 파업 이후 호주 전역에서 조정재판소(arbitration court)나 임금위원회 체계를 통한 산업분규 조정을 위한 사법적 메커니즘이 확립되었다(Francis G. Castles & John Uhr, 2007). 빅토리아 주정부가 1896년에 시행한 최저임금제도는 세계 최초의 법적으로 강제된 최저임금제도로 기록되고 있다(Hamilton, 2022).

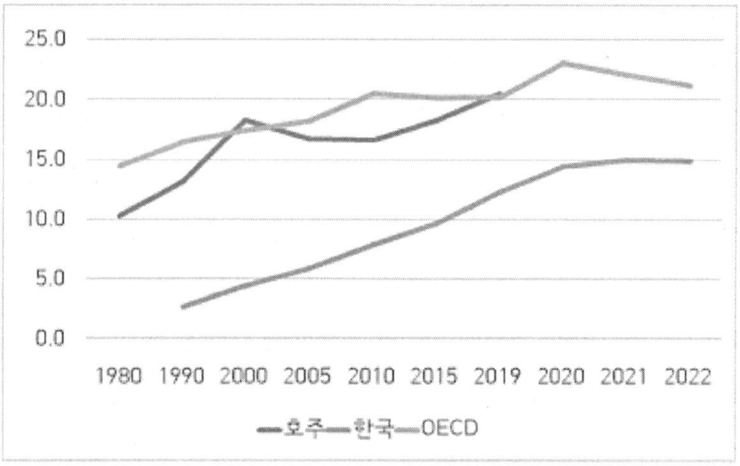


**그림.** GDP 대비 사회지출

출처 : OECD(2024b).

한국 사회정책의 국제교류와 학습에서 호주는 우선적으로 고려되는 대상이 아님은 사실로 인정될 수 있다. 한국은 영미권 국가와 유럽대륙, 그리고 북미권 국가의 제도와 정책경험에 관심을 기울여 온 경향이 있다. 이는 한국과 호주의 지리적 원거리성, 문화적 이질성, 그리고 호주 복지국가의 주변성 등 다양한 원인이 작용한 결과로 이해된다. 특히, 한국과 호주가 다소 상이한 특성을 가진 사회보장제도를 발전시켜 온 점도 주요한 원인이 될 수 있다. 역사적으로 호주 복지국가는 평등주의에 기초하여 형성된 반면 한국의 복지국가는 권위주의 정부 시기에 형성되었다(Philips, 2007). 즉, 호주의 사회보장제도가 사회민주주의적 속성을 유지하고 있는 반면 한국의 사회보장제도는 발전주의적 혹은 생산주의적 특성을 강하게 유지하고 있다.

제도 운영원리에 있어서도 한국과 호주의 복지국가는 상이하다. 사회보장제도는 그 운영원리에 따라 크게 베버리지안(Beveridgean)과 비스마르키안(Bismarckian)으로 분류될 수 있다. 전자는 빈곤예방을 목적으로 균일급여(flat rate)를 지급하는 반면 후자는 임금보존을 목적으로 소득비례급여(earnings-related) 방식을 채택한다. 전자가 재원을 조세로 하는 반면 후자는 수혜자 기여금을 재원으로 한다. 이 분류에 의하면, 호주는 베버리지안 사회정책을, 그리고 한국은 비스마르키안 사회정책 모델을 따르고 있다고 볼 수 있다(Bonoli, 1997b). 이러한 상이한 사회보장제도 운영원리는 양국 간의 정책학습을 제약하는 요인이 될 수 있다.

한국과 호주가 비록 상이한 복지국가 경로로 발전해 왔지만, 두 나라가 직면해 있는 사회적 이슈들에는 공통점이 많다. 고령화라는 인구구조의 변화는 노인들의 건강과 돌봄 수요 급증에 대한 대응과 노령연금의 구조적 재조정이라는 문제를 제기하고 있다. 문화적 다양성의 증가는 사회정책과 실천의 영역에서 문화적 역량(cultural competence) 강화를 요구하고 있다. 작금의 기술혁신과 디지털화는 고용과 소득분배, 세대 간 격차, 그리고 사회복지 윤리와 교육의 재구성이라는 과제를 안겨주고 있다. 다소 간의 속도와 정도의 차이는 있지만 두 나라는 공통적인 사회적 이슈에 대응해야 하는 동일한 조건에 놓여있다. 복지국가를 조금 더 일찍 구축한 호주지만, 최근 한국은 사회정책이 급속도로 성장하고 있다. 반면 호주 사회정책에서는 평등주의적 접근이 퇴색하고, 개인의 책임을 강조하고(mutual obligation), 시장의 기능을 강조하며, 개인의 능력개발을 지원하는 모델(enablement model)로 변화해 왔다(Saunders, 2000; Weatherley, 1994). 한국의 사회복지 지출은 확대 추세에 있고, 호주의 그것은 정체를 경험하면서 두 나라 간의 격차는 감소하고 있다. 전반적으로 한국과 호주의 사회정책은 수렴의 방향으로 전개되고 있다고 볼 수 있다.

한국과 호주 간의 사회보장협정은 두 나라 간의 사회정책 교류를 더욱 활성화시킬 제도적 계기가 될 잠재력이 있다. 사회보장협정은 각국의 시민이 다른 나라에 거주하면서 소득활동을 할 때 발생하는 공적연금 이중가입 문제에 대한 대응을 목적으로 하고 있다. 예를 들어, 한국인이 호주에서 거주한 기간 동안에 발생한 급여를 청구함으로써 소득보장을 극대화할 수 있고, 반대로 사회보장급여 이중수급을 방지하는 기능도 있다. 한국과 호주 간의 사회보장협정은 2008년부터 시행 중이다. 이러한 제도적 상호의존은 양국 간의 정책 이해와 교류를 촉진할 것으로 기대된다.

## 참고문헌

Abbott, A., & DeViney, S. (1992). The Welfare State as Transnational Event : Evidence from Sequences of Policy Adoption. *Social Science History, 16*(2), 245−274.

Australian Department of Education. (2024). Student numbers. Retrieved from https://internationaleducation.gov.au/research/DataVisualisations/Pages/Student−number.aspx

Australian Department of Foreign Affairs and Trade. (2021). Republic of Korea country brief. Retrieved from https://www.dfat.gov.au/geo/republic−of−korea/republic−of−korea−country−brief

Australian Department of Home Affairs. (2023). *Working Holiday Maker visa program report* Australian Department of Home Affairs.

Bennett, C. J., & Bowlett, M. (1992). The lessons of learning : Reconciling theories of policy learning and policy change. *Policy Science, 25*, 275−294.

Bonoli, G. (1997). Classifying Welfare States : a Two−dimension Approach. *Journal of Social Policy 26*(3), 351−372.

Cairney, P. (2019). Bounded Rationality and the Psychology of Policymaking. In *Understanding Public Policy : Theories and Issues* (2nd ed.) : Bloomsbury Academic.

Castles, F. G., & Uhr, J. (2007). The Australian Welfare State : Has Federalism Made a Difference? *Australian Journal of Politics and History, 53*(1), 96−117.

Dolowitz, D. P. (2009). Learning by observing : surveying the international arena. *Policy and Politics, 37*(3), 317−334.

Dolowitz, D. P., & Marsh, D. (2002). Learning from Abroad : The Role of Policy Transfer in Contemporary Policy−Making. *An International Journal of Policy and Administration, 13*(1), 5−23.

Dunlop, C. A., & Radaelli, C. M. (2012). Systematising Policy Learning : From Monolith to Dimensions. *Political Studies, 61*(3), 599−619.

Fiorino, D. J. (2001). Environmental Policy As Learning : A New View of an Old Landscape. *Public Administration Rev, 61*(3), 322−334.

Fundytus, K., Santamaria, C., & McLaren, L. (2023). Policy diffusion theory, evidence−informed public health, and public health political science : a scoping review. *Canadian Journal of Public Health, 114*, 331−345.

Goodman, R., & White, G. (1998). Welfare Orientalism and the search for an East Asianwelfare model. In R. Goodman, G. White, & H.−j. Kwon (Eds.), *The East Asian Welfare ModelWelfare Orientalism and the state* (pp. 3−24) : Routledge.

Hall, P. A. (1993). Policy Paradigms, Social Learning, and the State : The Case of Economic Policymaking in Britain. *Comparative Politics, 25*(3), 275−296.

Hamilton, R. (2022). *The history of the Australian Minimum Wage :* Fairwork Commission.

Haupt, W. (2023). Policy diffusion, policy transfer, and policy mobilities revisited : A call for more interdiscipli−nary approaches in human geography. *17*(5), DOI : 10.1111/gec1113.12688.

Heclo, H. (1974). *Modern Social Politics in Britain and Sweden :* Yale University Press.

Holzinger, K., & Knill, C. (2005). Causes and conditions of cross−national policy convergence. *Journal of European Public Policy, 12*(5), 775−796.

Jones, C. (1993). The Pacific Challenge : Confucian Welfare States. In C. Jones (Ed.), *NewPerspectives on the Welfare State in Europe* (pp. 198-217) : Routledge.

Kuhlmann, J., de Reufels, D. G., Schlichte, K., & Nullmeier, F. (2020). How social policy travels : A refined model of diffusion. *Global Social Policy, 20*(1), 80–96.

Kwon, S. (2001). Economic crisis and social policy reform in Korea. *International Journal of Social Welfare, 10*, 97–106.

Lindblom, C. E. (1959). The Science of "Muddling Through". *Public Administration Review, 19*(2), 79–88.

Maes, I. (2007). *The spread of Keynesian economics : a comparison of the Belgian and Italian experiences* : National Bank of Belgium.

Marsh, D., & Sharman, J. C. (2008). Policy diffusion and policy transfer. *Policy Studies, 30*(3), 269–288.

May, P. J. (1992). Policy Learning and Failure. *Journal of Public Policy, 12*(4), 331–354.

Meseguer, C., & Gilardi, F. (2009). What Is New in the Study of Policy Diffusion? *Review of International Political Economy, 16*(3), 527–543.

Moyson, S., Scholten, P., & Weible, C. M. (2017). Policy learning and policy change : theorizing their relations from different perspectives. *Policy and Society, 36*(2), 161–177.

Obinger, H., & Schmitt, C. (2011). Guns and butter? Regime competition during the cold war. *World Politics, 63*(2), 246–270.

Obinger, H., Schmitt, C., & Starke, P. (2013). Policy Diffusion and Policy Transfer in Comparative Welfare State Research. *47*(1), 111–129.

OECD. (2024). Social Expenditure–Aggregated data. Retrieved from https://stats.oecd.org/Index.aspx?DataSetCode=SOCX_AGG

Pacheco, J. (2012). The Social Contagion Model : Exploring the Role of Public Opinion on the Diffusion of Antismoking Legislation across the American States. *The Journal of Politics, 74*(1), 187–202.

Petersen, K. (2013). The early Cold War and the Western welfare state. *Journal of International and Comparative Social Policy, 29*(3), 226–240.

Philips, R. (2007). Diverse histories, shared social issues : the Australian and Korean welfare states. In R. Philips (Ed.), *Generational Change and Social Policy Challenges Australia and South Korea* (pp. 1–32) : Sydney University Press.

Rodgers, D. (2000). *Atlantic Crossings : Social Politics in a Progressive Age* : Harvard University Press.

Rodgers, G., Swepston, L., Lee, E., & van Daele, J. (2009). *The International Labour Organization and the quest for social justice, 1919–2009* : International Labour Organization.

Rose, R. (1991). What Is Lesson–Drawing? *Journal of Public Policy, 11*(1), 3–30.

Saunders, P. (2000). *Reforming the Australian welfare state* : Australian Institute of Family Studies.

Shen, G. C., & Snowden, L. R. (2014). Institutionalization of deinstitutionalization : a cross–national analysis of mental health system reform. *International Journal of Mental Health Systems, 8*(47), doi:10.1186/1752–4458–1188–1147.

Stone, D. (2001). *Learning Lessons, Policy Transfer and the International Diffusion of Policy Ideas* : Centre for the Study of Globalisation and Regionalisation.

Stone, D., de Oliveira, O. P., & Pal, L. A. (2020). Transnational policy transfer : the circulation of ideas, power and development models. *Policy and Society, 39*(1), 1–18.

Strang, D., & Chang, P. M. Y. (1993). The International Labor Organization and the Welfare State : Institutional Effects on National Welfare Spending, 1960–80. *International Organization, 47*(2), 235–262.

Weatherley, R. (1994). From Entitlement to Contract : Reshaping the Welfare State in Australia. *Journal of Sociology & Social Welfare, 21*(3), DOI : https://doi.org/10.15453/10191-15096.12166.

Yang, M. D. (2008). The Early History of Koreans in Australia. In C. C. o. Y. H. o. K. i. Australia (Ed.), *50 Year History of Koreans in Australia* : Jin Heung Publishing Company.

Zürn, M. (2005). Globalizing Interests - An Introduction. In M. Zürn & G. Walter (Eds.), *Globalizing Interests. Pressure Groups and Denationalisation*(pp. 1-37) : State University of New York Press.

김주환. (2010). 정책연구의 유용성을 위한 정책학습 : 연구방향와 영향요인. *정책분석평가학회보, 20*(2), 51-76.

여유진, & 정용문. (2011). 호주 사회보장체계 연구 : 한국보건사회연구원.

재외동포청. (2023). 재외동포현황 2023 : 재외동포청.

한국관광공사. (2024). 한국관광통계 : 한국관광공사.

한국무역협회. (2024). 글로벌 무역통계 서비스. Retrieved from https://stat.kita.net/

# 제1부

# 호주 사회보장 일반

01

# 호주 사회보장 체계 및 동향 : 효율, 통제 그리고 자율의 역동

## 1. 호주 사회보장 제도의 특징

호주 복지국가를 규정하는 다양한 이름들이 존재하는데, 그중의 하나는 '임금소득자 복지국가(wage earners' welfare state)'다. 즉, 호주의 복지국가를 특징짓는 요소들 중의 하나는 임금정책이라는 것이다. 임금소득자 복지국가는 말 그대로 임금소득자에게 적정한 소득을 보장한다. 공정한 임금(fair wage), 생활임금(living wage), 그리고 기본(basic) 혹은 최저임금(minimum wage)'은 호주의 임금체계를 떠받치는 기본 개념이다(Castles, 1994).

호주의 보호주의적 노동시장 정책은 19세기 말에 이미 형성되기 시작했다. 호주는 뉴질랜드와 함께 최저임금을 제도화한(1896년) 최초의 나라 중의 하나다. 최저임금 결정 메커니즘에 가족임금 혹은 생활임금을 산출의 기준으로 적용하는 것은 다른 나라들과 차별적인 특성이다. 실제로 미국 달러로 표준화한 최저임금은 전 세계에서 가장 높은 수준으로 비교된다(OECD, 2023a). 호주의 높은 최저임금은 1907년 일명 하비스터 판정(Harvester Judgement)으로 알려진 중재재판(Arbitration Court)에 그 역사적 근거를 두고 있다. 이 재판에서 히긴스(Henry Higgins) 판사는 미숙련 노동자가 아내와 세 자녀를 부양하고, 먹이고, 재우고, 입히는 데 필요한 금액을 최저임금으로 정했다. 이후 생활임금 혹은 가족임금이 호주의 최저임금 산출의 기초가 되었다(Fair Work Commission, 2024).

최저임금 이외에도 호주는 다양한 사회정책 분야에서 선도적으로 사회보장제도를 도입했다. 예를 들어, 1909년에 노령연금, 1912년에 출산수당, 그리고 1910년에 장애연금 제도를 도입했고, 여성투표권도 1902년에 제도화했다. 이러한 선도적인 사회정책 도입을 통해 호주는 한 때 세계의 '사회적 실험실(social laboratory)'로서의 명성을 구가했다(Cox, 2006). 임금근로자에게 적정한 소득을 보장함에 따라 호주 근로빈곤율(in-work poverty rate)이 가장 낮은 국가군에 속해 있다. 보호주의적 노동시장정책에 따라 호주에서는 역사적으로 근로빈곤(working poverty)이 사회문제로 크게 대두되지 않아 왔다(Payne, 2009).

호주 사회보장제도의 또 다른 특징은 범주적 소득보장제도에 있다. 호주는 전형적인 베버리지안(Beveridgean) 사회보장제도를 구축하고 있다. 이는 사회보험을 통한 시장임금 보전보다는 공공부조를 통한 빈곤감소가 사회보장제도의 주된 목표임을 의미한다. 저소득 계층에 대한 소득 지원이 강조됨에 따라 강한 대상 표적성(highly targeted)을 띤다. 욕구에 기반한 급여를 특징으로 하기 때문에, 해당 욕구에 따른 범주적(categorical) 급여가 다양하게 구비되어 있다. 욕구를 보유한 이를 선별하기 위해 모든 급여에는 엄격한 자산조사가 수반된다. 결과적으로 호주는 GDP에서 자산조사에 기반한 현금 이전 지출의 비중이 가장 높은 국가다. 저소득 계층에게 집중하려는 소득 지원 체계로 인해 호주는 다른 나라들에 비해 중간계층 복지(middle-class welfare)가 덜 발달되어 있다(Whiteford & Angenent, 2002b).

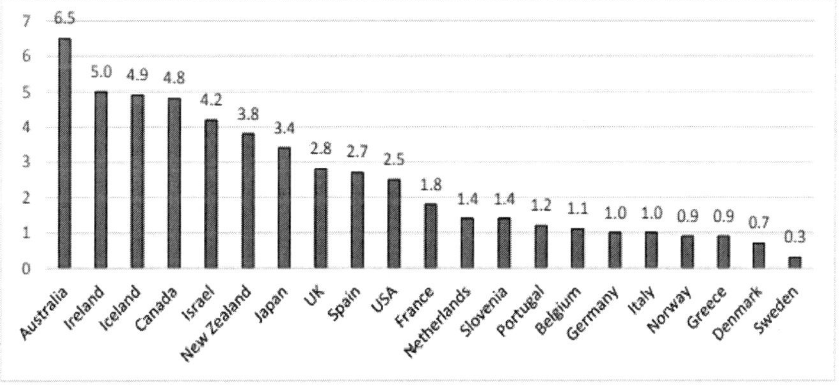


**그림 1.1** GDP 대비 소득조사 기반 현금 이전

출처 : Peter Whiteford(2017a).

에스핑-앤더슨(Esping-Andersen)의 복지국가 모형화에 의하면, 호주는 자유주의적 복지자본주의(Liberal Welfare Capitalism)로 분류된다. 사회보장에서 공공부조의 비중이 크고, 탈상품화 정도가 낮다는 의미이다. 실제로 소득보장의 주요 급여인 노령연금의 소득대체율은

OECD에 비해 높지 않은 편이고(OECD, 2023b), 특히 실업급여의 소득대체율은 OECD 국가에서 최하위 수준이다(Grudnoff, 2021). 이에 대해 호주 사회정책 학자들은 즉각적인 반론을 제기했고, 급진적(radical) 사회정책 체제로서의 특성을 부각했다(Castles & Mitchell, 1991). 전술했듯이 호주는 노동시장에서의 강력한 보호정책을 통해 임금 수준이 높고, 고용률 또한 높다. 비록 자산조사에 기초한 선별적 접근을 취하고 있지만, 다양한 욕구에 대응하는 소득보장 프로그램들은 오히려 보편적인 대상 포괄성(universal coverage)으로 귀결되고 있다. 실제로 근로연령대 가구의 80% 이상이 소득보장 급여를 받고 있다.

조세의 누진성은 호주의 사회보장제도의 또다른 요소다. 호주의 조세체계는 법인세와 직접세의 비중이 높고, 간접세의 비중이 상대적으로 낮다. 조세체계는 그 자체로 재분배와 사회보장 기능을 가지고 있다. 일정 소득 이하의 저소득 계층에게는 부의 소득세 형태의 급여를 제공함으로써[예 가족제세급여(Family Tax Benefits)], 조세를 통한 소득재분배를 적극적으로 활용하고 있다. 호주의 누진적 조세 이전과 일반조세를 통한 소득 이전, 그리고 저임금 소득자들의 생활임금 보장은 결과적으로 중하위 계층의 최저생활을 보장하는 데에 기여하고 있다(여유진 · 정용문, 2011b).

## 2. 사회보장 지출 및 수급자 추이

호주의 사회보장 지출은 대체로 OECD 평균 수준으로 관찰되고 있다. 2019년 현재 GDP 대비 공공지출은 20.5%이며, OECD 평균인 20.1%와 거의 동일한 수준이다. 같은 해에 한국의 사회보장 지출은 12.3%로서 호주와 다소 간의 격차가 확인되고 있지만 한국의 공공지출은 급격한 상승 과정에 있다. 역사적 추이를 살펴보면, 호주의 사회보장 지출은 1990년대 후반부터 2000년대까지 감소하다가 최근에 다시 상승하는 추세에 있다. 이는 1990년대 중반부터 2000년대 중반까지 약 10년간 보수연합당 집권기에 있었던 복지통제 정책의 영향의 결과로 해석된다.

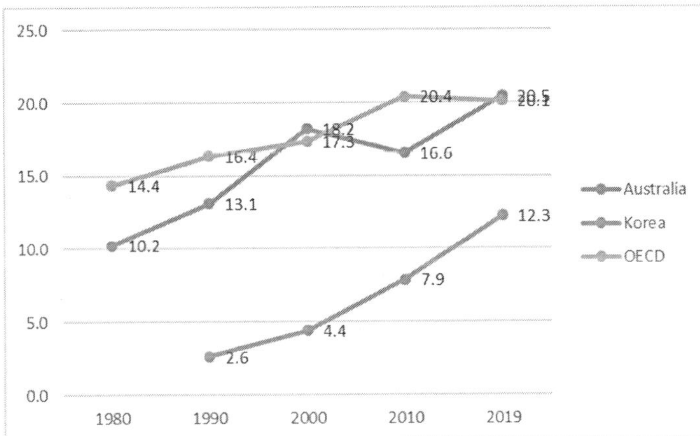


**그림 1.2** GDP 대비 공공지출(%)
출처 : OECD(2024a).

사회보장 영역별로 세분화해 보면, 보건과 노인 분야가 가장 큰 비중을 차지하고 있고, 동시에 이 두 분야에서 지출이 가장 증가하고 있다. 반면에 가족과 장애인 분야는 최근에 큰 변화를 보이고 있지는 않지만, 장애인 분야에서의 지출이 증가 추세로 돌아서 있음이 확인된다. 가장 낮은 지출이 이루어지고 있는 실업 분야는 GDP의 1% 내외에서 큰 변화 없이 지출이 이루어지고 있다. 실업 분야에서의 저지출은 근로연계복지의 강화 추세 속에서 당분간 큰 변화 없이 지속될 것으로 전망된다.

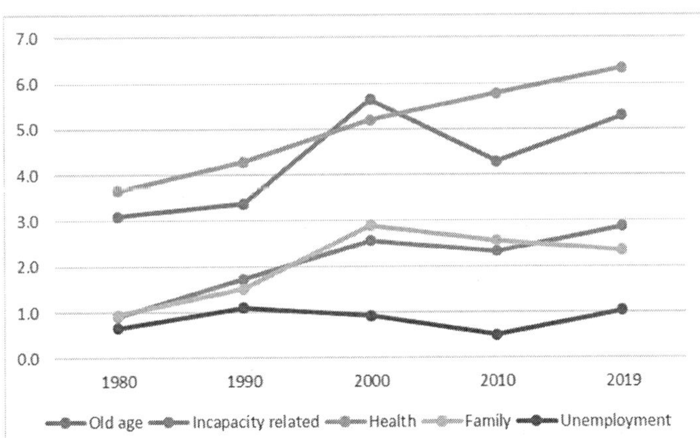


**그림 1.3** GDP 대비 분야별 공공지출(%)
출처 : OECD(2024a).

호주의 사회보장 수급자 수는 최근 완만하게 증가하는 추세에 있다. 2020년 수급자의 일시적 급증은 COVID-19에 따른 지원 대상의 증가 때문으로 추정된다. COVID-19의 영향을 제외하면, 총 인구 대비 사회보장 수급률은 완만하게 감소하는 추세에 있다. 사회보장 수급자 수의 증가는 대체로 인구 고령화에 따라 노인 수급자가 증가에 기인하고 있다.

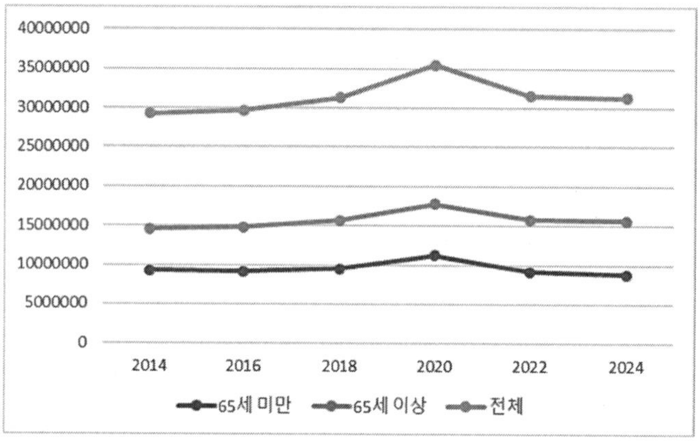


**그림 1.4** 연령대별 사회보장 수급자

출처 : Department of Social Services(2024).

비노인 수급자 수는 지난 10년간 큰 변화가 없으며, 오히려 약간의 감소를 경험하고 있다. 급여 종류별로 비노인 수급자 수의 변화를 살펴보면, 장애인 수급자와 돌봄 제공자 수급자가 증가하고 있는 반면, 총 수급자에서 실업 관련 수급자는 감소하고 있다. 이는 호주 정부의 실업 관련 급여의 통제와 이에 따른 수급자의 감소에 따른 결과로 추정된다.

## 3. 사회보장 관련 사회정치적 환경

19세기와 20세기 초에 선도적으로 사회정책을 도입한 호주는 보수당이 주도한 1940년대까지 특기할 만한 입법화 작업이 없이 정체의 시기를 보낸다(Garton, 1990). 이 시기에 사회보험 방식의 의료보장 제도 도입에 대한 논쟁이 전개되었다. 보험방식은 노동자 계급과 고용주 모두에게 지지를 받지 못했다. 노동자들은 사회보험 기여금이 생활임금과 실질임금(take home pay)의 감소를 초래할 것으로 받아들여졌고, 고용주에게는 기여금으로 인한 임금 손실이 차

후에 임금상승 요구의 근거로 활용될 것으로 보았다(Francis G Castles & John Uhr, 2007).

1940년대는 호주 복지국가가 행정적으로 그리고 재정적으로 그 기틀을 확립한 시기로 볼 수 있다. 이 시기에 가장 중요한 변화는 연방정부가 조세에 관한 독점적인 지위를(monopoly of taxation) 확보한 것이다. 1942년 개정 헌법은 소비세와 근로소득세를 연방정부에 귀속시켰고, 이러한 조세의 중앙집중화를 통해 호주 연방정부는 소득보장 제도의 운영에 관한 권한을 가지게 된다. 기여형 사회보험 제도 도입이 실현되지 않음으로써 공공부조 방식이 전국적인 단위의 사회보장 제도로 확장된다(Francis G Castles & John Uhr, 2007). 이 시기에 연방정부에 사회서비스부가 설립되면서, 호주식 사회보장제도가 확립되었다.

이후 호주는 정권의 복지에 대한 접근에 따라 다소 간의 성장과 후퇴를 경험했지만, 전반적으로는 점진적인 복지 확장의 길을 걸었다고 볼 수 있다. 1990년대 중반부터 2000년대까지 호주의 사회보장은 과거와는 현격히 다른 방향으로 전개된다. 보수당 정부의 장기 집권기에 호주는 복지 축소를 위한 복지개혁을 단행한다. 이 시기 사회보장의 후퇴는 전 세계적인 복지국가 재편과 맞물려 진행되었다. 신자유주의 정치경제학적 접근이 사회보장 개혁을 주도했고, 이는 기존의 보호적인 사회보장 프로그램이 워크페어로 대체됨을 의미했다. 이제부터 사회보장은 구호와 권리에서 계약과 의무로 전환된다(Harris, 2001).

이 시기에 호주는 상호의무제(Mutual Obligation)를 제도적으로 정착시킨다. 상호의무제는 정부로부터 사회보장 급여를 받는 자는 그 대가로 사회를 위해 기여를 해야 한다는 개념이다. 근로연령대 사회보장 수급자를 표적화한 정책으로서, 구체적으로 실업 관련 급여를 받는 자는 적극적인 구직활동과 교육 및 훈련에 참가해야 한다. 1996년에 처음 도입된 '급여를 위한 노동(Work for the Dole)' 프로그램은 청년 실업수당(Youth Allowance) 수급자를 대상으로 했지만, 현재는 성인 실업수당(Job Seeker Payment)과 양육수당(Parenting Payment) 수급자에게도 확대 적용되고 있다. 이 프로그램은 수급자들이 자격을 유지하기 위해서 구직, 교육/훈련 및 지역사회 봉사에 참여해야 하는 의무를 부과하며, 이 활동을 수행 또는 증명하지 못하면 급여 삭감이나 정지 등의 불이익을 받게 된다. 상호의무제 정책은 현재까지도 호주의 실업급여 프로그램의 필수적인 요소로 자리 잡고 있다.

2000년대 후반부터 2010년대 후반까지 노동당이 집권했지만 반복지 혹은 복지 축소에 대한 대항 담론 형성에 성공하지 못했고, 이후 보수당이 다시 집권하면서 복지 축소에 대한 압박은 가속화되었다. 복지는 재정건전성 회복 담론의 주요 표적이 되고 있는데, 호주 수상은 복지 지출 감소 없이는 재정적자 극복이 불가능하며, '복지지출을 감소시켜야 호주 경제가 활성화될 수 있다('you can't fix the economy unless you fix the budge', Tony Abbot, 2014)'는 주장을 하기도 했다. 호주 정부는 반복지 담론을 더 강하게 밀어붙이기도 했는데, 호주의 재무부장관은 '복지 권리 시대는 종말했고, 의무의 시대가 도래했다('The age of entitlement is over. The age of personal responsibility has begun', Joe Hockey, 2014)'고 천명하기도 했다.

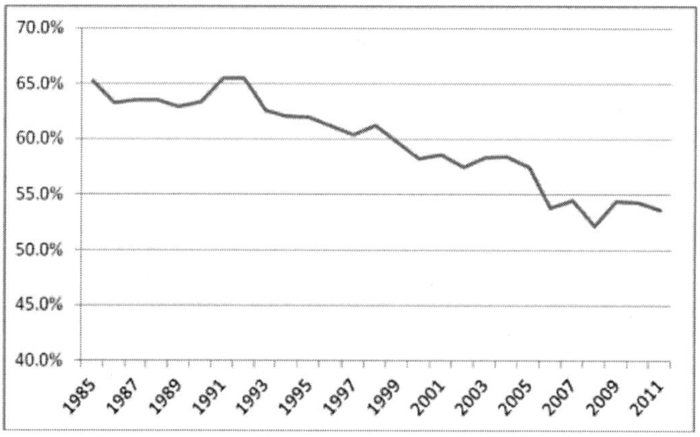


**그림 1.5** 호주의 중간임금 대비 최저임금
출처 : Whiteford(2013).

역사적으로 호주의 사회보장은 그 급진성이 지속적으로 희석되어 왔다고 볼 수 있다. 호주의 어느 사회정책학자는 신자유주의의 득세와 사회보장 후퇴를 '복지국가의 작별'로 규정했다(Castles, 2001). 사회적 협의체계는 붕괴했고, 사회보장급여 자격은 엄격해지고, 보호보다는 감시(policing) 기능이 강화되고, 조건 준수가 강요(forced compliance)되고 있다. 호주는 건국 당시의 평등한 국가로서의 위상을 상실했다. 저명한 역사학자인 에릭 홉스봄(Eric Hobsbawm)은 호주를 사회주의 국가에 범접할 정도로 평등 수준이 가장 높은 나라로 칭송(?)한 적이 있다(Hobsbawm, 1996). 그러나 호주의 보호주의적 노동시장 정책은 퇴색하고 있다. 최저임금과 평균임금 간의 격차는 확대되고 있으며, 불평등은 심화되고 있다(Whiteford, 2013). 실업자와 그 외 저소득 계층에게 호주 복지국가는 악몽이 되어가고 있다는 비판이 제기되고 있다(Marks, 1985).

# 4. 최근의 정책 동향

사회정책 분야는 매우 광범위하고, 급속도로 변화하는 특성을 가지고 있다. 호주 사회보장의 동향을 간단하게 요약하기는 쉽지 않지만 효율과 통제, 그리고 자율과 소비자 주권 등 상호 충돌하는 가치들이 복합적으로 얽혀 있는 변주곡으로 비유할 수 있다. 첫 번째 특징적인 동향으로 전달체계의 효율성 제고를 꼽을 수 있다. 사회보장 행정체계를 효율적으로 운영하는 것은 보편적으로 지지될 수 있는 가치다. 그러나 역사적으로 볼 때 행정체계의 효율화는 신공공관리(new public management) 이론에 근거하고 있다. 일반적으로 정부 행정체계는 거대하고 독점적인 지위를 가지고 있으며, 관료제와 위계제의 비효율적 속성을 가지고 있다. 작은 규모의 효율적인 행정체계를 구현하기 위한 행정학 이론의 대안으로 신공공관리론이 대두되었다. 호주 역시 사회보장 전달체계를 효율적으로 운영하기 위해 구매자-제공자 분리모델에 의거한 전달체계 개편을 해왔다. 소위 민관협력 모델을 사회서비스 분야에 적극 도입하여 비정부 기관에 기존 정부의 기능과 역할을 이임해 왔다. 이 모델하에서 호주 정부는 재정지원과 관리 역할을 담당하고(구매자 역할), 고용, 보육, 노인, 장애인, 주거 등 대부분의 사회정책 분야에서 실제 서비스와 프로그램을 운영하는 주체는 비정부기관이 된다. 일명 용역시스템(tender system)은 전달체계에 경쟁을 도입하는 것을 의미하는데, 외주 기관들은 용역을 획득하기 위해 불가피하게 경쟁을 하게 된다. 일반적으로 민간 사회서비스는 비영리기관들이 담당해 왔는데, 경쟁에서 우위를 점하기 위해 비영리기관들은 규모의 경제를 실현하기 위해 대규모화되고, 소규모 비영리기관들은 존폐 위기를 경험하고 있다(Goodwin & Phillips, 2015).

호주 소득보장 전달체계를 담당하고 센터링크(Centrelink) 역시 효율성 제고라는 기치 아래 온라인 서비스를 강화하고 있다. 센터링크는 그 자체로 호주 정부의 사회보장 전달체계 효율성 제고를 목표로 설립된 기구다. 1997년 센터링크가 설립되기 이전에 소득보장을 담당하던 정부 부처는 사회서비스부(Department of Social Services)와 교육고용부(Department of Education, Employment, Training and Youth Affairs)가 독립적으로 복지급여와 고용서비스를 관리했고, 두 부처(two=networks)는 별도의 지방 사무소를 운영하는 중복 체계였다. 이는 정부의 관점이나 소비자의 과점에서 비효율적이었다. 센터링크는 다기능을 수행하는 원스톱(one-stop) 기구로서 고안된 것이다(Halligan, 2008). 호주정부는 센터링크의 기능적 효율성을 제고하기 위해

복지급여 기반시설 개혁 프로그램(Welfare Payment Infrastructure Transformation Programme)을 시행하고 있다. 서비스의 디지털화를 골자로 하는 이 프로그램은 오피스와 대면 서비스를 축소시키고 대신 온라인 서비스를 확대한다. 대면 서비스가 축소됨에 따라 자연스럽게 전화 서비스 수요가 급증하면서 전화응대 대기시간이 증가한다. 인터넷 이용이 불편한 이용자들에게 서비스 접근성은 훼손된다. 이용자들의 서비스에 불만은 증가하고, 센터링크 서비스에 대한 만족도는 지속적으로 하락하고 있다. 전달체계의 디지털화를 통해 절약된 운영비 지출이 연간보고서(annual reports)에 성과로 기록되고 있지만, 효율성의 제고는 서비스의 질을 희생시키는 대가로 평가되고 있다.

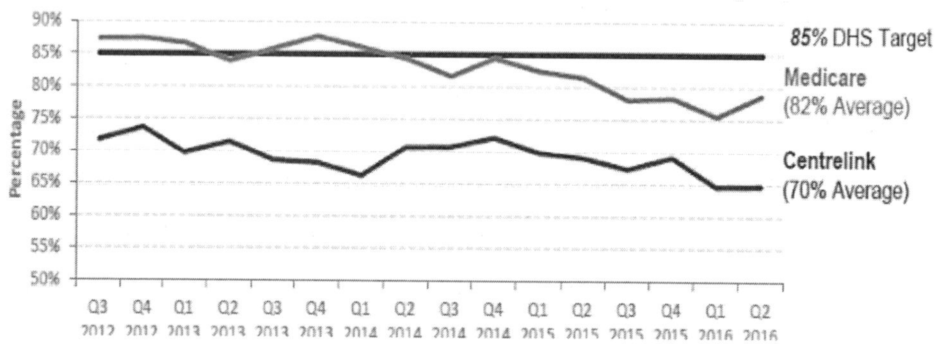


**그림 1.6** 센터링크 서비스 만족도

출처 : Belot(2017).

호주 사회보장과 관련하여 언급할 가치가 있는 또 다른 특징적인 동향은 부권주의적(paternalistic) 복지 통제의 강화다. 호주 정부는 2007년에 호주 북부주(Northern Territory) 지역 원주민들을 대상으로 '소득관리(Income Management)' 프로그램을 도입했다. 호주 사회보장의 주요 수급자 계층인 원주민들의 소비통제를 주요 목적으로 한 것이다. 이 프로그램에 의하면, 급여의 일부(보통은 50%, 아동학대 위험 가구는 70%)가 '생필품 카드(Basics Card)'에 입금되고, 이 카드는 의식주 등 생필품에만 사용 가능하고, 술, 담배, 도박 등과 관련된 상품 구입에 사용할 수 없도록 소비제한을 한다(Mendes, 2013). 유사한 수급자 통제 프로그램으로서 사회보장 수급자 대상 무작위 약물 복용 검사를 하고 있다. 사회보장 수급자가 밀집되어 있는 시드니 서부 지역을 표적으로 하여 신규 수급자를 대상으로 약물검사 시범사업(drug-testing trial)을 했다. 약물 복용으로 판단될 경우, 급여가 생필품카드에 입금되고 소비가 식품, 주거비 및 보육 등에 제한된다(Norman, 2017). 사회보장급여 지출 검역(welfare quarantining)은 아동의 학교 출석에도 적용된다. 아동의 출석이 저조할 경우에도 소비지출 제한이 이루어진다. 이러한 복지 검역의 효과와 정당성에 대한 비판이 강하게 제기되고 있으며, 현재 호주 사회보장의 주요 논쟁 중의 하나다(Cobb-Clark, Kettlewell, Schurer, & Silburn, 2023; Marston & Staines, 2024). 기존의 소득관리 프로그램은 2023년에 종료되고, 현재는 '향상된 소득관리(Enhanced Income Management)' 프로그램으로 대체되어 있다. 새로운 스마트카드(Smart Card)는 온라인 뱅킹과 온라인 쇼핑 등을 허용하면서 통제 정도가 일부 완화된 형태로 시행되고 있다(Service Australia, 2023).

호주의 부권주의적 복지 통제는 감시 복지 체제의 강화로 귀결되고 있다. 사회보장 부정수급은 어느 나라를 막론하고 사회보장 행정의 주요한 의제 중의 하나다. 호주는 2014년에 부정수급 행정을 자동화하는 시스템(automated debt recovery program)을 구축했다. 일명 로봇추심(robo-debt)으로 비하되어 명명되는 이 프로그램은 자동화된 부정수급 적발 시스템은 데이터 매칭(data-matching) 기법을 이용하여 국세청의 소득자료와 센터링크에 신고된 소득을 컴퓨터 프로그램을 통해 비교하고, 과대 지출된 급여를 반환시키는 것이다. 국세청 소득자료와 신고소득 간의 격차가 감지되면 자동적으로 부채 변상 통보 편지(debt letter)가 인쇄되고, 등록된 수급자의 주소지로 발송된다. 기존에 센터링크 직원들의 인력으로 수행하던 데이터 매칭 작업을 디지털화함에 따라 처리 건수는 급격하게 증가했고 이를 통해 상당한 부정수급분을 회수하는 실적으로 거두었다. 그러나 이 시스템에 의한 부정수급 결정의 상당수가 오류로 확인되고, 이 결정을 번복하고자 하는 수급자는 최대 6년 이전까지의 소득자료를 제출하도록 요구받았다. 인적 개입의 부재로 사회보장 행정은 탈인격화되고, 수급자들의 분안과 위협감을 유발하는 억압적인 복지 치안(welfare policing)으로 비판받았다. 이 시스템은 기본적으로 수급자를 잠재적인 복지 범죄자로 간주하는 접근법에 기초해 있음으로 인해 국내외로부터의 지탄의 대상이 되었다(Mao, 2023). 급기야 호주에서는 이 시스템에 대한 왕립조사위원회가 구성되어 조사가 진행되었고, 조사 보고서는 결론적으로 이 시스템을 '값비싼 행정 실패(costly failure of public administration)'로 규정했다(Holmes, 2023).

"로봇추심은 공정하지도 합법적이지도 않은 조잡하고 잔인한 메커니즘으로, 많은 사람들을 범죄자처럼 느끼게 만들었다. 본질적으로 사람들은 돈을 갚아야 할지도 모른다는 도저히 일어나지 않을 희박한 가능성에 트라우마를 겪었다. 이는 인적 측면과 경제적 측면 모두에서 막대한 비용이 드는 공공 행정의 실패였다."(Holmes, 2023, p. xxix)

소득보장 영역에서 호주 사회보장은 통제와 효율의 가치를 강조하는 반면 사회서비스 영역에서는 자율과 소비자 주권의 가치가 강조되는 경향을 보이고 있다. 호주 정부는 사회서비스에 소비자주도(consumer-directed care) 모델을 도입했다. 소비자주도 돌봄 모델은 기존에 서비스 제공기관에 재정을 지원하던 방식과는 달리 수급자에게 예산 사용 지배권을 부여하여 서비스 이용의 목적, 계획 수립 그리고 세부 서비스 내용에 있어서 수급자의 선택권과 통제권을 행사하도록 하는 방식이다(McCallum & Rees, 2017). 호주는 2015년부터 노인 돌봄 서비스에 소비자주도 모델을 도입하여, 수급자에게 서비스 제공기관과 서비스 내용 결정권, 그리고 예산 사용 재량권을 부여하고 있다. 소비자주도 모델의 핵심은 개별예산제(individualised budget)로서 수급자는 스스로 혹은 코디네이터(care coordinator)와 함께 지원금 사용 계획을 설계한다(Department of Health and Aged Care, 2024).

호주의 사회서비스의 또 다른 특징적인 변화는 국가장애보험제도(National Disability Insurance Scheme)의 도입이다. 2016년부터 시행되고 있는 국가장애보험제도는 그동안 각 주정부가 독립적으로 운영하던 장애인 서비스를 전국적인 단위로 단일체계화한 것이다. 국가장애보험 도입을 계기로 장애인 서비스에도 개별예산제를 도입했다. 개별예산제에 따라 수급자의 욕구별로 지원금이 차등적으로 지급되며, 최대급여액은 정해져 있지 않다. 2024년 통계에 의하면, 수급자 개인당 연평균 64,400호주달러의 지원금이 제공되었고, 지원금은 평균적으로 매년 8.1% 상승하고 있다(NDIS, 2024). 예산을 운용하는 방식은 크게 세 가지로 나뉜다. 본인이 직접 설계하고 운영하는 자기관리(self-management)방식, 전문적으로 개별예산을 설계하고 관리해 주는 대리인을 이용하는 전문매니저 관리(plan-managed funding), 그리고 장애인 서비스를 제공하는 기관이 관리하는 방식(NDIA-managed funding)이 그것이다. 지원금액을 기준으로 살펴보면, 자기관리방식은 11%에 그치고 있으며, 전문매니저 관리방식이 57%로서 가장 큰 비중을 차지하고 있다. 추세 면에서도 전문매니저 관리방식이 증가하고, 나머지 두 가지 방식은 감소 추세에 있다(NDIS, 2024).

국가장애보험의 개별예산제는 이용 가능한 서비스들을 유형화하고 있다. 첫째는 핵심지원(core supports)으로서 실금보조기기 등의 소모성 품목, 일상생활용품, 사회활동이나 레크리에이션 등의 지역사회 참여, 그리고 교통 등을 지원한다. 둘째는 역량형성(capacity building)으로서 선택과 지배권(케어 플래닝 훈련 등), 치료활동, 고용 및 상담, 건강과 웰빙, 가정생활(적절한 숙소를 구하고 보유하는 방법 등), 평생학습, 관계 향상 프로그램, 그리고 개인생활기술교육 등에 필요한 비용을 지원한다. 셋째는 자본지원(capital supports)으로서 보조공학기기 구입과 주택 수리 및 개조 등을 지원한다.

| | 효과적 | 비효과적 |
|---|---|---|
| 효율적 | 번창<br>(thrive) | 점진적 소멸<br>(die slowly) |
| 비효율적 | 생존<br>(survive) | 급속한 소멸<br>(die quickly) |

**그림 1.7** 효율성과 효과성에 따른 조직의 변화

호주 사회보장의 동향을 간단하게 요약하기는 어렵다. 큰 흐름에서 볼 때 호주의 사회보장은 투 트랙(two track) 전략을 실행하고 있는 것으로 보인다. 우선 소득보장 영역에서는 사회보장의 권리성이 심각하게 훼손되고 있는 것으로 평가된다. 효율의 가치가 전면에 부상하면서 권리로서의 복지는 근로연계 복지와 조건부 복지로 전환되고, 복지통제와 복지감시가 제도화되고 있다. 효율성은 재정적인 측면에서 제도의 장기지속성을 제고하는 수단이 될 수 있지만 사회보장 행정의 존재 가치를 훼손할 위험을 안고 있다. 다행히 다른 한편에서 호주의 사회서비스는 자기결정권을 중심으로 한 인권 기반 접근을 강화하고 있다. 현재의 퇴보적 소득보장 행정을 전환하고, 효율성보다는 효과성과 권리성을 강화하는 획기적인 접근을 통해 호주가 다시 사회적 실험실로서의 예전의 명성을 회복할 수 있을지 지켜볼 일이다.

## 참고문헌

https://www.abc.net.au/news/2017-06-12/government-rejects-$150,000-advice-to-improve-centrelink/8609716Belot, H. (2017). Centrelink : Government rejects $150,000 advice to make customers' goals more realistic. Retrieved from

Castles, F. G. (1994). The Wage Earners' Welfare State Revisited : Refurbishing the Established Model of Australian Social Protection, 1983-1993. Australian Journal of Social Issues, 29(2), 120-149.

Castles, F. G. (2001). Farewell to Australia's Welfare State. International Journal of Health Services, 31(3), 537-544.

Castles, F. G., & Mitchell, D. (1991). Three worlds of welfare capitalism or four? : Australian National University.

Castles, F. G., & Uhr, J. (2007). The Australian Welfare State : Has Federalism Made a Difference? . Australian Journal of Politics and History, 53(1), 96-117.

Cobb-Clark, D. A., Kettlewell, N., Schurer, S., & Silburn, S. (2023). The Effect of Quarantining Welfare on School Attendance in Indigenous Communities. Journal of Human Resources, 58(6).

Cox, L. (2006). The Antipodean social laboratory, labour and the transformation of the welfare state. The Australian Sociological Association, 42(2), 107-124.

Department of Health and Aged Care. (2024). Individualised budgets for Home Care Packages. Retrieved from https://www.health.gov.au/our-work/home-care-packages-program/managing/individualised-budgets

Department of Social Services. (2024). DSS Benefit and Payment Recipient Demographics. Retrieved from https://data.gov.au/data/dataset/dss-payment-demographic-data

Fair Work Commission. (2024). Harvester Case. Retrieved from https://www.fwc.gov.au/about-us/his-tory/waltzing-matilda-and-sunshine-harvester-factory/harvester-case

Garton, S. (1990). Out of Luck : Poor Australians and Social Welfare 1788-1988 : Allen & Unwin.

Goodwin, S., & Phillips, R. (2015). The marketisation of human services and the expansion of the not-for-profit sector. In G. Meagher & S. Goodwin (Eds.), Markets, rights and power in Australian social policy (pp. 97-113) : Sydney University Press.

Grudnoff, M. (2021). Unemployment payments and work incentives : An international comparison : The Australia Institute.

Halligan, J. (2008). The Centrelink Experiment : Innovation in service delivery : Australian National University.

Harris, P. (2001). From relief to mutual obligation : welfare rationalities and unemployment in 20th-century Australia. Journal of Sociology, 37(1), 5-26.

Hobsbawm, E. (1996). The Age of Extremes : The Short Twentieth Century, 1914-1991 : Vintage.

Holmes, C. (2023). Royal Commission into the Robodebt Scheme : Government House.

Mao, F. (2023). Robodebt : Illegal Australian welfare hunt drove people to despair. Retrieved from https://www.bbc.com/news/world-australia-66130105

Marks, T. (1985). Australian welfare state - working man's paradise or unemployed nightmare : Progress in Political Economy.

Marston, G., & Staines, Z. (2024). Social Policy. In D. Perche, N. Barry, A. Fenna, Z. Ghazarian, & Y. Haigh (Eds.), Australian Politics and Policy (pp. 1190-1221) : Sydney University Press.

McCallum, J., & Rees, K. (2017). Consumer Directed Care In Australia : Early stage analysis and future directions : National Seniors Australia.

Mendes, P. (2013). Compulsory Income Management : A Critical Examination of the Emergence of Conditional Welfare in Australia. Australian Social Work, 66(4), 495−510.

NDIS. (2024). NDIS Quarterly report to disability ministers : NDIS.

Norman, J. (2017). Government chooses western Sydney for first random drug testing of welfare recipients. Retrieved from http://www.abc.net.au/news/2017−08−22/welfare−recipients−could−face−drug−tests−as−early−as−january/8827288

OECD. (2023a). Earnings : Real minimum wages : OECD.

OECD. (2023b). Pensions at a Glance 2023 : OECD and G20 Indicators : OECD.

OECD. (2024). OECD Data Explorer. Retrieved from https://data−explorer.oecd.org/vis?df[ds]=DisseminateFinalDMZ&df[id]=DSD_SOCX_AGG%40DF_SOCX_AGG&df[ag]=OECD.ELS.SPD&dq=.A..PT_B1GQ.ES10._T._T.&pd=2010%2C&to[TIME_PERIOD]=false&vw=tb

Payne, A. (2009). Working poor in Australia. Family Matters, 81, 15−24.

Service Australia. (2023). Comparison between cards. Retrieved from https://www.servicesaustralia.gov.au/comparison−between−cards?context=64353

Whiteford, P. (2013). Australia : Inequlity and prosperity and their impaacts in a radical welfare state : Australian National University

Whiteford, P. (2017). Social security and welfare spending in Australia : Assessing long−term trends : Tax and Transfer Policy Institute, Australian National University.

Whiteford, P., & Angenent, G. (2002). The Australian system of social protection − an overview : Department of Family and Community Services.

여유진, & 정용문. (2011). 호주 사회보장체계 연구 : 한국보건사회연구원.

# 02 호주의 복지 사각지대 관리와 빈곤해소 정책 : 노령연금을 중심으로[1)]

## 1. 노령연금 자격요건

### 1) 호주 사회보장 수급 일반기준

호주의 사회보장 급여는 공공부조 방식에 크게 의존하고 있다. 사회보장 급여에 대한 자격은 신청자의 욕구와 거주요건에 의해 결정된다. 노동시장에서의 기여에 의한 급여가 존재하지만, 기여금은 본인이 부담하지 않으며, 이 프로그램은 호주의 주요한 소득보장 프로그램으로 간주되지는 않는다. 모든 개별 급여는 독립적인 급여자격 요건을 요구하고 있으나, 일반적으로 적용되는 자격요건은 거주요건과 소득 및 자산조사 두 가지로 요약된다. 거주요건은 체류상의 지위와 관련되어 있으며, 원칙적으로 호주시민과 영주권자에 한해 사회보장 급여에 대한 권리가 부여된다. 그 외에 특수 범주의 거주자들에게 사회보장 급여권이 부여되는데, 이에는 난민 등 인도주의적 보호 집단(protected groups)이 포함된다.

특기할 만한 사항은, 새로 입국한 이민자들에게는 사회보장 급여권이 즉각적으로 부여되지 않는다는 점이다. 우선, 실업 관련 급여에는 2년의 거주요건이 적용된다. 장기적으로 지급되면서 급여율이 높은 연금성 급여(pension)에 대해서는 더 긴 거주요건을 충족해야 한다. 대표적으로 노령연금(age pension)과 장애연금(disability pension)을 수령하기 위해서는 10년의 거주요건이 요구된다(Department of Social Services, 2017f).

원칙적으로 모든 호주 사회보장 급여 신청 및 심사과정은 소득 및 자산조사를 거쳐야 하며, 이에는 극히 제한적인 예외 규정만을 두고 있다. 이 중 소득조사는 사실상 모든 급여 신청에

1) 본 장은 '임완섭 외(2019), 사회보장 분야 사각지대 축소와 부적정 지출 관리 방안 연구, 보건사회연구원'에 수록됨.

수반되고 있으며, 시각장애인이 장애연금을 신청하는 경우에 한해 극히 예외적으로 소득조사가 면제된다. 자산조사도 거의 보편적으로 적용되고 있으나, 아동수당 성격을 띤 가족세제급여(Family Tax Benefit)와 보육급여(Child Care Benefit)에 한해 예외적으로 면제 혜택을 부여하고 있다.

호주는 소득조사와 자산조사를 통합하지 않고, 두 기준을 독립적으로 적용하고 있다. 즉, 소득에 따른 급여자격을 판정하고, 별도로 자산에 따른 급여자격을 판정하여 최종 급여자격을 결정한다. 이 방식에 의하면, 소득기준이 급여자격 요건을 충족했다 하더라도 자산이 그 기준을 초과하면 급여자격이 상실되며, 그 반대의 경우도 발생할 수 있다. 그러나 호주의 사회보장 급여는 자산 기준을 높게 설정하고 있기 때문에, 대체로 소득기준에 의해 자격요건이 결정된다. 상대적으로 자산 보유율이 높은 노령연금 수급자 통계에 의하면, 부분 노령연금(part age pension) 수령 여부가 소득조사에 의해 결정되는 경우(66.3%)는 자산조사에 의해 결정되는 경우(33.7%)보다 2배 정도 많다(Department of Social Services, 2017a). 여기에 소득과 자산이 더 적은 완전노령연금(full age pension) 수급자를 포함하면, 소득조사에 의한 결정률은 훨씬 높아지게 된다.

### 2) 노령연금 거주 및 연령 요건

호주 노령연금(Age Pension) 역시 공공부조성 급여로서 은퇴 전 노동시장 소득과는 무관하게 급여의 자격과 급여량이 결정된다. 노령연금을 받기 위해서는 시민권과 혹은 적어도 영주권자로서 10년 이상 호주에 거주한 기록이 필요하다. 거주기간 계산에서 외국에서 거주한 기간은 제외되며, 비영주비자로 체류한 기간도 고려되지 않는다. 또한 거주 기간 동안 최소 5년 이상은 중단없이 지속적으로 호주에 거주해야 한다. 노령연금은 장애연금(Disability Pension)과 함께 호주 사회보장 급여에서 가장 장기의 거주를 요구하는 급여다.

2019년 현재 노령연금 수령연령은 65.5세며, 이는 2017년부터 적용되어 오고 있다. 노령연금에 대한 접근성을 제한하고, 제도의 장기지속성 제고를 위해 호주는 노령연금 수령연령을 지속적으로 상향조정할 계획이다. 호주는 1909년 노령연금 최초 시행 이후 2017년까지 동일한 수령연령을 유지해 왔으나, 수명연장과 노인들의 향상된 건강 등의 이유로 노령연금 수령연령 상향조정을 추진해 오고 있다(National Commission of Audit, 2014). 앞으로 2년마다 노령연금 수령연령이 6개월씩 연장되어 2023년에는 67세, 2033년에는 68세, 그리고 2053년에는 70세로 높아지게 된다.

**표 2.1** 노령연금 수령연령과 평균 수명

| 연도 | 노령연금 수급연령(안) | 65세 기대수명 | 65세 기대수명 대비 노령연금 수령연령 |
|---|---|---|---|
| 2017 | 65.5 | 86.5 | 76% |
| 2023 | 67.0 | 87.3 | 77% |
| 2033 | 68.0 | 88.5 | 77% |
| 2043 | 69.0 | 89.6 | 77% |
| 2053 | 70.0 | 90.7 | 77% |

출처 : National Commission of Audit(2014a).

호주의 노령연금 연령수령 연장은 단순히 재정절감을 위한 조치이기보다는 나름의 논리적인 정당성을 확보하고 있다. 즉, 2년마다 6개월씩 연장하는 것은 기대수명의 연장 속도와 보조를 맞춘 결과물이다. 2017년 현재 노령연금 수령연령(65.5세)은 65세 연령자들의 기대수명(86.5세)의 약 76% 선인데, 현재 기대수명 대비 노령연금 연령을 적용하여 77% 선에서 노령연금 수령연령을 연속적으로 재조정하는 방법이다. 이 제안에 따르면, 기대수명 연장에 비례적으로 노령연금 수령연령도 상승하게 되며, 77% 비율을 충족시키기 위해서는 노령연금 수령연령이 대략 5년마다 6개월씩 상향조정된다. 비율을 동일하게 유지하면, 기대수명 상승에 따라 결과적으로 노령연금이 지원해야 할 실제 노후기간은 증가하게 되지만, 노령연금 수령연령 상승을 사회적으로 수용 가능한 방식으로 해결한 대안으로 평가된다(National Commission of Audit, 2014a).

### 3) 노령연금 소득 및 자산조사

노령연금 소득조사는 근로소득, 사업소득, 투자수익 및 임대소득을 대상으로 하며, 현금으로 실현 가능한 소득은 추정(deeming) 소득으로 간주하여 계상한다. 예를 들어, 노령연금 수령연령에 이른 자가 아직 수령하지 않은 기업연금(superannuation)이 있다면 이는 소득으로 간주되어 노령연금 자격 및 급여액 판정에 영향을 미칠 수 있다. 기업연금 이외의 사회보장 급여는 보통 소득으로 인정하지 않는다.

**표 2.2** 노령연금 수급 소득기준(달러, 격주당)

| | 완전노령연금(최대 금액 노령연금) 수급 기준 | 노령연금 자격 상실 기준 |
|---|---|---|
| 단독 가구 | 174 이하 | 2,040.80 이상 |
| 부부 가구(합산소득) | 308 이하 | 3,122.20 이상 |
| 병환 사유(Illness separated)로 별거 중인 가구(합산소득) | 308 이하 | 4,041.60 이상 |

출처 : Department of Social Services(2019f).

소득이 일정 기준을 넘어서면 노령연금 수급 자격을 상실하게 되는데, 단독 가구일 경우 격주당 소득이 2,040.80달러(연간 53,060.8달러), 부부 가구일 경우 격주당 소득이 2,996.80달러(연간 81,177.2달러)에 이르면 노령연금을 수급할 수 없다. 노령연금 소득기준에서 제외되는 예외적인 소득이 있는데, 노인 근로유인 제도인 근로보너스(Work Bonus) 프로그램에 따라 격주당 소득 300달러는 근로소득으로 계상하지 않는다(신고소득에서 감해진다). 즉, 부부가구의 경우 격주당 소득이 908달러에 달해도 최대 금액의 노령연금을 받을 수 있다.

**표 2.3** 노령 연금 수령 최대 자산기준(달러, 연간)

| | 최대 금액 노령연금 수급 기준 | | 노령연금 자격 상실 기준 | |
|---|---|---|---|---|
| | 주택 보유자 | 무주택자 | 주택 보유자 | 무주택자 |
| 단독 가구 | 263,205 이하 | 473,750 이하 | 574,500 이상 | 785,000 이상 |
| 부부 가구 (합산) | 394,500 이하 | 605,000 이하 | 863,500 이상 | 1,074,000 이상 |
| 병환 사유(Illness separated) 별거 가구(합산) | 394,500 이하 | 605,000 이하 | 1,017,000 이상 | 1,227,500 이상 |

출처 : Department of Social Services(2019a).

노령연금 자산조사는 개인 부동산, 회사 자산, 투자금 및 그 외 자산가치가 있는 보유물(자동차나 보트 등) 등을 대상으로 한다. 특기할 만한 점은 본인이 주거 목적으로 보유하고 있는 주택(principal home)은 자산조사 대상에서 제외된다는 점이다. 그러나 토지 규모가 2헥타르 이상인 주택은 조사대상에 포함된다. 자산기준은 주택 보유 여부에 따라 다르게 적용된다. 즉, 무주택자들에게 더 높은 자산기준이 적용되어, 이들에게 더 후한 노령연금 접근성을 제공하고 있다.

# 2. 노인 소득보장 체계

## 1) 삼층 체계 노인 소득보장

초기 호주의 노인 소득보장 체계는 노령연금에 전적으로 의존해 왔으나, 1992년에 의무기업연금(Superannuation Guarantee)이 시행됨으로써 복합적 소득보장체계로 발전해 왔다. 호주의 노인 소득보장 체계는 3층 체계로 구성되어 있다. 1층은 공공부조 방식의 노령연금(Age Pension)이며, 2층은 사회보험방식의 의무기업연금, 그리고 3층은 자발적 기업연금(Voluntary Superannuation)이다(Derby, 2015; Henry, 2009).

의무기업연금은 노령연금과 달리 소득에 연계된 급여로서, 우리나라의 국민연금에 해당하는 사회보험급여다. 단, 한국과는 달리 재원은 전적으로 고용주의 기여에 의해 마련된다. 고용주는 피고용인이 18세 이상이고, 월급이 450달러를 넘어서면 의무적으로 피고용자 급여의 최소 9.5%를 피고용인 명의의 기업연금 계좌에 적립해야 한다. 호주는 의무기업연금을 노령연금을 보완할 소득보장제도로 활용하고자 하며, 의무기업연금의 소득보장 기능 강화를 위한 조치로 고용주 최소 기여율을 2025년까지 12%로 단계적으로 상승할 계획이다. 의무기업연금 제도의 포괄성은 지속적으로 확대되고 있다. 2013~2014년 현재 25~54세 연령대의 85% 인구가 의무기업연금 제도의 적용을 받고 있는데, 10년 전 의무기업연금 가입률은 64%였다(Australian Bureau of Statistics, 2016c). 2018년 현재, 1,560만 호주인들이 의무기업연금 계좌를 보유하고 있다(Australian Tax Office, 2018). 만 20세 이상 성인 인구가 대략 1,800만 명이며(Australian Bureau of Statistics, 2019), 의무기업연금 가입률은 전체 성인의 87%에 이른다. 의무기업연금의 역사가 채 30년이 되지 않기 때문에 65세 이상 노인들의 의무기업연금 보유율은 젊은 연령층에 비해 평균적으로 낮다(Australian Prudential Regulation Authority, 2019). 현재 노동시장 진입이 제한된 소수의 인구집단을 제외한 근로연령층의 거의 모두는 의무기업연금에 가입되어 있는 것으로 보아도 무방하다(Australian Bureau of Statistics, 2016c). 생애주기에 걸쳐 한 달 소득이 450달러 이하의 수준에서 경제활동을 하는 이는 사실상 거의 없기 때문이다.

**표 2.4** 호주의 3층 노인 소득보장 체계

| 구분 | 노령연금 | 의무기업연금 | 자발적 기업연금 |
|---|---|---|---|
| 도입시기 | 1909 | 1992 | 1850년대 |
| 자격요건 | 거주요건(10년) | 적립 | 좌동 |
| 수령연령 | 65.5세(2023년 67세) | 55세(2025년 60세) | 좌동 |
| 재원 | 정부 일반조세 | 고용주 기여 | 개인/고용주 기여금, 정부 매칭 기여 |
| 급여액 | 균일급여(소득조사 영향) | 소득 연계 | 기여액 연계 |
| 급여형태 | 소득 | 소득 전환 가능한 자산 | 좌동 |
| 급여방식 | 연금방식 | 일시불/연금방식 | 좌동 |

출처 : 여유진 외(2017).

자발적 기업연금은 법적으로 의무화된 기업연금으로 포괄되지 않는 개인의 투자로 이해된다. 법적으로 정한 최소 기여율이 없으며, 의무기업연금 수령액을 증가시켜 소득보장 기능을 더욱 강화하기 위한 목적으로 시행되고 있다. 자발적 기업연금은 다양한 형태를 띠는데, 우선 피고용인은 추가부담기업연금(Salary Sacrificing Super)을 통해 고용주의 의무적 기여에 추가하여 본인의 기여금을 증가시킬 수 있다. 고용주는 기업복지 차원에서 법적 기여율 이상을 기여하는 경우도 흔한데, 이 경우도 자발적 기업연금의 한 형태로 볼 수 있다. 또한 고용 여부와 상관없이 일반 개인 혹은 자영업자는 자기관리기업연금(Self-managed Super Funds)에 가입할 수 있다.

호주 정부는 자발적 기업연금을 장려하기 위해 세제혜택을 제공하고 있는데, 자발적 기여금은 세금환급의 대상이 된다. 기업연금 매칭 기여금제도(Superannuation Co-contribution Scheme)를 통해 저임금자의 적립금액에 매칭하여 기여금을 보충해 주는 제도도 운영하고 있다. 매칭 기여금을 받을 수 있는 소득기준은 연간 53,564달러이며, 연간 소득이 38,564달러 이하이면 최대 500달러의 기여금을 매칭받을 수 있다. 그 사이 소득에 대해서는 매칭률이 기여금 1달러에 대해 3.33% 감소한다(Australian Taxation Office, 2019). 자발적 기업연금은 넓게 보면 의무기업연금 속의 부차적인 제도로 간주되지만, 개인의 자발적 기여에 기초한다는 점에서 성격이 다르다고 볼 수 있다(Australia's future tax system, 2009).

### 2) 기업연금이 노령연금에 미치는 영향

기업연금은 개인적 차원에서는 은퇴 후 노인들의 소득 원천을 다변화하고, 사회적 차원에서는 소득보장체계의 노령연금 의존성을 감소시키기 위한 두 가지 목적을 가지고 있다. 인구 고령화와 노인인구의 기대수명 연장에 따라 노령연금 지출에 대한 호주 정부의 부담은 커지고 있다. 노령연금은 호주 사회보장 지출에서 가장 큰 비중을 차지하고 있는데, 노령연금에 소요되는 예산은 매년 평균 3.7%씩 증가할 것으로 예상된다(National Commission of Audit, 2014a). 호주 정부는 기업연금이 노령연금 재정 지출에 어느 정도 억제기능이 있으며, 노령연금 의존성을 감소시킬 것으로 기대하고 있다. 기업연금의 성숙은 노령연금 수급자 규모와 노령연금 급여 수준에 변화를 줌으로써 노인 소득보장 체계에 영향을 미칠 수 있다.

#### (1) 노령연금 수급자 규모에 미치는 영향

기업연금 가입자 증가는 자연스럽게 기업연금 보유 은퇴자를 증가시키고 있다. 2013~2014년 통계에 의하면, 노령연금 수령연령에 달하지 않았지만 기업연금을 수령할 수 있는 55~64세 인구의 77.8%가 기업연금 계좌를 보유하고 있으며, 노령연금 수령연령대인 65세 이상 인구의 39.1%가 기업연금에 포괄되어 있다. 10년 전 25.3%와 비교해 보면 현격히 증가했음을 알 수 있다(Australian Bureau of Statistics, 2016c).

기업연금 수령자의 증가는 노령연금 수급자를 감소시키는 효과가 예상되었지만, 노령연금 수급자 수가 실질적으로 크게 감소하고 있지는 않은 것으로 추정된다. 크게 두 가지 이유가 작용하고 있는 것으로 보고되고 있다. 첫째, 노령연금 소득 및 자산 기준이 높게 설정되어 있기 때문에 상당한 소득이나 자산 보유자도 부분적으로나마 노령연금 자격을 충족시킬 수 있다. 즉, 격주당 개인소득이 대략 2천 달러에 이르러야 노령연금 자격이 완전히 상실된다. 둘째, 현행 기업연금 수령은 노령연금 자격요건에 영향을 미치지 않을 수 있는 합법적인 법을 제공하고 있다. 기업연금은 일시불 수령을 허용하고 있는데, 2013~2014년 한 해에 424,100명이 연금방식 대신에 일시불로 기업연금을 수령했다(Australian Bureau of Statistics, 2016c). 기업연금 일시불 수령자들의 상당수는 수령한 기업연금을 주택구입이나 주택대출 상환 등 자산 구축에 소비하고 있다. 만약 기업연금 수령액을 본인이 거주하는 주택에 사용했다면, 노령연금의 소득 및 자산조사에 아무런 영향을 미치지 않는다. 기업연금 소득은 노령연금 소득조사 이전에 이미 소진된 상태고, 노령연금 자산조사는 본인 거주목적의 주택은 조사에서 제외하기 때문이다. 따라서 소득으로 계상될 기업연금을 수령하고도 노령연금 자격은 그대로 유지되는 것이다. 수급자들은 이중수급(double dipping)이라 불리는 합리적인 목적을 위해 제도의 허점을 이용하고 있는 것이다. 또한 다수의 수령자들은 수령한 기업연금을 여행이나 소비재 구입에 이용함으로써 일시불 급여가 기업연금의 소득보장 기능 강화에 전혀 기여하고 있지 못하고 있다는 주장도 제기되고 있다(King & Maddock, 2015).

기업연금 일시불 수령이 만연한 데에는 현재 기업연금 수령액이 소액이라는 사실이 크게 작용하고 있다. 통계에 의하면, 일시불 수급자들의 대부분(69.8%)은 수령액이 50,000달러 이하의 소액 수급자로서, 수령액이 노후 소득보장에 사실상 기여할 수 없는 경우다. 그러나 일시불 수령 관행은 조금씩 변하고 있다. 기업연금제도 성숙과 함께 적립금 규모가 커지면서 일시불 수령 비율이 점차 줄어들고, 대신 연금방식으로 수급하는 이들이 증가하고 있는 것이다(Australian Bureau of Statistics, 2016b). 2013~2014년 현재 65세 이상 인구의 28%(약 876,000명)가 정기적인 소득 방식으로 기업연금을 수령하고 있는데, 이는 10년 전 상황(연금방식 수령자 비율 20% 혹은 약 479,000명)과 비교했을 때 비약적인 상승이라 볼 수 있다(Australian Bureau of Statistics, 2016c). 기업연금 수령 자체가 곧바로 노령연금 수급자 감소를 의미하지는 않는다. 수령액이 더 중요한 요인이기 때문이다. 기업연금의 노령연금 수급률 감소 효과가 얼마나 클지에 대해서는 더 지켜봐야 할 상황이나, 기업연금 성숙이 노령연금 수급자 구성을 변화시키고 있다는 점은 사실이다.

#### (2) 노령연금 급여수준에 미치는 영향

기업연금 수령이 노령연금 수급률을 직접적으로 감소시키는 데에는 제약이 있을 수 있으나, 노령연금 수령액을 감소에 관한 한 기업연금은 직접적인 효과를 가질 것으로 전망된다. 기업연금 성숙에 따라 개인당 기업연금 보유액, 즉 적립금은 지속적으로 증가하고 있으며, 2013~2014년 현재 모든 기업연금 가입자의 평균 보유액은 110,000달러다. 기업연금 보유액은 기업연금 가입기간과 정비례 관계에 있으며, 따라서 기업연금 수령연령에 달한 이들의 보유액은 평균 3십만 달러 이상에 달한다(Australian Bureau of Statistics, 2016b; Clare, 2017).

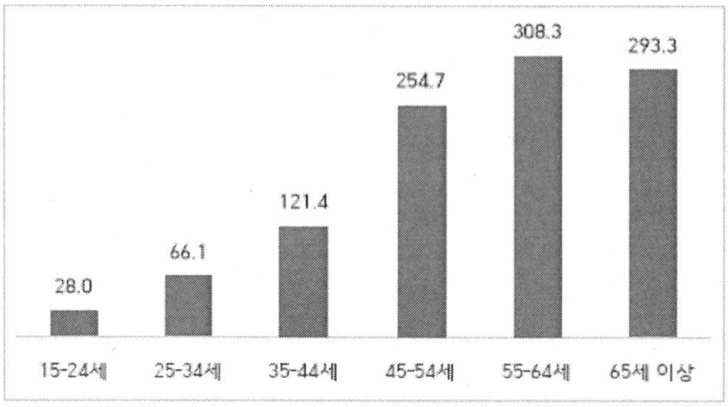


**그림 2.1** 기업연금 연령대별 평균 보유액(천 달러, 2013~2014년)
출처 : Australian Bureau of Statistics(2016c).

기업연금 수령이 노령연금 수령액을 얼마나 감소시키는지 살펴보기 위해서는 먼저 소득증가에 따른 노령연금 급여액 감소율을 살펴볼 필요가 있다. 노령연금 소득조사 기준에 의하면, 신청자의 소득이 최대 금액의 노령연금을 받을 수 있는 소득기준(income free area limit)을 초과하게 되면, 50%의 급여감소율이 적용된다. 즉, 소득이 1달러씩 증가할 때, 노령연금 급여는 최대금액에서 50센트씩 감소한다. 2013~2014년 현재 연금방식으로 기업연금을 수령하는 이들의 1인당 평균 기업연급 수령액은 주당 502달러인데(Australian Bureau of Statistics, 2016b), 이는 기업연금 수급자들은 기업연금 수령으로 인해 주당 평균 251달러 감소된 노령연금을 받는다는 의미다. 노령연금 급여 자격을 완전하게 상실시키는 소득기준이 대략 주당 1천 달러이기 때문에 기업연금 수령이 곧장 노령연금 수령 자격 상실로 이어지는 경우는 많지 않을 것으로 예상된다. 그러나 호주 노인들의 노령연금 급여액은 실질적으로 감소되고 있으며, 기업연금 성숙으로 이 같은 경험을 하는 호주 노인들은 더욱 증가할 것이다. 여기서 중요한 점은 노령연금 급여액 감소가 호주 노인들의 소득 감소를 의미하지는 않다는 점이다. 기업연금 수령으로 노령연금 급여액은 줄지만, 100% 급여감소율이 아닌 한 전반적인 소득은 증가하게 되는 것이다.

# 3. 사각지대 현황

호주의 복지 사각지대를 규정하는 것은 단순한 작업이 아니다. 우선 그 개념을 정확히 적용하기 어렵다. 호주에서 복지 사각지대 현상은 다양한 개념으로 표현되고 있으나, 정확히 대응하는 개념을 찾기 어렵다. 가장 직역에 가까운 개념으로 '블라인드 스폿(blind spot)'이 있는데, 이는 정책상의 주의(attention)가 덜 기울여지거나 연구 관심이 충분하지 않을 때(under-exploration) 사용하므로, 특정 인구집단이 급여로부터 배제되는 현상과는 다소 거리가 있다.

급여 사각지대는 흔히 과소 출현(under-representation)으로 규정되기도 한다. 과소 출현이란 특정한 급여나 서비스에 포괄된 사람들의 분포가 통상적인 인구분포와 차이가 나는 경우다. 보통 복지 급여에서는 과소 출현보다는 반대개념인 과대 출현(over-representation)이 문제가 된다. 예를 들면, 이민자나 원주민의 경우 그들이 차지하는 인구비율에 비해 더 큰 비율이 복지급여나 프로그램에 등록된다. 누락의 의미가 더 강한 복지 사각지대와는 반대의 현상이 호주에서는 더 많이 관찰된다고 볼 수 있다.

좀 더 유사한 개념으로 비포괄(non-coverage, out-of-coverage 혹은 insufficient coverage)이 사용될 수 있는데, 이 개념은 의료서비스 등에서 정부의 보조가 주어지지 않는 서비스나 혜택을 표현할 때 주로 사용된다. 가끔 의료보호(Medicare) 체계로부터 배제된 이들을 지칭할 때 보호에서 제외된 자(people who are not covered)로 부르는데, 이들은 사실상 체류 외국인이기 때문에 복지 사각지대로 보기에는 무리가 따른다.

아마 가장 유사하게 사용되는 개념은 미충족된 복지욕구(unmet welfare needs)일 것이다. 이 개념은 사회적 기준으로 볼 때 복지 제도로 포괄되어야 하나 제도 설계상의 문제로 급여에서 제외되거나 제도에 포괄되었더라도 급여가 충분하지 않은 경우를 의미한다. 이 개념은 호주의 사회보장 급여와 장애인 복지 서비스에 대한 평가에서 종종 사용되는데, 제도의 포괄성보다는 충분성에 더 초점이 맞추어져 있다. 왜냐하면 사회보장은 20개의 소득지원급여와 55개의 보충급여로 구성되어 사실상 보편적인 급여체계를 갖추고 있으며(Department of Social Services, 2015b), 의료서비스는 실제로 보편적이기 때문이다(Whiteford & Angenent, 2002a).

요약하자면, 호주의 복지 사각지대와 한국의 그것은 개념상의 차이가 있고, 실제 관찰되는 현상도 다소 다르다. 우선 호주의 복지 사각지대는 대체로 포괄성의 문제라기보다는 충분성의 문제라고 볼 수 있다. 그러나 호주 역시 복지 사각지대를 창출할 여지는 많다. 우선 호주가 사회보장체계가 일반조세에 크게 의존하는 특성상 소득보장 급여에 부착된 낙인(stigma)이 반자발적(semi-voluntary) 사각지대를 초래할 이론적 가능성이 있다. 예를 들어, 한국의 경우 사회권 인식이 충분히 발달하지 못한 사회에서는 구조적 배제에 적극적으로 대응하지 않고 그냥 수용하거나, 수급에 수반되는 낙인이나 부정적 인식으로 인해 급여 신청을 포기하는 등의 (사회적으로 강요된) 자발적 배제 성격의 사각지대가 관찰되기도 한다. 호주에서도 정책적으로 사회보장 수급에 오명을 결합시키고 있기 때문에(Peter Whiteford, 2017b), 이러한 반자발적 사각지대가 발생할 수 있다.

호주의 사각지대에 충분성 측면에서 접근하는 것이 타당하다 할지라도, 충분성과 포괄성은 연관된 개념으로서 둘 사이의 경계를 명확히 하기 어려운 점이 있다. 즉, 급여수준이 적정하지 않거나 충분하지 않은 경우 단지 급여 대상자에 포함되어 있다는 사실만으로는 실질적인 의미가 없다. 실제로 자발적인 신고 및 등록에 의존하는 사회보장 급여의 경우, 급여의 불충분성 때문에 등록 유인이 떨어져 결국 포괄성의 감소로 귀결되는 경우도 발생한다. 따라서 사각지대를 포괄성과 적정성을 모두 고려하는 개념으로 설정하고, 호주 노인소득보장 체계의 사각지대를 분석해 본다.

### 1) 포괄성

#### (1) 기업연금

우선 기업연금의 대상 포괄성부터 살펴보면, 2013~2014년 현재 1,300만 명의 65세 이상 노인들이 기업연금에 가입되어 있다. 이는 노인 전체 인구의 39.1%에 해당한다(Australian Bureau of Statistics, 2016c). 고연령자일수록 기업연금 가입률은 낮으며, 노인 계층 내에서 그나마 기업연금 가입률이 높은 65~69세 연령대의 기업연금 가입률은 약 55%다. 기업연금 가입률은 성별로 상당한 격차가 있는데, 남성의 경우 미가입자가 25% 정도임에 반해, 여성 미가입자 비율은 약 33%에 이른다(Clare, 2017).

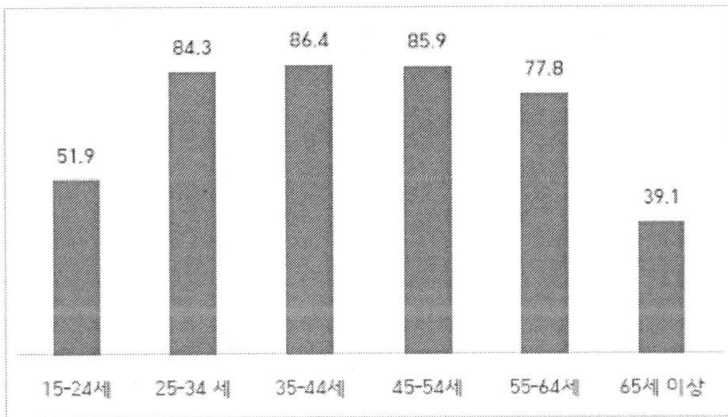


**그림 2.2** 기업연금 가입률(%, 2013~2014)
출처 : Australian Bureau of Statistics(2016c).

기업연금 가입률의 증가 추세 그리고 근로연령대의 높은 가입률에 비추어 볼 때, 시간이 지날수록 노인들의 기업연금 계좌 보유율은 자동적으로 증가할 것으로 예상된다. 그러나 기업연금 계좌 보유율이 기업연금 수급률을 의미하지는 않을 수 있음에 유의할 필요가 있다. 전술했다시피, 기업연금은 일시불 수령 허용으로 수급률이 안정적으로 보장되지 않을 수 있으며, 실제 연금방식 수급률은 약 30%에 머물러 있다(Australian Bureau of Statistics, 2016c).

### (2) 노령연금

호주에서 노령연금 수급자는 사회보장 수급자의 가장 큰 비중을 차지하고 있다. 2017년 현재 노령연금 수급자는 2,498,765명이며(Department of Social Services, 2017a), 이는 호주 전체 수급자의 절반(50.0%)에 해당한다. 노령연금 수급자는 65세 이상 인구의 67.5%로서, 3명 중 2명 이상이 노령연금을 수령하고 있다. 보훈연금(Age Pension paid by Department of Veterans Affairs) 연금 수급자를 합하면 호주의 노령연금 수급자는 대략 80%에 근접해 있어, 사실상 보편적 급여의 성격을 띠고 있다.

노령연금 수급자는 수급액에 따라 완전 수급자(full pensionners)와 부분 수급자(partial pensioners)로 나눌 수 있다. 완전 수급자는 노령연금의 최대 급여를 받는 이들을 일컬으며, 부분 수급자란 소득 및 자산조사를 통해 최대 급여액에서 감액된 급여를 받는 이들을 말한다. 노령연금 수급자 중 61.7%(1,474,000명)는 최대금액 수령자이며, 나머지 38.3%(1,047,000명)는 부분 노령연금 수급자로 분류되고 있다(Benevolent Society, 2016; Department of Social Services, 2017a).

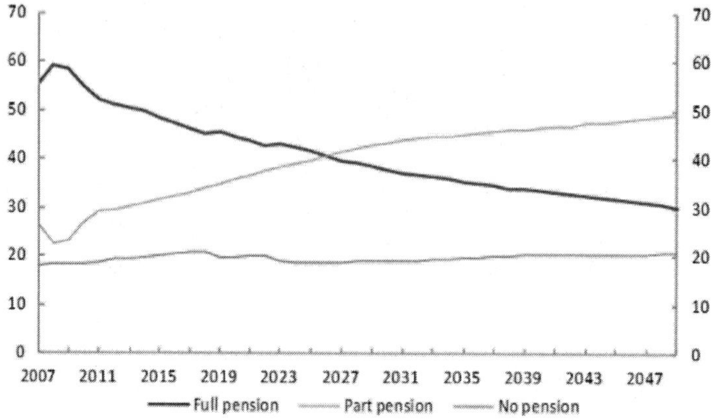


**그림 2.3** 노령연금 수급자 구성 추이(%)
출처 : National Commission of Audit(2014a).

수급액에 따른 노령연금 구성은 시간이 경과함에 따라 크게 변할 것으로 예상된다. 현재는 완전 수급자 비중이 높으나, 10년 후인 2027년부터 부분 수급자가 다수를 차지하게 한다. 2050년경에는 부분 수급자가 절반으로 상승할 것으로 예상되고 있으며, 노령연금 비수급자도 눈에 띄지는 않지만 장기간에 걸쳐 점진적으로 증가할 것으로 예상된다(National Commission of Audit, 2014a). 부분 수급자의 증가는 주로 기업연금 수령으로 인해 증가된 소득과 자산이 최대금액 노령연금 수급자들을 부분 노령연금 수급자로 이동시키는 효과 때문이다(Australian Institute of Health and Welfare, 2017).

대체로 80%의 호주 노인들은 급여액의 차이는 있으나, 노령연금 수급자로 파악된다. 호주 노인들 중에서 노령연금에서 제외된 이들은 크게 두 부류로 나눌 수 있다. 첫 번째는 소득 및 자산조사 기준을 충족하지 못한 고소득자며, 두 번째는 거주기준을 충족하지 못한 노인 이민자다. 각 집단에 대한 정확한 규모를 보여주는 통계는 존재하지 않는다. 추산을 해보면, 우선 호주 65세 이상 노인인구가 대략 380만 명이며, 이 중 노령연금에서 배제된 20%는 76만 명이다. 2016년 호주 통계청 센서스 원자료(ABS TableBuilder)에 의하면, 거주기간이 10년이 미만인 이민자는 대략 27,500명으로 추산된다(거주기간을 구간으로 제시하고 있어 정확한 통계치는 아님). 즉, 거주기준을 충족하지 못해 노령연금을 수령하지 못하는 인구집단은 전체 비수급자의 3.6% 정도다. 나머지 절대 다수는 고소득으로 인해 노령연금에서 배제된 경우로 예측할 수 있다.

### (3) 사각지대 규모

결론적으로 수급률로 살펴본 호주 노인 소득보장의 사각지대는 27,500명의 최근 입국 이민자 노인이다. 이 수치는 노령연금 비수급자의 3.6%며, 잠재적 수급자인 호주 전체 노인의 0.7%에 해당한다. 사각지대를 최근 입국 노인 이민자에 한정하여 규모를 추정하는 것은 두 가지 가정에 기초하고 있다. 첫째, 소득분포상 상위 20%는 노령연금 수급 자격을 부여하지 않은 것에 동의한다. 둘째, 최근 입국 노인 이민자들이 모두 소득 및 자산조사 기준을 충족하지 못하는 상대적 저소득 계층으로 가정한다. 그러나 상당한 자산을 보유한 상태로 입국한 소위 투자이민자들도 존재하기 때문에 이는 이론적 최대 추정치로 보는 것이 타당하며, 실제 사각지대 규모는 이보다 조금 더 작을 것으로 추정할 수 있다.

호주 노인 소득보장 제도는 소수의 일부 계층에 한정된 사각지대를 형성하고 있는 것으로 평가된다. 한국과 달리 부양의무자 기준 등 포괄성을 제약하는 제도 외적인 요인이 없기 때문에 큰 정책적인 변화가 없는 한 작은 규모의 사각지대는 당분간 지속될 것으로 보인다. 그러나 노령연금 자격요건 강화를 포함하는 개혁 논의는 잠재적으로 사각지대를 확대할 가능성을 내포하고 있다. 즉, 호주에서는 최근에 노령연금 거주요건을 더욱 강화하기 위한 법안이 제출된 바 있다. 이 법안은 노령연금 거주요건(대기기간)을 15년으로 확대하는 내용을 담고 있으며, 만약 10년의 거주로 노령연금 자격을 얻기 위해서는 적어도 5년 이상 경제활동인구로 거주했거나, 노령연금 수령연령에 이르기 전에 5년 이상의 기간 동안 실업 관련 급여 수급 경험이 없어야 한다. 이 법안은 경제적 참여 면에서 불이익을 경험하고 있는 장년층 이민자들의 노령연금 접근성을 제한하기 위한 목적을 가지고 있으며, 장기실업자 등 실업급여 수급자들을 겨냥한 처벌적인 조치라는 비판을 받았다(Knaus, 2017). 이 법안은 부결된 상태지만, 호주 정부의 사회보장 재정지출 감축 노력에 비추어 볼 때, 앞으로 노령연금 거주요건은 더욱 강화될 것으로 예측된다.

## 2) 적절성

### (1) 기업연금

기업연금은 일시불과 소득 흐름(income streams) 방식으로 수급할 수 있다. 일시불을 제외하고, 정기적인 소득을 제공하는 호주의 기업연금은 크게 세 가지 유형으로 분류된다. 첫째, 할

당연금(allocated pensions)으로서 계좌기반 연금(account-based pensions)으로 불리기도 한다. 이 방식에 의한 급여는 기업연금 계좌의 적립금과 투자수익에 의해 결정된다. 한국의 확정기여형(defined contribution) 퇴직연금과 유사한 방식이다. 둘째, 확정연금(guaranteed pensions)으로서 평생 고정적인 급여가 지급된다(defined benefit). 급여 산정은 미리 정해진 공식에 따라 결정되며, 은퇴 전 소득, 은퇴 연령 및 고용기간 등이 공식에 대입된다. 셋째는 유한연금(term annuities)으로서 고정된 기간 동안 고정된 급여가 지급된다. 주로 일시불로 받은 기업연금을 활용하여 생명보험을 구입하고, 생명보험회사로부터 특정된 지급을 받게 된다(Australian Bureau of Statistics, 2016c).

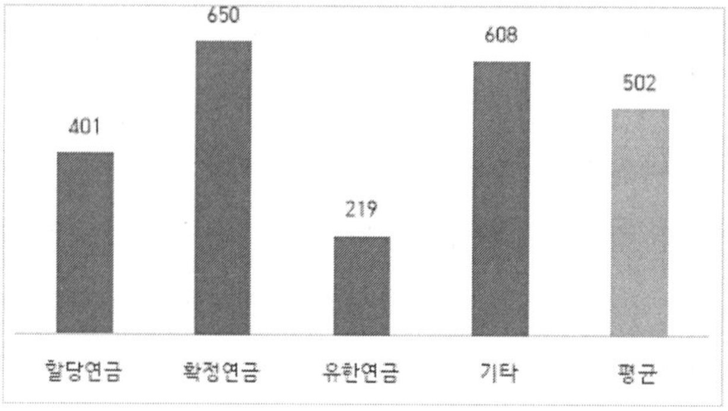


**그림 2.4** 기업연금 주당 수급액(호주달러)

출처 : Australian Bureau of Statistics(2016c).

기업연금 급여액은 급여형태별로 상당한 편차가 있다. 확정연금 방식이 가장 높은 급여를 제공하고 있으며, 유한연금 급여액은 가장 낮은 급여를 산출한다. 이는 일시불 수급액 자체가 낮기 때문인 것으로 추정된다. 2013~2014년 현재 연금방식으로 기업연금을 수령하는 이들의 1인당 평균 기업연금 급여액은 주당 502달러다. 2014년 호주의 절대 빈곤선이 주당 412.34호주달러(노인 단독 가구 기준)임을 감안해 볼 때(Melbourne Institute of Applied Economic and Social Research, 2014), 기업연금 단독으로도 최소 적절성 기준을 충족한다고 볼 수 있다. 2014년 호주의 상대적 빈곤선은 주당 426.30달러(단독 가구 기준)로서(Australian Council of Social Services, 2016), 기업연금은 상대적 적절성 기준 역시 충족하고 있는 것으로 보인다.

그러나 상기 수치는 단지 평균 급여액에 기준한 적절성이며, 실제 빈곤선 이하의 기업연금 수령자 규모를 보여주는 이차자료 발간물은 접근이 되지 않고 있다. 더 중요하게는 기업연금 수급액은 그 자체로 적절성에 큰 의미가 있는 지표가 되지 못한다. 왜냐하면 기업연금은 노령연금을 상쇄시키는 효과를 가지며, 노령연금 수급액에 영향을 미치는 요인일 뿐이기 때문이다. 즉, 기업연금 급여액이 노령연금 최대 급여액을 초과하지 않는 한 노령연금이 부족분을 채워준다. 따라서 기업연금은 노인 소득보장에서 부차적인 역할을 하는 것으로 볼 수 있으며, 궁극적으로는 노령연금이 급여의 적절성을 판단하는 기준이 된다.

### (2) 노령연금

전체적으로 사회보장 수급 가구의 19.8%는 가구소득의 90% 이상을 사회보장 급여에 의존하고 있다. 노령연금 수급 가구 중 가구소득의 90% 이상을 노령연금에 의존하는 가구는 59.2%에 달해(Australian Bureau of Statistics, 2011a), 노령연금이 연금수급자들의 주요 소득 원천으로 기능하고 있다. 2019년 현재 노령연금 최대(base rate) 수령액은 각종 보충 수당 포함해서 단독 가구의 경우 격주당 933.40달러, 부부가구의 경우 격주당 1,407.00달러다(Department of Human Services, 2019b).

노령연금은 통상 1년에 2번 조정되며, 생활비와 평균임금 두 가지 기준이 적용된다. 생활비는 소비자물가지수(CPI)에 의해 측정되는데, 일반 소비자물가지수가 아닌 '연금수령자를 위한 특수 생계비 지수(Pensioner and Beneficiary Living Cost Index)'가 적용된다. 이는 연금수령자들이 주로 소비하는 물품들에 대한 물가를 반영하여 조정한 지수다. 일반적으로 후자는 전자보다 물가상승률이 더 높아 급여액을 상승시키는 효과를 가진다. 평균임금은 남성 평균 주급(Male Total Average Weekly Earnings)에 의해 측정된다. 연금 조정 과정을 더 구체적으로 살펴보면, 일단 소비자물가지수가 먼저 고려되어 노령연금 급여 인상(감소)률이 결정된다. 만약 이 방식으로 인해 부부 합산 연금 최대 급여액이 주당 남성 주급의 41.76%가 되는지 비교하고, 만약 이보다 낮을 경우 41.76%로 인상한다. 따라서 통상 남성 평균 주급의 41.76%가 급여액의 기준선이 된다. 단독 가구의 경우 산출된 금액의 66.6%를 고정률로 적용한다. 결과적으로 단독 가구의 연금 수령액은 대략 남성 평균 주급의27.5% 선에서 결정된다(Michael Klapdor, 2015).

호주 정부는 노령연금 예산 지출을 절약하기 위해 벤치마킹 기준을 변경하는 방안을 검토 중이다. 즉, 현행 남성 주급 대신에 여성이 포함된 전체 평균 주급(Average Weekly Earnings)과 노령연금 수준을 연계시키는 것이 제안의 골자다. 임금수준이 상대적으로 낮은 여성을 포함시킴으로써 노령연금 증가 추세를 완화시키는 효과를 기대하는 것이다(National Commission of Audit, 2014a).

노령연금의 적절성을 판단하는 절대적인 기준은 없다. 호주에서 전통적으로 적용해 오고 있는 남성 평균 소득의 27.5%라는 기준은 관례적인 기준이지 사회적으로 합의된 기준으로 볼 수는 없다. 몇 가지 통용되는 사회보장 급여의 적절성 평가지표들(평균임금 대비 급여 수준, 빈곤선 대비 급여 수준, 소득대체율, 상대빈곤율 등)을 호주 노령연금에 적용해 본다. 우선, OCED의 평균임금 대비 노령연금의 비율 국제비교에 의하면 호주는 상대적으로 높은 수준에 위치하고 있다(OECD, 2015b).

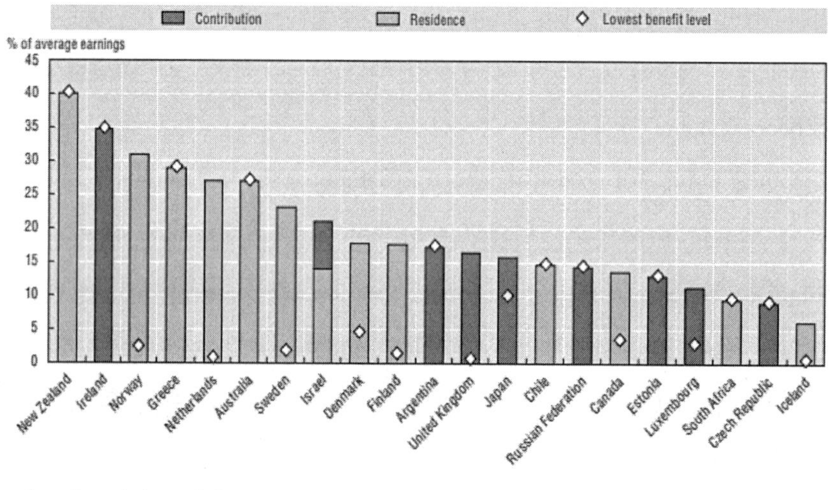


**그림 2.5** 평균임금 대비 노령연금 수준

출처 : OECD(2015b).

호주의 노령연금은 또한 호주 내 다른 사회보장 급여에 비해서 상대적으로 높은 수준으로 평가되고 있다. 호주의 비공식적인 절대빈곤선으로 사용되고 있는 헨더슨 빈곤선(Henderson Poverty Lines)을 각 급여의 최대금액과 비교해 보면, 노령연금이 유일하게 빈곤선 이상에서 설정되어 있고, 그 수준은 빈곤선의 124.1%다. 실업수당 및 저소득 가족 급여의 최대 급여액은 모두 빈곤선 이하에서 결정되어 있다(Melbourne Institute of Applied Economic and Social Research, 2019). 따라서 호주 국내 다른 사회보장 급여 대비 노령연금의 상대적인 적절성은 매우 높다.

**표 2.5** 절대 빈곤선 대비 급여 수준(부부가구 기준, 호주달러)

| 급여 | 주당 최대 급여(A) | 빈곤선(B) | 비율(A/B) |
|---|---|---|---|
| 실업수당 | 568.60 | 708.41 | 80.3% |
| 노령연금 | 754.70 | 608.24 | 124.1% |
| 가족급여(4인 가구) | 1045.65 | 128.094 | 81.6% |

출처 : Melbourne Institute of Applied Economic and Social Research(2019).

그러나 호주 노령연금의 소득대체율은 국제기준인 OECD에 비해 낮다. 호주 노령연금의 소득대체율은 50% 후반대를 유지해 왔으나, 최근 자료에 의하면 호주 노령연금의 소득대체율이 42.6%로 급락했다. OECD의 62.9%에 비해 상당한 격차를 보이고 있으며, 한국과 일본 등과도 비슷한 수준에 위치해 있는 것으로 보고되고 있다(OECD, 2017d). 노령연금 소득대체율이 은퇴 이전 소득을 기준으로 하고 있음에 따라, 소득대체율 자체가 급여의 적절성을 판단할 믿을만한 근거가 되기에는 부족한 점이 있다. 즉, 은퇴 이전 노동시장에서의 급여가 높을 경우 높은 수준의 노령연금에도 불구하고 낮은 소득대체율을 초래하기 때문이다. 이는 다수의 복지 선진국에서 관찰되는 현상이다. 실제 호주는 1인당 연간 소득이 미화 기준 53,349달러로서 임금률이 세계에서 상위권에 속하는 나라다(OECD, 2019b).

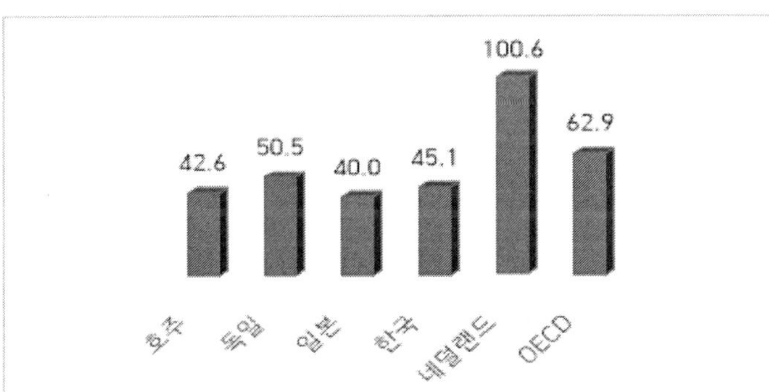


**그림 2.6** 노령연금 소득대체율(2016년 기준)

출처 : OECD(2017d).

호주 노령연금의 소득대체율이 낮은 또 다른 이유 중의 하나는 기업연금 일시불 수령에 있다(OECD, 2017e). 앞서 논의했다시피 호주의 기업연금은 일시불 수령을 허용하고 있다. 상당수의 노인들은 연금방식 대신에 일시불로 기업연금을 수령하고 있고, 이를 주택구입이나 주택융자 상환 등 노령연금 소득조사를 피할 수 있는 자산에 투자한다. 일시불 수령은 수급자들에게 급여 사용의 자율성과 유연성을 부여하는 장점은 있지만 사회정책 목표 달성에는 역효과를 초래할 수 있다. 결국 호주는 실제 노인들의 재정 능력에 비해 낮은 소득대체율을 기록하고 있는 것이다.

노인 빈곤율 국제비교 역시 소득대체율과 유사한 경향을 보여준다. 즉, 호주의 66~75세 연령대의 세후 빈곤율은 25.7%로서 OECD 평균인 12.5%에 비해 두 배 이상 높다. 그러나 호주의 노인 빈곤율은 실제보다 과장되어 있다는 데 일반적인 동의가 이루어져 있으며(OECD, 2015b), 그 이유는 기업연금의 일시불 수령과 높은 자가 보유율에 있다. 비정부 기구에 의해 작성된 호주 국내의 빈곤율 통계는 2016년 노인 상대빈곤율을 12% 정도로 추정하고 있으며(Australian Council of Social Services, 2018), 또 다른 민간 연구는 주거 비용을 감안하여 순소득대체율에 기초해 볼 때 노인 상대빈곤율은 8%로 하락한다고 추정한다(Coates & Chen, 2019).

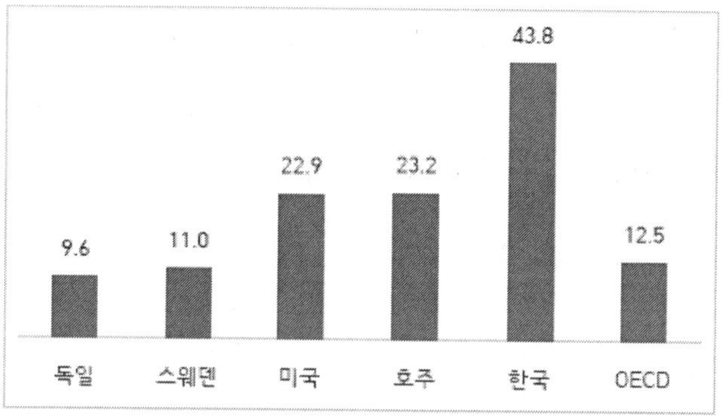


**그림 2.7** 노인 상대빈곤율(%)
출처 : OECD(2019c).

호주 노인들의 상대빈곤율은 국제 기준 대비 높은 편이지만 최근 호주는 노인 빈곤율의 하락을 경험하고 있다. 2009년 남성 평균임금 대비 25%였던 노령연금 최대금액을 27.5%로 인상한 것을 기점으로 상대빈곤율은 하락 추세에 있다. 즉, 2010년 중위소득 50% 대비 약

30%에 이르렀던 노인 빈곤율은 현재 크게 감소하여 눈에 띄는 개선을 보이고 있다. 또한 중위소득 50%와 중위소득 60% 사이에 위치한 '사실상'의 빈곤(한국의 차상위 빈곤 계층) 노인들도 감소하고 있다(Australian Council of Social Services, 2016). 빈곤의 깊이 측면에서도 호주는 전반적인 빈곤율에 비해서는 훨씬 우수한 실적을 보이고 있다. 즉, 빈곤선 이하 소득자들의 평균 임금 수준은 거의 평균 임금 절반에 이르고 있는데, 노령연금이 1차적인 빈곤 방지 기능을 하고 있기 때문이다(OECD, 2017e).

### (3) 사각지대 규모

급여수준으로 사각지대를 추정하는 것은 통상적인 방법은 아닐 것이다. 본 연구는 비록 급여 자격요건을 갖추고 있으나, 급여 수급 이후에도 소득이 빈곤선 이하에 있는 경우를 사각지대로 규정한다. 급여수준에 의한 호주 노인 소득보장 제도의 사각지대 규모는 절대적 그리고 상대적 기준에 의해 측정이 가능하다. 우선, 절대적 적절성으로 측정되는 절대빈곤선 기준을 적용해 보면, 2016년 기준으로 소득이 주당 330.80달러 미만이면 빈곤층으로 간주된다(Melbourne Institute of Applied Economic and Social Research, 2016). 2016년 호주 통계청 자료(ABS TableBuilder)에 의하면, 대략 204,500명의 65세 이상자가 절대빈곤선 이하 소득을 보유하고 있는 것으로 추정된다(소득을 구간으로 나누어 측정하고 있어 정확한 통계치는 아님). 이는 호주 노인 인구의 5.4%에 해당한다.

상대빈곤선에 비추어 본 사각지대 규모는 이미 서술된 바 있으며, 측정 방식에 따라 빈곤율에 상당한 차이를 확인했다. 가장 높은 빈곤율을 나타낸 OECD 자료에 의하면, 호주 노인 상대빈곤율은 25%까지 상승하며, 이는 대략 95만 명을 의미한다. 호주 국내 연구의 추정에 의하면(Australian Council of Social Services, 2018), 호주 노인 상대빈곤율은 12% 정도로서 인구 규모는 45만 6천 명으로 감소된다.

## 4. 결 론

호주 노령연금제도는 소득기준이 높고, 본인 거주 목적의 주택을 자산조사에서 제외되는 등 후한 자격요건을 두고 있어서 대상 포괄성은 매우 높다. 수급자에게 유리한 소득 및 자산조사로 인해 소득분포상 대체로 상위 20%만이 노령연금 수급에서 제외되고 있어서 소위 노령연금의 사각지대를 사실상 창출하지 않는다. 단, 거주기간이 10년 미만인 최근 입국 노인 이민자들이 제도적으로 배제되어 있어 특기할 사항이다. 비록 그 인구 규모는 크지는 않지만, 노령연금 수급자격을 제한하기 위한 호주 정부의 노력을 상징적으로 보여주고 있다고 볼 수 있다. 이들에게 이용 가능한 소득보장 제도로서 기업연금이 존재하고 있으나, 이민 정착 후 10년 이내에 적립할 수 있는 기여금이 크지 않을 것으로 예측되기 때문에, 이들은 사실상 개인의 경제활동과 자산, 그리고 사적 이전에 의존할 수밖에 없다.

호주는 높은 대상 포괄성을 유지하는 대신에 급여수준의 적절성을 어느 정도는 희생하고 있다고 볼 수 있다. 포괄성 기준으로 살펴본 사각지대는 최대 3.6%인 반면, 적절성 기준을 적용한 사각지대(빈곤율)는 8~25% 사이로 넓게 분포한다. 노령연금의 적절성이 획기적으로 감소할 정책적 변화는 감지되지 않으며, 오히려 노령연금 지출 절감을 위한 적절성 감소 추세가 더 예측 가능한 전망이다. 기업연금은 호주 정부가 적절성을 훼손하지 않으면서, 노령연금 재정지출을 통제할 효과적인 대안으로 성장하고 있다. 기업연금 포괄성과 급여수준의 상승은 노령연금의 대상 표적성을 더욱 강화하는 결과를 초래할 것으로 예상된다. 실제 호주 노인 소득보장 체계의 장점 중의 하나는 높은 소득재분배 효과다. 즉, 호주 노인들의 대부분은 노령연금 제도에 포괄되어 있기는 하지만 기업연금 적립금이 높은 상대적 고소득자들에게는 낮은 수준의 보호가 제공되고, 급여는 상대적 저소득자들에게 집중된다고 볼 수 있다.

**표 2.6** 소득계층별 노령연금의 소득대체 효과(%)

| 소득계층 | 은퇴 후 1년 소득 / 은퇴 전 1년 소득 | 은퇴 후 10년 소득 / 10년 전 소득 |
|---|---|---|
| 0.75(평균 이하 소득자) | 82 | 87 |
| 1.0(평균 소득자) | 71 | 78 |
| 1.5(평균 이상 소득자) | 60 | 66 |
| 2.5(평균 이상 소득자) | 55 | 61 |

출처 : Australia's future tax system(2008).

전반적인 소득대체율은 국제비교에서 높지 않은 것으로 관찰되고 있으나, 소득수준별로 매우 차등적인 보호가 제공되고 있다. 저소득 계층에 대한 소득대체율은 OECD 평균보다 훨씬 높고, 반면에 고소득 계층에 대한 소득대체율은 OECD보다 훨씬 낮다(OECD, 2017f). 즉, 은퇴 전에 평균소득의 50%에 있던 계층은 연금을 통해 95%의 소득을 보전받고(OECD 평균 73.2%), 반면 평균소득의 150%에 있던 계층은 은퇴 이전 소득의 45.4%를 받게 된다(OECD 평균 58.9%). 호주 국내 자료도 비슷한 통계를 산출하고 있는데, 은퇴 전 평균소득의 75% 수준에 있던 이들은 노령연금 수령을 통해 80% 이상의 대체소득을 확보하게 되지만, 은퇴 전 평균소득의 2.5배 수준의 소득을 가진 계층은 은퇴 이후에 이전 소득의 불과 55%를 수령하게 된다(Australia's Future Tax System, 2008). 전반적인 호주 노인 소득보장 제도의 소득대체율은 OECD 평균에 못 미치지만, 호주의 노령연금은 은퇴 후 노인들의 소득 격차를 크게 완화시키는 효과를 가진다.

절대적 빈곤 감소 및 집단 내 소득재분배 효과에도 불구하고, 낮은 급여의 적절성은 호주 노인 소득보장 제도의 단점임은 분명하다. 특히 자가 보유 여부는 노인 소득보장효과를 매개하는 주요 변수가 된다. 호주 노인들의 높은 자가 보유율은 실질 빈곤율을 크게 감소시킬 잠재력을 가지고 있다. 실제로 65세 노인들의 60%는 주택융자가 없은 완전 자가 소유자들이며, 20%는 융자가 있는 자가 보유자들로서, 전체적으로 80%가 주택을 소유하고 있다(Australian Bureau of Statistics, 2017a). 다수의 노인들은 주거비 부담이 없으나, 임대 거주자들은 정부의 임대보조금(Rent Assistance)에도 불구하고, 자가 소유자들보다 주거비 지출이 높으며(Benevolent Society, 2016), 이들은 적절성 측면에서 사각지대에 놓이게 될 확률이 높다.

## 참고문헌

Australia's Future Tax System. (2008). Appendix D : Measures of retirement outcomes. In Retirement Income Consultation Paper : Australia's Future Tax System.

Australia's future tax system. (2008). Australia's future tax system : Retirement income consultation paper : Australia's future tax system.

Australia's future tax system. (2009). The retirement income system : Australia's future tax system.

Australian Bureau of Statistics. (2011). Feature article : Government pension and allowance recipients : Australian Bureau of Statistics,.

Australian Bureau of Statistics. (2016a). Retirees choosing income streams over super lump sums : 6523.0 – Household Income and Wealth, Australia, 2013–14. Canberra : Australian Bureau of Statistics.

Australian Bureau of Statistics. (2016b). Superannuation in Australia. 2003–04 to 2013–14 : Australian Bureau of Statistics.

Australian Bureau of Statistics. (2017). 4130.0 – Housing Occupancy and Costs, 2015–16 : Australian Bureau of Statistics.

Australian Bureau of Statistics. (2019). 3101.0 – Australian Demographic Statistics, Mar 2019 : Australian Bureau of Statistics.

Australian Council of Social Services. (2016). Poverty in Australia 2016 : Australian Council of Social Services.

Australian Council of Social Services. (2018). Poverty in Australia 2018 : Australian Council of Social Services.

Australian Institute of Health and Welfare. (2017). Australia's Welfare 2017 : Australian Institute of Health and Welfare.

Australian Prudential Regulation Authority. (2019). Annual Superannuation Bulletin : Australian Prudential Regulation Authority.

Australian Tax Office. (2018). Multiple super accounts data. Retrieved from https://www.ato.gov.au/About–ATO/Research–and–statistics/In–detail/Super–statistics/Super–accounts–data/Multiple–super–accounts–data/

Australian Taxation Office. (2019). Eligibility for the super co–contribution.

Benevolent Society. (2016). The Adequacy of the Age Pension in Australia : Benevolent Society.

Clare, R. (2017). Superannuation account balances by age and gender : Association of Superannuation Funds of Australia Limited.

Coates, B., & Chen, T. (2019). Why Australia's old–age poverty rates are far lower than you might think : Grattan.

Department of Human Services. (2019). A guide to Australian Government payments : Department of Human Services.

Department of Social Services. (2015). A New System for Better Employment and Social Outcomes : Department of Social Services.

Department of Social Services. (2017a). DSS Payment Demographic Data. Retrieved from https://data.gov.au/dataset/dss–payment–demographic–data

Department of Social Services. (2017b). Soical Security Payments – Residence Criteria. Retrieved from https://www.dss.gov.au/about–the–department/international/policy/social–security–pay–ments–residence–criteria

Department of Social Services. (2019a). Assets. Retrieved from https://www.humanservices.gov.au/individuals/services/centrelink/age-pension/how-much-you-can-get/assets-test/assets#assetstestlimits

Department of Social Services. (2019b). Income test for pensions. Retrieved from https://www.humanservices.gov.au/individuals/topics/non-medical-rules-disability-support-pension/51251/income-and-assets-tests/income-test-pensions

Derby, S.-J. (2015). CEDA Overview. In The super challenge of retirement income policy : Committee for Economic Development of Australia.

Henry, K. (2009). The Retirement Income System : Report on Strategic Issues. In Australia's Future Tax System : Department of the Treasury.

King, S., & Maddock, R. (2015). Fixing the superannuation policy mess. In The super challenge of retirement income policy : Committee for Economic Development of Australia.

Klapdor, M. (2015). Changed indexation of pensions and tightened eligibility for all benefits. Retrieved from https://www.aph.gov.au/about_parliament/parliamentary_departments/parliamentary_library/pubs/rp/budgetreview201415/indexation

Knaus, C. (2017). Plan to restrict pension for older migrants 'unprecedented' in Australia. The Guardian. Retrieved from https://www.theguardian.com/australia-news/2017/jun/28/plan-to-restrict-pension-for-older-migrants-unprecedented-in-australia

Melbourne Institute of Applied Economic and Social Research. (2014). Poverty Lines : Australia. Melbourne : Melbourne Institute of Applied Economic and Social Research.

Melbourne Institute of Applied Economic and Social Research. (2016). Poverty Lines : Australia : Melbourne Institute of Applied Economic and Social Research.

Melbourne Institute of Applied Economic and Social Research. (2019). Poverty Lines : Australia : Melbourne Institute of Applied Economic and Social Research.

National Commission of Audit. (2014). The Age Pension. In Towards Responsible Government : Appendix to the Report of the National Commission of Audit (Vol. 1) : National Commission of Audit.

National Commission of Audit. (2014). The Age Pension. In Towards Responsible Government : Appendix to the Report of the National Commission of Audit (Vol. 1) : National Commission of Audit.

OECD. (2015). Pensions at a Glance 2015 : OECD and G20 Indicators : OECD.

OECD. (2017a). Pensions at a Glance 2017 : OECD.

OECD. (2017b). Pensions at a Glance 2017 : How does AUSTRALIA compare? : OECD.

OECD. (2017c). Pensions at a Glance 2017 : OECD and G20 Indicators. Paris : OECD.

OECD. (2019a). Average wages. Retrieved from https://data.oecd.org/earnwage/average-wages.htm

OECD. (2019b). Poverty rate. Retrieved from https://data.oecd.org/inequality/poverty-rate.htm

Whiteford, P. (2017). "Them" and "us" : the enduring power of welfare myths. Retrieved from https://insidestory.org.au/them-and-us-the-enduring-power-of-welfare-myths/

Whiteford, P., & Angenent, G. (2002). The Australian system of social protection—an overview : Department of Family and Community Services.

여유진, 김미곤, 황도경, 김명중, 정용문, 정재훈, & 이주미. (2017). 부양의무자 기준 폐지에 따른 정책과제 연구 : 한국보건사회연구원.

# 03

# 사회보장급여 부정수급 관리 정책 : 호주의 경험과 시사점[1)]

## 1. 서 론

사회보장급여 부정수급(이하 부정수급)은 논쟁의 여지가 많은 주제다. 부정수급은 사회복지 분야 종사자뿐만 아니라 일반 대중에게도 주요한 관심사가 되어 온 사회복지 관련 이슈 중의 하나다. 부정수급 사례나 정책은 언론을 포함한 대중매체에서 빈번하게 다루어지고 있다. 부정수급이 사회적 이슈로 부상한 데에는 사회보장지출의 확대가 거시적인 정책 요인으로 작용하고 있다고 볼 수 있다. 즉, 사회보장제도의 확대는 사회보장지출 확대를 수반하고 있으며, 사회보장지출의 확대는 부정수급 또는 부적정 지출 증가의 가능성을 내포하고 있다. 실제 국고보조금과 지방보조금을 포함한 사회복지지출은 지속적인 증가 추세에 있으며(관계부처합동, 2019), 비적격 대상자에게 부적절하게 제공되는 사회보장지출 역시 2015년에 867억 원, 2016년에 1,062억 원, 그리고 2017년에 1,250억 원으로 증가하는 추세이다(임완섭 · 김태완 외, 2019).

부정수급은 수급자 또는 수급기관의 도덕적 해이를 넘어서서 사회보장제도에 대한 신뢰와 지속가능성을 훼손할 잠재력을 가지고 있다. 부정수급은 사회보장 예산이 정책목적에 반하는 방법으로 사용됨을 의미하며, 세금과 보험료를 주요 재원으로 하는 사회복지 예산이 부정한 방법으로 사용된다면 사회보장행정은 세금 및 보험료 납부자들로부터의 불신에 노출되게 된다(임완섭 외, 2020). 이에 따라 정부는 2014년부터 범정부적 차원에서 부정수급 방지 대책을

1) 본 장은 한국사회정책 학술지에 수록된 논문임[정용문(2022). 사회보장급여 부정수급 관리 정책 : 호주의 경험과 시사점].

수립·추진하여 부정수급에 대응해 오고 있으며(관계부처합동, 2014; 2018; 2019), 주무부처도 법적·제도적 대응책을 시행해 오고 있다(보건복지부, 2017; 2022). 사회보장정보시스템을 도입하여 비적격자의 부적절한 수급을 적발하고, 유사·중복사업을 정비하는 등의 노력은 정부의 부정수급 대응의 노력의 결과로 이해될 수 있다.

사회보장제도의 효율적 운영 및 관리를 위해 부정수급 방지 대책은 필수적인 정책 개입으로 인정된다. 그런데 지금까지 정부가 추진해 온 부정수급 대책은 재정효율성을 최우선 목표로 설정하고 있다는 특징을 보여준다. 정부가 추진해 온 다수의 부정수급 대책들의 기본방향은 공통적으로 부정수급 개인과 기관에 대한 감시·감독·처벌 강화와 부정수급 통제를 위한 제도적 역량강화를 핵심내용으로 하고 있다(관계부처합동, 2014; 2019). 구체적인 정책수단으로는 부정수급 전담 태스크포스를 설립하고, 복지급여 담당공무원에게 부정수급에 대한 수사권을 부여하는 방안 등이 제시되고 있다.

일부에서는 이러한 부정수급 관리 정책이 수급자의 관점을 배제함으로써 수급자를 범죄화하거나 복지권을 침해할 소지가 있다는 우려를 표하고 있다(갈홍식, 2017; 빈곤사회연대, 2017). 이처럼 부정수급 정책은 매우 논쟁적일 수 있음에도 불구하고 부정수급에 대한 사회적 논의는 그다지 활성화되어 있지 않다. 이는 부정수급의 부당성과 근절의 필요성에 대해 사회적 공감대가 형성되어 있는 것에 기인하는 것으로 여겨진다. 부정수급에 대한 연구의 양과 주제의 범위도 매우 제한적인 것으로 평가된다. 지금까지 부정수급에 대한 연구는 부정수급 사례 및 유형 탐색과 부정수급 방지대책 수립을 지원하는 정책연구가 주를 이루고 있다(김문길·김미곤, 윤상용·유진영·오혜인, 2015; 박능후·송미영, 2008; 임완섭, 2019; 임완섭 외, 2017; 조현주·허선, 2010). 현행 부정수급 관리 정책이 부정수급의 복합적인 원인에 대한 효과적인 해결책을 제시하고 있는지, 다양한 정책 참여자들의 의견이 반영되고 있는지, 그리고 정책 개입의 사회경제적 효과를 적절하게 고려하고 있는지 등에 대해서는 연구 관심이 부족한 것으로 여겨진다.

이 연구는 부정수급 관리 정책이 실효성 있게 그리고 사회적으로 수용되는 방식으로 추진되기 위해서 정책적으로 고려되어야 할 사항들을 제시하는 것을 목적으로 한다. 특히 재정효율성과 도덕성에 기초하여 구성된 현행 부정수급 정책에 대한 대안적 접근법을 모색하는 데에 통찰을 제공하고자 한다. 이를 위해 호주의 부정수급 관리 정책의 경험을 이용하고자 한다. 후술하겠지만 호주는 부정수급 관리에 관한 한 한국에 비해 상대적으로 오랜 정책적 경험을 가지고 있다. 호주의 사회보장체계는 공공부조를 중심으로 구성되어 있다. 공공부조 제도는 적격한 대상자 선정과 정확한 급여수준의 결정을 위한 제도운영상의 과제를 안고 있으며, 이에 따라 부정수급 관리가 사회보장제도 운영의 주요한 구성요소가 된다(박능후・송미영, 2008). 실제로 사회보험보다는 공공부조의 기능이 강한 나라에서 부적정한 사회보장지출이 높은 것으로 보고되고 있다(RAND Europe, 2006; van Stolk & Tesliuc, 2010). 이 때문에 호주의 부정수급 관리 정책은 한국을 비롯한 다른 나라의 벤치마킹의 대상이 되어 왔다(김상호, 2017; 임완섭 외, 2017). 실제 현재 제안 및 시행되고 있는 한국의 부정수급 관리 프로그램은 호주의 정책 사례에서 이전된 부분이 있다. 국가 간 정책교류나 정책학습은 정책수립 과정의 일부로 권장될 수 있지만 국내에 접목하는 과정에는 해당 국가의 정책 환경과 효과에 대한 종합적인 검토가 병행되어야 한다. 이 연구가 제시하는 호주의 정책 경험과 시행착오는 한국의 부정수급 관리 정책의 반면교사로 활용될 수 있을 것으로 기대된다.

## 2. 호주의 부정수급 관리 정책 환경

### 1) 호주 부정수급의 제도적 환경

호주의 사회보장체계는 공공부조식 접근을 특징으로 하며, 거의 모든 사회보장 급여 및 서비스가 공공부조 방식으로 운영된다. 노령, 실업, 그리고 장애 등 많은 나라들에서 사회보험 방식으로 대처하는 주요 사회적 위험들을 호주는 공공부조로 대처하고 있다. 공공부조는 그 운영방식의 특성상 일반조세(general revenue)를 재원으로 하고 있기 때문에, 급여 자격조건이 급여 대상자의 노동시장 기여(contributions)로부터 발생하지 않는다. 대신에 자산조사(means-tests)를 바탕으로 한 정액급여(flat-rate income support)가 일반적인 급여 형태다(여유진・정용문, 2011a; 정용문, 2012b). 고용주가 전액 재원을 부담하는 기업연금(Superannuation)이 사실상 유일한 비공공부조성 현금급여이며, 모든 현금급여 자격 판정에는 원칙적으로 소득 및 자산조사가 수반된다. 소득 및 자산조사 적용은 엄격하여 예외 규정은 극히 제한적이며, 장애 여부가 고려되는 급여에 자산조사가 면제되는 경우가 있다.

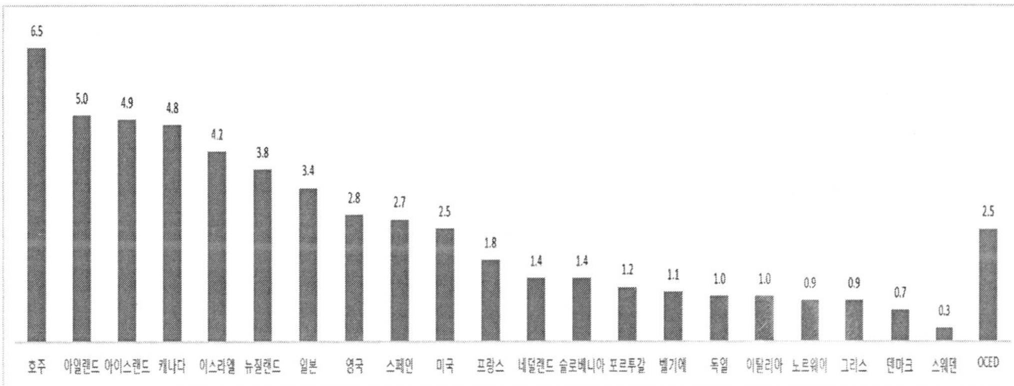


**그림 3.1** GDP 대비 자산조사에 기초한 공공지출 비중(%)
출처 : Peter Whiteford(2017a).

사회보장급여에 관한 국제통계는 호주의 자산조사 의존성을 뚜렷하게 보여준다. 국내총생산 대비 공공지출에서 자산조사에 기초한 급여가 차지하는 비중은 6.5%로서 다른 나라들과 눈에 띄는 차이를 보이고 있다(Peter Whiteford, 2017a). 자산조사에 기초한 강한 대상 표적성을 이유로 호주는 자유주의 사회보장체계로 분류되어 왔다.

호주 사회보장 급여 집행은 센터링크(Centrelink)의 책임하에 있다. 센터링크는 1997년 독립기구로 설립되었다가, 2011년에 인적서비스부(Department of Human Services)[2]로 통합되었다(Centrelink, 2011). 센터링크는 연방정부의 사회보장 관리 및 전달 업무를 한 곳에 집중하여 모든 서비스를 일괄제공하기 위한 소위 원스톱숍(one-stop-shop)으로서의 역할을 수행하고 있다. 모든 공공부조성 사회보장급여는 센터링크를 통해 전달되며, 소득 및 자산조사를 통한 사회보장급여 자격 심사와 모니터링은 센터링크의 주요 기능 중의 하나다.

호주 사회보장급여는 말 그대로 그물망 모양의 사회안전망(safety net)을 제공하고 있는 것으로 평가된다. 20여 개의 주요 사회보장급여와 함께 55개의 보충급여가 각기 다른 사회보장 욕구에 대응하고 있다(Reference Group on Welfare Reform, 2015). 소득보장에 대한 권리가 노동시장에서의 기여에 의해 발생하지 않기 때문에 욕구가 있는 이는 누구나 소득보장 급여를 신청할 수 있는 자격이 부여된다(정용문, 2012b). 소득보장 수급자 통계를 인구통계에 대비해 보면, 전체 인구의 43%가 정부로부터 직접적인 현금급여를 받고 있으며, 저소득계층에게 주

2) 2019년부터 부처 명칭이 '서비스부(Services Australia)'로 개명되어 운영 중이다(Services Australia, 2019).

어지는 각종 감면 및 할인 카드(concession cards) 등 현금성 급여를 받는 이들까지 포함하면 소득보장 수급률은 72%에 달한다(Department of Social Services, 2022). 요약하자면 호주의 사회보장은 자산조사에 기초한 대상 표적적인 사회보장체계에도 불구하고, 보편적 대상 포괄성(universal coverage)을 지닌 체계다(여유진 · 정용문, 2011a).

호주의 사회보장제도가 다양한 위험들에 대한 포괄적 보호를 제공한다는 장점이 있지만, 세부화된 급여체계는 개혁의 대상이 되기도 한다. 즉, 지나치게 급여의 종류가 많고, 유사 급여들 간의 복잡한 연계 등의 문제로 사회보장 급여체계 효율성 제고 방안이 논의되고 있는 상황이다(McClure, 2015). 세부화된 급여체계는 두 가지 측면에서 부정수급에 영향을 미칠 수 있다. 우선, 복지수요 측면에서 급여 갈아타기(moving between the payments)나 부정수급 기회 포착 등 수급자의 도덕적 해이 유인을 제공할 가능성이 있다. 다음으로 복지공급 측면에서 복잡한 급여체계는 급여 대상자 선정 및 관리의 행정적 어려움을 초래할 가능성이 있다. 실제 부정수급 현상은 수급자에 의한 제도 왜곡보다는 제도상의 허점이나 데이터 관리상의 오류 등 부적절한 행정운영에 기인하는 사례가 훨씬 많은 것으로 보고되고 있다(Prenzler, 2016a).

### 2) 호주 부정수급 관리 정책의 역사적 전개

역사적인 관점에서 호주의 복지 부정수급 관리 정책은 1970년대 중반 이후 사회복지 프로그램 축소와 노동 규제의 완화, 이로 인한 복지에 대한 처벌적 접근의 강화의 맥락하에서 발전되어 왔다. 복지에 대한 자유로운 접근권에 대한 재검토와 '정직한 수급(payment integrity)'이 공공정책의 관심으로 부상했는데, 여기에는 다양한 거시정책적 요인들이 작용했다. 첫째는 복지 급여 자격의 지속적인 확대에 기인한 복지지출에 대한 부담이다. 둘째는 당시 석유파동으로 인한 전 세계적 경제불황과 이로 인한 국가의 재정 자원의 축소다. 셋째는 정부의 고지출, 고세율 그리고 높은 국가채무에 대한 저항과 관련된 경제적 합리주의(economic rationalism)와 이용자 부담 철학(user pays philosophy)의 득세다(Prenzler, 2016a).

이러한 정책적 환경 속에서 사회보장 급여가 진정한(genuine) 수급자에게 전달되도록 보장하는 메커니즘 확립이 주요한 목표가 되었다. 이를 위해 사회보장 시스템의 근대화가 진행되었고, 새로운 사회보장 시스템은 수급 신청 시점에서 진정한 수급자를 선별해 내고, 현행 수급자가 적법한 자격요건을 유지하고 있는지에 대해 정밀하고 상시적인 모니터링 수행 능력 강화를 의미했다. 구체적인 부정수급 관리 정책은 실업급여에서 시작했다. 프레이저 보수당 정부(Fraser Government, 1975~1983)하에서 실업급여 수급자들에 대한 엄격한 구직활동 점검과 데이터 매칭(data matching) 기법 등 복지 규정 준수 조치들이 강화되기 시작했다. 이후 하워드에 의해 1990년대 중반에 재집권한 보수당 정부(Howard Government, 1996~2007)는 부정수급과의 전쟁을 주요 정강으로 설정하고, 상호의무제(mutual obligation)에 기반한 복지통제 정책을 시행했다. 하워드 정부는 통제적이고 처벌적인 접근과 더불어 부정수급 예방과 조기 발견을 위한 새로운 기법들을 개발하고 강화했다(Prenzler, 2011).

부정수급 관리에 관한 한, 호주는 초당적인 합의를 이루고 있는 것으로 평가된다. 친복지적인 정당으로 간주되는 노동당의 집권기(Rudd & Gillard Governments, 2007~2013)에도 부정수급에 대한 강경한 조치들은 별다른 변화 없이 유지되어 왔다. 이후 집권한 보수당 정부(Abbot & Turnbull Governments, 2013~2018)는 재정적자 해소를 지상의 목표로 설정하고, 사회보장 부정수급에 대한 단속을 통한 복지 재무관리를 재정 흑자 전환의 주요한 요소로 포함했다(Martin, 2016). 이어 집권한 모리슨 정부(Morrison Government, 2018~2022)는 사회보장 부정수급의 범죄적 속성을 더욱 부각시키며, 부정수급 단속 전담반(Taskforce Integrity)의 권한을 더욱 강화하고, 디지털 과학수사실(Digital Forensics Laboratory)을 설립하는 등 경찰 기능과 정보기술을 결합하는 방식으로 부정수급 관리 체계를 재축하고 있다(Easton, 2019). 다음은 호주 인적서비스부 장관의 부정수급전담반 설립에 관한 의회 연설의 일부를 발췌한 것이다(Parliament of Australia, 2015).

> (호주) 정부는 사회보장 시스템 보호를 위해 부정수급에 대한 매우 강경한 입장을 지속적으로 유지할 것이다. … 부정수급자는 단지 정부의 돈을 훔치는 것이 아니라, 그들의 이웃 그리고 가장 도움이 필요한 이의 돈을 훔치는 것이다. 오늘 정부는 납세자의 돈이 진정으로 도움이 필요한 사람에게만 제공되도록 부정수급전담반 설립을 공표한다(Stuart Robert, 2015).

사회보장 프로그램 운영에 있어 효율성 원칙 강조는 부정수급에 대한 처벌적인 접근의 도입과 확산을 수반하고 있다. 사회보장 전달체계의 효율성 제고의 일환으로 구상되었던 센터링크가 설립된 이후, 현행 사회보장 전달체계에는 가상의 경찰(virtual police force)이 주둔하는 현상이 초래되고 있다. 사회보장 급여 데이터 분석가가 앞뒤가 맞지 않는 급여(payment discrepancies)를 탐지하고, 부정수급 조사관(fraud investigators)들이 현금 비즈니스를 통한 비공식적 수입 여부를 파악하고, 외주를 받은 민간 보안업체는 피의자들을 비밀 영상 감시(covert optical surveillance)하고 있다(Prenzler, 2012). 결과적으로 호주에서는 사회보장 행정과 복지치안(welfare policing) 간의 경계가 모호해지는 과정을 거치고 있다.

## 3. 호주의 부정수급 현황

### 1) 부정수급의 개념

부정수급은 '부정확하게 수령 혹은 제공된 급여'로 대략적으로 정의할 수 있다. 부정확한 급여란 반드시 과대급여만을 의미하지는 않으나, 통상적으로 부적정 급여는 자격 이상으로 제공된 급여를 의미한다. 부정수급은 다양한 원인과 유형으로 관찰되기 때문에 각 유형들의 개념을 개별적으로 살펴보는 것이 타당할 것이다. 부정수급 유형화에 자주 거론되는 논의는 van Stolk와 Tesliuc(2010)의 연구에서 발견된다. 이들은 의도성과 행위주체라는 두 가지 축을 이용하여 부정수급의 유형을 사기(fraud), 수급자 오류(customer error), 행정적 오류(official error), 그리고 부패(corruption) 등 네 가지로 유형화했다.

이 중 부패는 사회보장 행정 내부자의 의도적인 제도 왜곡으로서 수급자와는 직접적인 행위 관련이 없고, 수급자의 혜택에도 직접적인 영향을 미치지 않는 것으로 간주된다. 따라서 수급자와의 직접적인 관련성을 고려한 부정수급은 다음 세 가지 유형을 포함한다(Bourn, 2008). 우선 사기로 명명되는 부정수급은 수급자가 자격요건을 (충분히) 갖추지 않은 상황에서 의도적으로 급여를 청구하는 경우다. 사기는 통상적인 혹은 협의의 부정수급으로 분류될 수 있다(임완섭 외, 2020). 부정수급은 비의도적인 이유로도 발생하는데, 수급자가 부정한 의도 없이 부정확하거나, 완전하지 않거나, 혹은 부적절한 시점의 정보를 제공하여 그 결과로 부정확한 급여가 제공될 수 있는데, 이것을 수급자 오류(customer error)로 분류한다. 마지막으로 행정적인 오류(official error)는 행정기관에서 규정을 준수하지 않거나 수급자로부터 제공된 정보를 제대로 고려하지 못해 부정확한 급여가 제공된 경우를 의미한다.

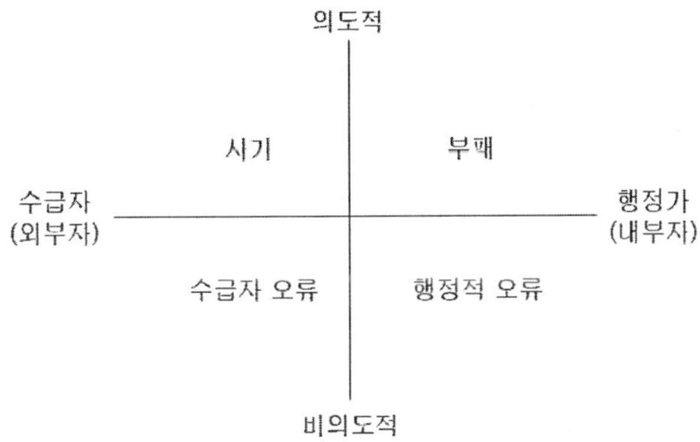


**그림 3.2** 부정수급 유형

출처 : van Stolk & Tesliuc(2010).

상기 부정수급 유형화는 개념적인 구분에 유용한 프레임워크를 제공하지만, 실제 그 경계는 뚜렷하게 구별되지 않는다. 특히 사기와 실수를 가려내는 데에 있어 의도성(fraudulent intent)을 포착하기는 어렵다. 협의의 개념으로 부정수급을 의도성이 분명한 사기로 한정한다 하더라도 그 의도성은 다양한 스펙트럼 속에 존재한다. 다시 말해, 부정수급은 욕심(greed)과 욕구(need)의 심리환경적 연속선상에서 나타난 행위로 볼 수 있다(Tunley, 2011). 구체적으로 욕심에 의한 부정수급은 수급자의 목적의식적, 계획적, 그리고 체계화된 실행으로 볼 수 있으며, 욕구에 의한 부정수급은 심각한 경제적인 스트레스 상황에서 법적으로 허용 가능할 것으로 간주되는 범위 내에서 규정을 준수하지 않은 행위다. 예를 들어, 빈곤선 주변의 소득을 가진 이가 작은 수입활동을 하면서 이를 철저하게 신고하지 않은 경우가 욕구에 의한 부정수급에 해당할 수 있다. 이러한 미준수(non-compliance) 행위는 분명 부정수급에 해당하지만, 욕심과 욕구 사이에 큰 회색지대(grey area)를 창출하고 있다. 실제로 부정수급의 모호성은 법적인 판결 과정에서 논쟁의 대상이 되고 있다.

호주 법무부는 정부에 대한 일반적인 부정행위(fraud)를 '정직하지 않은 방법으로(dishonestly) 혜택을 획득하거나, 기망(deception) 혹은 다른 방법으로 정부에 손해를 초래하는 것'으로 정의하고 있다(Attorney-General's Department, 2017). 부정행위는 의도성이 내포되어야 하며, 단순 실수나 의도성이 확인되지 않은 행위들은 규정 불이행(non-compliance)으로 간주하고 부정행위가 아님을 명시하고 있는 것이다. 부정행위는 행위 소재에 따라 정부 관료 혹은 서비스 계약자가 연루된 내적인(internal) 부정행위와 서비스 공급자, 클라이언트, 혹은 일반 대중이 범하는 외적인(external) 부정행위로 구분된다.

호주의 사회보장 부정수급에 대한 정의 역시 법무부의 부정행위에 대한 접근법을 따라 의도적 사기 개념을 채택하고 있는 것으로 여겨진다. 호주범죄연구원(Australian Institute of Criminology)이 발행하는 범죄통계 연보에 의하면, 사회보장 부정수급을 '자격요건을 충족하지 못하는 개인이 사회보장급여를 받기 위해 정부기관에 허위의(false) 혹은 오도하는(misleading) 정보를 제공하거나, 관련된 정보를 누락하는(omitting) 행위'로 규정하고 있다(Lindley, Jorna, & Smith, 2012). 사회보장 부정수급에 대한 법적인 의미는 「사회보장행정법(Social Security (Administration) Act 1999)」 제212조부터 제216조에 걸쳐 제시되어 있다. 「사회보장행정법」은 다음 다섯 가지가 사회보장 위법행위(offences)를 구성하는 것으로 규정하고 있다. ① 급여자격을 얻기 위해 자신의 곤궁(hardship)과 관련하여 허위 진술을 하는 것, ② 급여율에 영향을 미치기 위해 허위 진술을 하여 사회보장 담당 기구를 속이는 것, ③ 허위 문서를 제출하거나, 문서 진위 여부를 신중하게 검토하지 않고(reckless) 문서를 제출하는 것, ④ 자격요건이 안 되는 급여를 획득하는 것, ⑤ 신분사칭(impersonation)이나 사기적인 계략을 활용하여 급여를 획득하는 것(Federal Register of Legislation, 2013b).

### 2) 부정수급 유형

호주 서비스부(Services Australia)는 사회보장 부정수급의 세 가지 유형을 예시적으로 보여주고 있다(Services Australia, 2020c). 첫 번째는 사회보장급여 부정수급(welfare fraud)으로서 허위 신분 혹은 타인의 신분을 이용하여 급여를 신청하는 경우, 소득을 과소신고하는 등 허위 혹은 오도된 정보를 제공하는 경우, 자산 및 소득 정보를 제출하지 않는 경우, 가족관계를 제대로 신고하지 않는 경우(실제 부부가 동거하면서 별거 혹은 이혼으로 신고하는 경우), 돌봄 대상자의 사망 혹은 기타 사유로 더 이상 돌봄을 제공하지 않으면서 돌봄 급여를 계속 받는 경우, 거주요건을 충족하지 않은 경우(호주에 거주하지 않으면서 급여를 계속 받는 경우) 등이 이에 해당한다.

두 번째 유형은 아동지원제도 부정수급(child support fraud)이다. 아동지원제도는 이혼이나 별거 시에 아동의 경제적 보호를 목적으로 아동과 동거하지 않는 부모의 임금의 일정 비율을 공제하여 이를 아동에게 이전하는 급여다. 아동과 동거하지 않는 부모는 고용주와 결탁

(collusion)하여 본인의 임금을 과소보고할 가능성이 있다. 예를 들어, 고용주가 해당 피고용인 부모에게 현금을 임금으로 지급하고, 해당 부모는 실제 소득보다 작은 금액을 신고함으로써 아동지원금을 줄이는 경우다.

세 번째는 보건 관련 부정수급(health fraud)이다. 여기에는 본인이 이용하지 않은 의료서비스를 메디케어(Medicare)에 청구하는 경우, 타인의 메디케어 카드를 이용하여 의료서비스를 받는 경우, 유효하지 않은 의료할인카드(Healthcare Card)를 이용하는 경우, 그리고 의약품 할인 급여(Pharmaceutical Benefits Scheme)를 받기 위해 처방전을 위조하는 경우 등이 포함된다.

### 3) 부정수급 추세

호주의 사회보장 수급자 수는 지속적으로 증가하고 있다. 수급자 수의 증가는 대체로 인구 고령화와 연관이 있으며, 노령연금(Age Pension), 장애연금(Disability Support Pension) 그리고 돌봄 급여(Carer's Payment) 수급자의 증가가 전체 사회보장급여 수급자 수의 증가를 견인하고 있다(Peter Whiteford, 2017a). 2021년 기준으로 대략 1천 6백만 명 이상이 사회보장급여 수급자로 등록되어 있으며(Data.gov.au, 2022), 이는 전체 인구 대비 약 64%에 해당한다.

사회보장 수급자의 증가 추세와는 반대로 호주의 부정수급은 감소하는 추세에 있다. 2018~2019년도에 부정수급 사례로 의심된 사례는 1,693,110건이었으며, 이 수치는 2019~2020년에 898,574건, 그리고 2020~2021년에 194,770건으로 감소했다(Services Australia, 2021). 최근의 급감은 COVID-19의 일시적인 영향이 작용한 것으로 보이지만, 호주의 부정수급은 추세적인 감소를 경험하고 있다. 검찰로 기소 의뢰된 부정수급자 수와 최종 부정수급 판결 건수 역시 지난 10년간 지속적으로 감소하는 추세에 있으며, 특히 2010년을 기점으로 그 수와 비율은 급속히 감소해 왔다. 기소 건수는 약 80%까지 감소했으며, 부정수급 판결 건수도 대략 75%까지 감소하여 이전 시기와 극명한 대조를 보이고 있다(Prenzler, 2016b).

호주의 사회보장 부정수급이 현저히 감소한 데에는 몇 가지 법적 그리고 정책적 변화가 관여되어 있다. 우선 법적인 측면에서 2011년과 2013년에 두 개의 대법원 판결이 영향을 미쳤다. 이 판결은 소위 '누락 판결(omission cases)'로 명명되는데, 당시 상당수의 부정수급 기소는 수급자의 의도적인 부정보다는 개인의 상황 변화를 센터링크에 신고하지 않은 채로 급여를 유지한 위법(offence) 사례가 많았다. 실제 센터링크의 부정수급 조사(investigation) 사례 중

92%는 비정기수입(casual earnings) 미신고, 임시고용 미신고, 그리고 배우자 소득 미신고 등 단순 신고 누락이 차지하고 있었다(Australian National Audit Office, 2010). 형사법상 부당한 경제적 이익을 획득하는 것이 위법이었으나, 개인상황변화 신고의무가 사회보장법에 명시되어 있지 않아 사기죄가 성립되지 않았다. 이를 계기로 사회보장법에서 개인상황변화 신고의무가 신설되었고, 동시에 부정수급 기소를 위해서는 센터링크가 증인진술서(witness statement) 등 충분한 증거를 구비하도록 규정함에 따라 신고누락 관련 기소 건수가 감소한 것이다 (Wilcock, 2018).

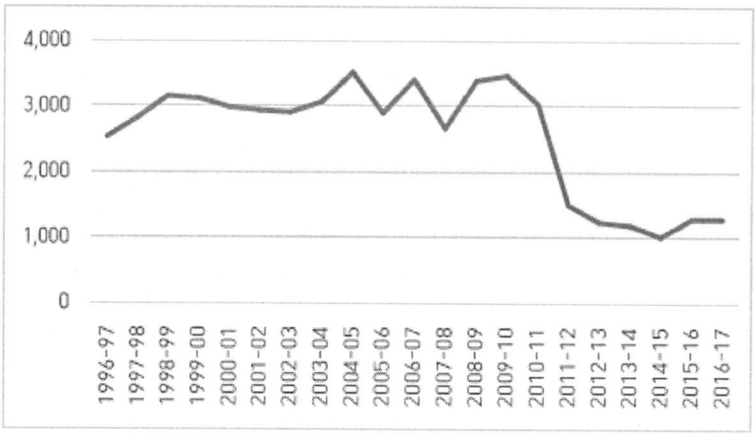


**그림 3.3** 사회보장 부정수급 기소 추세
출처 : Wilcock(2018).

정책적인 측면에서도 중요한 변화가 수반되었는데, 2011년까지 센터링크는 사회보장 초과지급분 회복에 관한 실적치를 운영했으며, 이에 따라 센터링크 조사원들은 일정 건수 이상을 기소하도록 요구되었다. 예를 들어, 2000~2001년 센터링크의 핵심성과지표(Key Performance Indicators)에는 4,000건을 기소의뢰하여 708.8백만 호주달러(약 7천억 원)를 회수한다는 목표가 명시되었으며, 이에 따라 조사원들은 1년에 최소 96개 사례를 조사하고, 최소 6개 사례를 기소의뢰하도록 요구되었다. 목표치를 달성하기 위해서 조금이라도 의심되는 사례는 기소의뢰가 이루어졌던 것이다. 이런 불합리한 관례에 대한 개선 요구가 제기됨에 따라, 부정수급 관리는 심각하고 명백한 부정수급 사례에 집중하는 결과로 이어졌다(Wilcock, 2018).

불합리한 양적 목표치의 제거와 함께 부정수급 정책의 전략과 방향에 근본적인 검토의 필요성이 제기되었다. 일단 기소 과정에 들어가면 개인은 심리적・재정적 스트레스뿐만 아니라 이후 고용기회의 제약 등 생활상의 심각한 불이익을 겪게 되므로, 법적 해결은 최후의 방법으로 채택되어야 한다는 주장이 타당성을 획득했다. 대안적인 접근으로서 센터링크의 예방(prevention)과 조기 감지(early detection) 기능을 강화하여, 법적 절차를 거치는 부정수급 사례를 감소시키는 방안들이 제안되었다(Legal Aid NSW, 2010). 이를 통해 기존의 부정수급에 대한 사후 처벌 중심의 대응에서 예방과 조기 개입을 강화하는 방향으로 정책적 변화가 일어났다.

부정수급 기소가 줄어든 것은 일단 긍정적인 현상으로 해석될 수 있다. 전반적으로 호주는 부정수급에 대해 예전에 비해 덜 처벌적인 접근을 하고 있는 것으로 평가된다. 또한 예방 강화와 조기 개입 전략의 채택은 장기적으로 부정수급 기소율을 더욱 감소시킬 것으로 기대된다. 그러나 이러한 정책적 변화를 호주 정부의 부정수급에 대한 근본적인 접근법의 변화로 단정할 수는 없다. 호주는 사회보장 위법행위에 대해 벌점 체계(demerit system)를 도입하여 경고나 일시적인 급여 정지 등의 급여 제재를 가하고 있어 통제적・처벌적인 접근법은 지속되고 있다(Henriques–Gomes, 2019). 또한 부정수급에 대한 무관용 정책(zero tolerance)을 표방하고 있는 호주 정부가 부정수급 근절이라는 정책적 목표를 달성하기 위해 행정적인 혁신을 강구해야 한다는 주장도 존재한다(Prenzler, 2016b).

## 4. 호주의 부정수급 관리 체계

### 1) 법적 관리 체계

호주의 사회보장 부정수급을 직접적으로 관장하는 법은 「사회보장행정법(Social Security (Administration) Act 1999)」이다. 동법은 구체적인 부정수급 행위와 해당 행위에 대한 처벌을 규정하고 있다. 이에 의하면, 부정수급 행위에 대해 법원은 급여액 환수를 명령할 수 있으며, 최대 12개월 이하의 징역형을 선고할 수 있다.

전술한 대법원의 '신고누락' 판결에 따라 「사회보장행정법」은 2011년부터 개인 상황 보고 의무와 관련된 새로운 조항을 삽입했다. 동법 제66조에 의하면, 수급자는 급여 자격과 급여

수준에 영향을 미칠 수 있는 개인적인 변화에 대해 변화 발생 후 14일 이내에 이를 서비스부(센터링크)에 보고해야 한다(Federal Register of Legislation, 2013b). 보고 내용은 광범위하며, 구체적으로 다음 변동 사항들이 포함된다. 연락처, 은행계좌, 가족관계(부부, 별거, 이혼 등), 돌봄관계, 근로지위, 학업, 성정체성, 거주형태(자가, 임대 등), 해외 출국, 일시불 수입, 배우자의 소득이나 자산 등.

「사회보장행정법」 위반은 형사법(The Criminal Code Act 1995)의 적용을 받을 수도 있다. 사회보장 부정수급 관련 위법 행위에 적용되는 형사법 위법에는 기만(deception)에 의해 소유물을 획득한 경우, 기망에 의해 재정적인 이익을 획득한 경우, 그리고 부정한(dishonest) 행위 및 이로 인해 타인의 손실을 초래한 경우 등이 포함된다. 벌칙은 위법의 정도에 따라 차등적이다. 기망에 의해 재정적 이익을 취한 부정행위에 대해서는 최대 10년의 징역형이 부과될 수 있다(Federal Register of Legislation, 2019).

부정수급에 대한 법적 관리는 비단 사회보장 수급자의 위법행위 및 처벌 규정에 한정되지만은 않는다. 호주 연방정부는 「재정관리 및 책임성법(Financial Management and Accountability Act 1997)」에 의해 부정통제계획(Fraud control plan)을 수립·운영하고 있다. 이는 사회보장 수급을 넘어서서 책임성 있는 행정 및 재무관리를 규정하는 포괄적인 법이다. 아울러 「공공기관 관리, 성과 및 책임성법(Public Governance, Performance and Accountability Act 2013)」은 모든 정부 부처가 공공 재원을 적절하게 사용하고 관리해야 할 의무에 대해 규정하고 있다. 위의 상위 법규들에 의거하여 호주 서비스부는 자체적인 부정통제계획(Fraud Control Plan)을 운영하고 있다. 이 계획에 따라, 서비스부의 모든 직원과 계약자들은 의무적으로 부정행위 훈련을 이수하고, 고객, 서비스 공급자, 직원과 계약자 등에 의한 모든 의심스러운 행위를 보고해야 한다. 특히 부정수급 통제, 감지, 조사 활동을 담당하는 이는 특화된 훈련을 이수해야 한다. 이를 수행하지 않은 경우 「호주 공무원 행위규범(Australian Public Service Code of Conduct)」에 의한 제재를 받을 수 있다.

### 2) 행정적 관리 체계

1970년대 중반 복지국가 후퇴기에 정책적 관심사로 부상한 사회보장 부정수급 관리에 대해 행정적 체계를 통해 실질적인 개입이 이루어진 것은 1990년대 중반 이후라고 볼 수 있다.

센터링크는 사회보장 행정의 효율적 운영을 가치로 설립되었으며, 이에 따라 부적정 지출 관리는 센터링크의 주요 기능으로 포함되었다. 센터링크의 부정수급 관리 정책은 '사회보장 부정수급 관리계획(Centrelink Fraud Control Plan 2008~2010)'에 제시되어 있다. 이 계획은 부정수급에 대한 호주 정부의 전략과 접근법, 그리고 관리방안을 체계화하고 있다. 부정확한 급여나 사기행위의 사전 예방(prevention), 부정확한 급여나 사기행위에 대한 탐지(detection), 그리고 예방과 탐지 기능이 제대로 작동하지 않았을 경우 사후 적절한 억제(deterrence) 등 세 가지 단계적 개입이 가능하도록 사회보장 시스템과 절차를 설계하기 위한 기본 틀을 마련한 것이다(Centrelink, 2008).

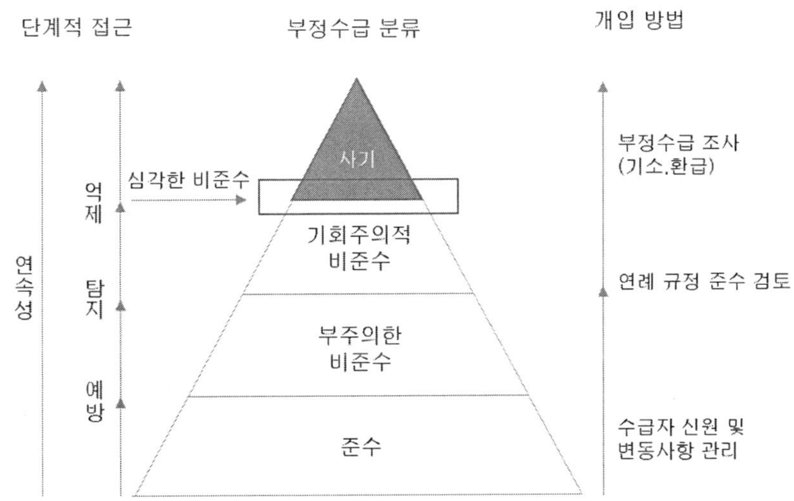


**그림 3.4** 부정수급 관리 체계

출처 : Australian National Audit Office(2010).

센터링크의 단계 접근법은 우선 대부분의 수급자들이 규정을 준수할 의향을 가지고 있다는 전제로부터 출발한다. 피라미드형 부정수급 모형에 의하면 상부로 이동할수록 부정수급의 의도성이 분명해진다. 중간단계의 의도성이 없거나 낮은 부정수급에 대해서는 탐지와 준수 강화 개입이 행해지며, 최상부의 소수 사기적 부정수급에 대해서는 규제준수 의향이 없는 것으로 간주하고, 억제를 위한 강압적 개입이 시행된다.

호주의 부정수급 관리는 '준수 프로그램(Compliance Program)'으로 명명된다. 준수 프로그램은 사회보장 부정수급을 예방, 감지 및 통제하는 업무를 통칭한다. 준수프로그램 업무를 담당하는 기구로 '부정수급전담반(Taskforce Integrity)'이 운영되고 있으며, 이 기구는 사회보장급여 행정의 정확성 제고를 위한 전략 수립과 활동을 수행한다. 구체적으로 사회보장 수급자들이 센터링크에 정확한 정보를 신고하도록 교육하고, 비의도적으로 신고의무를 준수하지 않는 이들로 하여금 성실 신고의무를 이행하도록 지원한다. 부정수급전담반의 실질적인 활동은 심각한 위법과 복지 사기행위에 초점을 두고 있다. 부정수급전담반은 부정수급을 통해 사회보장 프로그램을 왜곡하는 이들을 표적화한다. 즉, 부정수급 위험도가 높은 지역을 식별하여 그 지역의 수급자들을 심층조사한다. 부정수급전담반은 비적정 지출 관리(debt management) 및 부정수급된 급여 회수(debt recovery)를 위한 핵심 역할을 담당하고 있으며, 범죄 행위에 대한 증거가 있을 경우 이를 검찰에 의뢰하는 기능을 수행한다. 부정수급전담반은 부정수급을 회수하기 위한 다양한 법적 수단을 이용할 수 있는 권한을 가진다. 만약 부정수급자가 급여자격을 상실한 이후 급여를 상환하지 않을 경우에 이자를 부과하고, 부정수급분 회수를 외부 추심기관(external collection agents)에 의뢰하며, 출국금지명령(departure prohibition order)을 내릴 수 있다. 또한 아동지원 규정을 어길 경우 임금 혹은 세금환급분을 차압(garnish)할 수도 있다(Services Australia, 2020d).

부정수급전담반은 다양한 정부 및 민간 기구들과 협력관계하에서 운영되고 있다. 특히 소득 정보와 개인 정보 열람 및 수집 활동, 그리고 법적 강제 활동을 위해 호주 연방 경찰청(Australian Federal Police)과 업무협약을 맺고 있다. 경찰청과의 협업은 부정수급의 의도성을 판정하고, 부정수급이 개인을 넘어서 조직적으로 이루어지는지 규명하는 능력을 강화하려는 목적을 가지고 있다. 이 외에도 수급자의 소득을 다루는 국세청(Australian Taxation Office)과 교육기술고용부(Department of Education, Skills and Employment), 그리고 수급자의 소득의 원천이 되는 민간기관들로부터의 정보를 활용한다. 또한 장애인 사회서비스 분야에 특화된 별도의 장애서비스 부정수급전담반(National Disability Insurance Scheme Fraud Taskforce)도 운영되고 있다(Services Australia, 2020a).

최근에는 온라인을 이용하거나 허위 신분(multiple identities)을 이용하는 등의 복잡한 사건이 증가함에 따라 디지털 과학수사(digital and financial forensic analysis)의 중요성이 증대하고 있다(Commonwealth Director of Public Prosecutions, 2020). 이에 따라 호주 정부는 과학수사실(Digital Forensics Laboratory)을 설립·운영하고 있다(Robert, 2019). 과학수사실은 부정수급전담반의 조사업무를 지원하는 기능을 수행하며, 개인의 부정수급보다는 조직적인 부정수급에 대한 대응에 초점을 맞추고 있다. 조직적인 부정수급은 주로 보육 및 장애인 사회서비스 분야 등 정부의 보조금이 지급되는 방식에서 발생하는 경향이 있다. 최근에는 사이버 범죄 기법을 도입한 전문적인 부정수급 행위가 포착됨에 따라 과학수사실의 기능을 확대하고 있다.

호주 정부는 부정수급 관리를 위한 인프라 개선사업도 병행하고 있다. '복지급여 인프라 개선사업(Welfare Payment Infrastructure Transformation)'은 사회보장 전달체계의 근대화를 목적으로 진행되고 있다. 인프라 개선사업은 2015년부터 시행되어 오고 있으며, 총 5개 단계로 추진되어 2022년에 완료될 계획이다. 이 사업은 사회보장 행정에서 디지털 서비스 확대와 사회보장급여의 자동화에 우선순위를 두고 있다. 즉, 센터링크의 업무 절차를 간소화하고, 정보통신기술을 적극적으로 활용하여 업무를 디지털화하여 사회보장업무의 유연성과 효율성을 제고하기 위한 사업들이 추진되고 있다. 복지급여 인프라 개선사업은 그 자체로서 부정수급 관리 사업이라 볼 수는 없으며, 수급자 대기시간을 줄이고, 업무 흐름을 개선하는 것이 표명화된 목표다. 그러나 부정수급 탐지와 규제 준수 기능을 더욱 효율적으로 수행할 디지털 능력 강화도 사업의 인프라 개선사업의 주요한 요소로 설정되어 있다(Arthur, 2015a; Services Australia, 2018). 실제로 과거에 비자동화된 방식으로 1년에 20,000건의 부정수급을 탐지한 반면, 자동화된 방식의 도입으로 일주일에 동일한 건수의 부정수급을 탐지하고 있다(Hickey, 2019; Senate Standing Committees on Community Affairs, 2017).

### 3) 부정수급 모니터링

호주 정부는 부정수급을 탐지하기 위해 다양한 방법을 이용한다. 우선 외부로부터의 제보는 공식 행정체계를 보완하는 민간 부정수급 관리 체계로 부정수급 감지의 주요 방법으로 활용되어 왔다. 제보는 부정수급 정보의 전통적인 원천으로서 기능하고 있지만, 실제 제보를 통해 부정수급으로 확인되는 사례는 0.1% 이하에 머물러 실효성이 높지는 않다(Reynolds, 2017).

외부로부터의 제보 이외에 복지부 내부 행정을 이용한 부정수급 감지는 두 가지 방법을 통해 이루어진다. 첫 번째는 무작위 샘플 서베이(random sample survey)로서 주요 급여 수급자들을 대상으로 특정 시점에 연락하여 수급자들의 현재 상황을 점검하고, 현재 자격요건과의 일치 여부를 검토한다. 서베이 방식은 수급자들의 진술에 의존한다는 점에서 객관적인 방식으로 점검될 필요가 있다.

두 번째는 데이터 매칭(data－matching)으로서 서베이 방식의 주관성을 보완한다. 이는 국세청이라는 제삼자의 개입으로 수행되며, 사실상 데이터 매칭은 호주의 부정수급 모니터링의 핵심 기제라고 볼 수 있다(Department of Human Services, 2019a). 호주의 사회보장급여 자격 및 수준은 일차적으로 소득 및 개인 상황(경제활동이나 가족구성 등)에 대한 수급자의 신고에 의해 결정되며, 신고소득의 정확성은 사후 다양한 소득 데이터와의 교차점검을 통해 검증된다. 호주는 「데이터 매칭 프로그램 법[Data－matching Program (Assistance and Tax) Act 1990]」에 근거하여 1991년에 데이터 매칭 기구(Data Matching Agency)를 설립했고, 여기에는 사회보장부(Department of Social Security, 센터링크의 전신)와 개인소득자료를 관리하는 국세청(Australian Tax Office)이 참여했다. 이후 사회보장 보훈급여를 담당하고 있는 보훈부(Department of Veterans' Affairs)가 참여했으며, 현재는 호주금융위원회(Australian Securities and Investments Commission), 교육기술고용부(Department of Education, Skills and Employment), 보건부(Department of Health), 그리고 이민부(Department of Home Affairs) 등 13개의 관련 정부기관들의 데이터 제공 협조 체제하에 센터링크가 데이터 매칭 프로그램에 대한 책임을 지고 있다(Services Australia, 2019).

데이터 매칭은 센터링크가 보유한 소득 신고자료와 국세청의 소득정보를 비교하여 불일치 여부를 파악하는 절차다. 초기 데이터 매칭 프로그램은 센터링크 직원이 수작업으로 두 가지 데이터를 대조하고, 불일치 확인 시에 수급자의 고용주에게 연락하여 원천징수명세서를 요구하는 방식이었으나, 2016년부터 '온라인 준수 개입(Online Compliance Intervention, OCI)' 프로그램으로 변경되어 자동화된 방식으로 진행되고 있다(Senate Standing Committees on Community Affairs, 2017). 온라인 준수 개입은 데이터베이스를 활용한 부정수급 관리의 자동화를 의미한다.

자동화된 방식은 인적 개입의 최소화와 효율적인 모니터링을 가능하게 했다는 점 이외에 두 가지 중요한 변화를 내포하고 있다. 첫째, 소득정보 확인 책임소재가 센터링크로부터 수급자로 이동했다. 즉, 소득불일치가 확인되면 수급자에게 전화 메시지나 편지의 형식으로 통지가 전달되며, 수급자는 본인이 직접 원천징수명세서를 확인하여 소득자료를 제출해야 한다. 둘째, 수급자의 소득 재확인 과정은 온라인으로 처리되며, 이 과정 역시 수급자가 직접 수행해야 한다. 호주 정부는 최근 정부서비스에 개인 온라인 계좌를 설립하여 행정서비스를 온라인으로 처리하는 시스템을 구축했다(myGov.gov.au). 수급자는 센터링크 온라인 포털(Express Plus Centrelink)에 접속하여 근거자료를 제시해야 한다(Senate Standing Committees on Community Affairs, 2017). 온라인을 통해 소득 상황을 신고하는 이 절차는 부정수급 개입 절차에서만 이루어지는 것은 아니며, '소득 최신화 온라인 프로그램(Check and Update your Past Income)'을 통해 급여에 영향을 미칠 수 있는 개인 상황의 변화들을 일상적으로 보고하도록 요구된다. 즉, 온라인 준수 개입은 수급자가 부정수급 모니터링의 대상임과 동시에 자기 검증의 주체로서의 양가적인 지위를 부여받음을 의미한다.

## 5. 논의 및 시사점

### 1) 논쟁 및 개선사항

이상에서 논의된 호주의 사회보장급여 부정수급 관리 정책은 대략 다음과 같은 방향으로 추진되고 있다고 요약할 수 있다. 첫째, 행정 체계 측면에서 디지털 기술 활용을 강화함으로써 행정 효율성을 제고하고 있다. 또한 부정수급 관리 업무에 인적 개입의 여지를 최소화함으로써 공평성과 투명성을 강화하는 방향으로 진행되고 있다. 둘째, 부정수급 사례가 전반적으로 급감하고 있다. 특히 복지사기로 칭해지는 의도적 제도 왜곡 현상이 줄어들고, 이는 형사기소로 이어지는 심각한 부정수급의 감소로 이어지고 있다. 셋째, 과거의 부정수급에 대한 사후적·처벌적 접근보다는 조기 개입 및 자발적 교정을 지원하는 예방적 접근이 강화되는 추세에 있다. 더불어 수급자 개인보다는 조직적인 부정수급에 정책의 관심이 이동하고 있는 점도 특기할 만한 점이다.

일견 호주의 부정수급 관리 정책은 조기접촉과 조기상환이라는 합리적인 방향성하에 부정수급 감소라는 긍정적인 정책적 효과를 거두고 있는 것으로 평가된다. 그러나 정책 실행 과정 및 정책 참여자들 간의 상호작용에 대한 검토는 호주의 부정수급 정책이 제도적 불합리성과 억압적인 정책 실천의 면모를 포함하고 있음을 보여준다. 첫째, 소득 불일치 확인 과정 자체의 심각한 결함이다. 부정수급 탐지의 시발은 수급자가 신고한 소득과 국세청이 확보한 소득 간의 일치 여부다. 호주의 사회보장급여는 2주 주기로(fortnightly) 지급되며, 급여율은 사전에 수급자가 신고한 소득에 기초하여 결정된다. 수급자의 소득은 일정하지 않을 수 있기 때문에 소득 상황에 변화가 있을 경우 변화 발생 후 27일 이내에 센터링크에 신고하도록 규정되어 있다(Services Australia, 2020e). 문제는 비교 준거가 되는 국세청 소득 자료는 2주 단위가 아니라 분기, 반기 혹은 연 단위로 확보된다는 점이다. 따라서 두 소득의 비교를 위해 국세청의 소득은 2주 치로 환산되어야 하며, 이는 소득의 평균화(averaged income)를 수반한다. 즉, 실제 소득이 아닌 소득을 실제 소득의 준거로 이용하여 비교하기 때문에 두 소득 간의 불일치는 흔히 발생한다. 준수 프로그램 도입 초기에 센터링크는 이 사실에 대한 고려 없이 곧장 수적 불일치에 근거하여 부정수급 회수 절차를 진행함에 따라 수급자와 지역사회로부터 심한 비난을 받았다. 현재에는 두 소득 간에 상당한 불일치(significant discrepancy)가 확인되어야만 부정수급 사례로 검토되고 있으나, 여전히 평균소득 이용의 타당성에 대해 논란이 있다. 더 나아가 실제 소득이 아닌 평균소득이 사회보장급여의 자격을 결정하는 법적인 근거가 될 수 있는지 법적 공방이 벌어지고 있는 상황이다(Parliament of Australia, 2020).

둘째, 준수 프로그램은 절차상의 불공정(procedural unfairness)을 내포하고 있다. 수급자는 온라인 시스템을 이용하여 자신의 소득 상황의 변화를 유연하고 편리하게 최신화할 수 있으나, 이 과정은 오로지 수급자의 책임과 의무다. 중요한 점은 실제 소득 정보 최신화를 수행해야 하는 이들은 소득이 일정하지 않은 빈곤 계층일 가능성이 높다는 것이다. 이들은 대체로 취업과 실업을 빈번하게 오갈 가능성이 있으며, 소득의 변화를 항상 최신화하기 어려운 계층이다. 게다가 소득 최신화 과정은 급여명세서와 은행 잔고 증명서 등을 요구하고 있으며, 이 서류들에 대한 접근이 항상 용이한 것은 아니다.

셋째, 부정수급 회수 절차에 있는 수급자들은 권능상실(disempowerment)과 심각한 힘의 불균형(power imbalance)을 경험하고 있다(Senate Standing Committees on Community Affairs, 2017).

부정수급 결정에 대해 재검과 항소의 절차가 마련되어 있으나[3], 많은 수급자들은 이 절차에 대한 인지도가 낮을뿐더러 인지하고 있다 하더라도 실제 이 절차를 활용하는 것은 쉽지 않다. 정부를 상대로 법적인 소송을 할 수 있는 시간적·경제적 여유와 법적 대리인에 대한 접근성이 있는 취약계층은 많지 않다.

넷째, 부정수급 행정의 위압적인 접근 방법은 수급자뿐만 아니라 시민단체들로부터의 비판의 대상이 되고 있다. 우선 준수 프로그램은 수급자들의 정신건강을 심각하게 훼손하고 있다는 비판을 받고 있다. 수급자는 부정수급 최초 통지를 받게 되면, 심각한 스트레스와 감정적인 격변을 경험하게 된다. 공포상태(state of fear) 경험은 수급자들의 경제적 곤궁을 악화시키고, 더욱 빈곤하게 만드는 효과로 귀결된다. 특히 최근 센터링크는 경찰청과 협업을 통해 부정수급과 관련한 수급자와의 교신 문서에 경찰청의 로고를 병기하고 있다. 이는 수급자를 협박하는 효과를 가지며, 수급자들의 심리적 압박감을 가중시키고 있다(Australian Associated Press, 2017).

다섯째, 현행 온라인 준수 프로그램과 데이터 매칭은 지나치게 제도의 효율적 운영에 경도되어 있다. 효율성 제고를 위한 인적 개입의 최소화는 비용 절감을 도모할 수는 있지만 사회보장 전달체계와 수급자 간의 건설적인 상호작용을 축소시킨다. 자동화된 부정수급 환급 절차는 인적 상호작용의 부재를 초래하여 '로봇 회수(robo-debt recovery)' 프로그램으로 비하되고 있다. 이 절차는 실제 불일치 판독 정확도가 낮아 무고한 수급자를 부정수급 환수 절차로 소환했으나, 수급자는 이를 교정하기 위해 센터링크 직원과 접촉하는 것이 제한되어 심각한 행정 오류를 초래했다. 일부에서는 현행 데이터 매칭 프로그램 폐지 주장이 제기되고 있다(Carney, 2019; Towell, 2018).

여섯째, 준수 프로그램은 수급자를 사회보장의 권리 담지자로 보기보다는 잠재적 피의자 신분으로 전락시킨다. 부정수급 문제에 대응하는 과정에서 센터링크는 금융정보분석원 등 재정 범죄를 다루는 정부기관들과의 협업에 적극적이다. 실제 개인의 의도적인 부정수급 사례는 매우 드물지만 준수 프로그램은 사회보장 수급자들에게 범죄자 의식을 부과한다. 지역

3) 센터링크의 환수 결정에 동의하지 않는 경우, 수급자는 센터링크의 재검관(Authorised Review Officer)에게 재검을 신청할 수 있다. 센터링크 재검관의 결정에도 동의하지 않는 경우에는 행정법원(Administrative Appeals Tribunal)에 제소할 수 있다[2015년부터 사회보장 항소심을 담당하던 사회보장법원(Social Security Rights Network)은 행정법원에 합병되어 운영되고 있다](Social Security Rights Network, 2017).

사회는 사회적 약자 보호라는 사회보장 체계의 근본적 역할에 대한 혼란과 신뢰 상실을 경험하고 있다(Sooriyakumaran, 2021).

### 2) 정책 제언

호주의 부정수급 관리 정책 경험은 한국의 부정수급 관리 정책이 참고할 만한 교훈을 제공해 주고 있다. 국가 간 정책학습은 정책형성 및 실행의 보편적인 과정으로서 국가들 간에 유사한 정책들이 발견되는 것은 흔한 현상이지만, 한국의 부정수급 관리 정책은 호주의 그것과 상당히 유사한 경로를 밟고 있다. 최근 한국 정부에서 제시하고 있는 부정수급 관리 방안들은 호주에서 관찰되는 고위험 사업 집중 관리, 특별사법경찰 도입, 부정수급자 처벌 및 제재 강화, 그리고 적극적인 환수 조치 등의 처벌적·통제적인 특성을 강하게 드러내고 있다(관계부처합동, 2018; 2019). 부정수급 전담 태스크포스 설립·운영도 두 국가 간에 중첩되는 부분이다(보건복지부, 2017). 사회보장 정보시스템과 사법 및 금융 등 유관 기관들 간의 정보 연계 체계 구축을 통한 부정수급 관리 거버넌스 구축도 공통적인 부분이다(엄재성·정지운·임병인, 2021).

부정수급은 결코 정당화되거나 옹호될 수 없으며, 공정한 사회보장 행정 확립이 사회보장 체계의 신뢰와 지속성의 원천이 된다는 점에 대해서 이론을 찾기 어려울 것이다. 그러나 호주의 정책 경험은 효율성에 대한 지나친 강조와 부정수급에 대한 억압적인 접근이 어떤 사회적 위험들을 내포하고 있는지 보여준다. 특히 통제 일변도의 접근은 사회적으로 수용 가능한 부정수급 해결책이 될 수 없으며 매우 섬세한 정책적 접근이 필요함을 시사한다. 즉, 부정수급이 발생하는 다양하고 복합적인 원인과 동기들, 그리고 수급자의 관점을 포용적으로 고려할 때 효과적인 정책 실행이 가능한 것이다.

부정수급을 도덕의 문제로만 구성하여, 개인이 자신의 욕심을 충족하기 위한 목적으로 사회보장 시스템으로부터 이익을 취하는 행위로 해석한다면 일면적이고 강압적인 접근만이 도출된다. 도덕적 해이 문제를 가진 개인의 범죄행위로 부정수급을 규정하는 접근법은 정부의 역할을 규율과 통제에 맞춘다. 처벌적 적대주의(punitive adversarialism)와 감시의 제도화(institutionalization of surveillance)를 지향하는 정책의 성과는 취약계층의 보호 정도보다는 납세자들의 돈을 절감할 수 있는 능력을 기준으로 평가된다(Headworth, 2021). 이 접근은 급여를 필요로 하는 이에게 급여가 지급되지 않는 배제오류(exclusion error)를 발생시키고(Cornia & Stewart, 1993; OECD, 2020f), 진정한 욕구를 가진 이들을 사회보장 시스템에서 배제하는 결과로 이어질 가능성이 있다(Wilcock, 2014).

부정수급에 대한 대안적인 관점은 욕심보다는 욕구에 의해 동기화되는 부정수급에 관심을 가진다. 이 관점은 부정수급의 욕구를 초래하는 사회환경적 요인에 주목한다(Tunley, 2011). 부정수급에 대한 욕구는 충분하지 않은 소득과 사회보장급여에 의해 발생한다. 호주의 경험에 의하면 부양아동이 있는 가구에서 부정수급 확률이 높게 나타나며(Prenzler, 2012; 2016a), 특히 한부모 가구는 다른 집단에 비해 더 큰 재정적인 압박하에 부정수급 유인이 더 큰 것으로 보고되고 있다(Wilcock, 2014; 2016).

욕구에 의해 동기화되는 부정수급에 주목하는 관점은 거시적이고 제도적인 접근을 통해 대안을 모색한다. 무엇보다도 부정수급 관리 정책은 소득보장 급여의 보장성의 강화를 전제로 할 필요가 있다. 그렇지 않은 상황에서는 욕구에 의한 부정수급 유인은 해소되지 않기 때문이다(Tunley, 2011). 더불어 사회보장급여 자격 및 급여수준 결정에 있어서 자산조사의 엄격성을 완화할 필요가 있으며(Headworth, 2021), 궁극적으로 '보장된 적정수준의 급여'가 자산조사 기반 급여를 대체한다면 부정수급 유인은 의미 있게 감소할 것이다. 더 거시적으로는 욕구에 의해 동기화된 부정수급을 감소시키기 위해 적극적인 불평등 완화 정책이 병행되어야 한다. 왜냐하면 불평등은 욕구 기반 부정수급을 유발하는 근본적인 원인 중의 하나이기 때문이다(Braithwaite, 2000).

급여의 보장성 강화와 함께 부정수급 관리의 대상은 욕심에 동기화된 제도 왜곡 행위에 집중될 필요가 있다(McKeever, 1999). 이는 부정수급의 개념을 명확히 하고 세분화하여 사용하는 정책담화(policy narrative) 전략과 관련된다. 즉, 과오에 의한 부정수급과 복지사기를 분명하게 구분하고, 기관·조직에 의한 부정수급과 개인 수급자에 의한 부정수급 또한 구분함으로써 개인 수급자에 의한 복지사기 사례가 실제보다 과장되어 대중에게 오인되는 현상을 방지할 필요가 있다. 무엇보다도 이러한 신중하고 사려있는 정책은 부정수급 정책 수립자와 행정 주체, 수급자 및 옹호단체, 그리고 일반 사회구성원들 간의 사회적 대화를 전제로 한다는 점을 명심할 필요가 있다.

## 참고문헌

Arthur, D. (2015). Changes to welfare system compliance and ICT systems. In Budget Review 2015–16 (pp. 138–139) : Parliament of Australia.

Attorney–General's Department. (2017). Commonwealth Fraud Control Framework : Attorney–General's Department.

Australian Associated Press. (2017). Centrelink accused of threatening people using letters with police logo. The Guardian. Retrieved from https://www.theguardian.com/australia-news/2017/aug/04/centrelink-accused-of-threatening-people-using-letters-with-police-logo

Australian National Audit Office. (2010). Centrelink Fraud Investigations : Attorney–General's Department

Bourn, J. (2008). Progress in tackling benefit fraud : National Audit Office, Great Britain.

Braithwaite, J. (2000). Regulation, Crime, Freedom : Routlege.

Carney, T. (2019). Robo–debt illegality : The seven veils of failed guarantees of the rule of law? Alternative Law Journal, 44(1), 4–10.

Centrelink. (2008). Centrelink Fraud Control Plan 2008–10 : Centrelink.

Centrelink. (2011). Centrelink Annual Report 2010–11 : Centrelink.

Commonwealth Director of Public Prosecutions. (2020). 2019–2020 Annual Report : Commonwealth Director of Public Prosecutions.

Cornia, G. A., & Stewart, F. (1993). Two errors of targeting. Journal of International Development, 5(5), 459–496.

Data.gov.au. (2022). DSS Payment Demographic Data. Retrieved from https://data.gov.au/dataset/ds-dga-cff2ae8a-55e4-47db-a66d-e177fe0ac6a0/details

Department of Human Services. (2019). 90,000 Australians make the call to help stamp out welfare, Medicare and Child Support fraud : Department of Human Services.

Department of Social Services. (2022). DSS Demographics June 2020. Retrieved from https://data.gov.au/dataset/ds-dga-cff2ae8a-55e4-47db-a66d-e177fe0ac6a0/distribution/dist-dga-c91d7ee0-59e0-4fc9-92a9-066b840d1139/details?q

Easton, S. (2019). Human Services beefs up digital forensics and data–matching capabilities to target fraud. The Mandarin. Retrieved from https://www.themandarin.com.au/113218-human-services-beefs-up-digital-forensics-and-data-matching-capabilities-to-target-fraud/

Federal Register of Legislation. (2013). Social Security (Administration) Act 1999 : Federal Register of Legislation.

Federal Register of Legislation. (2019). Criminal Code Act 1995 : Federal Register of Legislation.

Headworth, S. (2021). Policing Welfare : Punitive Adversarialism in Public Assistance : University of Chicago Press.

Henriques–Gomes, L. (2019). Homeless Australians given financial penalties under Coalition's welfare regime. Retrieved from https://www.theguardian.com/society/2019/jan/31/homeless-australians-given-financial-penalties-under-coalitions-welfare-regime

Hickey, S. (2019). Centrelink's Flawed Robo–Debt System is Killing Our Most Vulnerable. Retrieved from https://www.sydneycriminallawyers.com.au/blog/centrelinks-flawed-robo-debt-system-is-killing-our-most-vulnerable/

Legal Aid NSW. (2010). Early intervention and diversion as an alternative to social security prosecution : Legal Aid NSW.

Lindley, J., Jorna, P., & Smith, R. G. (2012). Fraud against the Commonwealth 2009-10 annual report to gov－ernment : Australian Institute of Criminology.

Martin, S. (2016). Welfare debt squad hunts for $4bn in over－payments. The Australian. Retrieved from https://www.theaustralian.com.au/nation/politics/welfare－debt－squad－hunts－for－4bn－in－overpayments/news－story/e19c5b0d4a39aa07364a41269fdc11c9

McClure, P. (2015). A New System for Better Employment and Social Outcomes － Interim Report of the Reference Group on Welfare Reform to the Minister for Social Services : Department of Social Services.

McKeever, G. (1999). Detecting, Prosecuting and Punishing Benefit Fraud : The Social Security Administration (Fraud) Act 1997. The Modern Law Review, 62(2), 262－270.

OECD. (2020). Safeguarding COVID－19 Social Benefit Programmes from Fraud and Error : OECD.

Parliament of Australia. (2015). Welfare Fraud. Retrieved from https://parlinfo.aph.gov.au/parlInfo/search/dis－play/display.w3p;db=CHAMBER;id=chamber%2Fhansardr%2F83163a85－c413－4318－b2e3－8cd22553fd24%2F0100;query=Id%3A%22chamber%2Fhansardr%2F83163a85－c413－4318－b2e3－8cd22553fd24%2F0143%22

Parliament of Australia. (2020). Centrelink's compliance program. Retrieved from https://www.aph.gov.au/Parliamentary_Business/Committees/Senate/Community_Affairs/Centrelinkcompliance/Second_Interim_Report

Prenzler, T. (2011). Welfare fraud in Australia : Dimensions and issues : Australian Institute of Criminology.

Prenzler, T. (2012). Responding to welfare fraud : The Australian experience : Australian Institute of Criminology.

Prenzler, T. (2016a). Reducing welfare fraud : An Australian case study. Security Journal, 30(2), 569－584.

Prenzler, T. (2016b). Welfare fraud prevention in Australia : A follow－up study. Crime Prevention and Community Safety, 18(3), 187－203.

RAND Europe. (2006). International benchmark of fraud and error in social security systems : National Audit Office, UK.

Reference Group on Welfare Reform. (2015). A New System for Better Employment and Social Outcomes : Department of Social Services.

Reynolds, E. (2017). Nation of dobbers : What's wrong with Aussies spying on their neighbours. News.com.au. Retrieved from https://www.news.com.au/finance/money/tax/nation－of－dobbers－whats－wrong－with－aussies－spying－on－their－neighbours/news－story/d0b032c3ca70887bc2a244c6c69f8b4a

Robert, S. (2019). Media release : New Digital Forensics Lab launched in Brisbane to tackle organised crime and serious fraud in welfare : Services Australia.

Senate Standing Committees on Community Affairs. (2017). Design, scope, cost－benefit analysis, contracts awarded and implementation associated with the Better Management of the Social Welfare System ini－tiative : Parliamentary of Australia.

Services Australia. (2018). Services Australia Annual Report 2017－18 : Services Australia.

Services Australia. (2019). Services Australia Annual Report 2018－19 : Services Australia.

Services Australia. (2020a). Compliance program. Retrieved from https://www.servicesaustralia.gov.au/in－dividuals/subjects/compliance－program

Services Australia. (2020b). Reporting fraud. Retrieved from https://www.servicesaustralia.gov.au/in－dividuals/contact－us/reporting－fraud#welfarefraud

Services Australia. (2020c). Taskforce Integrity. Retrieved from https://www.servicesaustralia.gov.au/organ－isations/about－us/taskforce－integrity

Services Australia. (2020d). When to report your income to Centrelink. Retrieved from https://www.service saustralia.gov.au/individuals/topics/when－report－your－income－centrelink/53206

Services Australia. (2021). Services Australia Annual Report 2020－2021 : Services Australia.

Social Security Rights Network. (2017). Social Security Appeals Tribunal merges with the Administrative Appeals Tribunal. Retrieved from http://www.nssrn.org.au/social－security－rights－review/social－security－appeals－tribunal－merges－with－the－administrative－appeals－tribunal/

Sooriyakumaran, D. (2021). Resisting robo－governance. Retrieved from https://probonoaustralia.com.au/news/2021/07/resisting－robo－governance/

Towell, N. (2018). Robo－debt : Centrelink workers threatened with prosecution as bosses try to stem the leaks. The Canberra Times. Retrieved from https://www.canberratimes.com.au/story/6037471/robo－debt－centrelink－workers－threatened－with－prosecution－as－bosses－try－to－stem－the－leaks/

Tunley, M. (2011). Need, greed or opportunity? An examination of who commits benefit fraud and why they do it. Security Journal, 24(4), 302－319.

van Stolk, C., & Tesliuc, E. D. (2010). Toolkit on Tackling Error, Fraud and Corruption in Social Protection Programs : The World Bank.

Whiteford, P. (2017). Social security and welfare spending in Australia : Assessing long－term trends : Australian National University.

Wilcock, S. (2014). Official Discourses of the Australian 'Welfare Cheat'. Current Issues in Criminal Justice, 26(2), 177－194.

Wilcock, S. (2016). Policing Welfare : Risk, Gender and Criminality. International Journal for Crime, Justice and Social Democracy, 5(1), 113－130.

Wilcock, S. (2018). Why prosecutions for welfare fraud have declined in Australia. The Conversation.

갈홍식. (2017). 부정수급 막겠다고 '복지 경찰' 만든다? '복지 권리 박살날 것'. Retrieved from https://www.beminor.com/news/articleView.html?idxno=10928

관계부처합동. (2014). 국고보조금 부정수급 종합대책 : 관계부처합동.

관계부처합동. (2018). 보조금 부정수급 근절방안 : 관계부처합동.

관계부처합동. (2019). 보조금 부정수급 관리 강화 방안 : 관계부처합동.

김문길, 김미곤, 윤상용, 유진영, & 오혜인. (2015). 재정효율화를 위한 보건복지 부정수급 근절방안 : 한국보건사회연구원.

김상호. (2017). 사회보장급여 부정 수급 현황 및 관리 방안 : 호주 사례를 중심으로. 글로벌사회정책브리프, 54, 1－4.

박능후, & 송미영. (2008). 국민기초생활보장제도 수급자격 적격성 연구 －사각지대와 부정수급집단의 특성을 중심으로. 사회복지연구, 39, 287－314.

보건복지부. (2017).「기초생활보장 적정급여 TF」운영 : 보건복지부.

보건복지부. (2022). 보건복지부소관 국고보조금 관리규정 : 법제처 국가법령정보센터.

빈곤사회연대. (2017). 부정수급 단속의 칼날은 누구를 향하는가? 복지수급자를 범죄화하는 보건복지부를 규탄한다 : 건강세상네트워크, 공익인권법재단공감, 전국장애인차별철폐연대, 전국장애인부모연대, 빈곤사회연대.

엄재성, 정지운, & 임병인. (2021). 사회보장정보시스템의 복지급여 부정수급차단 원리와 개선방안. 한국경제연구, 39(4).

여유진, & 정용문. (2011). 호주 사회보장 체계 연구 : 한국보건사회연구원.

임완섭. (2019). 복지 분야 사각지대와 부정수급에 대한 복지서비스 공급자의 인식 비교 : 사각지대와 부정수급 발생 유형을 중심으로. 보건복지, 365, 1－12.

임완섭, 강지원, 고혜진, 김문길, 김태완, 안수란, . . . 황정하. (2020). 2020년 사회보장급여 부정수급 실태조사 : 보건복지부. 한국보건사회연구원.

임완섭, 김태완, 김문길, 최현수, 함영진, 황도경, . . . 안영. (2019). 사회보장급여 부정수급 실태조사 방안 연구 : 한국보건사회연구원.

임완섭, 오윤섭, 김문길, 황주희, 윤여선, 김명중, . . . 이규환. (2017). 사회보장제도 수급자 선정 적격성 제고 및 사각지대 축소를 위한 모니터링 : 한국보건사회연구원.

정용문. (2012). 공공부조. In 정기혜, 김용하, & 이지현 (Eds.), 주요국의 사회보장제도 : 호주편 (pp. 266－292) : 한국보건사회연구원.

조현주, & 허선. (2010). 국민기초생활보장제도의 부정수급에 관한 사례 연구. 사회과학연구, 16(1), 117－147.

# 04 호주 보훈보상 제도와 보상금 지급수준[1)]

## 1. 개 요

### 1) 보훈제도 성립 배경 및 전개과정

호주의 보훈제도는 호주 정부 수립 이전 영국의 보훈 전통의 영향에 의해 수립되었다. 영국은 1681년에 이미 첼시 병원(Chelsea Hospital)을 설립하여 전쟁 부상자들을 위한 치료 서비스 체계를 구축했고, 영구 장애인에게 정액(flat rate)의 급여를 제공한 바 있다. 이후 1806년에 장애 등급별로 급여를 차등화하는 제도가 성립되었고, 1854~1856년에 걸친 크림 전쟁을 계기로 참전자들의 미망인과 자녀들에게 최초로 급여를 제공했다(Clarke, 2003).

19세기 말 호주는 영국의 식민지로서 보어 전쟁(Boer War) 등 영국의 제국전쟁에 참여했으며, 이에 따라 보훈제도의 필요성이 제기되었다. 호주는 영국의 보훈 전통에 기초하여 보훈제도의 시발이라 할 수 있는 국방법(Defence Act 1903)을 제정했으며, 이에 따라 군인이 복무중에 사망하거나 영구 장애가 되는 경우 미망인들에게 보호를 제공했다(Clarke, 2003). 그러나 국방법은 실제 복무 중인 군인들을 보호에서 제외하고 있었다. 1914년에 제정된 전쟁 연금법(War Pension Act)은 전시 혹은 준전시 상황에서 사망하거나 장애가 된 군인들에게 연금을 제공함으로써 초창기 호주 보훈제도의 기틀을 형성하게 된다.

전쟁연금법의 제정 이후 호주는 퇴역한 군인들과 그 가족들에 대한 더욱 체계적인 지원체계 구축을 도모하게 된다. 즉, 영구 장애인에 대한 돌봄, 부분 장애인들에 대한 직업훈련

---

1) 본 장은 '임완섭 외(2017), 국내·외 보훈보상 유사제도 보상금 지급수준에 대한 비교연구, 한국보건사회연구원'에 수록됨.

및 고용, 부양가족에 대한 돌봄, 그리고 담당 부처와 운영 기금 설립 등과 관련된 요구들이 제기되어 1917년에 호주 군인귀환법(Australian Soldiers' Repatriation Act 1917)이 제정된다. 이 법을 통해 군인귀환부(Department of Repatriation)가 설립되었으며, 이는 현재 호주 보훈부(Department of Veterans' Affairs)의 전신이라고 할 수 있다. 또한 군인귀환위원회(Repatriation Commission)가 설립되어 보훈 급여에 관해 정책 제언 역할을 담당했다. 이는 현재 보훈위원회의 역할과 사실상 동일한 것이다.

호주 군인귀환법은 1920년에 개정되는데(Australian Soldiers' Repatriation Act 1920), 주요 개정 사항은 연금 급여 자격조건과 관련하여 장애나 사망의 인과관계 규명에 관한 것이었다. 즉, 구법에서는 사망이나 부상이 복무와 관련된 결과가 검증되어야만 연금을 받을 수 있었으나, 신법에서는 인과관계 규명이 되지 않더라도 복구 기간 중에 발생한 사망이나 부상이면 급여 자격조건이 발생하도록 했다. 신법은 또한 전쟁 중에 영구 장애가 되거나 영구 실명이 된 경우에 특별 급여율(special rate)을 적용하는 조항을 신설했다. 호주 군인귀환법은 이후 군인귀환법(Repatriation Act 1920)으로 단순하게 개명된다.

제1차 세계대전을 거치면서 참전 군인과 그 가족에 대한 보상에 대한 중요성이 증가하면서 보훈제도는 호주 공공정책의 주요한 분야로 자리 잡게 된다. 이후 제2차 세계대전을 거치면서 호주의 보훈제도는 더욱 팽창하게 된다. 이후 한국전쟁, 베트남 전쟁 등 호주의 해외 참전이 지속되었고, 걸프만 전쟁, 동티모르 독립, 이라크와 아프가니스탄 참전 등을 거치면서 보훈제도는 더욱 중요한 역할을 담당하게 된다(Campbell, 2009).

군인귀환법은 1980년대 중반까지 크고 작은 개정을 거치면서 호주 보훈제도의 법적 근거가 되었다. 주요 개정 사항에는 상이연금 등급 세분화, 평상시(peacetime coverage) 급여 도입 등이 포함된다. 1981년에는 군인귀환법 개정법(Repatriation Acts Amendment Act 1981)을 통해 평화유지군(peacekeeping service) 보상제도가 도입된다. 1980년대 호주의 보훈제도 개혁은 법제도의 체계적 개편과 보훈 급여 자격 요건 강화로 요약된다. 예를 들면, 1984년에는 자산조사(asset test)가 도입되어, 기존 소득조사(income test) 기준만을 적용하던 방식보다 급여 자격 요건이 엄격해진다.

1986년 보훈급여자격법(Veterans' Entitlements Act 1986)의 도입으로 호주의 보훈제도는 현재의 모습을 갖추게 된다. 보훈자격법은 폴 투스(Paul Toose)의 보훈제도 개편 보고서의 정책

제언에 기초하여, 기존 군인귀환법을 완전히 대체하게 된다. 보훈급여자격법은 기존 군인귀환법 체계하에서 각 대상 집단별에 대한 특별법들로 산재해 있던 보훈 법령들을 (예를 들면, 동남아 참전 군인과 유럽 참전 군인은 서로 다른 특별법의 적용을 받음) 다른 지역 참전국 단일 법령하에 통합하여 보훈제도의 체계성을 강화하고, 급여체계의 합리화를 추구함으로써 호주 보훈제도 역사상 가장 중요한 개혁으로 평가된다(Creyke & Sutherland, 2000). 즉, 새로운 법의 도입으로 평상시 급여는 작전 시(operational service) 급여보다 더 낮게 설정되고(Sutherland, 2006), 상이연금 조정 항목의(Extreme Disablement Adjustment) 신설로 65세 이상의 중증 장애인에게는 일반 장애의 150% 수준의 연금 급여율이 적용된다(Clarke, 2003). 보훈자격법의 체계적인 시행을 위해 1994년에 보훈의료국(Repatriation Medial Authority)과 전문의 보훈심사 위원회(Specialist Medical Review Council)가 각각 설립된다. 보훈의료국은 복무 중에 노출된 상황이나 상해 및 질병과 이후의 발생한 사망 및 질병과의 관련성을 입증하기 위한 의학적 기준(Statements of Principles)을 정립하는 역할을 담당하며, 전문의 보훈심사 위원회는 보훈의료국의 결정에 대한 항소 및 재심 역할을 담당한다.

1988년에는 안전, 재활 및 보상법(Safety, Rehabilitation and Compensation Act 1988, SRCA)이 도입된다. 이 법은 기존의 보상금과 연금 중심 급여에서 벗어나 재활을 보훈제도의 주요한 요소로 통합시키는 효과를 지니게 된다. 이 법은 원래 연방공무원 재활 및 보상법(Commonwealth Employees' Rehabilitation and Compensation Act 1971)의 개정법으로서 일반 공무원들에게 일시불 보상금, 재활 및 업무복귀 지원 혜택을 제공하도록 도입되었다(Sutherland, 2006). 평상시 상해나 사망을 당한 군인들이 이 법의 적용하에 공무원과 동일한 혜택을 받을 수 있도록 부칙이 제정되어 있다[Safety, Rehabilitation and Compensation(Defence−Reacted Claims) Act 1988]. 재활 및 보상서비스 업무는 1999년에 국방부에서 보훈부로 이관되었으며, 2004년부터 군인 재활 및 보상법(Military Safety, Rehabilitation and Compensation Act 2004, MRCA)이 도입되어 현재에 이르고 있다. 군인 재활 및 보상법은 기존 공무원 재활을 위한 법이 군복무의 특수성을 제대로 반영하고 있지 못하다는 노엘 탠저(Noel Tanzer, 1999) 보고서의 문제 제기에 기초하고 있으며, 현직 및 전직 군인뿐만 아니라 예비군, 사관생도 군복무 관련 모든 계층을 포괄하는 최초의 재활 입법으로 평가된다(Campbell, 2009).

## 2) 보훈제도 현황

### (1) 대상

보훈급여 자격이 부여되는 대상(veterans)은 잠정적으로 현재 호주의 국방 업무에 종사하기나 종사한 적이 있는 자와 그 가족이 되며, 보훈자격법의 정의상 전쟁과 관련한(eligible war service) 복무 경험자가 실질적인 대상이 된다. 호주 보훈대상자는 기본적으로 호주 국적자로서 군복무에 참여한 자가 되며, 육해공군 및 간호 등 호주 국방 관련 업무에 풀타임으로 종사해야 한다. 호주는 제2차 세계대전에 한하여 비호주인에게도 보훈 자격을 부여하고 있다. 이에는 1939년부터 1945년에 전투 복무 경험이 있는 영연방 군인(commonwealth veterans)과 동맹국 군인이 포함된다(Department of Veterans' Affairs, 2017g).

보훈대상자 규정 및 급여율을 산정하는 데에 있어 적용되는 개념은 복무자격이다(qualifying services). 복무자격은 전시(wartime), 준전시(warlike time) 및 평상시(peacetime) 등의 전쟁 상태, 전투복무(operational service)와 비전투 복무(non－operational service) 등의 복무 형태, 국내 참전과 해외 참전 등 복무 장소, 그리고 상해 여부 등 급여 대상, 급여 유형 및 급여율 산정에 고려되는 복잡한 개념이다. 세부 대상자는 급여 부분에 자세하게 소개되어 있다.

호주 보훈대상자의 절대 다수는 해외 참전자다. 그러나 특정한 시기에 한하여 국내 참전자가 포함되는데, 이들은 제2차 세계대전 당시 일본이 침공한 1942년부터 1943년 사이에 3개월 이상의 기간 동안 호주 북부주(Northern Territory), 일본군의 직접적인 공격을 받았던 퀸즈랜드주의 타운즈빌(Townsville)과 뉴사우스웨일스주의 뉴캐슬(Newcastle) 지역에서 작전을 수행했던 군인들이다.

국방부 소속은 아니나 연방정부 공무원으로서 국방 관련 업무를 한 경우에도 보훈대상이 될 수 있다. 이에는 제2차 세계대전 당시 전투 현장 중계를 하는 호주공영방송위원회(Australian Broadcasting Commission) 직원, 내국인 보호부(Department of Home Security) 및 정보부(Department of Information) 소속 공무원 등이 포함된다. 군인 혹은 공무원도 아닌 일반 민간인들도 예외적으로 보훈대상이 될 수 있는데, 이에는 호주적십자회(Australian Red Cross Society), 구세(Salvation Army), 호주위문재단(Australian Comforts Fund) 등 자선단체 직원이 포함된다. 이 외에 제2차 세계대전 당시 호주를 위해 특수 임무를 수행했던 민간인들도 보훈대상이 될 수 있다. 단, 상기 비군인 대상자가 보훈대상 자격을 얻기 위해서는 전쟁 당시 위험

상황에 노출되었다는 진술을 제출해야 한다.

배우자와 미망인, 그리고 자녀들도 보훈대상에 포함된다. 배우자란 보훈대상 참전 군인과 결혼, 사실혼 및 별거 관계에 있는 자를 의미하며, 동성 부부 관계도 포함된다. 미망인은 재정적 보상과 비금전적 급여 자격이 부여되며, 자녀들에게도 금전적 지원, 상담 서비스 및 교육지원 프로그램(Veterans' Children Education Scheme)이 제공된다. 자녀의 범위는 광범한 기준을 적용하고 있는데, 친자녀, 입양자녀 혹은 보훈대상자의 사망 당시 '실질적으로(substantially)' 보훈대상자에게 의존했던 비부양 아동에게 자격이 부여된다. 교육지원은 자녀가 16세 미만일 때까지 제공되며, 16~25세의 경우 풀타임 학생인 경우에만 자격이 유지된다. 자녀 교육지원은 보훈대상자 부모가 현재 상이연금(Disability Pension)을 받고 있거나 전쟁으로 인해 사망한 경우에 한해서 제공된다.

경찰의 경우 전쟁 지역에서 평화유지군의 일원으로 복무하다가 상해를 입은 경우 상이연금 자격이 부여된다. 이 외에 특수 보훈대상자로는 호주 내에서 실시된 영국의 핵실험에 참가한 이들이 포함된다. 영국은 1952년부터 1965년 사이에 남호주(South Australia)와 서호주(Western Australia) 일대의 세 지역에서 핵실험을 실시했으며, 이에 참가한 군인, 해당 지역에 순찰 및 보호 서비스를 담당한 경찰, 그리고 호주 정부와 계약을 맺고 현장 공사, 관리 및 기타 지원 서비스를 제공한 민간인 등이 보훈 자격을 얻을 수 있다(Department of Veterans' Affairs, 2017m).

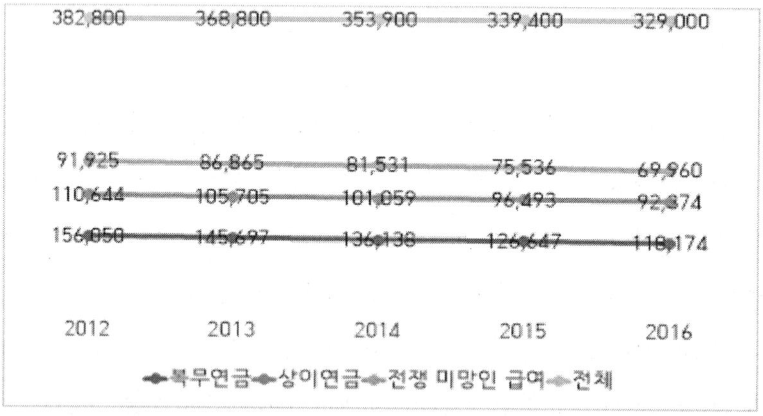


**그림 4.1** 주요 급여별 보훈대상자 수 추이

호주 보훈부로부터 금전적 혹은 비금전적 급여를 받고 있는 이는 2016년 현재 약 329,000명으로 집계되며, 이는 호주 전체 인구 대비 1.36%에 해당한다. 전반적으로 호주의 보훈대상자는 감소 추세에 있다. 지난 4년간 복무연금(Service Pension) 수령자는 24% 감소했고, 상이연금 수령자는 동기간 동안 17% 감소했다. 추계에 의하면, 향후 10년간 복무연금 수령자는 45%, 상이연금 수령자는 22% 감소할 것으로 예상된다(Department of Veterans' Affairs, 2016a). 재활 및 보상 급여 수령자는 동기간 동안 증가하고 있으나 그 규모가 상대적으로 작아 전체적인 수급자 수에 의미 있는 영향을 미치지는 못하고 있다.

보훈대상자 감소에 대한 예상은 현재 보훈대상자의 연령구조에 의해서도 뒷받침된다. 즉, 보훈급여 수령자 중 80세 이상인 자가 전체 수령자의 38.7%를 차지하고 있으며, 약 5분의 1에 달하는 19.4%가 90세 이상이다. 65세 이상 노인 보훈대상자의 수는 212,555명이며, 이는 호주 전체 65세 인구의 5.74%에 해당한다.

### (2) 급여

보훈부가 주관하는 법령은 크게 다음 다섯 가지로 요약된다. 우선 '보훈보상 자격법(Veterans' Entitlements Act 1986)'은 연금, 수당 및 기타 급여에 관한 자격 요건 및 급여 내용을 다루고 있어 보훈제도의 핵심적인 법령이라 볼 수 있다. '안전, 재활 및 보상법(Safety, Rehabilitation and Compensation 1998)'과 '군인 재활 및 보상법(Military Rehabilitation and Compensation Act 2004)'은 상이 보훈대상자의 재활과 보상금에 관한 사항을 다루고 있다. '군인 주택법(Defence Service Homes Act 1918)'은 전·현역 군인들에게 주택융자를 지원해 주는 법적 근거가 되며, '국립묘지법(War Graves Act 1980)'은 군인묘지 관리에 관한 사항을 다루고 있다. 호주 보훈급여는 이 법령들에 기초하여 급여 자격과 종류 및 수준 등이 결정된다.

호주 보훈급여는 일반 사회보장 급여와 마찬가지로 급여 형태에 따라 크게 현금 급여와 비현금 급여로 구분될 수 있다. 현금 급여에는 연금(pension), 수당(allowance), 보상금(compensation), 할인 혜택(Concessions), 융자 및 보험 혜택 등이 포함되며, 비현금 급여에는 보건 및 상담 서비스, 교육 및 고용 서비스, 그리고 돌봄 서비스 등이 포함된다.

보훈 급여는 급여의 대상이나 성격에 따라 다음의 세 가지 유형으로 범주화할 수 있다. 첫 번째는 상해 보상금(Compensation)으로서 복무와 관련한 부상, 질병 및 사망을 보상하는 급여다. 신체적, 정신적으로 장애나 기능상실을 당했을 경우에 대상자에게 상해 보상금이 제공되며, 만약 보훈대상자가 복무 중에 사망했을 경우 피부양자가 보상금에 대한 자격을 부여받게 된다. 보상금에 해당하는 급여에는 '상이연금(Disability pension)', '영구 기능상실 급여(Permanent impairment payment)', '소득 보전 급여(Incapacity Payments)', '전쟁 미망인 연금(War widow(er)'s pension)', 그리고 '유자녀 연금(Orphan's pension)' 등이 포함된다.

두 번째는 소득 지원(income support)으로서, 보훈대상자의 일상적인 생활비를 지원하기 위한 목적으로 제공되며, 자산조사를 거쳐 자격이 부여된다. 소득 지원에는 '복무 연금(Service Pension)', '군인 소득보존 수당(Defence Force Income Support Allowance)', '미망인 소득 보충 급여(Income Support Supplement)', '임대료 보조(Rent Assistance)', '생활비 보충 수당(Supplements)', 그리고 '할인혜택(Concessions)' 등이 포함된다.

세 번째는 재활 및 보건 서비스다. 재활서비스는 복무 과정에서 발생한 장애나 기능 상실에 대한 보상 급여로 제공되며, 의료 관리 재활(Medical Management Rehabilitation), 심리 재활(Psychological Rehabilitation), 직업 재활(Vocational Rehabilitation)로 구분된다. 보훈대상자들에게는 일반인들에게는 주어지지 않는 3종류의 의료카드가 지급된다(Department of Veterans' Affairs, 2017aa). '골드카드(Gold Card)'는 복무과정에서 기능을 완전히(totally) 그리고 영구히(permanently) 상실한 대상자에게 지급되며, 골드카드 소지자는 아무런 조건 없이 국립 및 사립 의료기관에서 보훈부의 비용부담으로 의료처치를 받을 수 있다. 골드카드 소지자보다 낮은 수준의 장애를 입은 대상자에게는 '화이트 카드(White Card)'가 발급된다. 이들은 복무와 관련된 장애나 질병에 한해서 보훈부의 부담으로 의료처치를 받을 수 있으며, 악성 종양, 폐렴, 정신질환, 약물 및 알코올 질환의 경우에도(non-liability health care) 본인부담 없이 의료처치를 받을 수 있다. '오렌지 카드(Orange Card)'는 양차 세계대전 당시 영연방 혹은 동맹군 참전자로서 70세 이상 연령자에게 지급되며, 약품 구입 시 보조금 지원 목적으로만 사용할 수 있다. 즉, 골드카드와 화이트카드만 의료처치 목적으로 이용될 수 있으며, 2017년 현재 의료처치 대상자는 골드카드 소지자 135,263명과 화이트카드 소지자 58,705명을 합하여 총 193,968명이다(Department of Veterans' Affairs, 2017).

### (3) 전달체계

호주 보훈부는 보훈대상자들과 그 가족들을 위한 돌봄, 보상, 소득지원 및 전쟁 기념 등 일련의 지원 프로그램 제공에 대한 총책임을 지는 연방정부 부처다. 보훈을 '국방과 관련된 특화된 사회보장 업무'라고 규정할 때(신기현, 2005), 보훈 업무의 특성상 보훈부는 국방부와 긴밀한 협력관계를 가질 수밖에 없다. 따라서 보훈부는 공식적으로 광의의 조직으로서의 '국방부(Department of Defence)'를 구성하는 한 부처다(Department of Veterans' Affairs, 2017f, 2017z). 국방부와 보훈부는 두 개의 공동위원회를 통해 협력관계를 구축하고 있는데, 국방부 보훈부 장관급 회의(Defence DVA Executive Committee)와 국방 연계 운영 위원회(Defence Links Steering Committee)가 그것이다. 전자는 두 부처 간의 기능과 역할에 관한 전략적 방향을 제시하는 주요 의사결정 기구이며, 후자는 그 전략의 실행을 관리하는 기구다.

보훈부는 국방부와 양해각서를 체결하고, 보훈대상자들에게 연속적인 돌봄과 지원 서비스를 제공한다는(Support Continuum) 공동의 목표를 추구하고 있다. 즉, 2013년에 최초의 양해각서가 체결되고, 2016년에 검토 및 재체결이 이루어짐으로써 두 부처는 군경 종사들의 모든 경력 단계와 생애주기 동안 적절한 지원을 제공하고자 한다(Department of Defence and Department of Veterans' Affairs, 2016). 양해 각서에 따라 국방부는 주로 현업에 종사 중인 대상자들에 대한 지원 업무를 주로 담당하며, 보훈부는 상이군경, 미망인과 유가족 등에 대한 지원업무를 주도하게 된다(Department of Veterans' Affairs, 2016a).

보훈부는 그 산하에 각 영역별 보훈업무를 담당하는 위원회들과 기구들을 포함하고 있다. 이에는 '보훈위원회(Repatriation Commission)', '군인 재활 및 보상 위원회(Military Rehabilitation and Compensation Commission)', '보훈가족 상담 서비스(Veterans and Veterans Families Counsellig Service)', '보훈대상 신징 협의회(Veterans' Review Board)', '보훈자녀 교육협의회(Veterans' Children Education Boards)', '국립묘지 사무소(Office of Australian War Graves)', 그리고 '보훈의료국(Repatriation Medical Authority)' 등이 포함된다. 이 중 보훈급여와 직접적인 관련이 있는 기구는 보훈위원회와 군인 재활 및 보상 위원회다.

보훈위원회는 1920년의 호주 군인귀환법에 기원을 두고 있으며, 1986년 군인귀환법이 보훈자격법으로 명칭과 체계가 개편되었지만 개명 없이 그대로 유지되고 있다. 보훈위원회는 보훈자격법에 따라 보훈대상자 및 피부양자들에게 연금과 급여를 제공하고, 보훈자격법 운영에 관해 보훈부 장관에게 자문을 제공한다(Repatriation Commission, 2016). 군인 재활 및 보상위원회는 2004년 군인 재활 및 보상법에 의해 설립되었으며, 전현직 국방 업무 수행자들에게(예비군과 사관생도 포함) 재활과 보상 관련 급여를 제공하는 기능을 담당한다. 이에는 급여 신청의 복무 관련성 심사, 민간 직장으로의 전환, 부상과 질병 방지 및 연구 등이 포함된다(Military Rehabilitation and Compensation Commission, 2017).

보훈서비스 전달체계로서 각 주도(State Capitals)에 보훈지청(Veterans' Affairs Network, VAN)을 두고 있으며, 산하 각 지역 사무소(VAN Offices)를 통해 보훈대상자들에게 직접 보훈 정보, 조언 및 보호 서비스를 제공하고 있다. 보훈부는 지방에 거주하는 보훈대상자들의 서비스 접근성 향상과 정부조직 효율성 제고를 위한 목적으로 2014년부터 일부 지역에 한해 보건복지부(Department of Human Services) 지역 사무소를 통해 서비스를 제공하고 있다. 이 공유(co-located) 사무소에서는 보훈부로부터 특별 훈련을 받은 보건복지부 직원이 보훈부 직원을 대신하여 서비스를 제공하고 있다(Ronaldson, 2014).

### (4) 재정

2016년 예산 통계에 의하면, 호주 보훈부에 총 121억 호주달러(약 12조 1천억 원)의 예산이 배정되어 있다(Department of Veterans' Affairs, 2016b). 동기간 호주 총예산 지출이 4,345억 호주달러임을 감안해 볼 때, 호주 보훈부는 호주 정부 전체 예산의 약 2.8%를 차지하는 것으로 추정된다. 2016년 호주 국내총생산이 1조 5,755억 호주달러로 추정됨에 따라(Trading Economics, 2017), 보훈 예산은 국내총생산의 약 0.77% 수준이 된다.

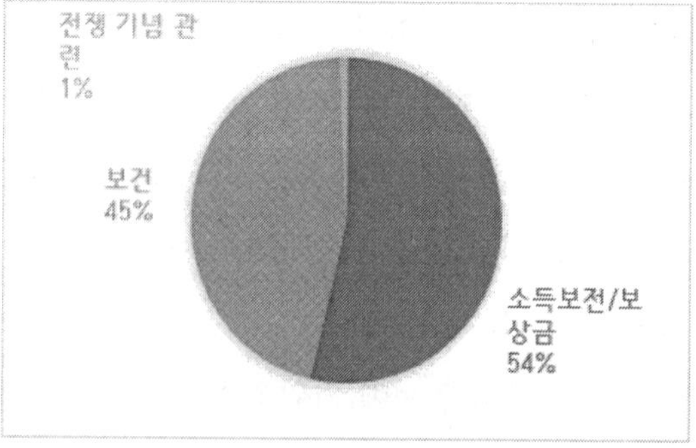


**그림 4.2** 분야별 보훈 예산 지출

보훈 예산을 지출 분야별로 나누어 보면, 소득 지원과 보상금 지급에 약 53.7%, 그리고 보건 분야에 약 45.5%가 지출되고 있다. 국립묘지 및 전쟁 기념 사업에 소요되는 비용은 전체 예산의 0.8%로 상대적으로 미미한 수준이다(Department of Veterans' Affairs, 2016b).

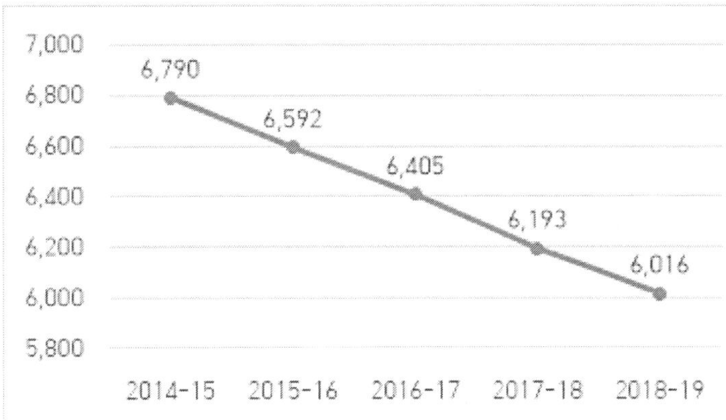


**그림 4.3** 보훈급여 재정 지출 추이(백만 달러)

상기 수치들은 호주 보훈부의 전체 예산액에 기초해 있으며, 실제 보훈대상자들의 급여에 소요되는 금액은 이보다 훨씬 적다. 즉, 호주 사회보장 및 복지 급여 지출액을 급여 대상자별로 세분화하여 살펴보면, 보훈급여 지출은 호주 전체 GDP의 0.4%에 그치는 것으로 추정된다. 보훈대상자들의 수가 감소함에 따라 보훈급여 지출 역시 점진적으로 감소할 것으로 예상되며, 2020년이 되면 GDP 대비 보훈급여 지출은 0.3%로 줄어들 전망이다(Peter Whiteford, 2017).

## 2. 호주 보훈보상 제도분석

### 1) 대상 범위 및 대상별 보상금 지급 수준

#### (1) 보훈제도 및 보훈유사제도의 대상자 범위 및 대상별 보상급 지급수준

호주의 보훈보상 제도는 다양한 수급 대상과 급여 형태를 포함하고 있다. 여기에서는 의료 및 재활 등을 포함하는 보건, 주택, 교육 및 고용 등을 포함하는 서비스 급여는 제외하고, 현금 급여 중심으로 보훈제도를 고찰하고자 한다. 현금 급여 또한 다양한 세부 계층들을 포괄하고 있으므로, 가장 보편적인 보훈급여로 간주될 수 있는 보상급여와 소득보장 급여 등에 한해 자격요건과 급여수준을 제시하고자 한다.

① 보상급여(Compensation)

논의했다시피 보상급여에는 '상이연금(Disability Pension)', '미망인 연금[Widow(er)'s Pension]', '영구 기능상실 보상급여(Permanent impairment compensation payment)', 그리고 '소득보전 급여(Incapacity payments)' 등이 포함된다. 보상금은 전쟁 혹은 유사 전쟁 상황에 기인한 부상이나 질병을 보상하기 위한 목적을 지니므로 소득 및 자산조사가 적용되지 않으며, 과세대상 소득에서도 제외된다(Department of Veterans' Affairs, 2017s). 일반적으로 보상급여는 2주 단위로 지급되며, 상이연금 및 유족연금은 신청일로부터 3개월까지 소급하여 지급받을 수 있다.

상이연금에는 장애 정도에 따라 4단계의 등급이 적용된다. 등급이 가장 낮은 일반등급(General Rate)은 장애의 정도와 함께 장애가 라이프 스타일에 미치는 정도를 고려하여 등급이 차등적으로 적용된다. 일반등급의 급여율에는 현재 고용 여부가 고려되지 않는다. '특별등급(Special Rate)'의 경우 장애나 부상 정도가 심하여 직장으로 다시 복귀할 수 없는 대상자를 지원한다. 이 급여는 '완전 혹은 영구 장애 연금(Totally and Permanently Incapacitated pension, TPI)'으로 칭해지기도 한다. 특별등급 자격자는 다시 65세 연령을 기준으로 구분되는데, 65세 이하일 경우 세 가지 심사를 통과해야 한다. 즉, 일반등급의 최소 70% 이상의 장애 정도를 가지고 있으면서(70% Test), 다른 이유가 결합되지 않은 장애 그 자체가 이유가 되어 일주일에 8시간 이상 일하기 어려우며(TPI Test), 그로 인해 소득 상실이 발생한 경우에(Work Loss Test) 특별등급 요건이 성립된다. 65세 이상일 경우에는 이보다 자격요건이 더 엄격하여, 급여 신청자가 65세가 되기 이전에 적어도 10년 이상 동일 직장에서 근무해야 하며, 65세 이후에도 지속적으로 고용상태에 있어야 한다(Department of Veterans' Affairs, 2017a). 중간등급은 일반등급과 특별등급 중간 단계의 등급으로서 전쟁 복무로 야기된 장애로 인해 정규직의 50% 혹은 일주일에 20시간 이상 일하기 어려운 경우에 적용된다. 만약 신청자가 특별등급 요건을 갖추었지만 취업 기준을 충족시키지 못해 특별등급을 적용받지 못하는 경우 '특수조정등급(Extreme Disablement Adjustment)'을 받을 수 있다. 급여액을 기준으로 급여율을 계산해 보면,

특수조정연금은 일반등급 상이연금 최고액의 약 150% 수준이며, 중간등급은 그것의 200% 수준에 이른다. 특별등급은 중간등급의 약 150% 수준에서 결정되고 있어, 단계가 상승할수록 약 50%의 부가금이 지급되는 것으로 추정된다. 상이연금 수령자가 노령연금 수령 연령에 달하면, 자동적으로 노령 복무 연금자로 이전된다(Reed, 2015).

상이연금에는 특수한 기능 상실에 대해 부가적인 급여(Additional Disability Pension)가 지급된다. 예를 들면, 양 상지 혹은 양 하지가 모두 절단되었거나, 혹은 팔 하나와 다리 하나 혹은 그 반대의 경우의 장애를 입은 경우 667.40호주달러의 급여가 추가된다. 그러나 추가 연금이 적용되더라도 총 연금액이 특별등급의 연금액을 초과할 수는 없다. 따라서 특별등급이 상이연금의 최대 급여액을 규정하고 있다고 볼 수 있다.

**표 4.1** 상이연금 등급 및 급여

| 등급 | | 급여액(2주 치) |
|---|---|---|
| 특별등급 | | $1,373.80 |
| 중간등급 | | $932.70 |
| 특수 조정 등급 | | $758.90 |
| 일반등급 | 100% | $488.40 |
| | 90% | $440.33 |
| | 80% | $392.26 |
| | 70% | $344.19 |
| | 60% | $296.12 |
| | 50% | $248.05 |
| | 40% | $199.98 |
| | 30% | $151.91 |
| | 20% | $103.84 |
| | 10% | $55.77 |

출처 : Department of Veterans' Affairs(2017h).

상하지 절단이나 양쪽 눈 실명 혹은 청력 영구상실 등 중대한 신체적 상해를 입은 보훈대상자에게는 간호수당(Attendant allowance)이 지급된다. 간호수당은 식사, 목욕, 탈착의 등의 일상생활 활동을 보조해 주는 목적으로 지급된다. 간호수당은 상해등급에 따라 고급여와 저급여 두 가지 급여가 있으며, 고급여 대상자에게는 2주당 334달러, 저급여 대상자에게는 2주당 166.8달러가 지급된다(Department of Veterans' Affairs, 2017i). 추가적으로 피복수당(clothing allowance)이 지급되며, 피복수당은 상해 정도에 따라 고급여(2주당 14.0달러), 중급여(2주당 9.5달러), 그리고 저급여(2주당 6.5달러)로 구분된다(Department of Veterans' Affairs, 2017j). 이 외에도 교통수당(Recreation transport allowance)과 차량지원급여(Vehicle Assistance Scheme) 등 상해로 인한 이동성 장애를 겪는 이들을 위한 지원이 있다. 교통수당은 고급여와 저급여에 대해 각각 2주당 89.3달러와 44.4달러가 지급되며(Department of Veterans' Affairs, 2017k), 차량지원급여는 차량 구입 혹은 기존 차량 개조, 차량 등록 및 보험 비용 지원을 목적으로 연간 최대 2,321.8달러가 지급된다(Department of Veterans' Affairs, 2017l).

참전 군인이 전쟁 중에 사망한 경우 배우자와 자녀들에게는 각각 '전쟁 미망인 연금(War Widow(er)'s Pension)'과 '유자녀 연금(Orphan's Pension)'이 지급된다. 전쟁 미망인 연금은 2주당 909.10호주달러가 지급되며, 여기에는 '에너지 보충 급여(Energy Supplement)'가 포함되어 있다. 미망인 연금을 받기 위해서는 유족 배우자가 사망 배우자와 결혼 혹은 사실혼 관계에 있어야 한다. 유자녀 연금은 부모 중 1명이 사망한 경우(Single orphan) 100.20호주달러, 부모가 다 사망한 경우(Double orphan) 200.20호주달러가 지급된다. 유자녀 연금은 사망자의 피부양자로서 친자녀 혹은 입양자녀로서 16세 미만, 혹은 16~24세 연령자로서 풀타임 학생에게 자격조건이 부여된다. 단, 16세 이상 급여 대상자가 연방정부로부터 다른 사회보장 급여를 받는 경우[청년 실업수당(Youth Allowance), 벽지 아동 수당, 원주민 학업수당(ABSTUDY) 등] 자격요건이 상실된다.

또 다른 형태의 보상 급여에는 영구 기능상실 보상 급여와 소득보전 급여가 있다. 영구 기능상실 보상 급여는 장애급여보다는 경증의 기능상실을 보상하는 급여로서, 청력상실, 무릎 부상 및 스트레스성 장애(Post-Traumatic Stress Disorder) 등 신체 및 정신 기능 상실이 영구적이며 회복 불가능할 경우에 지급된다. '기능상실과 보상 결정 지침(Guide to Determining Impairment and Compensation)'에 의거 의학적 기능상실 정도와 함께 부상 요인이 일상생활 및 라이프 스타일에 미치는 영향 정도를 고려하여 급여 수준이 결정된다. 전시와 평상시에 따라 급여수준이 달라지며, 최대 주당 340.77호주달러가 지급된다(Department of Veterans' Affairs, 2017w).

소득보전 급여는 부상이나 질병으로 야기된 근로기능 상실이 소득상실로 이어질 경우에 지급된다. 소득보전 급여는 대상자의 부상 이전 소득 수준에 기초하여 기초하여 지급되는데, 급여액 산출의 기준으로는 '정상 소득(Normal Earning)'과 '실질 소득(Actual Earning)' 두 가지가 이용된다. 정상 소득은 대상자의 부상 이전 소득을, 실질 소득은 현재 소득 수준을 각각 의미한다. 첫 45주의 급여에 대해서는 정상 소득과 실질 소득 격차의 100%를 지급받는다. 그러나 45주가 지나면, 급여율은 대상자의 근로 수준에 따라 감소된다. 즉, 풀타임으로(주당 37.5시간 기준) 일할 경우 소득 손실의 100%가 인정되고, 일을 하지 않을 경우 75%만 손실이 인정된다(Department of Veterans' Affairs, 2017b). 소득보전 급여는 대상자의 소득 손실이 인정되는 한(실질 소득이 정상 소득보다 적은 경우) 급여가 지속되지만 노령연금 수령 연령에 이르면 급여가 중단된다.

소득보전 급여는 근로능력이 있는 자를 대상으로 하기 때문에 까다로운 급여 자격요건이 적용된다. 즉, 대상자가 일을 하기에 (부분적으로) 부적합하다는 의료 증명서(medical certificate)와 현재 고용 관련 기록이 요구된다. 또한 수급자는 보훈부의 재활 프로그램에 참가해야 하는 의무가 부과된다. 이 외에 다른 급여 수급 여부가 신고되어야 하며, 호주 기업연금을(Superannuation) 수령할 경우 이를 소득으로 인정하고 급여액 산출 시 감액된다. 소득보전 급여는 과세대상이다.

② 소득지원 급여(Income Support)

소득지원 급여는 소득 및 자산조사에 기반한 급여로서 보훈대상자들의 일상적인 생활비를 지원하기 위한 목적으로 지급된다. 가장 대표적인 소득지원 급여는 복무연금이다. 복무연금은 다시 '노령 복무연금(Age Service Pension)', '장애복무연금(Invalidity Service Pension)', 그리고 '배우자 복무연금(Partner Service Pension)' 등으로 세분화될 수 있다. 복무연금는 '기순 복무(Qualifying Services)' 요건을 충족한 자에 한해서 지급된다. 기준 복무란 기본적으로 전투 상황에서 적에 맞서 실제로 작전을 수행한 경우를 말한다. 이와 함께 거주 요건(Residence Requirement)을 충족해야 하며, 호주 주민으로서 최소 10년 이상 거주해야 자격이 발생한다. 상기 두 가지 조건을 충족하고도, 소득 및 자산조사 기준을 충족하지 못하면 급여가 지급되지 않는다.

복무연금은 보통 격주로 지급되며, 과세대상이다. 소득 및 자산 수준에 따라 '복무연금 보충급여(Pension Supplement)'가 추가된다. 보충급여란 처방전, 지방세, 전화나 인터넷, 전기 및 수도 등과 관련된 생활비 지출을 보조하기 위한 급여로서, 에너지 보충급여(Energy Supplement)를 포함하는 개념이다. 노령 복무연금은 단독 대상자와 부부 대상자로 구분하여 다른 급여율이 적용된다(Department of Veterans' Affairs, 2017p).

**표 4.2** 노령 복무연금 수령액(최대 금액)

| 가구 유형 | 연금 | 보충급여 | 총 수령액 |
|---|---|---|---|
| 단독 가구 | $814.00 | $80.40 | $894.40 |
| 부부 가구 | $1,227.2<br>(각 $613.60) | $121.2<br>(각 $60.60) | $1,348.40<br>(각 $674.20) |

이 외에 소득지원 급여로는 '군인 소득 보존 수당(Defence Force Income Support Allowance)', '미망인 소득 보충 급여(Income Support Supplement)', 그리고 '임대료 보조(Rent Assistance)' 등이 있다. 군인 소득 보존 수당은 과세대상이 되는 보상금 급여 수령이 일반 사회보장 급여를 삭감하는 경우에 이를 보충해 주는 급여다(Department of Veterans' Affairs, 2017o). 유족 소득 수당은 저소득 미망인 연금에 부가되는 급여로서 격주당 최대 258.60호주달러가 지급된다(Department of Veterans' Affairs, 2017n). 임대료 보조는 복무연금 등 소득지원 급여 수령자의 임대비 지출을 보조해 주며, 단독 가구의 경우 격주당 최대 133.00호주달러, 부부 가구의 경우 격주당 최대 125.40호주달러가 지급된다.

상기 소득 지원 급여는 기본적으로 저소득 대상자들을 대상으로 하기 때문에 소득 및 자산조사에 의해 자격 여부와 급여액이 결정된다. 소득 및 자산조사는 동시에 고려되지 않고 독립적으로 적용되며, 둘 중에 적은 급여액을 산출하는 방식이 채택된다. 부부의 경우에는 합산된 소득과 자산에 의해 결정된다. 연금 수령액 결정은 최대 금액을 지급하는 소득 및 자산 기준 설정으로(Free area) 시작한다. 소득 및 자산이 증가할수록 급여액이 차감되며, 대상자의 소득 및 자산이 정해진 한도를 넘어설 경우 급여자격이 소멸된다. 급여 감소율은 소득의 경우 격주 소득 1달러당 50센트, 자산의 경우 1천 달러당 3달러이다. 복무연금 수령을 위한 소득 및 자산 한도는 다음과 같다(Department of Veterans' Affairs, 2017r).

**표 4.3** 복무연금 지급 소득 및 자산 한도

| 가구 유형 | 소득 한도 (격주 소득) | 자산 한도 | |
|---|---|---|---|
| | | 주택 보유자 | 주택 미보유자 |
| 단독 가구 | $1,956.80 | $552,000 | $755,000 |
| 부부 가구 | $2,996.80 | $830,000 | $1,033,000 |

소득지원 급여는 정해진 일정에 따라 급여율이 조정된다. 복무연금은 통상 1년에 2번 조정되는데, 크게 생활비와 평균임금 두 가지 기준이 고려된다(Department of Veterans' Affairs, 2017v). 생활비는 소비자물가지수(CPI)에 의해 측정되는데, '연금수령자를 위한 특수 생계비 지수(Pensioner and Beneficiary Living Cost Index)'가 적용된다. 이는 연금수령자들이 주로 소비하는 물품들에 대한 물가를 반영하여 조정한 지수다. 일반적으로 후자는 전자보다 물가상승률이 더 높아 급여액을 상승시키는 효과를 가진다. 평균임금은 남성 평균 주급(Male Total Average Weekly Earnings)에 의해 측정된다. 더 구체적으로 살펴보면, 일단 소비자물가지수가 먼저 고려되어 급여 인상(감소)률이 결정된다. 만약 이 방식으로 인해 부부 합산 연금 최대 급여액이 주당 남성 주급의 41.76%가 되는지 비교하고, 만약 이보다 낮을 경우 41.76%로 인상한다. 즉, 남성 평균 주급의 41.76%가 급여액의 기준선이 된다. 단독 가구의 경우 산출된 금액의 66.6%를 고정율로 적용한다. 단독 가구의 연금 수령액은 대략 남성 평균 주급의 27.5% 선에서 결정된다.

### (2) 해당 국가 경제지표(1인당 GDP 등) 대비 보상금 지급수준

보훈급여의 지급 수준을 평가하는 방법은 다양할 수 있으나, 호주의 경우 남성 평균 주급이 주로 이용된다(Clarke, 2003). 남성 평균 주급은 복무 연금액을 산정하는 기준이 되기도 한다. 2017년 현재 호주의 남성 평균 주급은 1,407.55달러다(Australian Bureau of Statistics, 2017d). 가장 급여액 큰 특별등급 상이연금 수준을 세후 남성 평균 지급과 비교해 보면, 근래에 대략 60% 내외 수준을 유지해 온 것으로 분석된다. 2017년 특별등급 상이연금 급여액을(1,112.7달러) 세후 남성 평균 주급과 비교해 보면 약 61.7%가 된다.

특별등급 상이연금 수령자들의 약 51%는 최대 금액의 복무연금을 동시에 수령하고 있다 (Clarke, 2003). 따라서 특별등급 상이연금과 복무연금을 합산한 급여액을 남성 평균 주급과 비교해 보면 근래에 대략 115% 수준을 유지해 온 것으로 파악된다. 2017년 복무연금 급여액 (부부 가구)을 합산하여 특별등급 상이연금과 세후 남성 평균 주급을 비교해 보면 116.9%가 된다.

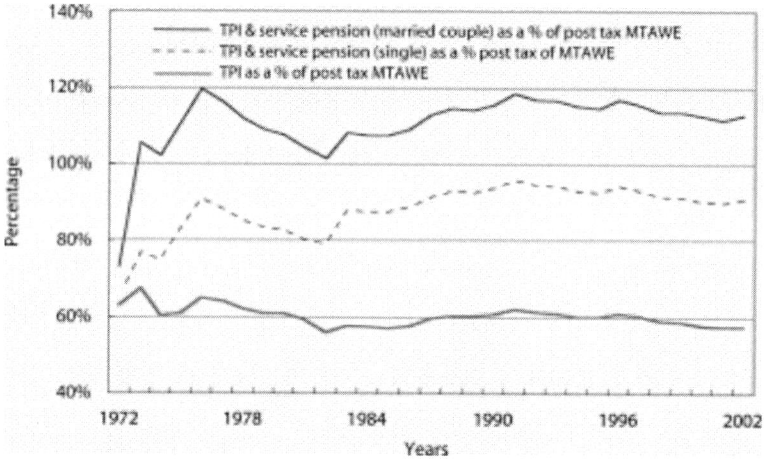


**그림 4.4** 특별등급 상이연금 급여액 수준
출처 : Clarke(2003).

복무연금 수령액은 대략 남성 평균 주급의 27.5% 선에서 결정된다는 점은 이미 논의했다. 그 수준의 적절성에(adequacy) 대해서는 끊임없는 논쟁이 이어지고 있다. 대안적으로 다른 나라의 사례와의 비교를 통해 상대적 수준을 파악해 볼 수 있는데, 소득대체율 개념을 적용하여 호주의 복무연금 수준을 살펴볼 수 있다. 복무연금 급여액은 일반 사회보장 노령연금과 동일하기 때문에 노령연금으로 대체하여 복무연금의 소득대체율을 비교해 보았다. 호주의 복무연금은 은퇴 전 소득의 약 58% 수준으로서 OECD 국가 평균보다 다소 낮은 수준이다 (OECD, 2017b). 영미권 국가들에 비해서는 높은 편이지만 유럽대륙 및 노르딕 국가들에 비해서는 낮다.

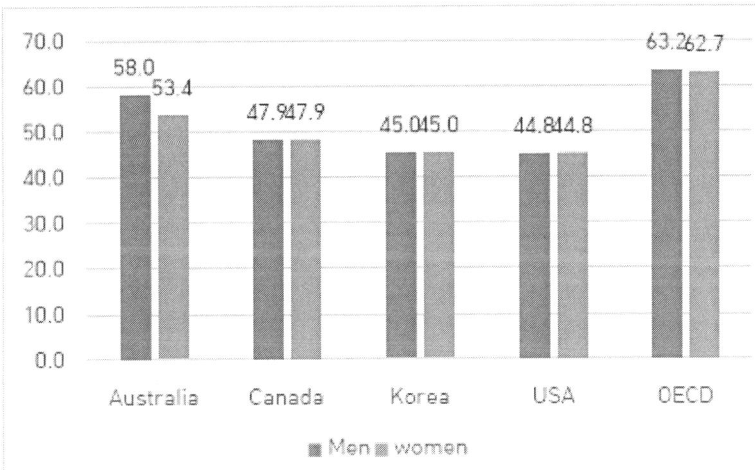


**그림 4.5** 노령 복무연금 소득대체율(2014년 기준, %)

보훈 급여액 수준을 평가하는 또 다른 방법으로 국가 경제지표에 대비한 수준을 적용해 볼 수 있다. 측정을 위해 1인당 GDP를 기준으로 사용할 수 있는데, 이 방법은 사실상 남성 평균 주급 방식과 유사한 결과를 나타낸다. 왜냐하면 1인당 GDP가 1인당 개인 소득 개념으로 볼 수 있기 때문이다. 단, 이 방식은 남성 임금을 기준으로 하지 않고 여성 임금을 포함하는 차이점이 있다. 비록 주요한 차이는 아니지만 여성의 임금이 남성에 비해 낮기 때문에 기준 금액을 하락시키는 효과가 있다. 2017년 현재 호주의 1인당 GDP는 세전 72,752.9달러, 그리고 세후 57,560.2달러다. 실제 1인당 GDP 대비 주요 보훈 급여액을 살펴보면, 특별등급 상이연금은 62.1%, 일반등급(100%) 상이연금은 22.1% 수준이다. 부부 가구의 복무연금은 1인당 GDP의 55.4%이며, 이를 특별등급 상이연금과 합산한 최대 금액의 보훈급여는 1인당 GDP의 117.5%가 된다.

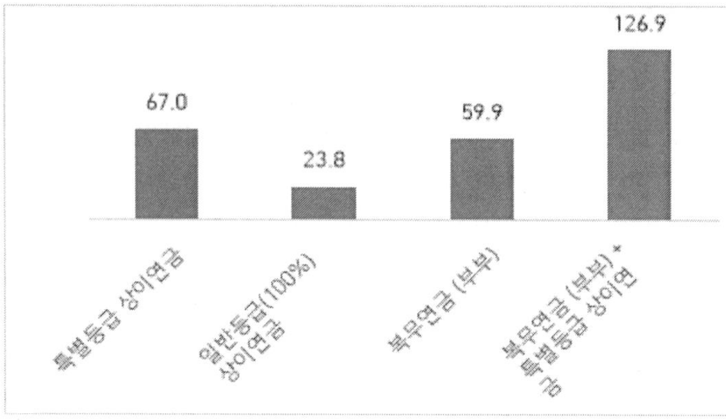


**그림 4.6** 1인당 GDP 대비 보훈급여(%)

### 2) 사회보장제도, 기타 연금제도와의 차별성 및 연계 정도

기본적으로 보훈급여는 보훈부의 고유 권한이다. 급여의 특성상 보훈급여는 보상급여와 소득지원 급여로 구분될 수 있다. 보상급여는 복무상 발생한 부상, 질병 및 사망 등으로 인해 야기된 기능상실, 고통 및 라이프 스타일 영향을 보상하는 목적을 지니므로, 원칙적으로 저소득 계층에게 생계비를 보조하는 개념의 소득보장 급여로 간주되지 않는다(Arthur, 2015b). 그러나 복무상 노출된 위험으로 인해 경제적 손실이 초래될 가능성은 높기 때문에 사실상 두 급여를 명확히 구분하기는 어렵다. 특히 장애나 기능 손실을 요건으로 하지 않은 소득지원 급여들은 일반 사회보장 급여로 간주될 수 있기 때문에 '복지부(Department of Social Services)'의 사회보장성 급여와의 연계 및 조정이 불가피하다.

일반적으로 보상급여는 과세대상이 아니며, 따라서 사회보장 급여와는 달리 소득 및 자산조사가 적용되지 않는다. 반면 소득지원 급여들은 사회보장 급여처럼 소득 및 자산조사가 적용된다. 즉, 소득지원 급여의 경우 급여 제공 주체만 다를 뿐이며 대상자 선정과 급여액 결정에 동일한 기준이 적용된다고 볼 수 있다. 또한 일부 보상급여는 사회보장 급여 수급 여부에 따라 자격요건이나 급여액이 영향을 받기도 한다. 경우에 따라서는 동일한 급여에 대해 보훈부 혹은 복지부 중에서 급여제공 주체를 선택할 수도 있다. 이처럼 호주 보훈제도는 사회보장제도와 긴밀하게 연관되어 있고, 때로는 업무의 중복성 혹은 급여의 형평성은 논쟁의 여지를 제공할 수 있다. 그러나 보훈급여에 대해서는 군사 복무의 특수성이 인정되어 일반 사회보장 급여보다 더 많은 혜택이 더 주어진다.

**표 4.4** 보훈급여의 과세 대상 여부

| 비과세대상 보훈급여 | 과세대상 보훈급여 |
|---|---|
| - 상이연금(노령연금 수령 연령에 미달한 경우)<br>- 미망인 연금 / 유자녀 연금<br>- 배우자 연금(배우자가 장애연금을 수령하고 있는 경우)<br>- 미망인 소득 보충 급여(노령연금 수령 연령에 미달한 경우)<br>- 벽지 수당(Remote area allowance)<br>- 임대료 보조(Rent assistance)<br>- 에너지 보충 급여(Energy Supplement<br>- 사망 일시금(Bereavement payments) | - 노령 복무연금 / 배우자 복무연금<br>- 장애연금(대상자가 노령연금 수령 연령에 달한 경우)<br>- 사회보장 노령연금(제공주체 : 보훈부)<br>- 미망인 소득 보충 급여<br>- 자녀 교육 수당(16세 이상자)<br>- 군인 소득 보존 수당(노령연금 수령자) |

출처 : Department of Veterans' Affairs(2017e).

우선 대표적인 보상급여인 상이연금부터 살펴보면, 일반 '사회보장 장애연금(Disability Support Pension)'과는 달리 보훈 상이연금에 대해서는 소득 및 자산조사가 면제된다. 또한 보훈 상이연금 급여는 장애 정도만을 고려하여 급여액이 결정됨에 반해 사회보장 장애연금은 소득 및 자산 수준에 의해 급여액이 결정된다. 사회보장 장애연금을 받기 위해서는 장애 정도에 관한 의학적인 증명 이외에 직업활동 능력 심사(Job Capacity Assessment)도 통과해야 해서 자격요건이 까다롭다. 두 가지 급여는 그 목적과 성격이 다르기 때문에 직접적인 비교는 적절하지 않다고 볼 수 있다. 이러한 한계에도 불구하고 두 급여 간 급여액을 비교해 보면, 특별등급 상이연금과 최대 사회보장 장애연금 간에는 2주 치 급여에 479.40호주달러의 상당한 격차가 있음을 확인할 수 있다.

**표 4.5** 보훈 상이연금과 사회보장 장애연금 급여액 비교(2주 치)

| 보훈 상이연금(A) | | 사회보장 장애연금<br>(단독, 최대 급여액) | | 급여액 차이<br>(A-B) |
|---|---|---|---|---|
| | | 21세 이상(B) | 21세 미만(C) | |
| 특별등급 | $1,373.80 | $894.40 | $562.20 | $479.40 |
| 중간등급 | $932.70 | | | $38.30 |
| 특수조정등급 | $758.90 | | | -$135.50 |
| 일반등급(100%) | $488.40 | | | -$406.00 |

다음으로, 복무 노령연금과 사회보장 노령연금을 비교해 보면, 우선 노령 복무연금은 일반 사회보장 노령연금과 동일한 개념의 소득보장 프로그램으로서 급여액은 일반 사회보장 노령연금과 동일하다. 그러나 복무 노령연금 수령 연령 기준은 60세로서 사회보장 노령연금보다 훨씬 낮다. 이는 참전이 미치는 유무형의 영향에 대한 보상이 고려된 것이다. 즉, 참전자들은 비참전자에 비해 노화가 일찍 진행될 수 있으며, 이로 인해 소득능력이 조기에 상실될 수 있다는 가정이 작용해 있다(Department of Veterans' Affairs, 2017c). 2017년 현재 사회보장 노령연금의 연령 기준은 65.5세로서 두 급여의 연령 기준 간에는 6.5세의 격차가 존재한다. 하지만 사회보장 노령연금 기준 연령은 2023년까지 67세로 상승 조정될 예정이기 때문에 복무 노령연금의 상대적 혜택은 더욱 커질 전망이다.

보훈급여 대상자들이 일반 사회보장 급여 대상자들보다 혜택을 받는 또 다른 경우는 군인 소득 보존 수당이다. 군인 소득 보존 수당(Defence Force Income Support Allowance)은 보훈부를 통해 지급되는 소득지원 급여 중의 하나로서 상이연금 수령자가 사지절단이나 실명 등 특수 장애를 경험하여 부가적인 급여를 받는 대상자에게 자격이 부여된다. 추가된 연금은 소득조사의 대상이 되며, 만약 조정된 상이연금(Adjusted Disability Pension)으로 인해 다른 사회보장 급여가 감소될 경우 군인 소득 보존 수당이 그 차액을 보충해 준다(Department of Veterans' Affairs, 2017o).

그러나 소득지원 보훈급여들은 사회보장 급여와 밀접히 연계되어 있어서 보훈부와 복지부의 급여를 동시에 받을 수는 없으며, 소득지원 급여가 사회보장 급여 수급자격 및 수급액에 영향을 미치도록 설계되어 있다. 예를 들어, 영구 기능상실 보상 급여는(Permanent impairment compensation payment) 일시불 혹은 연금 형식으로 수령할 수 있는데, 연금 형식으로 받는 경우에는 사회보장법상 소득으로 인정된다. 소득보전 급여(Incapacity payments)는 사회보장 노령연금 수령 연령에 달하면 급여가 중단된다. 노령연금 수령 이전에 기업연금(Superannuation) 급여를 받을 경우 소득보전 급여는 삭감된다(Department of Veterans' Affairs, 2017y). 또 다른 예는, 자녀 교육 수당(Education Allowance)으로서 자녀가 경제활동 인구 연령에 달하면(16세 이상) 자녀 교육 수당은 가구 소득으로 인정되고, 저소득 가구에게 생계비 보조금으로 지급되는 사회보장 급여인 가족세제급여(Family Tax Benefit)에 대한 자격요건을 상실시킨다(Department of Veterans' Affairs, 2017x).

호주의 사회보장제도는 근로연계복지(welfare to work)가 지속적으로 강화되는 추세에 있으며, 소득지원성 보훈급여도 이러한 상위 정책 개념의 영향하에 있다. 즉, 근로능력이 있는 대상자에게 지급되는 급여는(예 소득보전 급여) 근로동기를 약화시킬 가능성이 있으므로 근로능력 심사나 재활프로그램 참여 등 까다로운 급여 조건을 적용한다. 노령 복무연금의 경우에는 사회보장 노령연금과 마찬가지로 근로 보너스(Work Bonus)가 적용된다. 근로 보너스란, 복무 노령연금 수령 이후에도 지속적인 근로활동을 유도하기 위한 장려금이며, 격주당 250달러까지는 과세대상 소득으로 인정하지 않는 제도다(Department of Veterans' Affairs, 2017t).

호주 보훈부와 복지부는 유기적이고 유연한 보훈급여체계를 유지하고 있다. 행정 비용 절감 차원의 노력이지만, 지방 거주 대상자들의 보훈 서비스 접근성 향상을 위해 보훈부는 복지부 지방사무소를 공유하기도 하며, 보훈 관련 특별 훈련을 받은 보건복지부 직원이 보훈서비스를 제공하기도 한다. 또한 보훈부와 복지부를 통해 동일한 급여에 대한 자격요건이 발생할 경우 대상자에게 제공 주체에 관한 선택권이 부여되기도 한다. 예를 들면, 상이연금 수령자가 복무기준을 충족하지 못할 경우 복지부로부터(센터링크) 사회보장 노령연금을 수령해야 하는데, 이 경우에 본인 선택에 따라 사회보장 노령연금을 보훈부로부터 받을 수 있다(Department of Veterans' Affairs, 2017d; 2017q). 보훈부를 통해 일반 노령연금을 수령하는 자는 2016년 현재 3,538명이다(Department of Veterans' Affairs, 2016a).

## 3. 호주와 한국의 비교

### 1) 대상자 측면

호주의 보훈대상자는 기본적으로 국방부 소속의 해외참전자를 의미한다. 보훈대상 자격 및 급여를 관장하는 보훈위원회(Repatriation Commission)는 직역하면 '참전군인 귀환위원회'가 되는데, 이는 호주 보훈제도의 주요 대상이 해외 참전 군인임을 시사하고 있다. 이는 호주 보훈제도의 주요한 특징이자 한국 보훈제도와 차별적인 주요 대목이다. 현재의 호주 보훈대상자는 물론 해외 참전 군인 이외의 집단으로 확장되어 있으나, 절대다수는 해외 참전 군인이다. 따라서 한국과는 달리 내전, 독립, 국가 재건 및 민주화 등 국내적 요인에 기인한 보훈대상자를 보호하기 위한 목적을 가지고 있지 않다. 따라서 사망 또는 상이를 입은 제대 군인과 현역 군인 및 그 가족이 호주 보훈제도의 주요 급여 대상이 된다.

유가족 대상자의 경우 호주는 본인과 배우자, 그리고 자녀로 그 대상이 한정적이다. 배우자는 법적 결혼 관계와 사실혼 관계 모두를 인정하고 있으며, 자녀는 기본적으로 16세 미만 미성년자에 한해 보호가 제공된다. 단, 풀타임 학생에 한해서는 25세까지도 보호대상이 된다. 자녀에 관한 한 다소 광의의 개념을 적용하고 있는데, 여기에는 법적인 자녀가 아니어도 사망이나 상이 당시 당사자로부터의 실질적인 부양에 의존하던 자녀까지(위탁 자녀 등) 포함된다. 그러나 한국과는 달리 바로 직계 자녀만 대상이 되며, 손자나 증손자 등 장기 세대 간 승계가 이루어지는 급여는 존재하지 않는다.

**표 4.6** 한국과 호주 보훈급여 대상자 비교

| 구분 | 한국 | 호주 |
|---|---|---|
| 보훈대상자 범위 | - 독립유공자<br>- 국가유공자<br>- 고엽제 후유증 환자<br>- 참전 유공자<br>- 4·19혁명 / 5·18 민주유공자<br>- 제대 군인 | - 사망 혹은 상이를 입은 제대 혹은 현역 군인 |
| 보호대상 가족 | - 배우자<br>- 자녀(연령 제한 없음)<br>- 부모<br>- 손자 및 증손자(독립유공자) | - 배우자<br>- 16세 미만 미성년 자녀(풀타임 학생에 한해 25세까지 보호) |

보훈대상자와 관련한 또 다른 특징은 호주의 경우 고엽제 후유증 환자를 위한 급여가 존재하지 않는다는 점이다. 호주 정부는 지난 1984년에 고엽제의 영향 고찰을 위한 왕립 위원회를 설립하였으며(Royal Commission on the use and effects of chemical agents on Australian personnel in Vietnam), 이 보고서는 고엽제와 베트남전 참전자들의 건강에는 아무런 관련이 없으며, 고엽제에 노출된 참전자들의 자녀 역시 불임이나 유산 등과 같은 건강상의 유해 효과를 경험하지 않고 있다는 결론을 제출한 바 있다(Clarke, 2003). 고엽제 후유증은 여전히 논쟁의 대상이 되고 있기는 하지만 현재로서는 보훈급여 대상에서는 제외되어 있다. 결론적으로 보훈대상 면에서 호주는 한국에 비해 매우 제한적인 대상에 한해 급여 자격요건을 제공하고 있어, 한

국이 호주에 비해 훨씬 대상 포괄성이 높다고 볼 수 있다. 특히, 한국의 경우 국가유공자 범주가 경찰과 소방공무원 등 호주에서는 보훈대상이 아닌 계층을 포괄하고 있고, 그 규모가 계속 커지고 있다는 점은 보훈급여 대상자 감소를 경험하고 있는 호주와 매우 대조적이다.

호주에서는 급여 대상 범위에 속하더라도 급여 종류에 따라 소득 및 자산조사 기준을 충족하지 못할 경우 급여 자격이 상실되는 급여들이 존재한다. 복무연금이 대표적인 사례인데, 이 급여는 제1차 및 제2차 세계대전, 한국전 및 월남전 참전자, 영연방 및 연합국 복무자로서 기준 복무 요건을(전투 작전 수행) 충족한 경우에 지급되는데, 소득지원 급여로 간주되어 소득 및 자산조사 여부에 따라 급여 자격과 급여수준이 결정된다. 한국의 경우에도 독립유공자와 국가유공자 및 그 유가족 대상 보훈급여에 소득 및 자산조사에 기반하여 추가적으로 지급되는 생활조정수당이 존재한다(김성봉, 2015). 그러나 소득 및 자산조사가 급여 자격 여부를 결정하는 요인이 되지 않는다는 점은 호주와 특기할 만한 차이로 보인다.

다소 기술적인 부분이긴 하지만, 소득 및 자산조사 방식에도 두 나라 간에는 차이가 존재한다. 두 나라 모두 소득과 자산을 고려하고 있긴 하다. 그러나 한국의 경우 자산을 소득으로 전환하여 두 요인을 합산한 '소득인정액' 개념을 사용하고 있지만, 호주의 경우 소득 및 자산조사를 독립적으로 적용하여 작은 급여액을 산출하는 기준을 채택하는 방법을 사용한다. 특기할 만한 점은 호주의 자산조사는 자가 소유자라 하더라도 본인이 거주하는 주택(principal home)은 자산조사 대상에서 제외한다. 게다가 자산조사 기준이 높게 책정되어 있어(Department of Human Services, 2017a), 사실상 호주의 소득 및 자산조사는 상당 부분 소득조사에 의존한다고 볼 수 있다.

### 2) 보상수준 및 내용 측면

비록 보훈급여 대상에는 상당한 차이가 있지만 호주와 한국이 보훈을 통해 추구하는 목적에 큰 차이가 있다고 볼 수는 없을 것이다. 보훈제도가 국가를 위해 헌신한 이들에게 보상, 소득보장 및 지원 서비스 등을 통해 경제적 웰빙과 삶의 질을 보장하기 위한 제도적 장치라고 볼 때 급여의 내용은 크게 다르지 않다. 즉, 두 나라 공히 보상금, 각종 연금 및 수당, 사망일시금, 자녀교육 지원, 할인혜택 등의 현금 급여와 의료지원, 직업훈련 및 고용지원 서비스 등의 비현금 급여 등을 제공하고 있다.

유사한 급여 내용에도 불구하고, 두 나라 간 보상체계가 동일하지 않아 보상 수준을 직접적으로 비교하기에는 무리가 따른다. 이러한 한계에도 불구하고 두 나라 간 상대적인 보상수준 비교를 위해 가장 유사한 대상자를 선정해 보았다. 즉, 호주는 해외참전자가 주요 대상이므로 한국의 경우는 월남전 참전자를 포함하는 국가유공자 급여액을 통해 비교해 보았다.

일차적으로 단순비교를 위해 각국별 상이연금 최대 급여액을 산출해 본 결과, 2017년 현재 한국의 국가유공자(1급, 고령)는 월 4,810,000원, 혹은 연간 57,720,000원의 급여를 받는다. 호주 상이연금 2주 치 최대 급여액은 1,373.8달러로서 연간 급여액은 35,717.8달러다. 이에 복무연금이 추가될 경우, 2주 치 복무연금(단독가구) 최대 급여액인 894.4달러를 연간 급여액으로 환산하면 23,254.4달러가 되고, 상이연금과 복무연금을 합산하면 연간 최대 급여액은 58,973.2달러가 된다. 이를 다시 원화로 환산하면 대략 49,019,703원이 되어, 한국의 보훈급여가 더 높은 것으로 나타난다.

**표 4.7** 한국과 호주 상이연금 급여 수준 비교

| 구분 | 한국(국가유공자, A) | 호주(특별등급 상이연금, B) | 격차(A-B) |
|---|---|---|---|
| 연간 급여액 | 57,720,000원 | 49,019,703원 | 8,700,297원 |
| 1인당 GDP 대비 | 1.95배 | 0.88배 | - |

상기 방식은 단지 환율의 차이에 기반한 급여액 비교이기 때문에 좀 더 엄밀한 비교를 위해 1인당 GDP 대비 급여액을 비교해 보았다. 미화로 환산된 1인당 GDP는 한국이 27,539달러, 호주가 53,276달러로서 한국은 호주의 절반 수준이다(51.7%). 이를 각각 원화로 재환산하면, 한국은 29,631,964원, 호주는 57,324,976원이 된다. 한국 국가유공자 급여와 호주 특별등급 상이연금에 대해 각각 1인당 GDP 대비 비율을 산출해 보면, 한국은 1.95배, 호주는 0.88배가 된다. 즉, 1인당 GDP를 고려한 상대적 급여수준 면에서도 한국이 호주보다 더 높게 나타나고, 단순 비교에 비해 그 격차는 더욱 커진다.

한국이 호주에 비해 상대적으로 더 높은 보훈급여를 제공하는 데에는 두 나라 간에 보훈에 대한 개념과 그 접근에 관한 차이에서 어느 정도 기인하는 것으로 추정된다. 한국의 경우 보훈을 국가 공동체를 위한 희생과 헌신에 대한 보상으로 접근하고 있으며, 생계 유지 이상의 영예로운 생활의 유지와 보장이라는 목표를 달성하도록 보훈급여 수준을 결정하고 있다(이영

자, 2014). 반면 호주는 군인 복무의 특수성을 인정한 사회보장제도로서 보훈에 접근하고 있다. 즉, 급여수준 결정에 있어 한국보다 사회보장 급여와의 형평성을 더 중시하고 있는 것으로 보이며, 따라서 보훈대상자들에게 사회구성원으로서 기본적 생활 수준을 보장하는 수준에서 급여가 제공된다고 볼 수 있다.

## 4. 결 론

### 1) 주요 결과

호주의 보훈제도는 한국의 그것과 제반 영역에서 상당히 대조적인 것으로 평가된다. 우선, 호주의 보훈대상자는 호주 전체 인구의 1.16%로서 한국의 1.67%에 비해 상대적으로 낮다. 최근 보훈대상자 수 추이에서도 호주는 보훈대상자의 급격한 감소를 경험하고 있는 반면 한국은 그 규모가 일정하게 유지되는 경향을 보인다.

보훈대상자 인구 규모의 차이는 무엇보다도 보훈대상의 정의의 차이에 기인하고 있다. 호주의 보훈대상자는 참전군인(veteran)과 그 가족에 한정되어 있는 반면 한국의 보훈제도는 훨씬 포괄적인 계층을 포함하고 있다. 즉, 독립유공자, 민주유공자, 고엽제 후유증 환자 등은 호주 보훈제도에서 포괄되지 않고 있다. 호주는 대상자 선정 기준도 까다로워 복무기준을 충족해야만 급여가 지급되며, 소득보장 급여의 경우 대상자 선정 과정에서 엄격한 소득 및 자산조사가 적용된다. 결국 한국의 보훈제도가 대상 포괄성이 훨씬 높다고 볼 수 있다.

두 나라 간의 급여수준을 직접적으로 비교하기에는 다소 무리가 따르나, 한국의 보훈제도가 호주에 비해 더 높은 급여를 제공하는 것으로 분석된다. 호주의 특별등급 상이연금과 한국의 국가유공자 범주를 대상으로 동일 환율을 적용하여 단순 비교해 보면 호주의 보훈급여는 한국의 87.2% 수준이다. 보훈급여액을 각국의 1인당 GDP에 대비해 보면 그 격차는 더욱 커진다. 즉, 급여의 적절성 면에서도 한국의 보훈제도가 더 후한 급여를 제공하는 것으로 평가된다.

서로 다른 역사적 배경 속에서 발달한 두 나라의 보훈제도는 보훈에 대한 접근 방식에서도 차별성을 보인다. 즉, 호주의 보훈제도는 국방 업무의 특수성이 고려된 사회보장제도로 위치지워진다. 반면 한국에서 보훈은 사회보장 이상의 특수한 사회적 의미가 부여되어 있으며, 보훈제도와 사회보장제도 간의 제도적 유사성보다는 그 목적의 차별성이 더 강조되고 있는 것으로 보인다. 결과적으로 호주의 소득지원 보훈급여의 수준은 사회보장 급여와 사실상 동일한 반면 한국은 사회보장 대상자에 비해 보훈대상자들에게 훨씬 후한 급여를 제공하고 있다고 판단된다.

### 2) 한국 보훈제도에 주는 시사점

비록 대상 포괄성과 급여의 적절성 면에서 호주는 한국에 벤치마킹이 되지는 못하지만 호주 보훈제도는 제도 운영의 합리성과 유연성 면에서 한국의 보훈제도에 시사점을 제공하고 있다. 첫째, 대상자 선정 및 급여내용 결정 과정이다. 소득지원 급여의 대상자 선정에 호주는 엄격한 소득 및 자산조사를 적용하고 있으며, 한국과는 달리 이 두 가지 기준을 독립적으로 적용한다는 차이점은 논의한 바 있다. 이와 연관된 또 다른 차이점은 호주의 경우 각각의 급여에 대해 각각 다른 대상자 선정 기준을 적용하고 있는 데에 반해 한국의 경우 해당 범주의 자격요건을 충족하게 되면 연관되는 급여에 대한 자격이 동시에 발생한다는 점이다. 즉, 호주는 개별 급여방식을 취하고 있는데, 이 방식이 한국의 통합급여 방식에 비해 대상자들의 비일률적인 욕구에 더 효과적으로 대응하는 방식일 것으로 판단된다.

둘째, 상이연금 자격과 급여액을 결정하는 방식이다. 호주는 장애등급을 평가하는 데에 있어 기능 손실(functional loss)과 함께 라이프 스타일 영향(lifestyle effects)을 동시에 고려하고 있다(Department of Veterans' Affairs, 2013). 라이프 스타일 영향은 대인관계, 이동성, 여가활동, 일상 및 고용활동 등 네 가지 분야에 미치는 영향을 평가하고 있다. 단순히 의학적인 기준만을 적용하는 방식의 제한점을 보충하는 대안적인 방법으로 평가된다.

셋째, 급여 방법에 있어 호주의 보훈제도는 유연성을 부여하고 있다. 원칙적으로 호주의 금전적 보훈급여는 연금 형식으로 격주 단위로 지급된다. 영구 기능상실 보상급여에 한해 일시금 지급 허용하고 있다. '일시금 선불 급여(Lump Sum Advance payment)'는 복무연금, 상이연금, 배우자연금 등 모든 연금성 급여 대상자들에게 적용되고 있는데, 이들이 긴급하게 재원이 필요할 때 3주 치의 최대치 복무연금액을 미리 일시불로 지급받고 이를 6개월에 걸쳐 본인의 연금 수령액에서 차감, 상환하게 하는 방식이다(Department of Veterans' Affairs, 2017u). 보훈급여 대상자들의 재정적 욕구에 효과적으로 대응하는 방식이다.

마지막으로 급여 인상률 결정 방식이다. 호주의 보훈급여는 1년에 2번 조정된다(통상 3월과 9월). 급여 인상률 결정에는 생활비와 평균임금 두 가지 요소가 고려되는데, 생활비 요소에는 일반 소비자물가지수가 아닌 '연금수령자를 위한 특수 생계비 지수(Pensioner and Beneficiary Living Cost Index)'를 사용한다. 이는 연금 수령자들의 실제 소비 품목을 반영하고 있으며, 보통 소비자물가지수보다 상승률이 높아 급여율을 현실화하는 효과를 가진다. 또한 평균임금에는 남성 평균 주급을 사용하고 있는데, 여성이 포함된 전체 경제활동인구의 평균임금보다 높아 기준선을 상승시키는 효과를 가진다.

## 참고문헌


Arthur, D. (2015). What counts as welfare spending? : Parliamentary Library.

Australian Bureau of Statistics. (2017). Male total average weekly earnings (MTAWE) : Australian Bureau of Statistics.

Campbell, I. (2009). Review of Military Compensation Arrangements Report : Review of Military Compensation Arrangements Report.

Clarke, J. (2003). Report of the Review of Veterans' Entitlements : Department of Veterans' Affairs.

Creyke, R., & Sutherland, P. (2000). Veterans' Entitlements Law : The Federation Press.

Department of Defence and Department of Veterans' Affairs. (2016). Memorandum of Understanding between the Department of Defence and the Department of Veterans' Affairs for the Cooperative Delivery of Care and Support : Department of Defence and Department of Veterans' Affairs.

Department of Human Services. (2017). Assets. Retrieved from https://www.humanservices.gov.au/individuals/enablers/assets#assetstestlimits

Department of Veterans' Affairs. (2013). Guide to Determining Impairment and Compensation.

Department of Veterans' Affairs. (2017). Treatment Population Statistics : Quarterly Report – June 2017 : Department of Veterans' Affairs.

Department of Veterans' Affairs. (2016a). Annual Report 2015–16 : Department of Veterans' Affairs.

Department of Veterans' Affairs. (2016b). Key 2015-16 Budget initiatives : Department of Veterans' Affairs.

Department of Veterans' Affairs. (2017a). 4.1 Disability Pension Eligibility. Retrieved from http://clik.dva.gov.au/compensation-and-support-policy-library/part-4-disability-compensation-eligibility/41-disability-pension-eligibility

Department of Veterans' Affairs. (2017b). 10. Incapacity payments. Retrieved from https://www.dva.gov.au/consultation-and-grants/reviews/review-military-compensation-arrangements/implementation-activitie-7

Department of Veterans' Affairs. (2017c). About Claiming Service Pension : Department of Veterans' Affairs.

Department of Veterans' Affairs. (2017d). Chapter 3 – which pension do you get? Retrieved from https://www.dva.gov.au/benefits-and-payments/income-support/managing-your-pension/chapter-3-which-pension-do-you-get

Department of Veterans' Affairs. (2017e). Chapter 9 – what about taxation? Retrieved from https://www.dva.gov.au/benefits-and-payments/income-support/managing-your-pension/chapter-9-what-about-taxation

Department of Veterans' Affairs. (2017f). DVA Corporate Plan 2017 – 2021 : Department of Veterans' Affairs.

Department of Veterans' Affairs. (2017g). Eligibility. Retrieved from https://www.dva.gov.au/benefits-and-payments/eligibility

Department of Veterans' Affairs. (2017h). Factsheet DP43 – Disability Pension and War Widow(er)'s Pension Rates and Allowances. Retrieved from https://www.dva.gov.au/factsheet-dp43-disability-pension-and-war-widower-s-pension-rates-and-allowances

Department of Veterans' Affairs. (2017i). Factsheet DP72 – Attendant Allowance. Retrieved from https://www.dva.gov.au/factsheet-dp72-attendant-allowance

Department of Veterans' Affairs. (2017j). Factsheet DP73 – Clothing Allowance. Retrieved from https://www.dva.gov.au/factsheet-dp73-clothing-allowance

Department of Veterans' Affairs. (2017k). Factsheet DP76 – Recreation Transport Allowance. Retrieved from https://www.dva.gov.au/factsheet-dp76-recreation-transport-allowance

Department of Veterans' Affairs. (2017l). Factsheet DP78 – Vehicle Assistance Scheme. Retrieved from https://www.dva.gov.au/factsheet-dp78-vehicle-assistance-scheme

Department of Veterans' Affairs. (2017m). Factsheet DP83 – British Nuclear Test Participants and Members of the British Commonwealth Occupation Force. Retrieved from https://www.dva.gov.au/factsheet-dp83-british-nuclear-test-participants-and-members-british-commonwealth-occupation-force

Department of Veterans' Affairs. (2017n). Factsheet IS03 – Income Support Supplement Overview. Retrieved from https://www.dva.gov.au/factsheet-is03-income-support-supplement-overview

Department of Veterans' Affairs. (2017o). Factsheet IS19 – Defence Force Income Support Allowance (DFISA). Retrieved from https://www.dva.gov.au/factsheet-is19-defence-force-income-support-allowance-dfisa

Department of Veterans' Affairs. (2017p). Factsheet IS30 – Pension Rates, Limits and Allowances Summary. Retrieved from https://www.dva.gov.au/factsheet-is30-pension-rates-limits-and-allowances-summary

Department of Veterans' Affairs. (2017q). Factsheet IS47 – Eligibility for Social Security Age Pension paid through DVA. Retrieved from https://www.dva.gov.au/factsheet-is47-eligibility-social-security-age-pension-paid-through-dva

Department of Veterans' Affairs. (2017r). Factsheet IS87 – Income Test Overview. Retrieved from https://www.dva.gov.au/factsheet-is87-income-test-overview

Department of Veterans' Affairs. (2017s). Factsheet IS88 – Asset Test Overview. Retrieved from https://www.dva.gov.au/factsheet-is88-asset-test-overview

Department of Veterans' Affairs. (2017t). Factsheet IS99 – Work Bonus. Retrieved from https://www.dva.gov.au/factsheet-is99-work-bonus

Department of Veterans' Affairs. (2017u). Factsheet IS115 – Lump Sum Advance. Retrieved from https://www.dva.gov.au/factsheet-is115-lump-sum-advance

Department of Veterans' Affairs. (2017v). Factsheet IS159 – Indexation of Income Support Pensions and Allowances. Retrieved from https://www.dva.gov.au/factsheet-is159-indexation-income-support-pensions-and-allowances

Department of Veterans' Affairs. (2017w). Factsheet MRC07 – Permanent Impairment Compensation Payments. Retrieved from https://www.dva.gov.au/factsheet-mrc07-permanent-impairment-compensation-payments

Department of Veterans' Affairs. (2017x). Factsheet MRC47 – Education Schemes. Retrieved from https://www.dva.gov.au/factsheet-mrc47-education-schemes

Department of Veterans' Affairs. (2017y). Incapacity Payments – Your Obligations. Retrieved from https://www.dva.gov.au/benefits-and-payments/compensation/incapacity-payments-your-obligations

Department of Veterans' Affairs. (2017z). Portfolio Budget Statements 2017-18 : Budget Related Paper No. 1.4B – DEFENCE Portfolio : Department of Veterans' Affairs.

Department of Veterans' Affairs. (2017aa). Veterans' health cards. Retrieved from https://www.dva.gov.au/health-and-wellbeing/veterans-health-cards

Military Rehabilitation and Compensation Commission. (2017). Military Rehabilitation and Compensation Commission Annual Report 2016-17 : Military Rehabilitation and Compensation Commission.

OECD. (2017). Net pension replacement rates. Retrieved from https://data.oecd.org/pension/net-pension-replacement-rates.htm#indicator-chart

Reed, D. (2015). The "Your Guide To" Series : DVA Service Pension : The Retirement Advice Centre.

Repatriation Commission. (2016). Repatriation Commission Annual Report 2015-16 : Repatriation Commission.

Ronaldson, M. (2014). New approach to DVA's services in regional New South Wales and Victoria. Retrieved from http://minister.dva.gov.au/media_releases/2014/apr/va024.htm

Sutherland, P. (2006). The history of military compensation law in Australia Australian Institute of Administrative Law, 50, 39-59.

Tanzer, N. (1999). The Review of the Military Compensation Scheme : Deaprtment of Defence.

Trading Economics. (2017). Australia GDP. Retrieved from https://tradingeconomics.com/australia/gdp

Whiteford, P. (2017). Budget explainer : has there been a blowout in social security and welfare spending? The Conversation. Retrieved from https://theconversation.com/budget-explainer-has-there-been-a-blowout-in-social-security-and-welfare-spending-75055

김성봉. (2015). 저소득 보훈대상자의 생활조정수당 개선방안 모색. 이슈와 논점, 1078.

신기현. (2005). 호주의 보훈제도. In 외국의 보훈제도 (대만 · 호주) : 보훈교육연구원.

이영자. (2014). 주요 국가의 유공자를 위한 보훈복지정책에 관한 비교 연구 : 미국, 호주, 대만, 캐나다를 중심으로. 한국보훈논총, 13(1), 83-112.

# 부록 호주와 한국의 보훈제도 비교

## 1. 보훈대상 비교

| 구분 | 호주 | 대한민국 |
|---|---|---|
| 신청사유 및 결과 | • 호주 사회보장제도의 전통에 따라 개별급여 방식 적용(모든 급여에 별도의 급여 자격 기준 적용) | • 특정 대상으로 신청하여 인정되면 해당되는 모든 서비스 가능 |
| 유가족 | • 배우자, 16세 미만 미성년 자녀(단, 풀타임 학생에 한해 24세까지 지원)<br>– 법적 자녀가 아니어도 사실상 피부양자녀인 경우 자녀로 인정<br>– 직계 자녀에 한해 급여자격이 부여되며, 이후 세대에 승계되는 급여는 없음 | • 대부분 배우자, 모든 자녀(성년, 혼인 여부 무관), 부모 인정<br>– 독립유공자의 경우 예외적으로 손자, 증손자녀도 해당됨<br>– 단순 참전유공자의 경우는 유족이 인정되지 않음 |
| 복무 중인 현역 포함 여부 | • 기준복무를 충족할 경우 제대군인과 현역군인 모두 급여대상에 포함<br>– 현역에 복무 중인 경우에도 보상, 재활 및 의료서비스 대상이 되며, 민간인으로 전향하는 것을 지원하는 프로그램도 도입(Veterans' Employment Assistance Initiative )<br>– 호주시민 군인 이외에 영연방, 연합군, 국방 관련 특수임무를 수행한 민간인도 가능 | • 제대군인만 포함, 복무 중인 현역은 불가(비대상)<br>– 군인 이외에도 경찰, 소방, 공무원도 퇴직 후에 가능 |
| 독립운동 | • 비대상 | • 독립운동 포함 |
| 민주화 | • 비대상 | • 일부(4·19혁명, 5·18민주화) 포함 |
| 경찰 / 소방 | • 비대상 | • 경찰, 소방 및 경비교도대 등 포함 |
| 공무원 | • 비대상<br>– 단, 제2차 세계대전 당시 국방부 소속이 아닌 연방공무원으로서 전투 관련 복무에 관여한 경우 대상자로 포함 | • 순직, 공무상 상이자 포함 |
| 훈장수훈 | • 훈장 수훈<br>– 개별 전투별로 수훈 | • 훈장 수훈, 특수교육도 포함 |
| 대상별 명칭 부여 | • 각 대상별로 범주화<br>– 주요 대상자는 복무연금 수령자, 상이연금 수령자, 유가족 수령자로 구분<br>– 등록사유별로 세분화된 통계는 작성되나, 세분화된 명칭은 부여하지 않음 | • 등록된 사유에 따라 고유의 대상 명칭 부여(상이입은 군인도 전쟁이나 평시인지 또는 과실 유무에 따라 다름 : 전상군경 vs 공상군경 vs 재해부상군경) |
| 보훈대상과 보상의 일치 여부 | • 일치<br>– 보훈대상자(veteran) 정의(definition)를 충족시키지 않고 보훈급여를 받는 경우는 없음 | • 불일치 : 대상별 서비스 내용이 상이하며, 의사상자의 경우 보훈대상에 포함되지 않으나 특정 서비스(국립묘지 안장) 수급 |

## 2. 보훈대상 결정 및 권리구제 비교

| 구분 | 호주 | 대한민국 |
|---|---|---|
| 신청자 | • 당사자(본인 및 유족)<br>– 재향군인회(Ex-Service Organisation) 도움 가능 | • 당사자(본인 및 유족) |
| 신청방법 | • 서면, 온라인(홈페이지)도 가능<br>– 온라인 방식 강화 추세 | • 서면 가능<br>– 지방 보훈관서에 신청 |
| 보훈(보상) 대상 결정 | • 보훈위원회 심사 | • 위원회(복심제 운영 가능) |
| 상이율 결정 | • 사정관이 상이율 결정 지침에 따라 결정(Guide to the Assessment of Rates of Veterans' Pensions)<br>– 지침에 명시되지 않은 경우 일반의 혹은 전문의에게 위탁 | • 위원회(복심제 운영 가능)<br>– 사전에 별도의 보훈병원 신체검사를 의무적으로 받아야 함 |
| 표준 처리기간 | • 신청 이후 3개월 이내 | • 처리기간 20일 지정<br>– 사실확인 및 심사기간은 제외됨으로 인하여 실제로는 6개월 이상 소요됨 |
| 인용률 | • 62.2%(평균 72일 소요) | • 1차 인용률은 약 30% |
| 기관 내 무료 법률지원 | • 보훈법무지원서비스(Veterans' Advocacy Service) 운영 | • 없음 |
| 옴부즈만 | • 있음(행정처분 과정 심사) | • 없음 |
| 재심기관 | • 행정심판재판소(Administrative Appeals Tribunal)의 보훈 재심 분과(Veterans' Appeals Division) | • 없음 |
| 소청기관 | • 보훈재심위원회(Veterans' Review Board) | • 없음<br>– 국민권익위원회에 행정심판위원회가 별도로 있음 |
| 재심 시 구술변론 | • 구두증거(oral evidence) 제시 가능 | • 불가(행정심판은 서면심리) |

### 3. 보훈체계의 특징 및 구조 비교

| 구분 | 호주 | 대한민국 |
|---|---|---|
| 법령 | • '보훈급여자격법'과 '군인 재활 및 보상법' 두 가지 법으로 체계화 | • 대상별로 보상법령이 별도로 존재하여 매우 다양하고 복잡 |
| 개편 목적 | • 군복무의 특수성을 감안한 보상체계 도입<br>– 재활과 민간인 복귀 지원 강화 | • 기존 국가유공자의 복잡성 제거 및 본인 위주로 보상 조정 |
| 보상 대상 | • 보훈 대상 범위를 확대하기 위한 개편은 없음<br>– 연금 수령자는 향후 10년 동안 약 절반으로 감소 예상<br>– 단, 재활 및 보상 대상자는 증가 추세<br>– 정신건강 지원 강화 추세 | • 2012년 보훈보상대상자를 별도 신설하였으나 대상의 확대로 보기는 어려우며, 오히려 축소됨<br>• 부모, 조부모, 성년자녀도 가능 |
| 연금 체계 | • 기본적으로 연금은 2주에 1번 지급<br>– '소득보전 급여(Incapacity Payment)'와 '군인 소득 보존 수당(Defence Force Income Support Allowance)' 등 소득 보충성 연금 존재 | • 연금체계의 변화 없음<br>• 지급수준의 조정(70%) 및 일부 수당 종류의 통폐합 |
| 수급권 발생 | • '보훈자격법'과 '군인 및 재활보상법' 자격 조건을 충족한 자에 한해 수급권 발생 | • 신청대상의 자격과 상이등급이 인정되어야만 보상금 이외 다른 급여혜택 자격 부여됨<br>– 직업알선, 의료급여혜택만 별도 신청 불가 |
| 전달체계 | • 보건 및 재활 등 의료서비스에 민간 서비스 활용<br>– 보훈부에 등록된 서비스 제공자들이 보훈 의료카드 소지자들에게 서비스를 제공할 수 있음 | • 특별한 경우를 제외하고는 국가(보훈처) 직접 제공 형태임 |

## 4. 연금(보상금) 급여율 등 비교

| 구분 | 호주 | 대한민국 |
|---|---|---|
| 복무 관련 | • 부상 및 질병이 전쟁 혹은 국방 복무에 기인한 경우에 한해 상이연금 자격 부여 | • 전시, 평시 모두 요건인정기준이 시행령에 규정<br>• 여부(Yes or No)만 결정 |
| 장애 평가 | • 장애 평가는 기능손실(functional loss)과 라이프 스타일 영향(lifestyle effects)을 동시에 고려하여 합산 10~100%로 결정<br>- 라이프 스타일 영향은 다시 대인관계, 이동성, 여가활동, 일상 및 고용활동 등 네 가지를 평가 | • 법령(시행령)상 신체 부위별 상이 등급구분표에 의해 결정<br>• 삶의 질 미반영<br>• 11단계(1급 1항부터 7급까지)로 요건 인정되어도 상이등급 기준에 미달되는 등외자 발생<br>• 상이등급판정은 반드시 사전에 보훈병원 신체검사 거침 |
| 판정 주체 | • 의료보훈국(Repatriation Medical Authority)이 규정한 복무 관련성 기준(Statements of Principles)에 의해 판정 | • 보훈심사위원회의 심의(합의제) 후 그 결과는 지방보훈청을 통해 통보 |
| 급여율(급여액) 결정 | • 상이등급에 따라 급여율 결정<br>- 크게 4단계(일반등급, 특수조정등급, 중간등급, 특별등급)로 구분되며, 일반등급이 다시 10개 등급으로 세분화<br>- 수족 절단 등 특수한 장애에 대해서는 '상이연금 추가급여(Additional Disability Pension)' 있음<br>- 상이연금 추가급여는 다시 15단계로 구분되며, 가장 높은 단계인 사지절단의 경우 667.4달러, 가장 낮은 등급인 한쪽 눈 실명의 경우 49.9달러가 추가됨. | • 상이등급이 지급액 결정<br>• 상이등급과 동일하게 11단계 적용<br>• 11단계의 등급별 지급금액의 편차가 불균등(3, 4, 5등급은 차이가 미미하고 1, 2등급 간, 6, 7등급 간 격차는 매우 크게 나타남)<br>• 추가 급여항목이 부양가족 외에 고령, 무의탁, 독자 사망 등으로 복잡(2012년 7월 이후 일부 통합) |
| 급여 방법 | • 연금과 수당은 모두 격주당 급여<br>- 원칙적으로 연금 형식 지급으로 일시금 제도는 없으나, 영구 기능상실 보상급여에 한해 일시금 지급 허용<br>- 긴급한 경우 연금을 미리 일시불로 지급받고 6개월에 걸쳐 연금을 차감하여 상환하는 제도 있음(Lump Sum Advance payment) | • 연금과 모든 수당은 연금형태로 매월 지급<br>• 일시금제도 없음 |
| 인상률 결정 | • 1년에 2번 조정<br>- 생활비와 평균임금 두 가지 요소 고려<br>- 단독 가구 연금 수령액은 통상 남성 평균 주급의 27.5% 선에서 결정 | • 정부 내부의 예산안 반영과 국회 심의 등 정치적으로 결정<br>• 별도의 법령개정 작업 필요 |

## 5. 호주-대한민국 보상내용 비교

| 구분 | 호주 | 대한민국 |
|---|---|---|
| 교육지원 | • 보훈대상 부모가 사망한 경우에 한해 지급<br>• 연령기준 적용<br>– 16세 미만 미성년자(풀타임 학생에 한해 최대 25세까지) | • 본인, 배우자, 자녀 모두 연령제한 없이 지원<br>• 2012년 7월 이후 등록자는 상이 6급 이상(7급은 생활 정도 고려) 자녀 30세까지 |
| 의료지원 | • 보훈대상자들에게 의료카드 지급<br>– 골드카드(영구 기능 상실자)는 공립 및 사립 의료기관에서 보훈부의 비용부담으로 모든 의료 처치 이용<br>– 화이트카드는 복무와 관련된 부상이나 질병에 한해 보훈부의 부담으로 의료 처치(악성 종양 등 일부 심각한 증상에 대해서는 복무 연관성 증명 필요없음)<br>– 오렌지 카드(70세 이상 영연방 혹은 동맹군 참전자)는 약품 구입에만 사용 가능<br>• 의료카드 소지자들에 대한 재가복지 서비스(Veterans' Home Care), 주택개조, 재활보조기구 지원 | • 상이자의 경우에는 모든 질환에 대해 국비로 무료 진료<br>• 가족은 보훈병원(5개) 60% 감면<br>• 기본적으로 국가시설을 통해 전문서비스를 제공하고 민간시설 이용 시 비용 일부 보조<br>• 주로 직접적 의료서비스 한정 |
| 취업지원 | • 국방부 직원의 민간기업 취업 지원 프로그램(Veterans' Employment Assistance Initiative) 도입<br>• 보훈대상 자녀 우선 채용 및 가산점 부여 없음 | • 채용 시 가점 부여<br>(본인 10%, 배우자 및 자녀 5%)<br>• 보훈특별고용(고용명령) 실시 |
| 대부지원 | • 현역 혹은 전역 국방부 직원에게 시중보다 저리의 주택 융자 제공 (Defence Home Ownership Assistance Scheme)<br>• 복무연금 자격 요건을 충족하고도 소득 및 자산조사로 인해 연금 수령액이 감소하거나 수급자격을 부여받지 못한 대상자 혹은 가족에게 저리로 연금을 수령받을 수 있음 (Pensioner Loan Scheme) | • 주택특별공급, 사업대부 등 |
| 안장지원 | • 대상에 따라 사망일시금(Bereavement payment) 또는 장제비 지원 | • 대상에 따라 사망일시금 또는 장제비 지원 및 국립묘지(9개) 무료 안장 |

# 제2부

# 노인 사회보장

# 05 호주 노인소득보장체계[1]

## 1. 호주 사회보장제도 현황

### 1) 호주 사회보장제도 특징

다른 나라와는 달리 호주의 소득보장 제도는 거의 전적으로 공공부조를 의미한다. 재원은 일반조세로 충당되며, 수급자의 사회보장 기여금으로 충당되는 소득보장 프로그램은 존재하지 않는다(Australian Institute of Health and Welfare, 2017). 소득보장 프로그램의 자격요건과 급여수준은 현재 사회보장 욕구에 기인하고 있다. 다시 말해, 자격요건은 소득 및 자산조사 결과에 의해 발생되며, 기존의 노동시장에서의 기여에 의해 발생되지 않는다. 급여수준은 소득비례방식(earnings－related)이 아니라 균일급여방식(flat－rate)을 채택하고 있다. 이 방식에 의하면, 최대 급여액을 받을 수 있는 소득 및 자산수준이 정해져서 모든 이들에게 동일하게 적용되고, 이후 소득수준에 따라 급여액이 차감된다.

1) 본 장은 '여유진 외(2017), 부양의무자 기준 폐지에 따른 정책과제 연구, 한국보건사회연구원'에 수록됨.

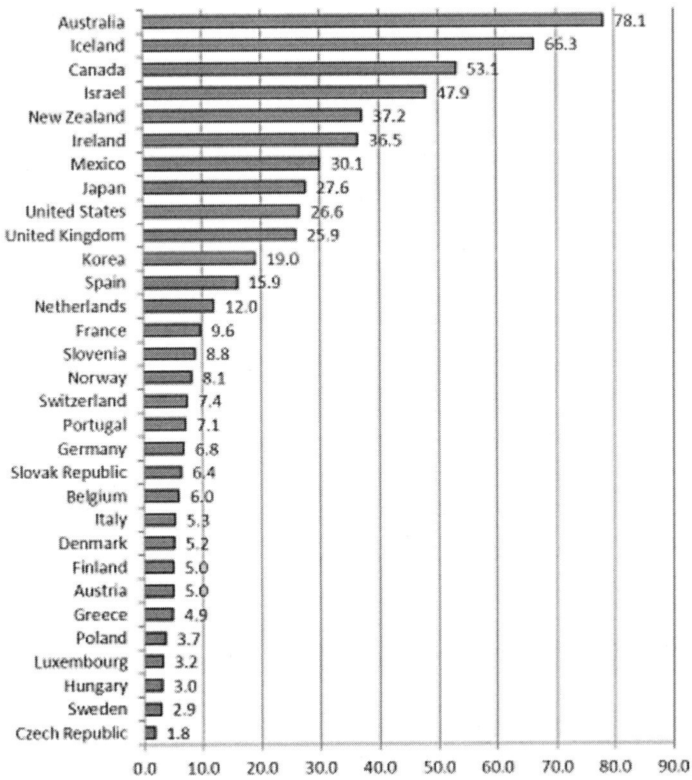


**그림 5.1** 소득 및 자산조사에 기초한 현금급여 비중

소득 및 자산조사는 호주 사회보장제도의 가장 근간이 되는 특징이며, 소득 및 자산조사를 거치지 않는 급여는 일부 특수 계층에게 한시 혹은 긴급하게 제공되는 급여에 극히 한정된다. 호주는 OECD 국가에서 소득 및 자산조사에 기초한 급여의 비율이 가장 높은 나라이며, 그 비율이 거의 80%에 달한다(Whiteford, 2015). 이는 OECD 평균보다 4배 이상 높은 수준이다. GDP 대비 소득조사에 기초한 사회보장 급여 지출 면에서도 호주는 6.5%로서 다른 OECD 국가들에 비해 월등히 높다.

사회보장 급여 자격이 전형적으로 소득 및 자산조사에 기초하고 있어 대상 표적성이 매우 높고, 저소득 계층에게 급여가 집중됨으로써 소득재분배 기능이 높은 급여체계를 가지고 있다고 할 수 있다. 실제 사회보장 급여의 42%가 하위 20% 계층에게 집중되고 있으며, 이는 OECD 평균보다 20% 포인트나 높은 수치다. 또한 사회보장 지출의 단 3.8%만이 상위 20% 계층에게 제공되고 있어, OECD 국가에서 최저이자 OECD 평균인 20%보다 압도적으로 낮다.

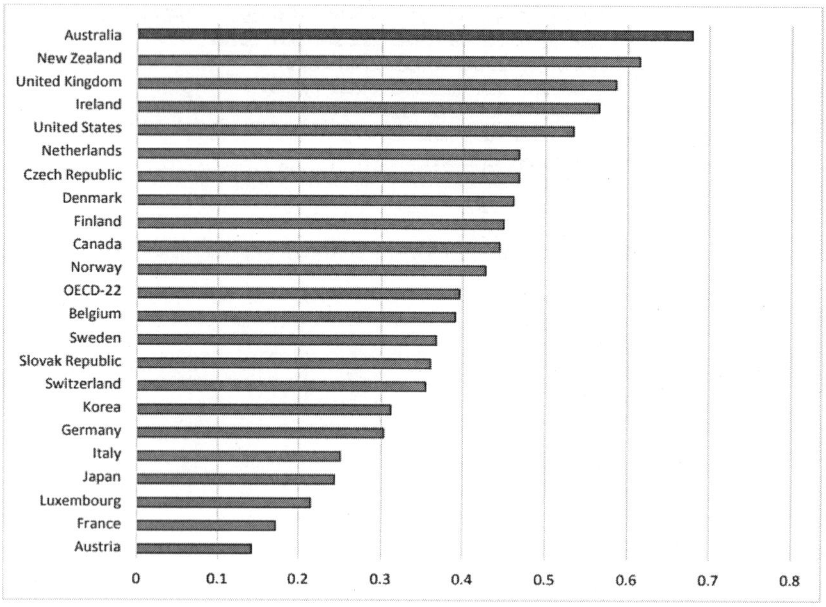


**그림 5.2** 사회보장 지출의 효율성

호주는 이론적으로 매우 소득재분배 친화적인 급여 체계를 가지고 있다고 볼 수 있다. 지니계수 변화를 통해 사회보장 지출의 효과성을 불평등 감소 정도로 파악해 보면, OECD 국가에서 6번째 수준에 위치한다(Whiteford, 2010). 더 나아가 이 효과성을 사회보장 지출로 표준화해 효율성을 측정해 보면, 호주는 OECD 국가 중에 가장 효율적인 사회보장 체계를 가지고 있는 것으로 평가된다. 즉, 사회보장 지출이 1% 증가함에 따라 시장 소득 불평등은 0.679%p 감소된다. 그러나 전반적인 소득불평등도는 OECD 평균보다 높다. 2014년 현재 호주의 지니계수는 0.337이며, OECD의 지니계수는 0.313이다. 이는 호주의 낮은 사회보장 지출에 기인하고 있다(Whiteford, 2015).

### 2) 호주의 사회보장 지출

호주 정부의 예산 지출을 기능별로 구분해 보면, 2017~2018 회계년에 164,059백만 달러의 예산이 사회보장에 배정되어 있다. 이는 호주 연방정부 전체 예산의 약 35.3%에 달하는 수치다(Department of Treasury, 2017). 호주의 사회보장 지출액은 사회보장에 대한 욕구가 증가함에 따라 점진적인 상승 추세에 있다. 인구고령화와 2016년부터 새롭게 도입된 '국가 장애 보험

제도(National Disability Insurance Scheme)'의 시행에 따라 사회보장 예산 지출 증가는 당분간 지속될 전망이다. 사회보장 지출 상승을 견인하는 전반적인 환경에도 불구하고, 호주 정부의 복지 지출 통제 노력과 보훈급여 대상자 감소 등으로 그 증가폭은 어느 정도 상쇄되고 있다.

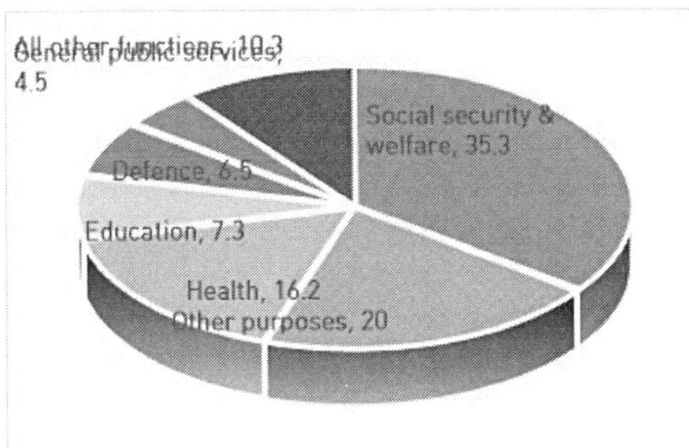


**그림 5.3** 호주 정부 기능별 예산 지출

2014년 현재 GDP 대비 호주의 사회보장 지출은 18.7%로서 OECD 평균인 21.1%에 다소 못 미치는 수준이다. 세부 분야별로 사회보장 지출 추이를 살펴보면, 메디케어를 포함하는 보건 관련 분야가 가장 큰 비중을 차지하면서 동시에 가장 큰 증가를 경험하고 있다. 다음으로 노인 대상 급여가 최근 증가 추세에 있으며, 장애인과 가족 급여 지출은 답보상태에 있으나 장애인 분야 지출은 새로운 제도 도입으로 인해 증가할 것으로 전망된다. 실업 관련 급여는 정부의 지출 통제 노력에 따라 저지출이 지속되고 있다.

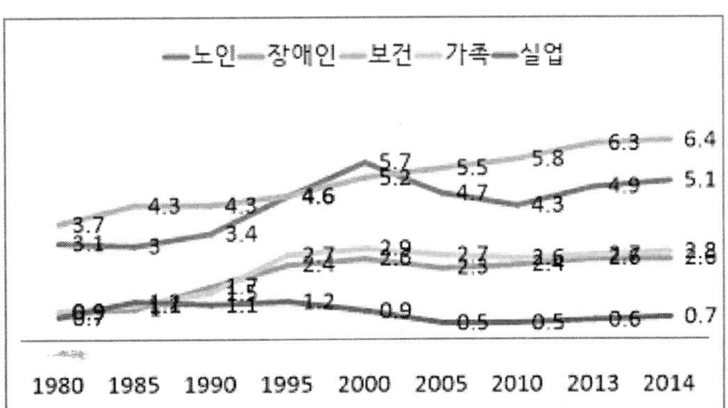


**그림 5.4** 분야별 GDP 대비 공공지출 추이

2005~2006년부터 2012~2016년 사이 10년간 호주는 매년 평균 3.4%의 복지지출 성장을 경험해 오고 있다. 복지 지출 증가율은 인구 증가율도 상회하고 있는데, 호주의 동기간 인구 성장률은 연간 평균 1.7%다. 그 결과 인구 1인당 복지 지출 역시 증가하고 있으며, 동기간 동안 연간 평균 1.7%씩 상승해 왔다. 금액으로는 1인당 5,663달러에서 6,566달러로 증가했다 (Australian Institute of Health and Welfare, 2017).

### 3) 사회보장 수급자 현황

2013년 현재 호주의 사회보장 현금급여 수급자는 총 5,138,500명이다(Department of Social Services, 2013). 이 수치에는 보훈연금 수급자가 포함되어 있으나, 가족세제급여 (Family Tax Benefit)와 보육급여(Childcare Benefis) 수급자는 포함되어 있지 않다. 상기 두 급여의 대상은 주로 16세 미만과 그 부모로서, 만약 16세 이상 성인 총인구 대비(2013년 현재 약 18.1백만 명) 사회보장 수급자를 산출해 보면 대략 38.7%가 된다. 참고로, 2013년 현재 가족세제급여 수급자는 부모 1,672,666명, 자녀 3,245,814명이다. 상기 통계에서 부모는 엄밀히 말해 센터링크에 계좌를 가지고 있는 부모 중의 1명이 되므로, 부부를 포함하는 개념으로 가족세제급여 부모 수급자를 재산출하면 그 수는 2배 가까이 커진다.

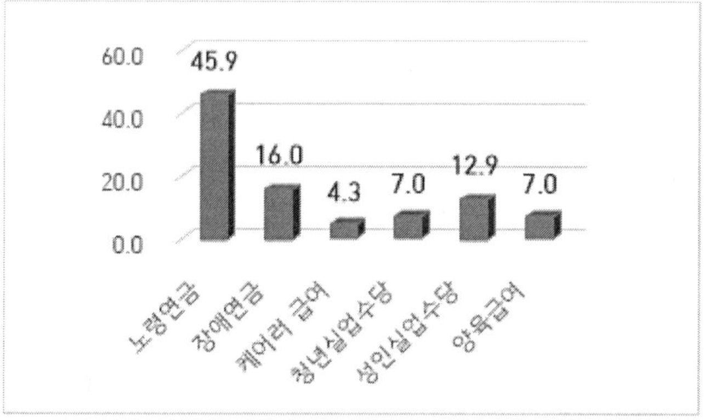


**그림 5.5** 주요 급여 종류별 급여자 비중

가족세제급여와 보육급여 수급자를 제외한 상태에서 급여 종류별로 수급자 비율을 살펴보면, 노령연금(Age Pension) 급여자 수는 2,356,226명으로 전체 수급자의 45.9%를 차지하여 가장 큰 비중을 차지하고 있다. 다음으로 장애연금(Disability Pension) 16.0%, 성인 실업수당(Newstart Allowance)과 청년 실업수당(Youth Allowance) 등이 뒤를 따른다. 성인 및 청년 실업수당 급여자를 실업수당 급여자로 통합하면 약 20%에 달해 실업급여 수급자가 두 번째로 큰 비중을 차지하게 된다.

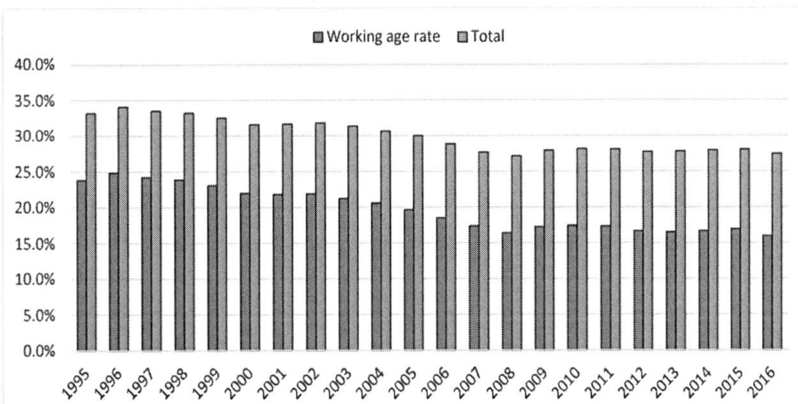


**그림 5.6** 근로연령층 수급자 비중 추이

호주의 사회보장 급여자 수는 대체로 완만히 증가하는 추세에 있다. 즉, 2002년 4.86백만 명이었던 급여자 수는 2012년에 5.03백만 명으로 10년 동안 174,000명이 증가했다(증가율 4%). 동기간 호주 전체 인구는 3.22백만 명이 증가했는데, 결국 총인구 대비 사회보장 급여자 비율은(가족세제급여 및 보육급여 제외) 25%에서 23%로 감소한 셈이다(Australian Council of Social Services, 2014). 계층별로 경향을 살펴보면, 노령연금 수급자는 2003년 1,861,055명에서 2013년 2,356,226명으로 급속히 증가하고 있으며, 장애연금 수령자 역시 동기간 673,334명에서 821,738명으로 증가했다. 동시에 케어러 급여 수급자 역시 75,937명에서 221,954명으로 대폭 증가했다.

그러나 실업 관련 급여 수급자를 포함한 대부분의 근로연령층 급여자 수는 감소를 경험하고 있다. 즉, 1996년 총인구 대비 20%에 육박했던 근로연령층 수급자 비율은 2016년 현재 15%대로 급락한 상황이다(Peter Whiteford, 2017a). 자녀가 있는 중하위 계층 가구를 대상으로 하는 가족세제급여의 수급자 수 감소는 최근 호주 사회보장 수급자 변화의 또 다른 특징 중의 하나다. 2006년 약 3.5백만 명에 달했던 A형 가족세제급여자 수는 2016년에 2.9백만 명으로 감소했다. 동기간 16세 미만 아동 인구가 약 50만 명 증가하여, 수급률은 83%에서 61%로 하락했다. 결국 인구 고령화에 따른 사회적 위험에 대한 대비의 증가가 사회보장 급여자 수의 증가를 설명하고 있으며, 근로연령층에 대한 사회보장 지출 통제로 사회보장 수급자의 증가 요인을 상쇄하고 있는 것으로 해석된다.

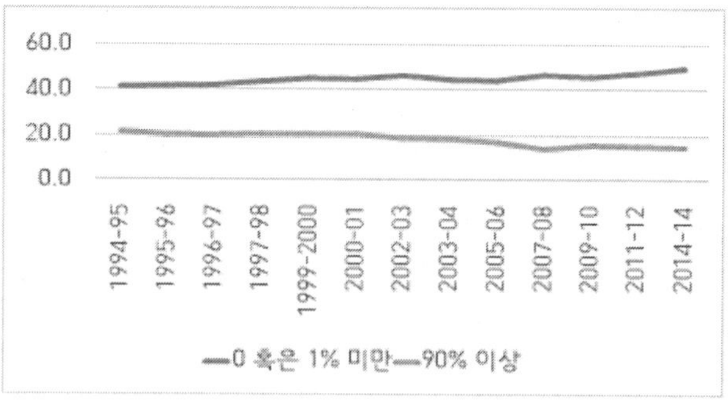


**그림 5.7** 사회보장 급여의 가구 소득 기여

사회보장 급여에 대한 의존성도 점차 줄어들고 있는 추세다. 사회보장 급여를 전혀 받고 있지 않거나, 급여가 사실상 가구 소득에서 차지하는 비중이 거의 없는(1% 미만) 가구의 비중은 1995년 5가구 중 2가구 정도였으나(41.0%) 2014년에는 절반(49.3%)에 이르렀다. 반대로, 사회보장 소득을 가구소득에 거의 전적으로(90% 이상) 의존하는 가구의 수는 동기간에 21.8%에서 15.1%로 감소했다(Peter Whiteford, 2017a).

### 4) 빈곤율

2014년 현재 중위소득 50% 기준 호주의 전반적인 빈곤율은 12.8%로서 OECD 평균(11.7%)보다 다소 높은 수준이다. 그러나 기준소득은 중위소득 60%로 상향할 경우 호주의 빈곤율은 20.5%로 급상승하며, 이는 OCED 평균(18.3%)과의 격차를 더욱 크게 만들며, 한국(19.8%)보다 높은 수준으로 상승한다. 이는 호주 사회보장이 '낮은 수준'에서 최저 생활보장으로서는 적절하지만 '적정 수준'에서의 소득보장 기능은 떨어짐을 시사한다(여유진 · 정용문, 2011b).

빈곤율을 각 계층별로 세분화해 보면, 남자(12.8%)보다는 여자(13.8%)의 빈곤율이 높으며, 15세 미만 아동의 빈곤율이 다른 연령대에 비해 특히 높다. 65세 이상 노인의 빈곤율은 상대적으로 낮은 편이나, 기준소득을 중위소득 60%로 상향할 경우 빈곤율이 가장 높은 연령대가

되어 특기할 사항이다. 소득 원천별 빈곤율도 매우 대조적으로 나타나고 있는데, 가구소득의 주요 원천이 사회보장급여인 계층의(사회보장 급여가 가구 소득의 50% 이상인 경우) 빈곤율은 임금소득자의 6배에 달한다. 15세 미만 아동 빈곤율은 가구 구조에 결정적인 영향을 받고 있는데, 한부모 가정의 아동(40.6%)이 빈곤을 경험할 확률은 양부모 가정 아동(12.5%)에 비해 3배 이상 높다(Australian Council of Social Services, 2016).

**표 5.1** 중위소득 50%/60% 대비 빈곤율(%)

| 구분 | | 중위소득 50% 기준 | 중위소득 60% 기준 |
|---|---|---|---|
| 성별 | 남자 | 12.8 | 19.2 |
| | 여자 | 13.8 | 21.0 |
| 연령대별 | 15세 미만 | 17.4 | 24.9 |
| | 15~24세 | 13.0 | 18.1 |
| | 25~64세 | 12.0 | 17.1 |
| | 65세 이상 | 13.0 | 26.5 |
| 소득 원천별 | 임금소득 | 6.0 | 9.7 |
| | 사회보장 급여 | 36.1 | 54.7 |
| 아동 | 한부모 가정 | 40.6 | 54.5 |
| | 양부모 가정 | 12.5 | 18.7 |
| 전체 | | 13.3 | 20.1 |

호주 사회보장 급여의 빈곤 감소 효과를 살펴보기 위해 세전/급여 전 빈곤율과 세후/급여 후 빈곤율을 비교해 보았다. 중위소득 50% 기준으로 2014년 호주의 급여 전 빈곤율은 26.4%였으나, 급여 후 빈곤율은 12.8%로 크게 감소했다. OECD 평균 급여 전 및 급여 후 빈곤율이 각각 28.5%와 11.7%임을 감안해 볼 때 급여 전 빈곤율은 다소 낮고 급여 후 빈곤율은 다소 높아 사회보장 급여의 빈곤 감소 효과가 상대적으로 크다고 볼 수는 없다. 참고로 한국의 급여 전 및 급여 후 빈곤율은 각각 32.8%와 14.4%로서 비록 급여 전 빈곤율은 호주보다 훨씬 높으나 급여 후 그 격차는 줄어들어 빈곤감소 효과는 호주에 비해 더 큰 것으로 해석된다.

## 2. 호주 사회보장 수급자 선정 기준

### 1) 일반기준

호주 사회보장 급여에 대한 권리는 원칙적으로 사회보장 욕구와 거주에 의해 발생하며, 본인의 노동시장에서의 기여에 의해 발생되지 않는다. 모든 개별 급여는 독립적인 급여 자격요건을 요구하고 있으나, 일반적으로 적용되는 자격요건은 거주요건과 소득 및 자산조사 두 가지로 요약된다. 기본적으로 호주시민과 호주 영주권자 사회보장 급여에 대한 권리를 받으며, 난민 등 보호 집단(protected group)에 속하는 특수 범주의 거주민도 사회보장 급여를 신청할 수 있다. 단, 새 이민자의 경우 대부분의 급여에 2년의 거주요건이 요구된다. 장기성 연금 급여에 대해서는 장기 거주요건이 요구되는데, 노령연금과 장애연금을 수령하기 위해서는 10년의 거주요건이 충족되어야 한다. 거주기간 산정에는 임시 비자 거주 기간은 포함되지 않으며, 적어도 영주권자로서 거주하기 시작한 날짜부터 계산에 포함된다(Department of Social Services, 2017f).

모든 호주 사회보장 급여 신청에는 소득 및 자산조사가 수반되며, 이에는 극히 제한적인 예외 규정만을 두고 있다. 소득조사가 적용되지 않는 경우는 사실상 없다고 볼 수 있으나, 시각장애자 연금수령자에 한해 소득조사가 면제된다. 자산조사 역시 가족세제급여에 한해 면제 조항을 두고 있다.

호주 소득 및 자산조사의 특징은 한국과 달리 두 기준을 독립적으로 적용한다는 점이다. 즉, 소득에 따른 급여요건과 급여액을 계산하고, 별도로 자산에 따른 급여요건과 급여액을 계산하여 둘 중에 낮은 급여를 산출하는 방식을 채택한다. 그 결과 소득을 통해 급여 자격요건을 충족되었다 하더라도 자산이 기준을 초과하는 경우 급여 자격이 상실될 수 있으며, 그 반대도 마찬가지다. 그러나 호주는 자산 기준을 높게 책정하고 있어 소득기준을 충족하고도 자산기준을 충족하지 못해 사회보장 급여 자격을 갖추지 못하는 경우는 소수다. 통계에 의하면, 부분 노령연금 수령이 소득조사에 의한 자(66.3%)는 자산조사에 의한 자(33.7%)보다 2배 정도 많다(Department of Social Services, 2017a).

### 2) 노령연금 거주 및 연령 요건

앞서 논의했다시피 호주 노령연금 자격을 갖추기 위해서는 최소한 영주권자로서 10년의 거주기간이 요구하고 있으며, 노령연금은 장애연금과 함께 호주 사회보장 급여에서 가장 장기의 주거요건을 요구하는 급여다. 최근에 노령연금 거주요건을 더욱 강화하기 위한 법안이 제출되어 있는 상태다. 이 법안은 노령연금 거주요건을 15년으로 확대하는 내용을 담고 있으며, 만약 10년의 거주로 노령연금 자격을 얻기 위해서는 적어도 5년 이상 경제활동인구로 거주했거나, 노령연금 수령 연령에 이르기 전에 5년 이상 실업 관련 급여 수급 경험이 없어야 한다. 이 법안은 경제적 참여 면에서 불이익을 경험하고 있는 장년층 이민자들의 노령연금 접근성을 제한하고 있으며, 장기실업자 등 실업급여 수급자들에게 처벌적인 조치라는 비판을 받고 있으나(Knaus, 2017), 2018년 7월부터 시행될 계획이다.

2017년 현재 노령연금 수령 연령은 65.5세다. 노령연금 접근성 제한 및 제도의 장기지속성 제고를 위한 또 다른 조치로서 노령연금 수령 연령은 상향조정될 계획이다. 호주는 1909년 노령연금 최초 시행 이후 지금까지 동일한 수령 연령을 유지해 왔으나, 수명연장과 노인들의 향상된 건강 등의 이유로 노령연금 수령 연령 상향 조정을 추진해 오고 있다(National Commission of Audit, 2014). 앞으로 2년마다 수령 연령이 6개월씩 상향조정되어 2023년에는 67세로 높아지게 된다.

**표 5.2** 노령연금 수령 연령과 평균 수명

| 연도 | 노령연금 수령 연령(안) | 65세 기대수명 | 65세 기대수명 대비 노령연금 수령 연령 |
|---|---|---|---|
| 2017 | 65.5 | 86.5 | 76% |
| 2023 | 67.0 | 87.3 | 77% |
| 2033 | 68.0 | 88.5 | 77% |
| 2043 | 69.0 | 89.6 | 77% |
| 2053 | 70.0 | 90.7 | 77% |

장기적으로 호주 노령연금 수령 연령은 재정상의 이유보다는 평균 수명 간의 관계에 기초하여 재조정될 것으로 예상된다. 이를 위해서는 노령연금이 지원해야 하는 노후 기간이 얼마나 적절한지에 대한 사회적 합의가 요구되는데, 현재 노령연금 수령 연령(65.5세)은 65세 연령

자들의 기대수명(86.5세)의 약 76% 선이다. 현재 기대수명 대비 노령연금 연령을 벤치마킹하여 대략 77% 선에서 노령연금 수령 연령을 결정하자는 제안에 대해 논의가 이루어지고 있는 상태다. 이 비율을 충족시키기 위해서는 노령연금 수령 연령이 대략 5년마다 6개월씩 상향조정되어야 하며, 이 추계에 따라 2053년이 되면 70세에 이를 것으로 제안되고 있다(National Commission of Audit, 2014).

### 3) 노령연금 소득 및 자산조사

노령연금 소득조사는 근로소득, 사업소득, 투자수익 및 임대소득을 대상으로 하며, 대부분의 사회보장 급여는 소득으로 인정되지 않는다. 아직 현금으로 실현되지 않은 투자 수익은(financial investments) 추정(deeming) 소득으로 간주하는데, 여기에는 노령연금 수령 연령에 이른 자가 아직 사용하지 않은 기업연금(superannuation)이 있다면 이는 소득으로 간주된다.

**표 5.3** 노령연금 수령 소득 기준(달러, 격주당)

| | 최대 금액 노령연금 수급 기준 | 노령연금 자격 상실 기준 |
|---|---|---|
| 단독 가구 | 168 이하 | 1,956.80 이상 |
| 부부 가구(합산) | 300 이하 | 2,996.80 이상 |
| 병환 사유(Illness separated) 별거 가구(합산) | 300 이하 | 3,877.60 이상 |

일정 기준 이상의 소득이 있을 경우 노령연금 수급 자격을 상실하게 되는데, 단독 가구일 경우 격주당 소득이 1,956.80달러(연간 101,753.6달러), 부부 가구일 경우 격주당 소득이 2,996.80달러(연간 155,833.6달러)에 이르면 노령연금 수급 자격이 없어진다. 단, 노인 근로유인 제도인 근로보너스(Work Bonus) 프로그램에 따라 노령연금 수령 연령에 이른 자가 근로소득이 있을 경우 첫 격주당 소득 250달러는 소득으로 계상하지 않는다. 즉, 부부 가구의 경우 격주당 소득이 800달러에 달해도 최대 금액의 노령연금을 받을 수 있으며, 격주 소득이 약 3,500달러까지 부분 노령연금을 받을 수 있게 된다.

**표 5.4** 노령연금 수령 최대 자산 기준(달러, 연간)

| | 최대 금액 노령연금 수급 기준 | | 노령연금 자격 상실 기준 | |
|---|---|---|---|---|
| | 주택 보유자 | 무주택자 | 주택 보유자 | 무주택자 |
| 단독 가구 | 253,750 이하 | 456,750 이하 | 552,000 이상 | 755,000 이상 |
| 부부 가구(합산) | 380,500 이하 | 583,500 이하 | 830,000 이상 | 1,033,000 이상 |
| 병환 사유(Illness separated) 별거 가구(합산) | 380,500 이하 | 583,500 이하 | 977,000 이상 | 1,180,000 이상 |

노령연금 자산조사는 개인 부동산, 회사 자산, 투자금 및 기타 자산가치가 있는 보유물(자동차나 보트 등) 등을 대상으로 한다. 특기할 만한 점은 본인이 주거 목적으로 보유하고 있는 주택(pincipal home)은 자산 계산에서 제외된다는 점이다(단, 그 주택의 토지 규모가 2헥타르 미만이어야 함). 그러나 자산 기준은 주택 보유 여부에 따라 달라지며, 무주택자들에게 더 높은 기준을 적용한다. 즉, 무주택자들에게 더 높은 노령연금 접근성을 제공하고 있다.

## 3. 노인소득보장체계

### 1) 기업연금으로 다층 체계 구축

호주의 노인소득보장체계는 노령연금에 전적으로 의존하는 단일체계였으나, 1992년 의무기업연금 시행으로 공적 급여와 사적 급여가 혼합된 복합적 소득보장체계로 발전해 왔다. 호주의 노인소득보장체계는 흔히 3층 체계로 칭해진다. 1층은 공공부조 방식의 노령연금이며, 2층은 의무기업연금(Superannuation Guarantee), 그리고 3층은 자발적 기업연금(Voluntary Superannuation)이다(Derby, 2015; Henry, 2009).

의무기업연금은 노령연금과 달리 소득에 연계된 급여로서, 전적으로 고용주의 기여에 의해 재원이 마련된다. 고용주는 피고용인 월급이 450달러를 넘어설 경우, 급여의 9.5% 이상을 피고용인의 기업연금 계좌에 적립해야 한다. 의무기업연금의 소득보장 기능 강화를 위한 조치로 고용주 기여율은 2025년까지 12%로 단계적으로 상향조정될 계획이다. 의무기업연금 제도가 성숙함에 따라 그 포괄성이 지속적으로 확대되고 있다. 2013~2014년 현재 25~54세 연령대의 85% 인구가 의무기업연금 제도에 포괄되어 있으며, 10년 전 이 수치는 64%에 머물렀다 (Australian Bureau of Statistics, 2016c).

**표 5.5** 호주의 노인소득보장체계

| 구분 | 노령연금 | 의무기업연금 | 자발적 기업연금 |
|---|---|---|---|
| 자격요건 | 거주요건(10년) | 적립 | 좌동 |
| 수령연령 | 65.5세(2023년 67세) | 55세(2025년 60세) | 좌동 |
| 재원 | 정부 일반조세 | 고용주 기여 | 개인/고용주 기여금,<br>정부 매칭 기여 |
| 급여액 | 균일급여(소득조사 영향) | 임금 연계 | 기여액 연계 |
| 급여형태 | 소득 | 소득 전환 가능한 자산 | 좌동 |
| 급여방식 | 연금방식 | 일시불/연금방식 | 좌동 |

자발적 기업연금은 법적으로 의무화된 기업연금으로 포괄되지 않거나, 포괄되더라도 법적으로 정한 최소한의 기여 이상의 기여를 장려하기 위한 목적으로 시행되고 있다. 자발적 기업연금은 다양한 형태를 띠는데, 고용 여부와 상관없이 일반 개인 혹은 자영업자가 가입할 수 있으며(Self-managed Super Funds), 피고용인도 고용주의 의무적 기여에 추가하여 본인의 임금을 사용하여 기여금을 증가시킬 수 있다(Salary sacrificing super). 기업복지 차원에서 고용주가 법적 기여율 이상 기여하는 경우도 자발적 기업연금으로 볼 수 있다. 정부는 자발적 기업연금을 더욱 촉진하기 위해 세제혜택을 제공하고 있다. 또한 저임금자의 적립금액을 증가시키기 위해 정부가 적립금에 매칭하여 보충해 주는 제도도 운영하고 있다(Superannuation Co-contribution Scheme). 자발적 기업연금은 의무기업연금의 부차적인 제도로 간주될 수 있으므로 호주의 노인소득보장체계는 크게 노령연금과 기업연금 이층체계로 구성되어 있다고 볼 수 있다(정용문, 2012c).

### 2) 기업연금과 노령연금의 관계

기업연금은 은퇴 후 노인들의 소득을 보충함으로써 노령연금의 소득보장 기능을 보완하고, 노후 노령연금에 대한 의존성을 감소시키기 위한 두 가지 목적으로 도입되었다. 65세 이상 노인 인구가 증가하고, 이들의 기대수명 역시 연장됨에 따라 노령연금 지출에 대한 정부의 부담은 커지고 있다. 노령연금은 호주 사회보장 지출의 가장 큰 비중을 차지하고 있으며, 2014년 현재 39.5십억 달러에 이르는 예산은 2023~2024년까지 매년 평균 3.7%씩 증가할 것으로 예상된다(National Commission of Audit, 2014). GDP 대비 노령연금 지출액은 2014년 현재 4.1%로서 OECD 평균에는 미치지 못하지만 최근 지속적으로 상승하는 추세에 있다(Peter Whiteford, 2017a). 기업연금이 노령연금에 전적으로 의존해 오던 호주 소득보장체계에 미치는 영향은 다차원적이다. 여기서는 기업연금과 노령연금의 관계 그리고 기업연금 도입 및 성숙이 호주 노인소득보장체계에 미치는 영향을 노인소득보장 포괄성과 적절성으로 나누어 살펴보고자 한다. 단, 기업연금이 아직 성숙단계에 있고, 은퇴인구가 완전히 기업연금의 혜택을 받을 수 있는 시점은 2030년 이후라는 점에서 그 영향을 온전히 파악할 수 없는 한계가 있음을 알려둔다.

### (1) 노인소득보장 포괄성 영향

호주에서 노령연금 수급자는 사회보장 수급자의 가장 큰 비중을 차지하고 있다. 2017년 현재 노령연금 수급자는 2,498,765명이며(Department of Social Services, 2017a), 이는 호주 전체 수급자의 50.0%에 해당한다. 노령연금 수급자는 65세 이상 인구의 67.5%로서, 3명 중 2명 이상이 노령연금을 수령하고 있다. 보훈연금 및 배우자 연금 수령자를 합하면 호주의 노령연금 수령자는 대략 80%에 근접해 있다.

기업연금 가입자가 증가함으로써 기업연금을 보유한 상태로 은퇴하는 인구도 증가하고 있다. 즉, 2013~2014년 현재 기업연금 수령 연령에 이른 55~64세 인구의 77.8%가 기업연금 계좌를 보유하고 있으며, 노령연금 수급 대상인 65세 이상 인구 5명 중 2명(39.1%)이 기업연금에 포괄되어 있다. 이는 10년 전 4명 중 1명(25.3%)에 비해 현저히 증가한 수치다(Australian Bureau of Statistics, 2016c).

기업연금 수령은 은퇴자의 소득을 증가시킴으로써 노령연금 수급자를 감소시킬 것이라는 가정이 가능하지만, 실제 노령연금 수령자 수가 실질적으로 크게 감소하지는 않을 것으로 전망된다. 이는 크게 두 가지 이유로 설명된다. 첫째, 노령연금 자격을 결정하는 소득 및 자산 기준이 높게 설정되어 있어서 상당한 소득이나 자산을 보유하고 있더라도 소액이나마 노령연금 급여 자격을 충족시킬 수 있다. 둘째, 기업연금을 노령연금 자격요건에 영향을 미치지 않도록 합법적으로 소비할 수 있는 방법이 있기 때문이다. 즉, 기업연금은 일시불 수령을 허용하고 있는데, 2013~2014년 한 해에 424,100명이 연금방식 대신에 일시불로 기업연금을 수령했다(Australian Bureau of Statistics, 2016c). 이들의 대부분은 수령한 기업연금을 주택구입이나 주택대출 상환 등 자산 구축에 사용하고 있는데, 만약 기업연금 수령액을 본인이 거주하는 주택에 투자했다면 이 방법은 노령연금의 소득 및 자산조사에 영향을 미치지 않는다. 따라서 소득으로 계상될 기업연금을 수령하고도 노령연금 자격을 그대로 유지할 수 있는 것이다. 또한 일부는 수령한 기업연금을 여행이나 소비재 구입에 이용함으로써 일시불 급여가 기업연금의 소득보장 기능을 훼손한다는 주장도 제기되고 있다(King & Maddock, 2015). 그러나 최근 통계에 의하면, 일시불 수령자들의 다수(69.8%)는 수령액이 50,000달러 이하의 소액 수령자로서, 적립금이 노후 소득보장에 사실상 기여하지 못하는 경우이며, 기업연금제도 성숙과 함께 적립금 규모가 커지면서 일시불 수령이 줄어들고 연금형식으로 수급하는 이들이 증가하고 있다(Australian Bureau of Statistics, 2016c).

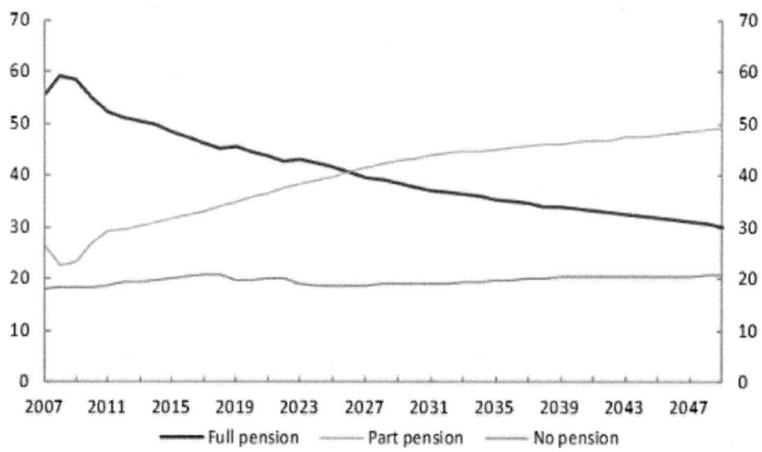


**그림 5.8** 노령연금 수급자 구성 추이(%)

기업연금이 호주 노령연금 수급률 감소에 직접적인 영향을 미칠지는 추이를 더 지켜봐야 할 상황이나, 기업연금이 호주 노령연금 수급자 구성을 변화시키고 있다는 점은 사실이다. 2017년 현재 대략 전체 노인인구의 20%는 노령연금 미수령자이며, 노령연금 수령자 중 61.7%는 최대금액 수령자이며, 나머지 38.3%는 부분 노령연금 수령자로 분류되고 있다

(Department of Social Services, 2017a). 2049년이 되면 부분 노령연금 수령자 비율이 49%로 상승할 것으로 예상되고 있는데(National Commission of Audit, 2014), 이는 주로 기업연금 수령으로 인해 증가된 소득 및 자산이 최대금액 노령연금 수령자들을 부분 노령연금 수령자로 이동시키는 효과 때문이다(Australian Institute of Health and Welfare, 2017).

### (2) 노인소득보장 적절성 영향

전체적으로 사회보장 수급 가구의 19.8%는 가구소득의 90% 이상을 사회보장 급여에 의존하고 있다. 노령연금 수급 가구 중 가구소득의 90% 이상을 노령연금에 의존하는 가구는 59.2%에 달해(Australian Bureau of Statistics, 2011a), 노령연금이 연금수급자들의 주요 소득 원천으로 기능하고 있다. 2017년 현재 노령연금 최대(base rate) 수령액은 각종 보충 수당 포함해서 단독 가구의 경우 격주당 894.94달러, 부부 가구의 경우 격주당 1,348.4달러다(Department of Human Services, 2017b).

노령연금은 통상 1년에 2번 조정되며, 생활비와 평균임금 두 가지 기준이 적용된다. 생활비는 소비자물가지수(CPI)에 의해 측정되는데, 일반 소비자물가지수가 아닌 '연금수령자를 위한 특수 생계비 지수(Pensioner and Beneficiary Living Cost Index)'가 적용된다. 이는 연금수령자들이 주로 소비하는 물품들에 대한 물가를 반영하여 조정한 지수다. 일반적으로 후자는 전자보다 물가상승률이 더 높아 급여액을 상승시키는 효과를 가진다. 평균임금은 남성 평균 주급(Male Total Average Weekly Earnings)에 의해 측정된다. 연금 조정 과정을 더 구체적으로 살펴보면, 일단 소비자물가지수가 먼저 고려되어 노령연금 급여 인상(감소)률이 결정된다. 만약 이 방식으로 인해 부부 합산 연금 최대 급여액이 주당 남성 주급의 41.76%가 되는지 비교하고, 만약 이보다 낮을 경우 41.76%로 인상한다. 따라서 통상 남성 평균 주급의 41.76%가 급여액의 기준선이 된다. 단독 가구의 경우 산출된 금액의 66.6%를 고정률로 적용한다. 결과적으로 단독 가구의 연금 수령액은 대략 남성 평균 주급의 27.5% 선에서 결정된다(Michael Klapdor, 2015). 호주 정부는 남성 주급 대비 노령연금 비율을 장기적으로 더 축소하기 위한 안을 제출해 놓은 상태다(National Commission of Audit, 2014).

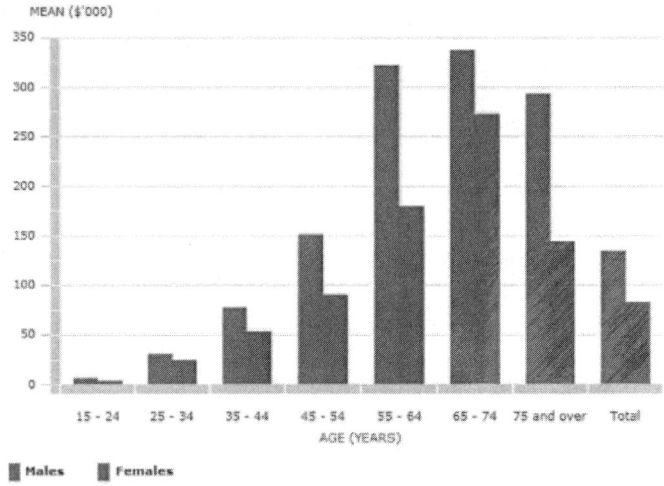


**그림 5.9** 기업연금 보유액(2013~2014년)

호주 정부의 의도적인 제도 개편과는 별개로 기업연금 제도 성숙은 노령연금 수령액을 감소시키는 효과를 가질 것으로 전망된다. 개인당 기업연금 보유액은 지속적으로 증가하고 있으며, 2013~2014년 현재 모든 기업연금 가입자의 평균 보유액은 110,000달러다. 기업연금 보유액은 기업연금에 가입한 기간이 길수록 증가하게 되는데, 기업연금 수령 연령에 달한 이들의 보유액은 3십만 달러 이상으로 증가한다(Australian Bureau of Statistics, 2016b; Clare, 2015). 기업연금 보유액이 커짐에 따라 기업연금의 노후 소득기능이 개선되고, 이에 따라 일시금 수령보다는 연금방식(income streams)으로 수령하는 노인들의 비중이 점점 증가하고 있다. 2013~2014년 현재 65세 이상 인구의 28%(약 876,000명)가 정기적인 소득으로 기업연금을 수령하고 있으며, 이는 10년 전 20%(약 479,000명)에 비하면 비약적인 상승이라 볼 수 있다.

기업연금의 노령연금 수령액 감소 효과를 살펴보기 위해서는 소득조사에 따른 노령연금 급여액 감소율을 먼저 살펴볼 필요가 있다. 노령연금 소득조사 기준에 의하면, 개인의 소득이 노령연금 최대 금액 수령 소득 기준(income free area limit)을 넘어서게 되면, 증가된 소득 1달러에 대해 50센트의 급여 감소율이 적용된다. 2013~2014년 현재 연금방식으로 기업연금을 수령하는 이들의 1인당 평균 기업연급 급여액은 주당 502달러다(Australian Bureau of Statistics, 2016b). 이는 기업연금 수령자의 노령연금 급여액이 평균적으로 주당 251달러 정도 감소한다는 것을 의미한다. 노령연금 급여 자격을 상실하는 소득 기준이 대략 주당 1,000달러이기 때문에 기업연금 수령이 노령연금 수령 자격을 상실하게 하는 경우는 드물 것으로 예상되지만 노령연금 급여액은 실질적으로 감소된다고 볼 수 있다.

### 3) 노인소득보장체계의 성과

2011년 현재 호주 노령연금 수급자들의 평균 연간 급여액은 1인당 14,216달러로 추정된다(Australian Bureau of Statistics, 2011a). 이 수치는 노령연금 지출액을 총 노령연금 수급자 수로 나눈 결과다. 노령연금의 적절성을 판단하는 절대적인 기준은 없다. 호주에서 전통적으로 적용해오고 있는 남성 평균 소득의 27.5%라는 기준은 관례적인 기준이지 사회적으로 합의된 기준으로 볼 수는 없다. OECD의 평균임금 대비 노령연금의 비율 국제비교에 의하면 호주는 높은 수준에 위치하고 있다(OECD, 2015b).

호주의 노령연금은 다른 사회보장 급여에 비해서도 상대적으로 높은 수준으로 평가되고 있다. 호주의 비공식적인 절대빈곤선으로 사용되고 있는 헨더슨 빈곤선(Henderson Poverty Lines)을 각 급여의 최대금액과 비교해 보면, 노령연금이 유일하게 빈곤선 이상에서 설정되어 있고, 그 수준은 빈곤선의 123.2%이다. 실업수당 및 저소득 가족 급여의 최대 급여액은 모두 빈곤선 이하에서 결정되어 있다(Melbourne Institute, 2014). 따라서 호주 국내 다른 사회보장 급여 대비 노령연금의 상대적인 적절성은 매우 높다.

**표 5.6** 절대 빈곤선 대비 급여(부부가구 기준, 달러)

| 급여 | 주당 최대 급여(A) | 빈곤선(B) | 비율(A/B) |
|---|---|---|---|
| 실업수당 | 546.8 | 683.18 | 80.0% |
| 노령연금 | 722.7 | 586.58 | 123.2% |
| 가족급여(4인 가구) | 776.06 | 959.25 | 80.9% |

그러나 2014년 호주 노령연금의 소득대체율은 58%로서 국제기준인 OECD의 63%에 비해 낮다. 최근 자료는 호주 노령연금의 소득대체율이 42.6%로 급락했으며, 한국과 일본 등과 비슷한 수준에 위치해 있는 것으로 보고되고 있다(OECD, 2017d). 노령연금 소득대체율이 은퇴 이전 소득을 기준으로 하고 있음에 따라, 소득대체율 자체가 급여의 적절성을 판단할 안정적인 근거가 되기에는 부족한 점이 있음을 시사한다. 즉, 은퇴 이전 노동시장에서의 급여가 높

을 경우 높은 수준의 노령연금에도 불구하고 낮은 소득대체율을 초래하기 때문이다. 이는 다수의 복지 선진국에서 관찰되는 현상이다. 실제 호주는 1인당 연간 소득이 미화 52,036달러로서 임금률이 세계에서 상위권에 속하는 나라이며, 한국의 그것에 비해(29,115달러) 약 1.9배 높다.

호주 노령연금의 소득대체율이 낮은 또 다른 이유 중의 하나는 기업연금 일시불 수령에 있다(OECD, 2017e). 앞서 논의했다시피 호주의 기업연금은 일시불 수령을 허용하고 있다. 상당수의 노인들은 연금방식 대신에 일시불로 기업연금을 수령하고 있고, 이를 주택구입이나 주택융자 상환 등 노령연금 소득조사를 피할 수 있는 자산에 투자한다. 일시불 수령은 수급자들에게 급여 사용의 자율성과 유연성을 부여하는 장점은 있지만 사회정책 목표 달성에는 역효과를 초래할 수 있다. 결국 호주는 실제 재정 수준에 비해 낮은 소득 대체율을 기록하고 있는 것이다.

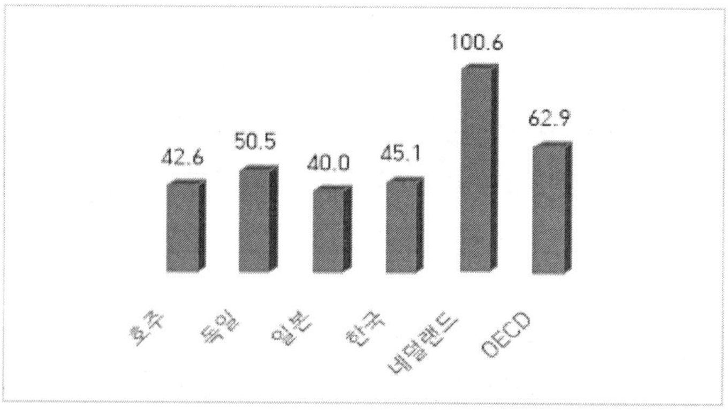


**그림 5.10** 노령연금 소득대체율(2016년 기준)

노인 빈곤율 국제비교 역시 소득대체율과 유사한 경향을 보여준다. 즉, 호주의 66~75세 연령대의 세후 빈곤율은 25.7%로서 OECD 평균인 12.5%에 비해 두 배 이상 높다. 그러나 호주의 노인 빈곤율은 실제보다 과장되어 있다는 것에 대해 일반적인 동의가 이루어져 있으며(OECD, 2015b), 그 이유는 역시 기업연금의 일시불 수령에 있다.

호주 노인들의 상대빈곤율은 국제 기준 대비 높은 편이지만 최근 호주는 노인빈곤율의 하락을 경험하고 있다. 2009년 남성 평균임금 대비 25%였던 노령연금 최대금액을 27.5%로 인상한 것을 기점으로 상대빈곤율은 하락 추세에 있다. 즉, 2010년 중위소득 50% 대비 약 30%

에 이르렀던 노인 빈곤율은 현재 크게 감소하여 눈에 띄는 개선을 보이고 있다. 또한 중위소득 50%와 중위소득 60% 사이에 위치한 '사실상'의 빈곤(한국의 차상위 빈곤 계층) 노인들도 감소하고 있다(Australian Council of Social Services, 2016). 빈곤의 깊이 측면에서도 호주는 전반적인 빈곤율에 비해서는 훨씬 우수한 실적을 보이고 있다. 즉, 빈곤선 이하 소득자들의 평균임금 수준은 거의 평균 임금의 절반에 이르고 있는데, 노령연금이 1차적인 빈곤 방지 기능을 하고 있기 때문이다(OECD, 2017e).

**표 5.7** 소득계층별 노령연금의 소득대체 효과(%)

| 소득계층 | 은퇴 후 1년 소득 / 은퇴 전 1년 소득 | 은퇴 후 10년 소득 / 10년 전 소득 |
|---|---|---|
| 0.75(평균 이하 소득자) | 82 | 87 |
| 1.0(평균 소득자) | 71 | 78 |
| 1.5(평균 이상 소득자) | 60 | 66 |
| 2.5(평균 이상 소득자) | 55 | 61 |

호주 노령연금의 또 다른 장점은 저소득 혹은 평균 소득 계층에 대한 소득대체율 혹은 빈곤감소 효과가 높다는 점이다. 전반적인 소득대체율은 OECD 평균에 못 미친다는 점은 앞서 제시한 바 있지만 저소득 계층에 대한 소득대체율은 OECD 평균보다 훨씬 높고, 반면에 고소득 계층에 대한 소득대체율은 OECD보다 훨씬 낮다(OECD, 2017f). 즉, 은퇴 전에 평균소득의 50%에 있던 계층은 연금을 통해 95%의 소득을 보전받고(OECD 평균 73.2%), 반면 평균소득의 150%에 있던 계층은 은퇴 이전 소득의 45.4%를 받게 된다(OECD 평균 58.9%). 호주 국내 자료도 비슷한 통계를 산출하고 있는데, 은퇴 전 평균 소득의 75% 수준에 있던 이들은 노령연금 수령을 통해 80% 이상의 대체소득을 확보하게 되지만, 은퇴 전 평균소득의 2.5배 수준의 소득을 가진 계층은 은퇴 이후에 이전 소득의 불과 55%를 수령하게 된다(Australia's Future Tax System, 2008). 결국 호주의 노령연금은 은퇴 후 노인들의 소득 격차를 크게 완화시키는 효과를 가진다.

## 4. 한국 노인소득보장에 주는 시사점

호주의 사회보장체계는 한국과 매우 다른 발달과정을 거쳐왔으며, 양국의 사회보장제도 간에는 유사점보다는 차이점이 더 많다고 볼 수 있다. 그러나 최근 한국에서 논의되고 있는 부양의무자 기준 개선에 호주 사회보장제도가 시사하는 바는 작지 않을 수 있다. 부양의무자 기준은 한국 혹은 일부 아시아 복지체제의 고유한 특성으로서 서구의 사회보장제도에서는 발견되지 않는 사회정책 현상이다. 호주 역시 부양의무자 기준이 적용되는 급여는 존재하지 않으며, 오로지 급여 신청자의 복지 욕구에 기인하여 자격요건과 급여수준이 결정된다. 부양의무자 기준이 사회구성원들의 사회정책 욕구와 충돌하는 현상이 지속됨에 따라 개선이 불가피하며(Jung & Phillips, 2012), 따라서 부양의무자 기준이 적용되지 않는 사회보장제도를 운영하는 국가들의 사례를 살펴보는 것은 미래대응적인 조치라고 볼 수 있다.

부양의무자 기준이 잠재적으로 노인 수급 대상자에게 적용된다고 볼 때, 호주의 노인소득보장체계를 중심으로 그 특성, 기회요인 및 제약요인을 살펴보았다. 흔히 호주의 노인소득보장체계를 3층 체계로 규정하기는 하지만, 크게 보면 노령연금과 기업연금으로 구성된 2층 체계로 볼 수 있다. 한국의 노인소득보장체계 역시 크게 국민기초생활보장제도와 국민연금의 두 가지 제도로 운영되고 있기 때문에 실제 호주와 한국 간의 노인소득보장체계 간에는 구조적인 유사성이 존재한다고 볼 수 있다. 즉, 한국의 국민기초생활보장제도가 공공부조로서 호주의 노령연금에 대응하고, 국민연금은 사회보험으로서 호주의 기업연금에 대응한다고 볼 수 있다. 물론, 세부 운영 원칙과 실제에는 두 나라 간에 큰 차이점들이 존재한다.

호주 노인소득보장체계는 국제기준 대비 상대적으로 낮은 소득대체율과 높은 노인빈곤율을 산출한다는 약점을 지니고 있다. 그러나 호주는 제도 운영의 효율성과 대상 포괄성, 그리고 노인 인구의 소득재분배 효과 면에서 눈에 띄는 장점을 보유하고 있다. 우선, 호주는 노령연금에 1인당 GDP의 4.3%를 지출하고 있으며, 이는 한국의 2.6%에 비하면 높지만 OECD의 8.2%에 비하면 약 절반 정도의 수준이다(OECD, 2014). 즉, 상대적으로 작은 예산지출로서 높은 포괄성과 높은 수준의 집단 내 재분배 효과 등의 사회정책 목표를 달성하고 있다. 호주 노인들의 높은 자산 보유율을 감안해 보면 실질 빈곤율은 통계보다 낮다고 볼 수 있으며, 실질 빈곤율 면에서도 양호한 실적을 보인다고 볼 수 있다. 참고로 호주 노인의 60% 이상이

융자가 없는 완전한 소유의 자택을 보유하고 있다.

호주 노령연금의 대상 포괄성이 높은 데에는 호주 특유의 소득 및 자산조사가 작용하고 있다. 즉, 노령연금에서 제외되는 소득 기준이 높고, 본인 거주 목적의 주택이 노령연금의 자산조사에서 제외됨에 따라 대부분의 노인들이 노령연금을 수령하고 있다. 수급자에게 유리한 소득 및 자산조사로 인해 소득분포상 대체로 상위 20%만이 노령연금 수급에서 제외되고 있어서 소위 노령연금의 사각지대를 창출하지 않는다. 호주의 후한 소득 및 자산조사 기준은 한국의 그것과는 다소 대조적이라고 볼 수 있다. 호주는 높은 대상포괄성을 유지하는 대신에 급여수준의 적절성을 어느 정도는 희생하고 있다고 볼 수 있다. 낮은 수준의 노령연금 지출을 유지할 수 있는 데에는 또한 기업연금의 역할이 작용하고 있다. 결국 기업연금 적립금이 높은 상대적 고소득자들은 낮은 수준의 보호가 제공되고, 상대적 저소득자들에게 집중된 보호가 제공되어 높은 대상표적성을 유지한다고 볼 수 있다.

부양의무자 기준 개선에 대한 사회적 지지에도 불구하고, 제도 개선에 수반되는 예산 증가는 한국의 노인소득보장체계 개편의 현실적인 제약요인이 되고 있다. 낮은 정부지출과 효율성을 특징으로 하고 있는 호주의 노인소득보장체계는 부양의무자 기준 개선으로 인한 급격한 예산 증가의 영향에 대비할 수 있는 단계적 대안이 될 수도 있다. 부양의무자 기준 없이 국가의 사회보장 책임성을 최대로 유지하면서 낮은 수준의 보호를 광범한 대상에게 제공하는 호주의 노인소득보장체계는 향후 한국의 노인소득보장체계 개편이 고려할 만한 방향성을 제공하고 있다.

## 참고문헌

Australia's Future Tax System. (2008). Appendix D : Measures of retirement outcomes. In Retirement Income Consultation Paper : Australia's Future Tax System.

Australian Bureau of Statistics. (2011). Feature article : Government pension and allowance recipients : Australian Bureau of Statistics,.

Australian Bureau of Statistics. (2016a). Retirees choosing income streams over super lump sums : 6523.0 – Household Income and Wealth, Australia, 2013–14. Canberra : Australian Bureau of Statistics.

Australian Bureau of Statistics. (2016b). Superannuation in Australia. 2003–04 to 2013–14 : Australian Bureau of Statistics.

Australian Council of Social Services. (2014). Social Security Trends : Australian Council of Social Services.

Australian Council of Social Services. (2016). Poverty in Australia 2016 : Australian Council of Social Services.

Australian Institute of Health and Welfare. (2017). Australia's Welfare 2017 : Australian Institute of Health and Welfare.

Clare, R. (2015). Superannuation account balances by age and gender : Association of Superannuation Funds of Australia Limited.

Department of Human Services. (2017). Payment rates for Age Pension. Retrieved from https://www.humanservices.gov.au/individuals/enablers/payment–rates–age–pension

Department of Social Services. (2013). Income support customers : a statistical overview 2013 : Department of Social Services.

Department of Social Services. (2017a). DSS Payment Demographic Data. Retrieved from https://data.gov.au/dataset/dss–payment–demographic–data

Department of Social Services. (2017b). Soical Security Payments – Residence Criteria. Retrieved from https://www.dss.gov.au/about–the–department/international/policy/social–security–payments–residence–criteria

Department of Treasury. (2017). Budget 2017–18 – Budget Paper No. 1 – Statement 6 : Expenses and Net Capital Investment : Department of Treasury.

Derby, S.–J. (2015). CEDA Overview. In The super challenge of retirement income policy : Committee for Economic Development of Australia.

Henry, K. (2009). The Retirement Income System : Report on Strategic Issues. In Australia's Future Tax System : Department of the Treasury.

Jung, Y. M., & Phillips, R. (2012). The Clash between Social Policy and Traditional Values : Unmet Welfare Needs Sustained by the Culture of Familism in South Korea. Asian Social Work and Policy Review, 7(1), 18–27.

King, S., & Maddock, R. (2015). Fixing the superannuation policy mess. In The super challenge of retirement income policy : Committee for Economic Development of Australia.

Klapdor, M. (2015). Changed indexation of pensions and tightened eligibility for all benefits. Retrieved from https://www.aph.gov.au/about_parliament/parliamentary_departments/parliamentary_library/pubs/rp/budgetreview201415/indexation

Knaus, C. (2017). Plan to restrict pension for older migrants 'unprecedented' in Australia. The Guardian. Retrieved from https://www.theguardian.com/australia-news/2017/jun/28/plan-to-restrict-pension-for-older-migrants-unprecedented-in-australia

Melbourne Institute. (2014). Poverty Lines : Australia : Melbourne Institute of Applied Economic and Social Research.

National Commission of Audit. (2014). The Age Pension. In Towards Responsible Government : Appendix to the Report of the National Commission of Audit (Vol. 1) : National Commission of Audit.

OECD. (2014). Pension spending. Retrieved from https://data.oecd.org/socialexp/pension-spending.htm

OECD. (2015). Pensions at a Glance 2015 : OECD and G20 Indicators : OECD.

OECD. (2017a). Pensions at a Glance 2017 : OECD.

OECD. (2017b). Pensions at a Glance 2017 : How does AUSTRALIA compare? : OECD.

OECD. (2017c). Pensions at a Glance 2017 : OECD and G20 Indicators. Paris : OECD.

Whiteford, P. (2010). The Australian Tax-Transfer System : Architecture and Outcomes. Economic Record, 86(275), 528-544.

Whiteford, P. (2015). The Tax-Transfer System, Progressivity and Redistribution : How Progressive is the Australian Transfer System? Retrieved from http://www.austaxpolicy.com/the-tax-transfer-system-progressivity-and-redistribution-part-1-how-progressive-is-the-australian-trans-fer-system/

Whiteford, P. (2017). Social security and welfare spending in Australia : Assessing long-term trends : Tax and Transfer Policy Institute, Australian National University.

여유진, & 정용문. (2011). 호주 사회보장체계 연구 : 한국보건사회연구원.

정용문. (2012). 연금제도. In 정기혜, 김용하, & 이지현 (Eds.), 주요국의 사회보장제도 - 호주 (pp. 192-216) : 한국보건사회연구원.

# 06

# 호주 지역사회계속거주(ageing-in-place)를 위한 통합지원 정책[1)]

## 1. 호주의 지역사회계속거주(ageing-in-place) 인식과 정책 배경

### 1) 고령자 현황 및 노인복지 정책의 흐름

2020년 현재 호주의 65세 이상 인구는 420만 명으로 추정되며, 호주 전체 인구에서 차지하는 비중은 16%다. 호주의 노인 인구는 1970년에 100만 명(8.3%)에 불과했으나, 1995년에 210만 명(12%)으로 증가했다. 호주의 노인 인구의 비율은 지속적으로 증가할 것으로 예상되며, 향후 약 30년 후인 2066년에는 노인 인구가 전체 인구의 21~23%에 이를 것으로 추정된다.

고령노인(old-old)으로 분류되는 85세 이상 노인은 2020년 현재 52만 7천 명으로, 전체 인구에서 2.05%를 차지하고 있다. 1970년대에 6만 3천 명(0.5%)이었던 이 연령대 인구는 1995년에 19만 명(1.1%)으로 증가했고, 2066년에는 대략 전체 인구의 3.6~4.4%를 차지할 것으로 예상된다(Australian Institute of Health and Welfare, 2023). 지난 20년간 85세 이상 고령노인은 110% 증가했는데, 호주 전체 인구가 35% 증가한 것에 비해 그 증가 속도가 현저히 높다(Autralian Bureau of Statistics, 2020).

인구고령화는 호주 노인 지원 정책에 다양한 과제를 제기하고 있다. 여기에는 노인 소득보장과 건강보장, 그리고 돌봄 지원 등에 대해 재정적으로 지속가능하고, 동시에 질 높은 지원과 서비스를 확보할 수 있는 노인 지원모델의 구축이 포함된다. 노인 인구가 증가함에 따라 노인 지원정책에 소요되는 예산도 자연스럽게 증가하고 있다. 노인들을 위한 정부 예산은 돌

1) 본 장은 '정소양 외(2023), 초고령시대 지역사회 계속거주를 위한 커뮤니티 기반의 통합지원방안 연구, 국토연구원'에 수록됨.

봄서비스와 돌봄자 지원, 소득지원, 보건과 각종 감면 등에 할당되며, 노인 인구 지원에 할당되는 예산은 호주 전체 예산의 21.4%를 차지한다(Royal Commission into Aged Care Quality and Safety, 2021).

노령연금 등 노인 소득보장 체계를 제외한 노인 지원 서비스를 통상 노인복지(aged care)로 칭한다. 노인복지는 다양한 프로그램과 정책들을 포함하는 복합적인 체계다. 노인복지에는 일상활동 지원(청소, 빨래, 쇼핑, 사회참여 지원 등), 보조기기와 주택개조, 개인생활지원(복장 착용, 식사, 화장실 이용 지원 등), 보건, 그리고 주거 지원 등 다양한 지원 프로그램을 포괄한다. 노인복지는 호주의 서비스 산업에서 가장 큰 비중을 차지하는 섹터 중이 하나다. 노인복지 서비스를 제공하는 기관들은 3,200개에 달하며, 약 130만 명이 이 분야에 종사하고 있다. 2023년 현재 노인 돌봄 서비스를 제공하는 유급 요양보호사들은 37만 명으로 추정된다(Department of Health and Aged Care, 2023a). 노인복지는 호주 국내총생산의 1.6%를 차지하고 있다(Royal Commission into Aged Care Quality and Safety, 2021).

노인복지는 가정, 지역사회, 그리고 거주시설에서 제공된다. 노인복지라고 하면 보통 거주시설을 떠올리는 경향이 있고, 실제 거주시설에 소요되는 예산이 훨씬 큰 비중을 차지한다. 그러나 실제로는 가정 혹은 지역사회 노인복지 이용률이 훨씬 높다. 노인복지 서비스 이용자는 대략 122만 5천 명에 달하는데, 이 중의 67%는 낮은 수준의 서비스인 '가정지원프로그램(Commonwealth Home Support Programme)' 이용자들이며, 높은 수준의 보호서비스 이용자들의 절반 이상도 가정 혹은 지역사회 돌봄서비스 이용자들이다(GEN Aged Care Data, 2023).

**표 6.1** 노인복지 이용 현황

| 유형 | 이용자 수 | 이용자 비율(%) |
|---|---|---|
| 가징지원프로그램(Commonwealth l lomc Support Programme) | 818,000 | 66.7 |
| 가정 돌봄(home care) | 216,000 | 17.6 |
| 시설 돌봄(residential care) | 188,000 | 15.3 |
| 과도적 돌봄(transition care) | 3,500 | 0.3 |
| 합계 | 1,225,500 | 100.0 |

출처 : GEN Aged Care Data(2023).

호주 노인복지는 상당히 오랜 역사를 가지고 있지만, 19세기 중반까지 노인복지는 가족의 책임이었다. 이후 노인 돌봄의 책임은 점진적으로 사회로 이전되었다(Royal Commission into Aged Care Quality and Safety, 2021). 1908년에 노령연금(Old-Age Pension)이 도입됨으로써 국가가 공식적으로 노인 지원에 관여하기 시작했다. 제2차 세계대전까지 호주 정부의 노인 지원은 노령연금을 중심으로 한 소득보장에 한정되어 있었다.

호주 정부가 노인 돌봄 서비스에 공식적으로 개입한 것은 1950년대부터다. 1954년에 '노인복지시설법(Aged Persons Homes Act 1954)'이 도입되면서 시설 설립과 운영 등 시설보호에 대한 지원이 이루어졌고, 1956년에 가정 간호(home nursing)에 관여함으로써 처음으로 지역사회보호(community care)가 시작되었다. 1970년대에 시설보호는 돌봄욕구의 정도에 따라 양로원(nursing homes)과 호스텔(hostels)로 구분하여 운영되었다. 전자는 높은 수준의 돌봄 욕구를 가진 노인들을 위한 시설이고, 후자는 낮은 수준의 욕구를 가진 노인들을 위한 시설이다.

1980년대 중반에 호주 노인복지에 중요한 제도적 변화가 발생했는데, 그것은 1985년에 도입된 '가정 및 지역사회복지(Home and Community Care, HACC)'다. 이전에 호주의 지역사회 기반 노인복지는 가정간호(Home Nursing Subsidy Act 1957), 준의료서비스(States Grants(Paramedical Services) Act 1969), 재가복지(States Grants(Home Care) Act 1969), 그리고 식사배달(Delivered Meals Subsidy Act 1970) 네 가지 주요 서비스가 독립적인 법체계하에 분절적으로 운영되었다. HACC의 도입으로 가정 및 개인돌봄, 주택 관리 및 개조, 교통, 식사 배달, 돌봄자 휴가(community respite), 지역사회 보건의료(paramedical), 지역사회 간호(community nursing), 욕구사정 및 위탁, 그리고 정보 서비스 등 다양한 서비스가 단일 체계로 통합운용됨에 따라, 서비스 욕구에 더욱 효과적으로 대응하는 체계가 구축되었다. HACC는 현재의 호주 노인복지의 근간을 이루는 제도로 운영되어 왔다(House of Representatives Standing Committee on Community Affairs, 1994).

1990년대 초반부터 중반에 걸쳐 노인들을 위한 지역사회 돌봄 서비스는 지속적으로 확대되었다. 1992년에 돌봄 욕구를 가진 노인들을 위한 '지역사회 돌봄 패키지(Community Aged Care Packages)가 도입되었다. 1997년에는 '확장된 지역사회 돌봄서비스(Extended Aged Care at Home Program)'가 도입되었는데, 이는 시설 돌봄서비스의 대안으로 의도된 것이었다. 즉, 시설에서 제공되는 집중 돌봄 서비스를 가정에서 받을 수 있도록 시스템을 구축한 것이다.

1997년에 '노인복지법(Aged Care Act 1997)'이 시행되는데, 이 법에 의해 기존의 양로원과 호스텔이 현재와 같은 시설보호(residential aged care)로 통합되었다. 이는 '현 거주지에서의 노화(age in place)'의 시발로 간주된다. 즉, 기존에는 호스텔에 거주하던 저돌봄욕구 노인의 돌봄욕구가 높아지면 양로원으로 시설을 옮겨야 했는데, 이제는 욕구 수준이 변화하더라도 거주하던 시설에서 계속 거주하면서 높은 수준의 보호를 제공받을 수 있게 된 것이다.

2012년에 호주 노인복지는 다시 한번 근본적인 변화를 경험한다. '더 오래, 더 잘 살기(Living Longer, Living Better)'라는 이름의 노인복지 정책은 크게 두 가지 정책적 변화를 포함했다. 하나는 노인복지 서비스를 위한 단일창구(a single point of entry to the aged care system)의 구축이다. 즉, 모든 노인복지서비스 정책과 절차는 'My Aged Care'라는 웹사이트를 통해 관리된다. 두 번째는 '소비자 주도 돌봄(consumer directed care)' 개념의 도입이다. 이는 서비스 이용자가 자신이 원하는 서비스를 스스로 결정하고 구매할 수 있는 개인예산(an individual budget)을 의미한다. 2015년에 '가정지원프로그램(Commonwealth Home Support Programme, CHSP)'이 도입되어, 지난 1985년부터 시행되어 오던 HACC가 몇 가지 관련 서비스들과 함께 통합되고 개명되었다. 2017년부터 개인예산제가 본격적으로 시행되기 시작하여, 그동안 돌봄서비스 제공기관에 제공되던 보조금이 이용자에게 할당되었다.

호주의 노인복지는 수많은 프로그램의 변경과 개명을 경험해 왔지만, 전반적으로는 시설복지의 기능을 감소시키고 지역사회 복지를 강화함으로써 두 가지 방식의 균형을 새롭게 구축하는 과정으로(a continued rebalancing of the system towards home care) 요약될 수 있다(Royal Commission into Aged Care Quality and Safety, 2021). 호주의 노인복지의 변화는 두 가지 장기적인 경향성으로 설명될 수 있다. 하나는 이용자 선택권의 강화이며, 이는 기존의 서비스 제공자 중심으로부터의 전환이다. 둘째는 이용자 선택권의 강화에 의해 수반되는 결과로서 '지역사회계속거주(AIP)'다. 이는 시설보호에서 지역사회에서의 독립적인 생활지원으로의 전환을 의미한다(Centre of Excellence in Population Ageing Research, 2014).

### 2) 지역사회계속거주의 개념과 정책적 방향성

지역사회계속거주는 정책이나 프로그램이라기보다는 정책 관념 혹은 정책 선호로 이해될 수 있다. 노화의 진행에 따라 노인들은 심신 기능의 저하, 질환, 그리고 장애의 위험 등으로 인해 이동성(mobility) 저하와 돌봄욕구 증가를 경험할 수 있다. 돌봄욕구의 증가는 집중적인 돌봄을 위해 거주지 변경을 요구할 수도 있다. 지역사회계속거주는 노화가 진행되더라도 시설보호로 입소하기보다는 자신의 가정에서 계속 거주할 수 있음을 의미한다(Australian Housing and Urban Research Institute, 2019). 지역사회계속거주를 위해 노인들에게는 신체적 그리고 정신적으로 독립적인 생활능력이 요구된다. 노화의 진행에도 지역사회에 계속 거주한다는 것은 자신이 거주하는 공간과 생활방식을 통제하고, 자신들에게 익숙한 지역사회와의 관계를 유지한다는 것을 의미하기 때문이다. 지역사회계속거주는 노후에 반드시 동일한 주거지에서 거주한다는 것을 의미하지는 않으며, 요양원 등의 시설보호로 거주지가 변경되지 않는 것을 의미한다.

역사적으로 그리고 이념적으로 지역사회계속거주는 탈시설화(deinstitutionalisation)와 관련되어 있다. 탈시설화는 애초에 서구에서 1960년대에 장애인 보호의 맥락에서 진행되었으며, 호주 정부도 이러한 정책적 경향을 수용해 왔다(Kirkby, 1999). 호주 정부는 1970년대부터 대규모 장애인 수용시설 모델에서 탈피하고, 가정과 지역사회에 기반한 서비스 모형을 채택했다. 1980년대부터 노인복지에서도 본격적으로 동일한 정책적 접근이 채택되었으며, 지역사회서비스로의 전환은 호주 노인복지의 주요한 원칙과 특징으로 자리 잡았다(Horner & Boldy, 2008). 탈시설화는 이용자 중심의 서비스 담론의 득세에 따라 광범위한 지지를 얻게 되었다. 즉, 시설보호는 개인의 의지와 선호보다는 규율과 규칙을 강요하는 부권적(paternalistic) 접근에 기반하고 있고, 지역사회로부터의 분리와 고립을 초래하는 서비스 모델로 인식되었다. 또한 시설보호의 수준은 충분하지 못하여 소위 '시설 학대(institutional abuse)' 사례가 보고되기도 하며, 이용자의 존엄, 사생활, 선택권, 그리고 독립성에 제약이 초래되기도 했다(Older Persons Advocacy Network, 2022; Royal Commission into Aged Care Quality and Safety, 2021).

지역사회계속거주 개념은 인구고령화 현상에 대응한 호주 정부의 정책적 대응을 형성해 온 핵심적인 개념이다. 호주에서 지역사회계속거주는 전술한 시설보호의 인권상의 이슈, 개인의 지역사회 보호에 대한 선호, 그리고 정부의 정책적 선호 등 다양한 요인들에 의해 지지되고 있다. 우선 개인적인 차원에서 지역사회 기반 서비스는 시설보호에 비해 선호되는 것으로 인식되고 있다(Olsberg & Winters, 2005). 지역사회계속거주는 사회적 관계성과 정서적 애착감 유지, 친숙감과 안정감 확보, 정체성, 독립성과 자율성, 신체적·정신적 건강 측면에서도 긍정적인 결과를 산출하는 것으로 보고되고 있다(Wiles, Leibing, Guberman, Reeve, & Allen, 2012).

**표 6.2** 노인복시 프로그램별 비용

| 프로그램 | 예산 | 이용자 수 | 이용자 비율 | 1인당 비용 | 예산비중 |
|---|---|---|---|---|---|
| 가정지원프로그램(CHSP) | $3.3b | 839,373명 | 64% | $3,900 | 15% |
| 가정돌봄패키지<br>(Home care package) | $3.4b | 173,743명 | 13% | $19,500 | 16% |
| 돌보미 휴식(Respite) | $0.7b | 66,873명 | 2% | $10,400 | 3% |
| 시설돌봄 | $13.4b | 244,363명 | 21% | $69,055 | 63% |
| 기타 | $0.5b | – | – | – | 3% |
| 총계 | $21.3b | 1,324,352명 | 100% | $16,083 | 100% |

출처 : Australian Housing and Urban Research Institute(2021).

호주 정부는 노인들의 선호에 대한 대응으로서 지역사회계속거주를 정책적으로 지지하고 있기도 하지만, 최근 노인복지 개혁은 비용효과적이고, 재정적으로 지속가능한 노인복지체계 구축의 필요성에 의해 주도되고 있다. 지역사회기반 가정보호는 시설보호에 비해 정부 예산 절감 효과가 훨씬 큰 것으로 추산된다(Productivity Commission, 2015). 실제 호주 정부가 시설돌봄과 가정돌봄에 사용하는 예산을 각각 살펴보면 1인당 연간 평균 비용 면에서 시설돌봄에 4.3배가 많은 예산이 소요된다(Australian Housing and Urban Research Institute, 2019).

지역사회 기반 서비스로 전환하려는 정책적 노력은 노인복지 이용자 분포를 변화시키고 있다. 즉, 시설돌봄 이용자는 지난 10년간 큰 변화 없이 비슷한 수준을 유지하고 있는 반면, 가정돌봄 이용자는 약 4배 증가했다. 2012년에 시설돌봄 이용자가 가정돌봄 이용자에 비해 약 3배 이상 많았으나, 최근에 이용자 수는 역전되었다. 현행 추세는 앞으로 더욱 강화될 것으로 전망된다.

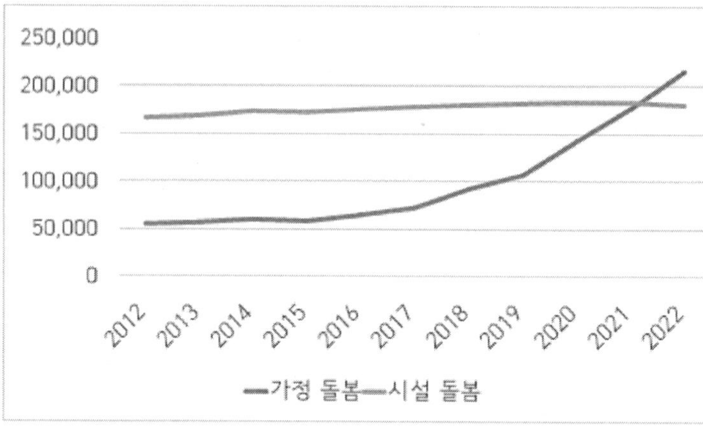


**그림 6.1** 유형별 노인복지 이용자 수
출처 : GEN Aged Care Data(2023).

지역사회계속거주는 사회적으로 바람직한 노인복지 모형으로 인식되고 있고, 호주 정부도 정책적으로 선호하는 대안이지만, 모든 노인들에게 추천되지는 않는다. 지역사회계속거주는 시설 입소를 최대한 지연시키는 것을 의미하지만, 시설돌봄의 필요성은 여전히 인정되고 있으며, 노인복지의 필수적인 요소로서 기능하고 있다. 호주는 OECD 국가 중에 시설보호의 비중이 높은 나라에 속한다. 80세 이상 호주 고령자들의 20% 정도는 시설돌봄 서비스를 받고 있다(Dyer, Valeri, Arora, Tilden, & Crotty, 2022; Older Persons Advocacy Network, 2022).

지역사회계속거주에 대한 선호는 다양한 개인적 · 환경적 요인에 영향을 받는다. 지역사회계속거주에 영향을 미치는 요인들로는 개인적 특성과 전략(개인의 자율성과 새로운 환경에 대한 적응능력 등), 지역사회 네트워크와 연계 정도, 가정 내외부의 물리적 환경과 거주형태(자가 소유 여부 등), 그리고 지원 체계의 이용 가능성(가족, 친구, 공식적인 지원 서비스 등) 등이 있다(K. Rose, Kozlowski, & Horstmanshof, 2023). 특히 주거비 지불능력(affordability)과 자가소유 여부는 지역사회계속거주 의향에 영향을 미치는 주요한 요인으로 보고되고 있다. 즉, 지역사회계속거주 의향은 민간 및 공공 임대주택 거주자들보다 자가보유자들에게서 높게 나타난다(Australian Institute of Health and Welfare, 2013). 지역사회계속거주가 제공하는 개인적 · 사회적 혜택들은 다양할 수 있으며, 돌봄을 받는 개인의 삶의 질을 향상시키는 효과가 있다. 그러나 돌봄 욕구가 있는 노인들과 함께 거주해야 하는 가족 돌봄자들에게는 부담이 될 수도 있다(Horner & Boldy, 2008).

### 3) 지역사회계속거주에 대한 수요

호주 노인들의 지역사회계속거주 의향은 여러 양적·질적 조사와 연구들을 통해 측정되어 왔다. 연구결과들은 일관되게 높은 수준의 지역사회계속거주 의향을 보고하고 있다. 지역사회계속거주 의향을 측정한 초기 연구에 의하면, 50대 이상 연령자의 90% 이상 현거주지에서 계속 거주하기를 원한다(Australian Institute of Health and Welfare, 2013). 50세 이상 연령자를 대상을 한 최근의 한 양적 조사에 의하면, 대다수(87%)가 현재 거주지에서 계속 거주하기를 원하고 있다. 현 거주지 계속거주 의향은 주거형태에 따라 차이가 있는데, 자가보유자의 91%가 현재 주거지에서 계속 살기를 원하는 반면, 민간임대 거주자의 경우 74.4%, 그리고 사회주택 거주자의 경우 72.7%만이 계속 거주를 원하고 있다(McKail, 2022).

2,400명의 55세 연령자를 대상으로 한 설문조사에서도 이와 비슷한 연구결과가 확인된다. 이 연구는 전체적으로 85%의 응답자들이 지역사회계속거주 열망을 실현할 수 있을 것으로 본다. 그러나 임대거주 노인들의 경우 63%만이 현거주지 계속 거주할 수 있을 것이라는 자신감을 표명하여, 자가 보유 여부의 영향력을 다시 확신시켜 준다(James et al., 2019). 70세 이상의 노인들을 대상으로 한 또 다른 설문조사에도 지역사회계속거주에 대한 강한 선호는 확인된다. 이 연구에 참여한 80%의 응답자들은 돌봄 지원이 필요할 경우 가정에 기반한 지원을 원한다(Royal Commission into Aged Care Quality and Safety, 2020).

질적연구들과 사례연구들은 주로 지역사회계속거주 의향의 원인들을 탐색하고 있다. 노인들이 지역사회에서 계속 거주하고자 하는 이유는 지역사회에 계속 거주함으로써 익숙함, 자율성, 그리고 정체성을 유지할 수 있기 때문이다(Boldy, Grenade, Lewin, Karol, & Burton, 2011). 더불어 시설에 입소하는 것에 대한 두려움도 지역사회계속 거주에 의미 있는 요인으로 작용하고 있다(Stones & Gullifer, 2016; Wiles et al., 2012).

## 2. 지역사회계속거주(AIP) 지원을 위한 중앙-지자체 정책

### 1) 관련법과 지자체 조례 현황

호주의 노인복지는 국제적 원칙과 기준에 부합하려는 노력을 보이는데, 특히 'UN 장애인의 권리에 관한 협약(UN Convention on the Rights of People with Disabilities)'은 호주 노인복지와 관련성을 가진다(Older Persons Advocacy Network, 2022). 장애인권리협약 제19조는 '독립적으로 생활하고 지역사회에 포용되는 것(Living independently and being included in the community)'에 관한 원칙을 제시하고 있다. 호주 노인복지는 이 원칙을 반영하고 있으며, 가정에서 적절한 수준의 돌봄이 제공되면 시설 입소는 지연될 수 있다는 관념을 준수하고 있다.

오랜 기간 동안 호주의 지역사회기반 노인복지를 지지해 온 법은 '가정 및 지역사회복지법(Home and Community Care Act 1985)'이다. 이 법은 '조기의 혹은 적절하지 않은 장기 거주시설 돌봄으로의 입소를 최소화한다(avoid their premature or inappropriate admission to long term residential care)'는 목적을 적시하고, 노인들의 독립적인 생활을 지원하기 위한 포괄적인 서비스들을 체계적으로 확립했다(Royal Commission into Aged Care Quality and Safety, 2021). 이 법에 기초한 가정 및 지역사회복지 프로그램은 연방정부와 주정부 간의 공동재정지원하에 운영된다. 재정부담은 연방정부와 주정부 간의 합의에 의해 결정되며, 통상 연방정부가 60%의 기여를 한다. '가정 및 지역사회복지 프로그램'은 구체적으로 다음과 같은 서비스를 제공하고 있다. 2015년에 '가정 및 지역사회복지 프로그램'이 30여 년 만에 종료되고, '가정지원프로그램(Commonwealth Home Support Programme, CHSP)'으로 대체되었다. 그러나 프로그램 구조는 유사하게 유지되고 있다(Department of Health, 2018).

**표 6.3** '가정 및 지역사회복지' 세부 프로그램

| 구분 | 내용 |
|---|---|
| 가사서비스(domestic assistance) | 가사지원(청소, 세탁, 쇼핑 배달, 공과금 납부 등) |
| 사회참여지원(social support) | 지역사회 일상 활동 지원(친교활동, 은행업무, 쇼핑 동행 등) |
| 간호(nursing care) | 등록 간호사(registered nurse)의 돌봄 |
| 관련 보건 지원(allied health care) | 작업치료, 물리치료, 발치료, 언어치료, 영양학 조언 등 |
| 개인돌봄(personal care) | 일상생활 지원(식사, 목욕, 화장실 이용, 복장 착용 등) |

| | |
|---|---|
| 기관서비스 이용 지원<br>(centre-based day care) | 사회적 접촉과 상호작용 지원(기관의 그룹 활동 참여 지원 |
| 식사배달(meals) | 식사 배달(가정에서 요리 또는 식사 준비가 어려운 이들 대상) |
| 돌봄사 유식지원(resplte care) | 돌봄자의 휴식을 위해 대체 돌봄지(sustitute carer) 제공 |
| 주택 유지 보수<br>(home maintenance) | 안전하고 독립적인 생활을 위한 주택환경 유지(정원관리, 전구, 상하수, 지붕, 페인팅 등) |
| 주택개조(home modification) | 안전하고 독립적인 생활을 위한 주택의 구조적 변경(난간 손잡이 설치, 경사로 설치, 화장실 수리, 문 손잡이 교체, 응급경보기 설치, 이동기구(휠체어 등) 이동을 위한 구조변경 등) |
| 기구 및 보조공학기기<br>(goods, equipment, assistive technology) | 이동기기, 독서 보조 기기, 의사소통 보조기기 등 |
| 교통(transport) | 서비스 제공자 혹은 자원봉사자의 차량을 통한 직접적인 지원 및 간접적인(택시 바우처 등) 교통 지원 |
| 상담(counselling) | 개인의 상태, 행위, 관계 향상을 위한 조언, 정보, 훈련, 옹호 서비스 등 |

현재 호주의 노인복지를 관장하는 법은 '노인복지법(Aged Care Act 1997)'과 '노인복지 품질과 안전위원회법(Aged Care Quality and Safety Commission Act 2018)'이다(Royal Commission into Aged Care Quality and Safety, 2019). '노인복지법'은 호주 노인복지와 관련된 최상위법으로서 노인복지 서비스의 원칙들과 호주 정부로부터 보조금을 받는 노인복지 제공기관의 의무와 책임을 규정하고 있다(Aged Care Quality and Safety Commission, 2023). 노인복지법은 노인돌봄 서비스에 직접적인 관련성을 가지며, '가정돌봄패키지(Home Care Package)', '시설돌봄(Residential Care)', 그리고 과도적 · 단기적 돌봄 등의 '유연 돌봄서비스(Flexible Care)'에 적용된다.

'품질과 안전위원회법'은 노인복지의 행정과 운영에 관한 세부 사항들을 규정하고 있다. '노인복지법'의 직접적인 적용을 받지 않는 노인복시 프로그램들이 있는데, '가징지원프로그램(CHSP)과 '원주민 유연돌봄프로그램(National Aboriginal and Torres Strait Islander Flexible Aged Care Program)'은 '품질과 안전위원회법'의 적용을 받는다(Royal Commission into Aged Care Quality and Safety, 2019). 연방정부의 '보건노령부(Department of Health and Aged Care)'는 호주 노인복지 전달체계를 책임지는 부처이며, 산하에 '품질과 안전위원회'가 설립되어 있다. 보건노령부는 노인복지 서비스 이용자의 수와 보조금 수준을 결정하고, 노인복지 서비스 제공기관 승인과 규제 등의 책임을 진다.

**표 6.4** 호주 노인복지 법과 제도 요약

| 법령 | 적용 대상 프로그램 |
|---|---|
| 노인복지법<br>(Aged Care Act 1997) | - 가정돌봄패키지(Home Care Package)<br>- 시설돌봄(Residential Care)<br>- 유연돌봄(Flexible Care) |
| 노인복지 품질과 안전위원회법<br>(Aged Care Quality and Safety Commission Act 2018) | - 가정지원프로그램(CHSP)<br>- 원주민 유연돌봄프로그램(National Aboriginal and Torres Strait Islander Flexible Aged Care Program) |

실제 노인복지 서비스를 제공하는 주체는 민간 서비스 기관들이며, 정부는 이들에 대한 지원, 관리 및 규제 기능을 담당한다. 노인복지 이용자를 위한 '권리 헌장(Charter of Rights)'이 규정되어 있으며, 서비스 제공기관들은 이 권리를 준수할 의무를 지닌다. '품질과 안전위원회'는 권리헌장 준수를 관리하며, 권리헌장을 위배하는 서비스 제공기관에 대해 제재하는 권한을 가진다(Royal Commission into Aged Care Quality and Safety, 2021).

일반적으로 노인복지를 포함한 사회서비스는 연방정부와 주정부의 역할분담으로 실행된다. 즉, 연방정부는 정책을 수립하고, 예산을 배정·지원하는 역할을 하며, 주정부는 실제 정책을 실행하는 역할을 한다. 예를 들어, 뉴사우스웨일스 주정부의 보건부(NSW Health)는 노인복지 서비스 이용자 사정팀(Aged Care Assessment Teams)을 운영·이용자 선별 기능을 담당한다.

가정지원프로그램(CHSP) 서비스의 경우 이용자 부담(user contribution) 비용이 있을 수 있으며, 주정부는 연방정부가 작성한 가이드(National guide to the CHSP client contribution framework)를 주정부 상황에 맞게 이용자가 지불해야 하는 비용을 조정·적용한다(NSW Department of Health, 2020).

### 2) 정책대상 및 지원 내용

호주의 노인복지 서비스는 크게 3층 구조(three levels of subsidised aged care services)로 이루어져 있다(Department of Health and Aged Care, 2023b). 이 중에서 시설돌봄은 가장 높은 수준의 욕구를 지닌 노인들에게 제공되는 것으로, 지역사회계속거주 범주에 포함되지는 않는다. 가장 낮은 수준(entry-level)의 욕구를 가진 노인들, 즉 돌봄지원이 필요하지만 가정 혹은 지역사회에서 독립적인 생활이 가능한 노인들에게는 가정지원프로그램(CHSP)이 적용된다.

가정지원프로그램은 장기적으로 낮은 수준의 지원 혹은 단기적으로 높은 수준의 지원을 제공한다. 세부적으로는 ① 간호(nursing) 및 보건(allied health and therapy services), ② 청소, 쇼핑 등의 가정생활지원(domestic assistance), ③ 의복착용, 화장실 이용 등의 개인돌봄(personal care), ④ 보조공학기기(assistive technology), ⑤ 주택 개조(home modifications), 주택 수리, 정원 관리 등의 주택 관리(home maintenance), ⑥ 식사 배달 및 제공, ⑦ 사회생활 지원, ⑧ 의료서비스 이용 등의 특수지원서비스, 그리고 ⑨ 교통지원 등이 포함된다(Department of Health, 2018). 가정지원프로그램은 인가받은 민간 서비스 기관들을 통해 제공된다. 전국적으로 약 1,400여 개의 가정지원프로그램 제공기관이 있으며, 대부분(68%)은 비영리기관들이다(Department of Health and Aged Care, 2023a). 가정지원프로그램은 2015년부터 실행되고 있으며, 1985년부터 약 30년간 시행되었던 '가정 및 지역사회 돌봄(Home and Commnity Care, HACC)'을 전신으로 하고 있다(Department of Health, 2020a). HACC는 돌봄자 휴식지원 프로그램(National Respite for Carers Programme), 주간치료 프로그램(Day Therapy Centres Program), 그리고 노인주거지원프로그램(Assistance with Care and Housing for the Aged Program)과 함께 가정지원프로그램으로 합병되었다(Department of Health, 2020a). 가정지원프로그램은 65세 이상 노인을 대상으로 하고 있으며, 원주민은 50세 이상이 대상이 된다. 50세 이상의 저소득자, 홈리스 혹은 홈리스 위험에 처한 이들도 가정지원프로그램의 대상이 된다.

호주의 노인복지 서비스 전달체계는 'My Aged Care'라는 웹사이트를 통해 운영된다. 노인복지 서비스 신청은 이 웹사이트를 통해 개시된다. 가정지원프로그램 신청이 접수되면, '지역사정서비스(Regional Assessment Services, RAS)'의 사정이 실행된다. 지역사정서비스팀은 사정도구(National Screening and Assessment Form)를 이용하여 신청자의 욕구와 신체적・심리적・인지적 상태를 조사한다. 지역사정서비스팀은 사정결과에 기초하여 필요한 가정지원프로그램을 계획하고, 두 번째 수준의 노인복지 체계인 '가정돌봄패키지(Home Care Package)'를 위한 종합사정(comprehensive assessment)의 필요성을 판단한다(My Aged Care, 2023c).

가정지원프로그램 자격요건 사정에는 소득 조사가 수반되지 않으며(no formal means-testing), 서비스 이용에 대한 비용 지불 의무가 없다. 그러나 '이용자 기여 정책(CHSP Client Contribution Framework)' 의해 비용을 부담할 수 있는 이용자는 자발적으로 일정정도의 비용을 지불하도록 요구된다. 대체로 각 서비스별로 약 10% 정도의 금액이 합당한(reasonable) 수준의 기여금으로 이용자에게 안내된다(Department of Health, 2022a). 실제로 이용자 기여금은 가정지원프로그램 전체 재원의 10% 정도를 차지한다(Department of Health and Aged Care, 2023a).

노인복지 체계의 두 번째 층은 '가정돌봄패키지(Home Care Package, HCP)'다. 가정돌봄패키지는 돌봄욕구의 수준이 가정지원프로그램을 통해 해소될 수 있는 수준보다 높은 경우에 제공된다. 즉, 다면적이고 복합적인 돌봄 욕구를 가진 노인들이 지역사회 기반 서비스를 제공받도록 설계된 지원 체계다. 가정돌봄패키지는 시설돌봄과 동일한 수준의 서비스를 가정에서 지원받을 수 있도록 설계되어 있다. 가정돌봄패키지에서 제공하는 서비스 유형은 가정지원프로그램과 유사하지만, 장기적이고 집중적인 서비스와 함께 사례관리(case management) 모형에 기반한 복합적인 서비스를 제공한다.

가정돌봄패키지 신청은 가정지원프로그램과 동일하게 My Aged Care를 통해 시작된다. 지역사정서비스(RAS)의 욕구 평가 과정에서 복합적인 돌봄 욕구가 있는 것으로 간주되면 '노인복지사정팀(Aged Care Assessment Teams, ACAT)'에 의한 종합평가를 거친다. 종합평가를 거쳐 수급자는 돌봄욕구의 수준에 따라 네 단계의 차등적인 지원금액이 할당된다. 가정돌봄패키지는 소비자주도돌봄(consumer Directed Care) 모델에 기반하고 있다. 이는 이용자에게 할당된 금액을 자신의 욕구에 따라 서비스를 구성할 수 있는 개별예산제(individualised budget)를 의미한다. 최고 수준인 4단계에는 연간 59,593호주달러가 할당된다.

**표 6.5** 가정돌봄패키지 지원 금액 및 지원 내용

| 패키지 수준 | 욕구 수준 | 연간 할당 금액 (호주달러) | 지원 서비스 |
|---|---|---|---|
| Level 1 | 기본 돌봄(basic care) | $10,271.10 | 일상생활 및 사회생활 지원 / 일주일이 1~2회 요양보호사 방문 |
| Level 2 | 낮은 수준 돌봄(low care) | $18,063.85 | 일상생활 및 사회생활 지원 / 일주일이 3~4회 요양보호사 방문 |
| Level 3 | 중간 수준 돌봄(inter-mediate care) | $39,310.50 | 간호 및 보건 서비스 추가 지원 / 거의 매일 요양보호사 혹은 간호 및 보건전문가 방문 |
| Level 4 | 높은 수준 돌봄(high care) | $59,593.55 | 간호 및 보건 서비스 추가 지원 / 매일 요양보호사 혹은 간호 및 보건전문가 방문 |

출처 : My Aged Care(2023b).

가정돌봄패키지에는 소득조사(income-test)가 수반된다. 가정돌봄서비스 이용자는 모두 기본이용료(basic daily fee)를 지불해야 하며, 기본이용료는 패키지 수준에 따라 다르다. 예를 들어, 레벨 1은 하루에 10,88호주달러, 레벨 4는 하루에 12.14호주달러다. 이에 추가하여 소득조사에 기반하여 차등 적용되는 서비스 이용료가 있다(income-tested care fee). 하루에 17.42 호주달러가 부과될 수 있으며, 이 이용료는 패키지 수준과 개인의 소득에 따라 다르다. 단, 최대금액 노령연금 수령자(full pensioners, 1년에 5,304호주달러 이하 노인)와 연간소득이 31,504 호주달러 이하인 자는 소득조사 기반 이용료가 면제된다(My Aged Care, 2023a).

가정돌봄패키지는 호주 노인들의 지역사회계속거주를 위한 중요한 정책 요소지만 몇 가지 개선사항들이 제기되고 있다. 우선 서비스 수요과 공급의 불일치 문제가 있다. 수요가 공급을 초과하는 현상인데, 이로 인해 서비스 사정 이후 첫 서비스를 받는 데에 최소 3개월에서 최대 18개월이 소요되고 있다. 이 대기 기간 동안 이용자들의 상태가 악화되거나 시설입소가 발생하기도 한다. 다음으로 이용자의 상태 변화를 고려하여 패키지 수준이 적절하게 적용될 수 있는 유연하고 신속한 재사정 체계의 필요성이 제기되고 있다. 아울러, 복합적인 욕구가 있는 이용자들에 대한 추가적인 배려의 필요성도 제기된다. 예를 들어, 다양한 문화・언어 배경을 가진(Culturally and linguistically diverse) 노인들에게 적절한 사례관리 지원이 이루어지 않는다는 지적이 있다(National Aged Care Alliance, 2019). 전술했듯이 가정돌봄패키지는 개인예산제로 운영되고 있어, 이용자가 서비스 제공기관을 선택하고 비용을 지불하는 방식이다. 이는 이용자 선택권과 소비자 주권을 강화하지만, 다른 한편으로 많은 이용자는 서비스 제공기관을 선택하는 과정에서 정보의 부족 등의 어려움을 경험하기도 한다(Russell, Siostrom, Edwards, & Srikanth, 2020).

2025년에는 통합적인 지역사회 기반 노인복지 체계 구축을 위한 정책 변경이 예고되어 있다. 현행 독립적인 체계로 운영 중인 가정지원프로그램과 가정돌봄패키지는 '가정에서의 지원프로그램(Support at Home Program, SHP)으로 통합되어 지역사회계속거주를 위한 단일 시스템으로 구축될 예정이다(Department of Health, 2020a, 2022b). 이 통합을 계기로 호주 노인복지 체계는 또 한 번 전환의 계기를 맞이할 것으로 예상된다.

## 3. 지자체(커뮤니티) 단위의 통합지원 시스템 사례

### 1) 통합지원의 주요 요소 및 지원 내용

지역사회계속거주는 단지 노인복지 서비스에 한정되지는 않는다. 노인복지는 지역사회계속거주를 위한 필요조건이며, 충분조건이 될 수는 없다. 호주주거도시연구소(Australian Housing and Urban Research Institute)는 지역사회계속거주가 실현되기 위해 충족되어야 할 네 가지 조건을 제시하고 있다. 여기에는 ① 주택개조(Home modifications), ② 주거지불능력(affordability), ③ 적합한 주거지(right location), 그리고 ④ 재가복지(in-home care)가 포함된다(Australian Housing and Urban Research Institute, 2019).

주택개조는 가정에서 안전한 이동을 지원하는 경사로와 핸드레일 설치, 그리고 목욕과 요리 등 일상생활을 지원하는 주택환경 개선이다. 주택은 휠체어, 호이스트(hoist), 그리고 엘리베이터 등이 들어갈 수 있도록 설계될 필요가 있다. 더 나아가 노화로 인한 기능 저하에도 불구하고 주택개조를 필요로 하지 않도록 환경을 구축하는 보편설계(universal design)가 도입될 필요가 있다.

지역사회계속거주를 위해서는 지불 가능한 주거지도 요구된다. 지불 가능성은 초기 주거지 구입비뿐만 아니라 보유세, 보험, 수리 및 관리, 개조를 위한 비용을 포함한다. 주거지는 노인들에게 알맞은 이웃을 필요로 하며, 이들과 지역사회에서 연계를 지속할 수 있는 곳이어야 한다. 노인친화적인 주거지는 보건센터와 대중교통 등 이동성이 감소되는 노인에게 필요한 서비스와 편의시설이 근접한 곳이어야 한다. 또한 노인들이 지속적으로 지역사회에 거주하기 위해서는 가정에 요양보호사들이 상시적으로 접근할 수 있어야 한다. 이를 위해 노인들의 주택에는 서비스 제공인력들을 위한 최소한의 안전보건시스템(occupational health and safety)이 구축될 필요가 있다. 현재 호주 정부가 노인복지 차원에서 노인들의 지역사회 계속거주를 지원하는 프로그램은 다음과 같이 요약될 수 있다.

**표 6.6** 지역사회 거주 지원 프로그램

| 목적 | 프로그램 | 내용 |
|---|---|---|
| 비공식 돌봄 지원 | 돌봄수당(carer allowance) | 가족돌봄의 비용 지원 |
| | 돌봄급여(carer payment) | 가족돌봄의 소득 상실 지원 |
| 시설 입소 예방 | 가정지원프로그램(CHSP) | 가정에서의 독립적인 생활 지원 |
| | 돌봄가족 휴식지원(National Respite for Carers Program) | 단기간 공식적인 돌봄 서비스 제공 |
| 시설돌봄 대체 | 가정돌봄패키지(HCP) | 시설돌봄 서비스에 대한 지역사회 대안 서비스 |
| 다양성과 유연성 | 특수 프로그램(상이군인, 과도기적/임시 돌봄, 다문화 등) | 특수한 그룹이나 과도기적 상황에 대한 대응 |

출처 : Centre of Excellence in Population Ageing Research(2014).

지역사회계속거주는 무장애(barrier-free) 주택설계와 노인친화적(age-friendly)인 도시설계 등의 노인의 심신 능력을 지원하는 환경적인 조건(enabling environments)을 요구한다. 더불어, 노인들의 지역사회계속거주 열망에 부응하는 지역사회의 정책과 주민 인식 등 복합적인 조건이 요구된다(정용문, 2013b).

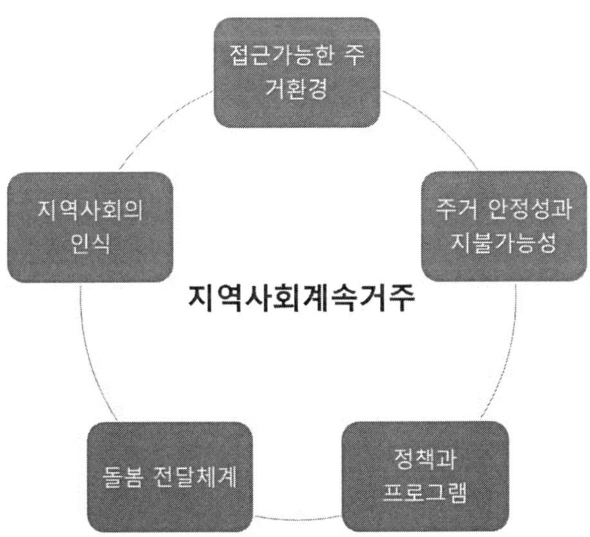


**그림 6.2** 지역사회계속거주를 위한 기반요소

출처 : 정용문(2013b).

### 2) 구체적인 지자체 운영사례

호주의 각 단위 정부들은 노인들이 이웃과 지역사회 내에서 오랫동안 머물 수 있게 하기 위한 다양한 지원들을 제공하고 있다. 여기에는 노인들을 위한(age-specific) 교통, 보건 서비스, 지역사회 참여 활동 지원, 그리고 주거 지원 등이 포함된다(James et al., 2019). 호주의 각 주정부(States and Territories)와 지방정부(local governments)는 연방정부의 정책과 일관되게 노인친화적인 지역사회와 도시 설계를 하도록 중단기 전략과 실행방안들을 개발하고, 이를 주기적으로 최신화하고 있다(Department of Health and Aged Care, 2012). 예를 들어, 뉴사우스웨일스(New South Wales)주는 현재 10년 주기의 장기 노인정책을 실행하고 있다. '잘 나이들기(Ageing Well in NSW : Seniors Strategy 2021-2031)'라는 노인 정책은 노인들의 지역사회 거주를 지원하기 위한 지원전략을 제시하고 있다. 이 정책은 노인 친화적인 물리적 환경, 포용적인 지역사회에서의 참여, 안전하고, 활기차고, 건강한 노년, 그리고 심리적 건강과 정보 접근성 등의 네 가지 영역에 초점을 맞추고 있다(NSW Department of Communities and Justice, 2021).

**표 6.7** 뉴사우스웨일스주 '잘 나이들기' 정책 요약

| 영역 | 내용 |
|---|---|
| 노인 친화적인 물리적 환경 | - 안전하고, 접근 가능하며, 길 찾기 쉽게 조성된 물리적 환경(열린 공간, 빌딩, 녹색 인프라, 자연그늘, 보도, 쉼터)<br>- 저렴하고, 접근 가능하며, 독립적인 이동을 가능하게 하는 교통 체계<br>- 지불 가능하며, 교통, 여가 그리고 지역사회서비스에 접근 가능한 주거 |
| 포용적인 지역사회에서의 참여 | - 여가, 사회, 문화, 창작, 교육, 종교 활동에 적극적인 참여<br>- 성, 연령, 인종, 성정체성, 사회경제적 지위에 따른 배제가 없는 존중과 통합<br>- 고용, 훈련, 평생교육, 자원봉사 기회에 대한 시민적 권리 |
| 안전하고, 활기차고, 건강한 노년 | - 지역사회복지와 보건의 협력적 접근<br>- 신체건강과 정신건강 향상<br>- 노인 대상 학대, 사기, 착취에 대한 대응 |
| 심리적 건강과 정보 접근성 | - 다양한 방식과 언어를 통해 커뮤니케이션과 정보 접근성 향상<br>- 재난이나 위기 상황 대처 및 회복탄력성 향상<br>- 정보에 근거한 의사결정과 옹호 서비스를 통한 역량강화 |

주정부 산하의 각 지방정부들은 주정부의 노인정책을 반영하여 지방정부 특수적인 노인친화적 도시 계획을 개발·운영하고 있다. 뉴사우스웨일스주의 지방정부연합(Local Government

NSW)은 주정부의 지원을 받아 지방정부들이 어떤 정책들을 수립하고, 어떻게 실행해야 하는지를 안내하는 노인친화 정책 안내서를 개발·최신화하고 있다. 최근 안내서(Age-friendly Toolkit For NSW Local Government)는 노인친화적인 지역사회 구축을 위한 네 가지 영역의 목표와 이 목표를 달성하기 위한 실행계획 방안들을 제시하고 있다. 네 가지 영역의 목표는 ① 사회적 목표(존중, 사회참여, 지역사회 지원과 서비스), ② 환경적 목표(야외 공간과 건물, 교통, 주거), ③ 경제적 목표(고용), ④ 시민적 목표(시민생활참여, 의사소통과 정보) 등이다(Local Government NSW, 2023). 상기 정책 전략에 기초하여 각 지방정부들은 노인친화적인 지역사회 구축을 위한 고유의 정책들을 개발한다. 예를 들어, 뉴사우스웨일스주의 지방정부(기초지방자치단체) 중의 하나인 베이사이드(Bayside Council)는 '노인친화적인 지역사회 전략(Age-Friendly Communities Strategy 2022-2026)'을 운영 중이며, 여기에 제시된 세부실행계획에 대한 모니터링과 감시 체계를 가지고 있다(Bayside Council, 2022).

**표 6.8** 베이사이드의 노인친화적인 지역사회 전략

| 목표 | 전략(일부 발췌) |
|---|---|
| 야외 공간과 빌딩 | - 공원, 비치, 야외공간, 빌딩을 업그레이드할 때 보편디자인(universal design) 원칙 적용<br>- 환경 디자인에 노인들 참여<br>- 지역사회계속거주를 지원하는 주거지 믹스 촉진(노인 주거지는 타운센터, 보건서비스, 대중교통망과 근접) |
| 존중, 참여, 포용 | - 건강하고 활기찬 노년 지원(세대통합형 프로그램과 평생교육활동 촉진)<br>- 노인들의 지식과 기술 이용 활용 프로그램 활성화<br>- 문화적·성적 소수자 노인들에 대한 인식 개선 |
| 이동 | - 주요 거점 지역 보도의 안전성과 접근성 개선<br>- 저렴하고 접근 가능한 대중교통<br>- 저절한 주차공간 |
| 지역사회 지원 및 건강 | - '가정지원프로그램'과의 협력(노인서비스 제공기관과의 협업)<br>- 독립적이고 건강한 지역사회 생활을 지원할 건강 리터러시(health literacy) 프로그램 활성화<br>- 노인학대에 대한 교육과 인식개선 |
| 연계, 의사소통, 정보 | - 도시계획과 서비스에 노인들의 의견 개진 촉진<br>- 정보 서비스는 노인친화적인 방법으로 제공<br>- My Aged Care 웹사이트와 가정지원프로그램 등 노인복지서비스들에 대한 온라인 접근 지원 |

호주의 노인복지 정책과 지방정부의 노인친화적인 정책은 노인의 지역사회계속거주라는 목표를 공유하고 있으며, 노인친화적인 정책 속에는 지역사회계속거주를 지원하는 전략과 실행계획들이 명시적으로 포함되어 있다. 지방정부의 노인친화적인 정책은 노인들의 지역사회 계속거주를 일관적으로 지지하고 있으며, 이 점에서 노인복지 정책과 융합적인 접근을 하고 있음을 알 수 있다. 체계적인 지역사회 기반 노인복지와 노인친화적인 도시설계는 노인들의 지역사회계속거주를 지원하는 정책적 환경이다.

그러나 지역사회계속거주에 대한 노인들의 높은 선호에도 불구하고, 일부 노인 인구 집단에게 지역사회계속거주는 실현하기 어려운 열망이다(Kendig, Gong, Cannon, & Browning, 2017). 노화가 진행됨에 따라 현 거주지에서 계속 거주하는 것이 현실적인 어려움을 초래하기도 한다. 예를 들어, 주택관리나 정원관리의 어려움, 가구 규모의 축소 등의 이유로 소규모의(downsizing) 혹은 적정한(rightsizing) 규모의 주택이나 시설로의 이동을 열망하는 노인들이 있다(James et al., 2019; Productivity Commission, 2015).

지역사회계속거주에 어려움을 경험하는 노인 인구 중에는 민간 임대거주자들이 있다. 이들은 자가보유자들이 아니기 때문에 주거 안정성이 떨어지며, 본인의 의사와는 무관하게 잦은 주거지 이동이 요구될 수 있다. 민간임대주택은 일반적으로 노인이나 장애인을 위한 주택설계(accessibility standards)를 충족하지 않고 있다. 접근성을 제고하기 위해 주택개조를 하기 위해서는 주인과의 협의과정이 필요하여 현실적으로 주택개조가 어려운 경우가 많다(Australian Housing and Urban Research Institute, 2019; McKail, 2022).

## 4. 한국의 지역사회계속거주 지원 정책에 대한 시사점

호주는 한국에 비해 지역사회계속거주에 관한 오랜 정책 경험을 가지고 있다. 20세기 중후반부터 탈시설화 개념을 노인복지에 수용하였고, 이에 따라 시설보호에서 지역사회 기반 노인복지체계로의 전환이 추구되어 왔다. 지역사회계속거주는 노인들의 지역사회계속거주 열망과 바람직한 노인복지 모델에 대한 사회적 합의에 의해 정당화되고 있으며, 노인복지의 재정적 지속가능성 측면에서 정부에서도 선호 또는 지지되고 있다. 지역사회계속거주는 호주 노인 지원 정책의 프레임워크 혹은 원칙으로 작용하고 있다고 할 수 있다.

호주의 정책경험은 한국에 다양한 시사점을 제공한다. 호주의 지역사회계속거주 지원 정책은 범정부 차원에서 일관적으로 지지되고 있으며, 체계적인 실행 구조를 가지고 있다. 연방정부는 지역사회계속거주를 지원하기 위한 정책과 법안을 형성하고, 예산을 계획한다. 주정부와 산하 지방정부는 지역사회계속거주 지원 전략과 실행계획을 수립 및 실행한다.

호주의 지역사회계속거주는 노인복지정책을 포함하여 포괄적이고, 전체적인(holistic) 접근을 취하고 있다. 가정 혹은 지역사회기반 노인돌봄서비스가 핵심적인 역할을 하고 있지만, 지역사회계속거주가 효과적으로 진행되도록 거시적인 차원에서의 전략과 정책들이 결합되어 있다. 노인돌봄서비스를 중심으로 한 호주의 노인복지 체계는 이용자 선택권을 제공하고 있다. 즉, 노화가 진행되면서 집중적인 돌봄욕구가 강해지면 응당 시설보호로 입소하는 것이 아니라 현재 거주하는 가정과 지역사회에서도 시설돌봄에 상응하는 수준의 돌봄서비스를 제공받을 수 있는 체계를 구축하고 있다. 간호 및 보건 서비스뿐만 아니라 치매나 실금 등의 노인성 질환에 대한 의료서비스까지 가정에서 제공받을 수 있도록 설계되어 있다.

비공식 돌봄에 대한 재정적인 지원은 지역사회계속거주를 위한 중요한 요소일 수 있다. 돌봄은 정서적인 요소를 포함하고 있으며, 노인들은 일반적으로 가족으로부터 돌봄을 받고 싶은 욕구가 있다(Royal Commission into Aged Care Quality and Safety, 2020). 그러나 돌봄욕구가 있는 노인이 가정에 머문다는 것은 가족 혹은 동거인의 돌봄 부담을 의미할 수 있다. 호주정부는 돌봄 부담으로 인해 소득활동이 제한되거나, 돌봄에 수반되는 추가적인 가계 지출이 발생하는 것에 대비해 이에 대한 금전적인 보상을 제공하는 소득보장 프로그램을 운영하고 있다.

지역사회계속거주를 지원하기 위해 호주는 노인친화적인 도시설계를 포함하여 거시적·통합적·전체적인 접근을 취하고 있다. 주택의 물리적인 환경은 노인들이 안전하고 독립적으로 가정과 지역사회에서 거주하는 데에 있어 필수적인 요소다. 호주는 노인복지 체계에 주택개조와 보수 등 가정의 물리적인 접근성(accessibility) 향상을 위한 지원을 포함하고 있다. 노인친화적인 도시설계는 가정의 경계를 넘어서는 부분까지 독립적인 생활을 지원하는 것을 의미한다. 호주는 지역사회 기반 노인돌봄체계뿐만 아니라 주거, 교통, 고용, 사회참여, 노인차별적 인식 등 다양한 분야에서 노인들이 지역사회에 통합된 생활을 영위할 수 있도록 법적·제도적 환경을 구축하고 있다.

## 참고문헌

https://www.agedcarequality.gov.au/about-us/legislation-and-policiesAged Care Quality and Safety Commission. (2023). Legislation and policies.

Australian Housing and Urban Research Institute. (2019). What's needed to make 'ageing in place' work for older Australians. Australian Housing and Urban Research Institute,. https://www.ahuri.edu.au/analysis/brief/whats-needed-make-ageing-place-work-older-australians

Australian Housing and Urban Research Institute. (2021). Better supporting older Australians to age in place. https://www.ahuri.edu.au/analysis/brief/better-supporting-older-australians-age-place

Australian Institute of Health and Welfare. (2013). The desire to age in place among older Australians. Australian Institute of Health and Welfare,.

Australian Institute of Health and Welfare. (2023). Older Australians (Australian Institute of Health and Welfare, Ed.).

Autralian Bureau of Statistics. (2020). Twenty years of population change. Autralian Bureau of Statistics,.

Bayside Council. (2022). Age-Friendly Communities Strategy 2022-2026. Bayside Council,.

Boldy, D., Grenade, L., Lewin, G., Karol, E., & Burton, E. (2011). Older people's decisions regarding 'ageing in place' : A Western Australian case study. Australasian Journal on Ageing, 30(3), 136-142.

Centre of Excellence in Population Ageing Research. (2014). Aged care in Australia : Part I - Policy, demand and funding. Centre of Excellence in Population Ageing Research,.

Department of Health. (2018). Commonwealth Home Support Programme : Program Manual. Department of Health,.

Department of Health. (2020). Commonwealth Home Support Programme Data Study. Department of Health,.

Department of Health. (2022a). National Guide to the CHSP Client Contribution Framework. Department of Health,.

Department of Health. (2022b). Support at Home Program Overview. Department of Health,.

Department of Health and Aged Care. (2012). Living Longer Living Better Aged care reform package. Department of Health and Aged Care,.

Department of Health and Aged Care. (2023a). About the aged care workforce. https://www.health.gov.au/topics/aged-care-workforce/about

Department of Health and Aged Care. (2023b). Commonwealth Home Support Programme : Program Manual 2023-2024. Department of Health and Aged Care,.

Dyer, S. M., Valeri, M., Arora, N., Tilden, D., & Crotty, M. (2022). Is Australia over-reliant on residential aged care to support our older population? Medical Journal of Australia, 213(4), 156-157.

GEN Aged Care Data. (2023). People using aged care. Australian Institute of Health and Welfare,.

Horner, B., & Boldy, D. P. (2008). The benefit and burden of "ageing-in-place" in an aged care community. Australian Health Review, 32(2), 356-365.

House of Representatives Standing Committee on Community Affairs. (1994). Home but Not Aone : A Report on the Home and Community Care Program. Parliament of the Commonwealth of Australia.

James, A., Rowley, S., Stone, W., Parkinson, S., Spinney, A., & Reynolds, M. (2019). Older Australians and the housing aspirations gap. Australian Housing and Urban Research Institute,.

Kendig, H., Gong, C. H., Cannon, L., & Browning, C. (2017). Preferences and Predictors of Aging in Place : Longitudinal Evidence from Melbourne, Australia. Journal of Housing For the Elderly, 31(3), 259–271.

Kirkby, K. C. (1999). History of psychiatry in Australia, pre–1960. History of Psychiatry, 10(28).

Local Government NSW. (2023). Age–friendly Toolkit For NSW Local Government. Local Government NSW,.

McKail, B. (2022). Ageing in Place : Home and Housing for Australia's Older Renters. Angicare Australia.

My Aged Care. (2023a). Home Care Package costs and fees. https://www.myagedcare.gov.au/home–care–package–costs–and–fees

My Aged Care. (2023b). Home Care Packages. My Aged Care,. https://www.myagedcare.gov.au/help–at–home/home–care–packages

My Aged Care. (2023c). My Aged Care Assessment Manual : For Regional Assessment Services and Aged Care Assessment Teams. My Aged Care,.

National Aged Care Alliance. (2019). Home Care Packages - Issues Paper. National Aged Care Alliance.

NSW Department of Communities and Justice. (2021). Ageing Well in NSW : Seniors Strategy 2021-2031. NSW Department of Communities and Justice,.

NSW Department of Health. (2020). NSW Health Commonwealth Home Support Programme (CHSP) Client Contributions Policy. NSW Department of Health,.

Older Persons Advocacy Network. (2022). Deinstitutionalisation in Aged Care. Older Persons Advocate Network,.

Olsberg, D., & Winters, M. (2005). Ageing in place : intergenerational and intrafamilial housing transfers and shifts in later life. Australian Housing and Urban Research Institute,.

Productivity Commission. (2015). Housing Decisions of Older Australians. Productivity Commission,.

Rose, K., Kozlowski, D., & Horstmanshof, L. (2023). Experiences of ageing in place in Australia and New Zealand : A scoping review. Journal of Community and Applied Social Psychology, 33(3), 623–645.

Royal Commission into Aged Care Quality and Safety. (2019). Legislative Framework for Aged Care Quality and Safety Regulation. Royal Commission into Aged Care Quality and Safety,.

Royal Commission into Aged Care Quality and Safety. (2020). What Australians Think of Ageing and Aged Care : A survey for the Royal Commission into Aged Care Quality and Safety. Royal Commission into Aged Care Quality and Safety,.

Royal Commission into Aged Care Quality and Safety. (2021). Final Report : Care, Dignity and Respect. Royal Commission into Aged Care Quality and Safety,.

Russell, S. J., Siostrom, K., Edwards, I., & Srikanth, V. (2020). Consumer experiences of home care packages. Australasian Journal on Ageing, 39, 402–409.

Stones, D., & Gullifer, J. (2016). 'At home it's just so much easier to be yourself' : older adults' perceptions of ageing in place. Ageing & Society, 36, 449–481.

Wiles, J. L., Leibing, A., Guberman, N., Reeve, J., & Allen, R. E. S. (2012). The Meaning of "Aging in Place" to Older People. Gerontologist, 52(3), 357–366.

정용문. (2013). 호주의 '현 거주지에서의 노화 (ageing–in–place)' 지원 정책이 한국의 노인복지 정책에 주는 시사점. 한국노년학, 33(4), 847–863.

# 07 호주 노인들의 삶의 질[1]

## 1. 호주 노인 인구 개요

### 1) 인구 고령화

호주 국가(國歌)에는 '우리는 젊고 자유롭다(for we are young and free)'라는 구절이 있다. 실제 근대 국가로서 호주의 역사는 다른 나라들에 비해 짧은 편으로서 아직 성장하는 국가로서의 이미지가 있다. 1788년 영국 식민지로서 선포된 시점을 호주의 최초 건국으로 본다면 불과 230년 정도의 역사를 가지고 있다. 젊은 국가 이미지는 호주의 고령화 정도가 상대적으로 낮을 것이라는 환상을 심어줄 수 있다. 많은 다른 서구 국가들처럼 호주 역시 1980년대까지는 인구 고령화가 호주 사회의 주요한 변화로 인식되지 않았다(Gong & Kendig, 2016).

게다가 호주는 전 세계에서 이민자가 인구에서 차지하는 비중이 가장 높은 나라 중의 하나다. 호주는 1901년 연방정부가 수립된 시점에서부터 인구에서 이민 의존도가 높았고, 제2차 세계대전 이후에는 국가재건의 목적으로 더욱 적극적으로 이민 유입 정책을 펼쳐왔다. 그 결과 호주는 전후 전 세계에서 가장 높은 수준의 순이민 유입률(net migration rate)을 기록하고 있는 나라 중의 하나다(United Nations, 2017). 2016년 현재 호주 인구에서 해외 출생자가 차지하는 비중은 26.3%다(Simon－Davies, 2018).

이민 유입은 호주의 인구구조에 중요한 영향을 미쳐왔다. 호주의 이민 유입에서 큰 비중을 차지하는 기술이민은 연령을 주요한 기준으로 적용하고 있다. 따라서 신규 이민자들은 젊은 연령대에서 선발되고 있으며, 이민 유입은 노동가능 인구의 증가를 의미한다. 젊은 이민자

1) 본 장은 '김태완 외(2020), 노인 빈곤의 실태와 사회경제적 영향 분석 연구, 경제인문사회연구회'에 수록됨.

유입은 또한 출산 가능 연령대 인구의 증가를 의미하여, 높은 출산율로 귀결되었다. 결과적으로 적극적인 이민 유입은 호주의 인구 고령화 속도를 감소시키는 효과를 가진 것으로 평가되고 있다(Parliamentary Budget Office, 2019).

그러나 호주 역시 선진국에서 보편적으로 관찰되고 있는 인구 고령화 현상에서 자유롭지 못하다. 평균 수명의 증가와 출산율의 저하는 인구 고령화를 촉진하는 주요 요인이다. 전후 베이비 붐 현상으로 인해 1960년대 여성 1인당 3.5명에 달했던 신생아 출생률은 2016년 현재 1.8명으로 거의 절반으로 줄어든 상태다. 동기간 평균수명은 71세에서 83세로 증가하여 전체 인구에서 노인 인구가 차지하는 비중은 급속히 증가했다(Parliamentary Budget Office, 2019).

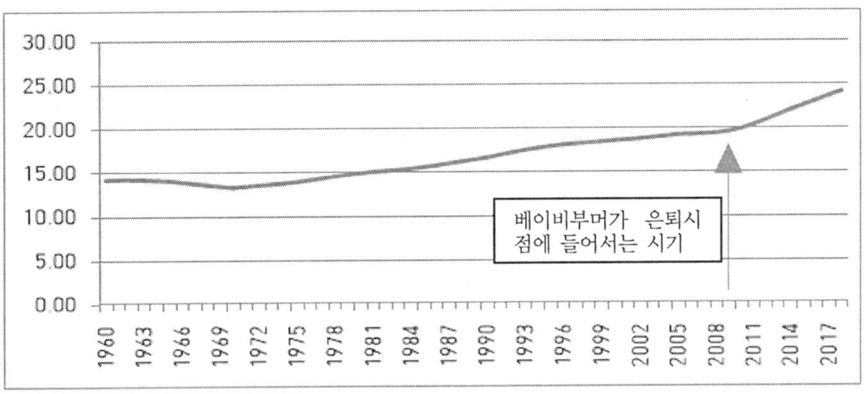


**그림 7.1** 노인부양비율(%)
출처 : Index Mundi(2018).

노인부양비율(old-age dependency ratio)은 인구 고령화를 측정하는 간단하고도 흔한 지표로 통용되고 있다. 근로연령대(16~64세) 인구 대비 은퇴자(65세 이상) 비율로 나타내는 이 지표는 1970년부터 호주에서도 서서히 증가해 왔다. 베이비 부머들이 65세에 달하여 은퇴하기 시작한 2010년 전후부터 노인부양비율은 급속히 증가하고 있다. 1971년에는 100명의 근로연령인구 대비 13명 정도가 노인이었으나, 2011년에 21명으로 상승했다. 앞으로 인구 고령화가 가속화됨에 따라 2031년이 되면 약 30명으로 상승할 것으로 추정되며, 이후부터는 이 비율이 안정 혹은 감소하여 2051년이 되면 다시 2011년 수준으로 되돌아 갈 것으로 추정되고 있다(Parliamentary Budget Office, 2019).

2017년 현재, 호주 노인 인구는 약 380만 명으로 전체 인구에서 15% 정도를 차지하고 있다(Australian Institute of Health and Welfare, 2019f). 이미 고령사회(aged society)에 진입해 있는 것이다. 인구 고령화는 향후 수십 년 동안은 지속적으로 진행될 것으로 예상되며, 2050년 이후에는 노인 인구가 20%를 상회하는 초고령사회(super-aged society)로 변모될 것으로 추정되고 있다(Australian Institute of Health and Welfare, 2019f). 인구 고령화 과정은 노인 인구집단 내 고연령층의 증가도 함께 수반하고 있다. 2017년 현재, 85세 이상의 고연령자의 비율은 13%이지만, 2050년 즈음에는 이 비율이 20%로 상승할 것으로 추산된다.

### 2) 노인 인구 구성의 다양성

특별한 규정이 없는 한 노인 인구는 65세 이상으로 통용된다. 그러나 연령 기준 하나만으로는 노인 인구의 다양성을 설명하기에는 충분치 않다. 게다가 호주는 원주민(Indigenous people)에 대해서는 별도의 연령 기준을 적용한다. 즉, 호주 원주민의 정책적 노인 기준은 50세다. 이는 원주민들과 비원주민들 간의 수명의 차이와 원주민들의 상대적으로 열악한 건강상태를 고려한 조치다. 호주 비원주민들과 원주민들의 평균수명은 남자의 경우 8.6년, 여자의 경우 7.8년의 격차를 보이고 있다(Australian Institute of Health and Welfare, 2019b). 그 결과, 65세 이상 노인 인구에서 원주민들이 차지하는 비중은 비노인들에 비해 훨씬 작다. 원주민들만으로 연령대별 분포를 살펴보면, 65세 이상은 5%, 85세 이상은 0.3%로서 비원주민들과 매우 큰 격차를 보인다(Australian Institute of Health and Welfare, 2019f).

호주는 흔히 전통적 이민 국가로 간주되고 있는데, 호주 노인들은 다양한 문화와 언어 배경을 가진 사람들로 구성되어 있다. 65세 이상 노인 인구 3명 중 1명 이상(37%)은 출생지가 호주가 아닌 사람들이다. 영국과 아일랜드 등 영어권 출신자가 노인 인구의 15%를 차지하고 있으며, 20% 정도는 비영어권 국가 출신이다. 비영어권 출신자들 내에서도 이질성이 강하다. 문화적, 언어적으로 다양한 배경을 가진 노인들 중에서는 이탈리아(110,000명), 중국(80,000명), 그리고 그리스(73,000명) 배경 보유자 순으로 인구 규모가 크다(Australian Institute of Health and Welfare, 2019f).

호주 노인들 3명 중 2명(66%)은 대도시에 거주하고 있고, 나머지의 거의 대부분(32%)은 지방도시에 거주하고 있어 도시 거주율이 매우 높다. 주(State)별 노인 인구분포를 살펴보면, 뉴사우스웨일스(New South Wales)주와 빅토리아(Victoria)주가 각각 33%와 25%로서 가장 큰 노인 비중을 차지하고 있다. 그러나 각 주 내에서 노인 인구가 차지하는 비율을 살펴보면, 태즈메이니아(Tasmania)주와 남호주(South Australia)주가 각각 19%와 18%를 차지하여 가장 높다(Australian Institute of Health and Welfare, 2019f). 이는 젊은 연령대의 지방 이탈 및 도시로의 인구이동 현상과 관련되어 설명될 수 있다(Smailes, Griffin, & Argent, 2019). 호주 젊은이들은 취업과 삶의 기회를 위해 도시로 이동하고 있으며, 이로 인해 지방에서 구조적 고령화(structural ageing)가 더욱 강하게 진행되고 있다.

## 2. 호주 노인들의 삶의 질

### 1) 노인 빈곤

호주의 노인빈곤율은 국제 기준으로 볼 때 상당히 높은 것으로 평가되고 있다. 중위소득 50%를 기준으로 할 때 노인 상대빈곤율은 23.2%로서 OECD 평균을 훨씬 상회하고 있다. 전체 인구의 상대빈곤율과 비교해 보면, 호주는 한국처럼 노인이 되면 빈곤해질 확률이 높아지는 국가에 속한다. 대체로, 노인은 은퇴 시기와 맞물려 있어서 근로소득의 감소 혹은 중단을 의미하기 때문에 은퇴 이후 빈곤율이 증가하는 것은 일반적인 현상이라 볼 수 있다. 그러나 이는 보편적인 현상은 아니며 소득보장제도를 통해 오히려 노인빈곤율이 감소하는 나라들도 목격된다.

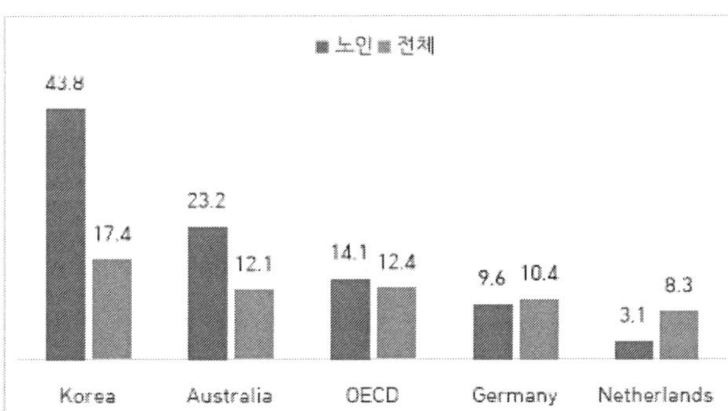


**그림 7.2** 상대빈곤율(%)

출처 : OECD(2020e).

호주의 노인빈곤율이 높은 데에는 크게 두 가지 이유가 작용하고 있을 것으로 분석된다. 첫 번째 이유는 호주의 노인 소득보장제도에서 찾을 수 있다. 호주의 공적 노인 소득보장은 노령연금(Age Pension)과 기업연금(Superannuation)에 의해 운영되고 있다. 기업연금은 개인의 노동시장 소득에 연계된 급여로서 급여액에 따라 노령연금 자격과 수급액에 영향을 미칠 수 있다. 그러나 호주의 기업연금은 아직 성숙단계에 있어 수급자 규모나 급여액 면에서 아직까지는 노령연금을 보완하는 역할을 하고 있다. 궁극적으로 노령연금이 호주 노인소득보장의 중심축이라 볼 수 있으며, 따라서 은퇴 후 별도로 시장소득이 없는 상황에서 노령연금의 급여 수준은 노인빈곤율에 주요한 영향을 미친다고 볼 수 있다.

호주의 노령연금 급여액은 남성평균주급(Male Total Average Weekly Earnings)을 벤치마킹하는 관습을 따르고 있다. 더불어 1년에 두 번 물가상승률에 연동하여 결정되는데, 1인 가구의 경우 남성평균주급의 27.7%, 그리고 2인 가구의 경우 남성평균주급의 41.76% 선에서 노령연금 최대 급여액이 결정된다(Michael Klapdor, 2015). 이러한 관습에 의해 결정되는 호주 노령연금 수준은 상대빈곤선 기준(중위소득의 50%)을 충족하기에 불충분한 결과를 낳고 있는 것으로 볼 수 있다.

호주 노인빈곤율이 높게 나타나는 두 번째 이유는 호주의 높은 소득수준과 관련이 있다. 호주는 1인당 연간 평균소득이 미화 기준 53,349달러로서 국제적으로 상위권에 속하는 나라다(OECD, 2020a). 상대빈곤율은 전체 인구의 소득을 기준으로 하는 소득불평등 지표이기 때문에, 노령연금 등 공적 이전소득이 높더라도 근로연령대 소득이 높을 경우 빈곤으로 분류될 가능성이 높게 된다. 호주의 높은 평균소득은 결과적으로 노령연금의 낮은 소득대체율로 귀결되고 있다. 호주 노령연금의 소득대체율은 통상 50% 후반대를 유지해 왔으나, 최근 자료에 의하면 호주 노령연금의 소득대체율이 42.6%로 급락한 상황이다(OECD, 2017c).

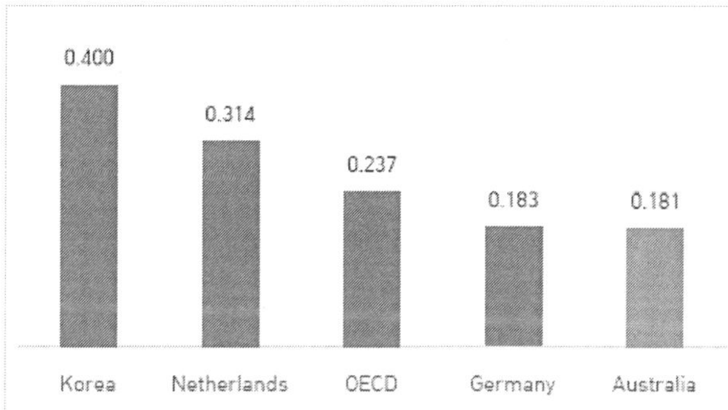


**그림 7.3** 빈곤갭

출처 : OECD(2020d).

국제기구의 객관적인 지표에 나타난 호주의 노인빈곤율은 호주 국내외 학자들에 의해 상당한 논쟁거리가 되어 있다. 대체로, 호주의 노인빈곤율은 실제보다 과장되어 있다는 것에 대해 일반적인 동의가 이루어져 있다(OECD, 2015b; Piggott, 2016). 실제 호주 국내 빈곤통계에 의하면, 호주 노인빈곤율은 12% 정도다(Australian Council of Social Service, 2018). 호주 노인빈곤율 과장설은 크게 세 가지 근거에 기초하고 있다. 첫째, 호주 노인들의 상당수는 기업연금을 일시불로 수령하고 있는데, 이 기업연금 소득은 OECD 분석에서 제외되어 있다는 점이다. 둘째, 빈곤율은 그 자체로서 빈곤의 정도에 대한 지표가 되지는 않는다. 빈곤율보다는 빈곤갭의 관점으로 노인 빈곤율은 재평가될 필요가 있는데, 호주 노령연금 수준이 비록 상대빈곤선 기준을 충분히 충족하지는 못하지만 매우 근접한 수준으로 평가된다. 다시 말해, 호주는 빈곤선 이하 노인들의 평균 소득과 빈곤선 간의 격차가 세계에서 가장 낮은 국가 중의 하나다(Bateman, 2016). 이는 호주 소득보장 체계의 특징 중의 하나로서, 호주는 최저수준에서 빈곤을 포괄적으로 보장하는 시스템을 가지고 있다. 만약 빈곤선을 중위소득의 50%가 아닌 40%로 설정할 경우 호주의 빈곤율은 5% 정도로 떨어지게 된다(Chomik & Piggott, 2014; 여유진 · 정용문, 2011b). 셋째, 호주 노인들의 완전 자가 보유율은 매우 높아서, 주거비 지출이 작다. OECD 빈곤 통계는 주거비 지출을 고려하지 않고 있는데, 만약 전체 인구의 주거비 지출을 감안하여 순소득대체율에 기초해 볼 때 노인 상대빈곤율은 8%로 하락한다고 추정한다(Coates & Chen, 2019).

### 2) 호주 노인의 삶의 질

노인의 삶의 질은 학계와 정책수립 및 실행자들의 오랜 관심거리다. 노인들의 삶의 질을 구성하는 요소들과 그 측정방법에 대해 다양한 시도와 논쟁이 있어 왔으며, 여전히 진행 중인 주제다. 노인들의 삶의 질에서 소득이나 경제적 지위의 중요성을 부인하는 연구는 찾아보기 어렵다. 그러나 소득이 노인들의 삶의 질에 영향을 미치는 결정적인 요인이라는 데에는 쉽게 동의하지 않는다. 예를 들어, 개인소득이 그 사회 중간소득의 50%에 미치지 못하는 것이 삶의 질을 저하시키는 필요조건이 될 수 있을지라도 그 기준선을 충족하지 못한다고 해서 삶의 질이 낮다고 말할 수는 없는 것이다.

노인들의 삶의 질을 다룬 많은 연구들은 삶의 질의 다차원성을 탐구하는 데에 관심이 많다. Bowling 등(2002)은 삶의 질 측정에서 소득은 유의미한 변수가 아니며, 개인의 사회적 자본(social capital)이 주요한 변수임을 밝히고 있다(Bowling, Banister, Sutton, Evans, & Windsor, 2002). Burns와 Browning(2016)은 심리적인 측면에서 노인들의 삶의 질의 개념을 정립하고 있다(Burns & Browning, 2016). Bowling(2007)은 노인들의 삶의 질을 구성하는 요인들로서 재정적 상황과 함께 사회적 관계, 사회적 역할과 활동, 건강, 심리적 웰빙, 가정과 지역사회, 그리고 독립성 등을 제시하고 있다(Bowling, 2007). 국내에서는 정경희 등(2017)이 국내외 문헌 검토를 통해 노인들의 삶의 질을 소득, 건강, 교육 및 여가, 가족 및 공동체, 시민참여, 안전 및 환경 등 여섯 가지 차원에서 정의하고 있다(정경희 외, 2017).

삶의 질은 흔히 생활만족도 혹은 행복도 등에 의해 조작적으로 정의된다. 행복도는 생애주기와 관계가 있는 것으로 보고되고 있으며, 일반적으로 저연령대에 높다가 40~50대까지 감소한 후에 60대에 다시 회복하여 U자형 패턴을 보인다(Blanchflower & Oswald, 2008; Lelkes, 2008). 호주 노인들 역시 이러한 경향을 따르고 있는데, 45~54세 연령대의 생활만족도가 가장 낮고('만족한다' 73%), 65~74세 연령대의 경우 대다수(83%)가 만족한다고 응답하여 만족도가 가장 높은 연령대로 보고되고 있다(Australian Bureau of Statistics, 2011b).

삶의 질에 대한 국제비교 자료에 의하면, 호주 노인들은 상대적으로 매우 높은 수준에 위치해 있다. OECD에서 생산하는 다양한 삶의 질 지표(Better Life Index)에서 호주는 생활만족도 등 대부분의 영역에서 국제적으로 상위권에 위치해 있다(OECD, 2017a). UN에서 발표하는 인적개발지수(Human Development Index)에서도 호주는 세 번째로 높은 순위를 차지하고 있다

(United Nations, 2018). 상기 지표들은 전체 인구를 대상으로 하고 있다는 점에서 노인 인구만의 삶의 질을 보여주고 있지는 않다. 50세 이상 노인 인구만을 추출한 자료에 의하면, 호주 장노년층의 생활만족도는 여전히 매우 높아 최상위권에 분포되어 있다(심수진, 2018).

전술했다시피 삶의 질은 다차원적인 개념이기 때문에 단순히 소득이나 행복이나 만족도 등의 주관적인 평가만으로 판단하기에는 위험이 따른다. 호주 노인들의 삶의 질을 다양한 지표들을 통해 더 다각적으로 살펴볼 필요가 있다. 우선 건강 영역부터 살펴보면, 65세 이상 호주 노인들 4명 중 3명(73%)은 자가 진단한 자신의 건강상태가 좋다고 보고하고 있다. 5명 중 2명(39%)은 자신의 건강상태가 '매우 좋다(very good)' 혹은 '훌륭하다(excellent)'로 평가하고 있어 대체로 육체적 건강상태는 양호한 편으로 분석된다. OECD 국제비교에서도 호주 노인들의 자가 진단 신체건강은 최상급 수준에 위치해 있다(OECD, 2017a). 또 다른 건강 지표인 수명에서도 호주 노인들은 매우 높은 수준을 보이고 있다. 호주 노인들의 기대여명(life expectancy)은 급속히 증가하고 있는데(Australian Institute of Health and Welfare, 2019b), 2016년 현재 65세 기준으로 남성의 경우 19.6년, 여성의 경우 22.3년의 기대여명을 보이고 있다(Australian Institute of Health and Welfare, 2019f). 호주의 평균수명은 82.6세로서 이 역시 국제적으로 상위권에 분포되어 있다(OECD, 2020c).

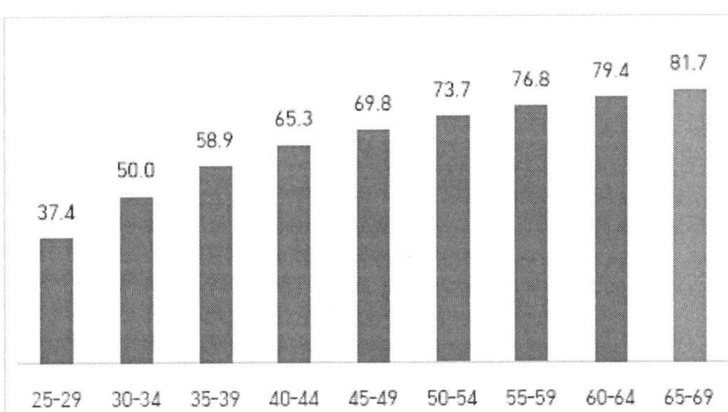


**그림 7.4** 연령대별 주택보유율(%)

출처 : Australian Institute of Health and Welfare(2019e).

삶의 질 수준에 영향을 미치는 또 다른 요인에는 주거의 질이 있다(OECD, 2017a). 주거의 질은 다시 두 가지로 나누어 살펴볼 수 있다. 우선 주택보유율은 노인들의 주거안정성과 관련된 주요한 지표다. 호주는 1990년대 중반을 기점으로 주택보유에 관한 눈에 띄는 변화를 경험하고 있다. 전반적으로 호주의 주택보유율은 66.2%로서 사회주의 전통이 있는 동유럽권 국가를 제외하면 높은 수준으로 볼 수 있지만(OECD, 2019a), 주택보유율은 점진적으로 하락하고 있다. 주택보유자 구성 면에서도 융자가 없는 완전자가 보유자 비율은 감소하고, 융자가 있는 자가보유자 비율이 증가하고 있다. 이 와중에 호주 노인들은 높은 주택보유율을 향유하고 있는데, 65~69세 주택보유율은 81.7%에 달해(Australian Institute of Health and Welfare, 2019e) 거의 대부분의 호주 노인들은 주택소유자로 볼 수 있다. 호주 노인들의 높은 자가 보유율은 주거 안정감뿐만 아니라 은퇴 이후 주거비 지출을 통제할 수 있어 재정적인 안정감을 제공하는 실질적인 삶의 질 제고 효과를 가진다고 볼 수 있다.

주거의 질을 구성하는 두 번째 요소는 주거환경으로서 여기에는 주택당 거주자 수, 주택시설, 주거비용 등이 포함된다. 호주의 주거환경은 국제적으로 매우 높은 수준에 위치해 있다. 특히 1인당 보유 방 개수 통계에 의하면, 호주는 1인당 2.3개의 방이 가용하여 세계적으로 최상위 수준에 위치해 있다(OECD, 2017a). 노인에 특화된 통계는 접근 가능하지 않아 제시하지 못하지만, 호주 노인들은 과밀주거(over-crowding)로 인한 스트레스를 받고 있지 않으며, 주택에서 매우 큰 공간을 사용하고 있음을 시사하고 있다.

건강과 주거 안정성 이외에 간과할 수 없는 삶의 질의 주요 요소는 사회경제적 참여다. 호주 노인들의 노동시장 참여율은 지속적인 상승 추세에 있다. 2018년 현재, 남성의 경우 17%, 여성의 경우 10%, 전체적으로 13%의 노인들이 노동시장 활동에 참여하고 있으며, 2006년의 8%에 비하면 비약적인 증가다. 호주 노인들의 노동시장 참여율은 앞으로도 계속 증가할 것으로 예상되는데, 이는 호주 노인들의 은퇴 의향 시점이 연장되는 것으로 추론할 수 있다. 2004~2005년에는 70세까지 일하겠다는 45세 이상 응답자가 8%에 불과했으나, 2016~2017년도에 그 수치는 20%로 늘었다(Australian Institute of Health and Welfare, 2019f).

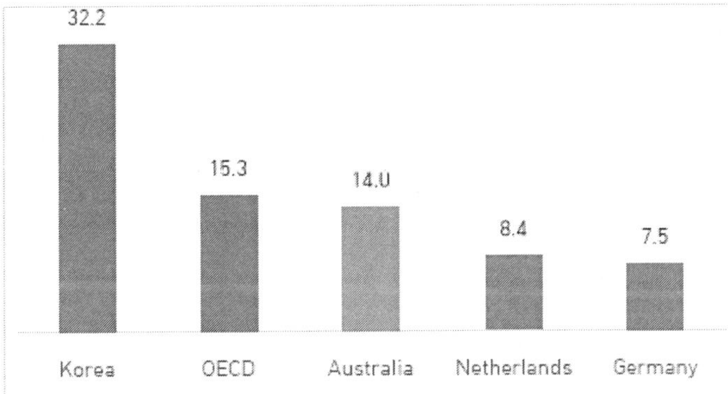


**그림 7.5** 노동시장 참여율(%)
출처 : OECD(2020b).

노동시장 참여가 삶의 질에서 차지하는 의미는 양가적이다. 한편에서 노동시장 참여는 좋은 삶의 질의 필요조건이다. 즉, 경제활동을 통해 노인들은 사회적 역할을 유지하고, 사회욕구를 충족시키며, 사회와의 연계성을 지속시킬 수 있다. 다른 한편에서 노인들의 노동시장 참여는 낮은 삶의 질을 반영하는 지표가 될 수 있다. 즉, 본인의 은퇴에 대한 선호에도 불구하고 경제활동을 해야 한다면 삶의 질을 저하시키는 것이다. 따라서 호주 노인들의 경제활동 참가율 증가가 호주 노인들의 삶의 질에서 갖는 함의에 대한 판단은 유보적이다. 이는 호주 노인들의 은퇴 시점 연장의 자발성 정도에 따라 판단될 수 있을 것으로 본다.

## 3. 사회경제적 요인

공식적인 호주 노인 빈곤율 통계에 비해 호주 노인들의 실제 삶의 질은 상당히 높은 것으로 보고되고 있다. 이는 상대적 빈곤율이 노인들의 소득의 적절성을 반드시 훼손한다고 볼 수는 없으며, 빈곤이 단순히 경제적 차원에서만 정의되지 않은 다차원적인 개념임을 보여준다고 할 수 있다. 얼핏 모순적인 것처럼 보이는 이 현상에 대한 추가적인 설명이 필요한 대목이다. 이 절에서는 호주 노인들의 삶의 질을 떠받치고 있는 제반 요인들을 탐구한다.

### 1) 소득보장제도

호주의 노인 소득보장제도의 특징은 이미 한국에 수차례 소개되어 왔다(여유진 외, 2017; 여유진 · 정용문, 2011b; 임완섭 · 황남희 · 이아영 외, 2019; 정용문, 2012a). 호주 노인 소득보장제도가 가지고 있는 장점과 단점 때문에 노인들의 삶의 질에 미치는 효과를 단순하게 평가하기는 힘들다. 앞서 서술했듯이, 노령연금의 적절성은 호주 노인 소득보장 체계의 아킬레스건이다. 호주의 노령연금 개혁은 수령 연령 상승을 통한 사회보장 지출 통제에 초점이 맞추어져 있기 때문에 단기간에 적절성이 개선될 것으로 예상되지는 않는다.

그러나 호주의 노인 소득보장제도는 크게 다음 세 가지 측면에서 호주 노인들의 높은 삶의 질을 지탱할 장점을 보유하고 있다. 첫째, 호주 노인들의 절대 빈곤율은 매우 낮을 것으로 추정된다. 호주는 1973년부터 헨더슨 빈곤선(Henderson Poverty Lines)이라는 비공식적인 절대 빈곤선을 측정하고 있다. 헨더슨 빈곤선을 호주 주요 사회보장 급여의 최대금액과 비교해 보면, 노령연금은 빈곤선의 124.1% 선에서 설정되어 있다. 즉, 호주 국내 다른 사회보장 급여에 비해 노령연금의 적절성은 매우 높으며, 결과적으로 절대빈곤선 이하의 노인은 이론적으로 없다.

호주의 노령연금은 또한 호주 내 다른 사회보장 급여에 비해서 상대적으로 높은 수준으로 평가되고 있다. 호주의 비공식적인 절대빈곤선으로 사용되고 있는 헨더슨 빈곤선(Henderson Poverty Lines)을 각 급여의 최대금액과 비교해 보면, 노령연금이 유일하게 빈곤선 이상에서 설정되어 있고, 그 수준은 빈곤선의 124.1%다. 실업수당 및 저소득 가족 급여의 최대 급여액은 모두 빈곤선 이하에서 결정되어 있다(Melbourne Institute of Applied Economic and Social Research, 2019). 따라서 호주 국내 다른 사회보장 급여 대비 노령연금의 상대적인 적절성은 매우 높다. 결과적으로, 호주 노인들의 빈곤갭은 다른 사회보장 급여 집단에 비해 훨씬 낮다(Australian Council of Social Service, 2018).

**표 7.1** 절대 빈곤선 대비 급여 수준(부부가구 기준, 호주달러)

| 급여 | 주당 최대 급여(A) | 빈곤선(B) | 비율(A/B) |
|---|---|---|---|
| 실업수당 | 568.60 | 708.41 | 80.3% |
| 노령연금 | 754.70 | 608.24 | 124.1% |
| 가족급여(4인 가구) | 1,045.65 | 128.094 | 81.6% |

출처 : Melbourne Institute of Applied Economic and Social Research(2019).

둘째, 호주 노인소득보장제도는 매우 높은 포괄성을 자랑한다. 소득보장 급여는 기본적으로 욕구에 기반하여 자격요건이 결정된다. 노령연금 소득조사 요건만 충족하면 급여자격을 유지할 수 있다. 일부 신규 이민자의 경우 거주요건을 충족하지 못하는 경우가 있으나 소수로 파악된다(Australian Bureau of Statistics, 2011b). 대체로 노령연금을 받고 있는 노인은 전체 노인의 80%에 달하고 있다. 노령연금 수급자 5명 중 3명 이상(64.0%)은 최대금액을 받는 완전 노령연금 수급자(full-pensioners)다(Department of Social Services, 2020c). 20%는 소득으로 인해 자격이 상실된 이들인데, 부부 노인가구의 경우 연간 소득이 8만 1천 호주달러에 이르기까지 일정 금액의 노령연금(part-pensioners)을 받을 수 있도록 기준선이 높게 설정되어 있다(Departmemt of Social Services, 2019). 물론 호주의 사회보장 수급권은 수급자 본인 외부의 요인에 의해 영향을 받지 않는다. 즉, 부양의무자 기준은 적용되지 않기 때문에 이론적인 사각지대는 존재하지 않으며, 높은 대상 포괄성을 호주 노령연금의 가장 큰 장점으로 꼽을 수 있다.

셋째, 호주의 소득 및 자산조사는 수급자에게 유리하게 설계되어 있다. 좀 더 세부적으로, 본인이 거주용으로 사용하고 있는 주택은 자산조사에서 제외된다. 호주 노인들의 높은 주택 보유율을 전술한 바 있다. 호주 노인들은 기업연금 등으로 발생하는 소득을 융자상환이나 주택 가치 상승 등의 목적으로 주택에 투자하는 경향이 높다. 따라서 호주 노인 계층은 비록 시장 소득이나 공적 이전소득은 작을지 몰라도 높은 자산을 향유하고 있다. 저소득 노인 가구의 절반 이상(54%)이 호주에서 비유동 자산을 가장 많이 가진 가구의 40%를 형성하고 있다는 통계도 있다(Australian Bureau of Statistics, 2016a). 추가적으로, 호주 노령연금은 1년에 2회 물가연동되어 갱신되는데, 이때 사용하는 기준은 일반 소비자물가지수(CPI)가 아닌 '연금수령자를 위한 생계비 지수(Pensioner and Beneficiary Living Cost Index)'가 적용된다. 이는 연금수령자들이 주로 소비하는 물품들에 대한 물가를 반영하여 조정하는 지수다. 일반적으로 후자는 전자보다 물가상승률이 더 높아 노인들의 실질적인 소비와 생활수준에 맞게 노령연금 급여액이 상승하는 효과를 가진다.

### 2) 사회서비스 제도

소득보장 이외에 호주 노인들의 높은 삶의 질을 근저에는 체계적인 노인서비스 제도가 자리 잡고 있다. 호주는 노령연금에 대한 지출이 상대적으로 작아 GDP 대비 노인분야 지출은

OECD 평균에 미치지 못하는 것으로 보고되고 있다(OECD, 2019d). 그러나 노인서비스에 대한 지출만을 놓고 보면 호주는 공공지출이 매우 높은 나라 중의 하나로 기록되고 있다(Bateman, 2016). 2017~2018년 한 해에 호주 정부는 노인서비스 프로그램에 180억 호주달러(약 18조 원)의 예산을 지출했다. 노인서비스는 정부의 재정지원으로 운영되고 있지만, 고소득자에게는 이용자 부담이 적용된다. 현재, 노령연금을 수급하고 있는 경우에는 소득조사가 면제된다(My Aged Care, 2020). 노인 인구의 증가로 노인서비스 지출은 지속적으로 증가하고 있다(Australian Institute of Health and Welfare, 2019d).

호주 정부는 노인서비스 제공에 보조금을 지원하는 형태로 운영되고 있으며(Grove, 2016), 다른 나라와 마찬가지로 호주의 노인서비스는 크게 지역사회 보호(home and community care)와 시설보호(residential care)로 구분되어 있다. 65세 노인이 되면 공적 노인서비스를 이용할 자격이 주어지지만, 서비스를 받기 위해서는 돌봄 욕구에 대한 사정(assessment) 절차가 수반된다. 2017~2018년 통계에 의하면, 호주 노인의 대부분(71%)은 노인서비스를 받고 있지 않고 있다. 120만 명의 호주 노인들이 노인서비스를 이용하고 있는데, 이들의 대부분은 지역사회 보호를 지원하는 가정지원 프로그램(Commonwealth Home Support Programme)을 이용하고 있으며, 전체 노인의 7%만이 시설보호 서비스를 받고 있다(Australian Institute of Health and Welfare, 2019a). 호주가 정책적으로 거주지 노화(ageing-in-place) 정책을 추진해 오면서, 호주 노인들이 지역사회에서 사회관계를 유지하면서 독립적인 생활을 유지하려는 욕구를 충족하고 있다(정용문, 2013a).

호주 노인들은 노인서비스의 질에 대해 대체로 매우 만족하고 있는 것으로 보고되고 있다. 2015년부터 호주의 노인서비스는 소비자 주도(consumer-directed) 혹은 자율 돌봄(self-directed) 모델 개념을 도입하여 운영하고 있어, 서비스 이용자들의 자율성과 예산주도권을 혁신적으로 강화했다(Department of Health, 2020b). 시설보호 서비스에 대한 만족도도 매우 높다. 높은 서비스 만족도는 호주 정부의 서비스 질 관리 정책에서 기인한다고 볼 수 있다. 노인 시설보호 서비스 제공자들은 3년마다 '노인 복지서비스 질과 안전 위원회(Aged Care Quality and Safety Commission)'로부터 서비스 질 평가를 통해 재승인을 받아야 하는데, 사실상 거의 모든(97%) 시설들이 재승인을 받고 있다(Australian Institute of Health and Welfare, 2019a). 이는 서비스 질 평가 기준이 낮아서라기보다는 서비스 제공자들의 서비스 기준 충족률이 높기 때문으로 해석된다.

### 3) 사회경제적 참여

빈곤이 단지 경제적 자원의 보유 정도로 접근하는 방식에서 점차 사회적 배제라는 다차원적인 개념으로 접근함에 따라 사회경제적 참여(engagement)가 빈곤을 정의하는 핵심적인 요소로 고려되고 있다. 우선, 호주 노인들의 경제활동 참여 현황부터 살펴보면, 호주 노인들은 노동시장 참여율(labour force participation rate)은 2018년 기준으로 14%다. 이는 OECD 평균(15.3%)과 큰 차이 없이 약간 낮은 수준이다(OECD, 2020b).

45세 이상 호주인들의 은퇴 연령은 매우 낮다. 평균적으로 55.3세가 되면 은퇴를 하는데, 남녀간 편차가 커서 남성의 경우 58.8세, 여성의 경우 52.3세가 되면 은퇴를 한다(Australian Bureau of Statistics, 2017b). 장년기 은퇴는 다시 번복되기도 하는데, 실제 지난 5년 이내에 은퇴한 자들만으로 은퇴연령을 재산출하면 62.9세가 된다(Melbourne Institute of Applied Economic & Social Research, 2017). 호주인들의 은퇴 연령은 지속적으로 증가 추세에 있으며, 앞으로도 이 추세는 유지될 호주 노인들의 은퇴 시점은 점차 연기되고 있으며, 이는 결과적으로 노동시장 참여율 증가로 귀결되고 있다.

호주인들이 은퇴를 하는 가장 큰 이유는 '기업연금/노령연금 수령 연령에 이르렀기 때문'이다. 소득보장 급여 자격이 부여되는 시점에서 은퇴를 결정하는 것이다. 그 다음 요인들은 부상이나 질병 등 '신체적 기능'과 관련된 요인이며, '해고 등 가용한 일이 없어서', '가족 돌봄 책임', 그리고 '휴가' 등이 그 뒤를 따르고 있다. 소득보장 제도가 호주 노인들의 은퇴 결정에 가장 주요한 영향을 미치고 있으며, 이는 소득보장 급여가 경제활동 참여를 대체하는 효과를 가진다고 볼 수 있다. 대체로 연령 상승에 따른 근로기회의 상실과 같은 구조적 혹은 비자발적 요인보다는 개인적인 요인이 더 크게 작용하고 있는 것으로 분석된다.

은퇴 시점에서 호주인들의 주요 소득 원천들을 살펴보면, 55%는 기업연금, 25%는 노령연금, 3%는 임대수입, 2%는 배당수입을 꼽고 있다. 개인소득이 없이 은퇴하는 비율은 2% 정도로서 낮은 편이다. 호주 노령연금은 기본적으로 소득에 대한 욕구가 있으면 자격이 부여되지만, 최소한 영주권자로서 10년의 거주기간이 요구된다. 특별한 개인 소득이 없으면서도 노령연금을 수급하지 못하는 이들은 신규 이민 노인일 가능성이 크다(임완섭·황남희·이아영 외, 2019). 즉, 노령연금의 사각지대는 매우 작다고 추정되며, 이는 은퇴가 곧바로 (절대적인 관점에서) 경제적 빈곤으로 연결되지는 않음을 시사하고 있다.

일과 은퇴 등의 경제적 참여 여부는 노인들의 삶의 질에 있어 다소 모호한 효과를 지닐 수 있다. 즉, 경제활동을 한다는 것이 곧 빈곤을 벗어난다는 의미는 의미는 아니며, 오히려 반대로 빈곤하기 때문에 경제활동을 해야 하는 경우도 있다. 반면 사회적 참여는 삶의 질과 직접적인 관련성을 갖는 것으로 보고되고 있다. 사회적 참여는 사회적 배제에 대응하고 건강한 노년을 지원하는 핵심적인 기능을 수행한다. 일반적으로 노년이 될수록 사회적 관계망은 작아지고, 사회적 참여는 감소하는 것으로 보고되고 있다(Windsor, Curtis, & Luszcz, 2016). 사회참여는 크게 공식적, 비공식적 참여로 구분할 수 있다(Douglas, Georgiou, & Westbrook, 2017). 우선, 호주 노인들은 비공식적 사회참여에 매우 적극적이다. 63%의 호주 노인들은 적어도 일주일에 한 번 이상, 20%는 매일 가정 이외의 사회적 관계를 가지고 있다. 호주 노인의 절대다수(94%)는 위기상황에서 자신을 지지해 줄 개인적 관계망을 가지고 있으며, 이들은 주로 가족(84%), 친구(54%), 그리고 이웃(37%)이다(Australian Institute of Health and Welfare, 2019f)

사회참여의 지표로서 흔히 사용되는 자원봉사활동 참여를 살펴보면, 호주는 전체적으로 40% 이상의 자원봉사율을 기록하고 있으며, 국제적으로도 매우 높은 순위에 위치하고 있다(OECD, 2015a; 2018). 지역사회 조직이나 단체를 통해 자원봉사를 하고 있는 65세 이상 연령자는 20% 이상으로 보고되고 있다(Australian Institute of Health and Welfare, 2019f).

## 4. 향후 과제

### 1) 취약계층

호주 노인들은 여러 가지 지표에서 드러나듯이 대체로 높은 삶의 질을 누리고 있는 것으로 평가된다. 소득보장 급여의 높은 포괄성과 급여의 적절성으로 인해 절대적인 관점에서의 빈곤이 호주 노인들의 삶의 질을 훼손한다고 볼 수는 없다. 절대 빈곤이 사회적으로 주요한 이슈가 아니라 하더라도 절대 빈곤을 경험하는 인구집단은 여전히 존재하고 있다. 호주에서 절대 빈곤의 지표로 흔히 사용되고 있는 홈리스 통계를 보면 호주 전체 홈리스에서 55세 이상의 장노년층이 차지하는 비율은 16%다. 숫자로 보면, 18,600명으로서 대략 전체 홈리스 6명 중 1명에 해당한다(Australian Bureau of Statistics, 2018a). 호주 노인들 중에서 홈리스가 차지하는 비중은 0.5%에 미달하는 작은 규모로 볼 수 있으나, 문제는 홈리스 노인들의 숫자가 지속적으로 증가 추세에 있다는 점이다. 이는 노인 인구의 증가와 주택보유율 하락이 결합된 결과로 발생하고 있다.

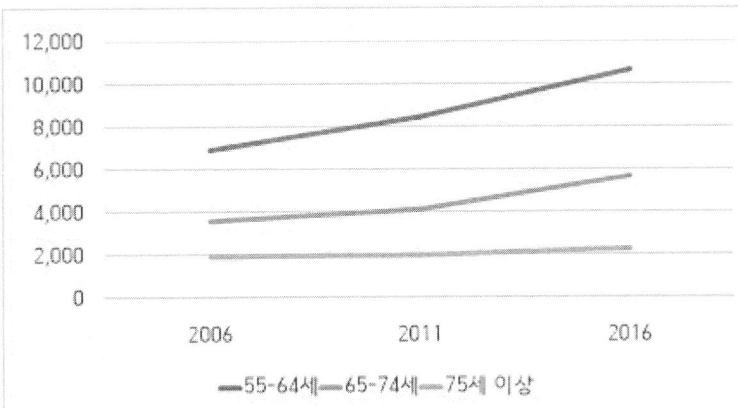


**그림 7.6** 호주 노인 홈리스 규모(명)
출처 : Australian Bureau of Statistics(2018a).

호주에서 정의하는 홈리스는 다소 광범위하다. 홈리스는 단지 노숙인을 의미하지는 않으며, 기숙사나 여관 등의 공동숙박시설 거주, 과밀거주(overcrowding), 그리고 단기 거주자로서 주거지가 일정하지 않은 경우 등이 포함된다. 따라서 호주의 홈리스 정의를 염두에 두고 상기 통계를 해석할 필요가 있다. 호주가 홈리스에 대해 '불충분한 주거'로 다소 광의의 기준을 적용한다 하더라도 노인들의 홈리스 증가는 분명 악화되고 있는 빈곤문제 중의 하나다.

상대적인 관점에서 호주 노인 빈곤은 더욱 심각한 문제로 제기되어 왔다. 이미 살펴보았듯이, 호주 노인들의 상대빈곤 수준은 국제적인 평균을 상회하고 있다. 빈곤한 호주 노인들을 사회경제적 특성에 따라 세분화해 보면, 건강이나 사회경제적 기회 측면에서 특별히 취약한 집단들이 확인된다. 이들은 원주민, 다문화배경을 가진 이들, 벽지(remote area) 거주자, 그리고 성적 소수자 등이다(Australian Institute of Health and Welfare, 2019f).

가구 유형별로 노인들 중에서 특히 빈곤에 처할 확률이 높은 두 가지 집단이 있는데, 첫번째는 노인 단독가구다. 일반적으로 단독가구는 부부가구에 비해 저소득에 처할 위험이 높다. 왜냐하면 수입 면에서 단독 수입에 의존함과 동시에 지출 면에서 규모의 경제를 실현하기 어렵기 때문이다. 노인 단독가구의 빈곤율은 18%로서, 호주 전체 노인 빈곤율(12%)보다 1.5배 높다.

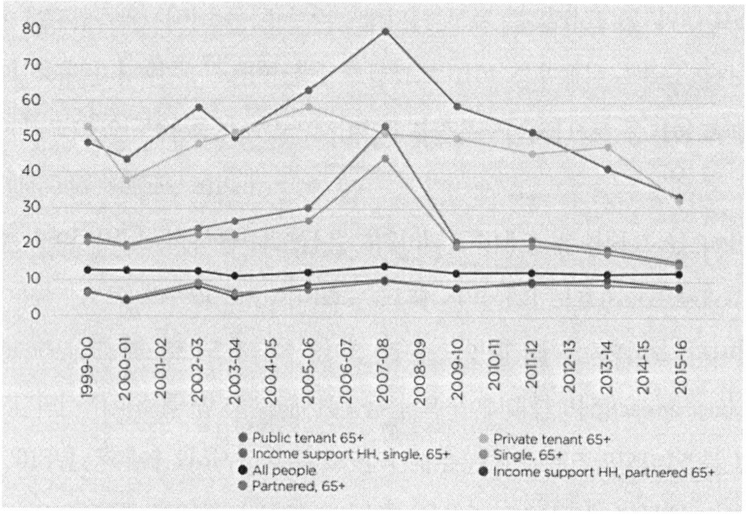


**그림 7.7** 주거비 고려 가구 유형별 빈곤율(%)
출처 : Australian Council of Social Service(2018).

호주 노인 빈곤율에 있어서 집단 간 가장 큰 격차를 만드는 변수는 주택 소유 여부다. 호주 노인들은 대부분은 주택을 소유하고 있으며, 세입자는 전체 노인 가구의 6%로 소수다(Australian Bureau of Statistics, 2017c). 그러나 이들의 빈곤율은 다른 어떤 집단에 비해 높다. 최근 주택 소유 여부에 따른 빈곤율 격차는 크게 감소했으나, 여전히 임대가구의 빈곤율은 전체 노인 빈곤가구보다 약 3배가량 높게 나타난다. 그중에서도 공공임대 주택 거주 노인들의 빈곤율은 특히 높은데, 이 집단의 주거비 지출 후(after−housing) 빈곤율은 한때 80%에 달할 정도로 심각했다(Australian Council of Social Service, 2018).

### 2) 노인 소득보장제도 시사점

소득보장제도가 호주 노인들의 빈곤과 삶의 질에 미치는 영향은 결정적이다. 호주의 노인 소득보장제도는 흔히 3층 체계로 불리는데, 노령연금, 강제 기업연금, 그리고 자발적 기업연금이 그것을 구성하고 있다. 그러나 노령연금이 노인들의 최후의 소득보장 장치로서 가장 중요한 역할을 하고 있다. 왜냐하면 기업연금의 일시불 지급이 허용되고, 많은 호주 노인들은 기업연금이 노령연금을 대체 혹은 감소시키지 않은 방법으로 기업연금을 미리 사용하기 때문이다.

호주 노인들의 은퇴 후 소득의 원천은 매우 단순하다. 일반적으로 노인들의 소득 원천은 공적이전(public transfers), 기여금 이전(occupational transfers), 투자수입(capital), 그리고 근로소득(work)으로 구성된다(OECD, 2017c). 비록 적지 않은 노인들이 65세 이후에도 경제활동에 참가하고 있고, 그 비율로 조금씩 증가하는 추세지만 호주 노인들의 대부분은 65세 이후 근로소득의 중단을 경험한다. 투자수입이나 이자소득을 가진 일부 고소득자를 제외하면 대부분의 호주 노인들은 이전소득에 의존하며, 그중 기업연금을 통한 기여금 이전의 소득보장 역할은 상쇄되기 때문에 결국 노령연금이 주요한 소득의 원천이 된다. 결과적으로 호주의 노인소득보장 체계는 노령연금이라는 매우 단순한 체계에 의존한다고 볼 수 있다.

따라서 노령연금이 호주 노인들의 빈곤에 미치는 영향은 분명하고 결정적이다. 그림에서 볼 수 있듯이 2007~2009년을 기점으로 호주 노인들, 특히 취약계층의 빈곤율은 큰 변화를 경험한다. 2008년 이전 이들 집단의 빈곤율 상승은 가구소득의 전반적인 상승과 함께 그들의 주거비 상승에 기인했다. 이후 빈곤율의 급격한 하락은 단독가구 노령연금 급여액의 실질적인 상승의 효과 때문이다(Australian Council of Social Service, 2018). 이처럼 노령연금은 호주 노인들의 빈곤율에 직접적인 효과를 발휘한다.

그러나 호주 정부의 노령연금 개혁 방향은 노인 빈곤 감소와 웰빙 제고보다는 재정적 지속가능성과 지출통제에 초점이 맞춰져 있다. 이에 따라, 노령연금 수급 연령의 상승, 수급노인의 근로장려, 기업연금의 역할 증대, 기업연금 수급 연령 상향 조정, 그리고 노령연금 급여액 하향 조정 등이 논의되고 있다(National Commission of Audit, 2014b). 물론, 호주 노인들은 호주 정부의 노령연금 개혁 방향과 상반된 욕구를 표출하고 있다. 호주 노인들이 정부에 요구하는 변화에는 '노령연금 급여액 상승', '기업연금 수급 연령 상향 조정 중단', 그리고 '노령연금 수급 연령 상승 중단' 등이 주를 이루고 있다(Council on the Ageing, 2018).

## 참고문헌


https://www.abs.gov.au/ausstats/abs@.nsf/Products/8D0713D229579D3CCA25791A0082C403?opendocument Australian Bureau of Statistics. (2011). Life satisfaction. Retrieved from

Australian Bureau of Statistics. (2016). Many older Australian households asset rich, income poor. Retrieved from https://www.abs.gov.au/ausstats/abs@.nsf/Lookup/by%20Subject/6523.0~2013-14~Media%20Release~Many%20older%20Australian%20households%20asset%20rich,%20income%20poor%20(Media%20Release)~40

Australian Bureau of Statistics. (2017a). 6238.0 – Retirement and Retirement Intentions, Australia, July 2016 to June 2017. Retrieved from https://www.abs.gov.au/ausstats/abs@.nsf/mf/6238.0

Australian Bureau of Statistics. (2017b). Census of Population and Housing : Reflecting Australia – Stories from the Census, 2016. Retrieved from https://www.abs.gov.au/ausstats/abs@.nsf/Lookup/by%20Subject/2071.0~2016~Main%20Features~Ageing%20Population~14

Australian Bureau of Statistics. (2018). Census of Population and Housing : Estimating homelessness, 2016. Retrieved from https://www.abs.gov.au/AUSSTATS/abs@.nsf/DetailsPage/2049.02016?OpenDocument

Australian Council of Social Service. (2018). Poverty in Australia 2018 : Australian Council of Social Service.

Australian Institute of Health and Welfare. (2019a). Aged care. Retrieved from https://www.aihw.gov.au/reports/australias-welfare/aged-care

Australian Institute of Health and Welfare. (2019b). Deaths in Australia : Australian Institute of Health and Welfare.

Australian Institute of Health and Welfare. (2019c). Government spending on aged care. Retrieved from https://www.gen-agedcaredata.gov.au/Topics/Government-spending-on-aged-care

Australian Institute of Health and Welfare. (2019d). Home ownership and housing tenure : Australian Institute of Health and Welfare.

Australian Institute of Health and Welfare. (2019e). Older Australia at a glance : Australian Institute of Health and Welfare.

Bateman, H. (2016). Retirement income strategies for an ageing population. In H. Kendig, P. McDonald, & J. Piggott (Eds.), Population ageing and Australia's future (pp. 233-259) : Australian National University Press.

Blanchflower, D. G., & Oswald, A. J. (2008). Is well-being U-shaped over the life cycle? Social Science & Medicine, 66, 1733-1749.

Bowling, A. (2007). Quality of Life in Older Age : What Older People Say. In H. Mollenkopf & A. Walker (Eds.), Quality of Life in Old Age : International and Multi-Disciplinary Perspectives : Springer.

Bowling, A., Banister, D., Sutton, S. C., Evans, O., & Windsor, J. (2002). A multidimensional model of the quality of life in older age. Aging & Mental Health, 6(4), 355-371.

Burns, R. A., & Browning, C. (2016). Wellbeing and its improvability as a national goal In H. Kendig, P. McDonald, & J. Piggott (Eds.), Population ageing and Australia's future (pp. 205-230) : Australian National University Press.

Chomik, R., & Piggott, J. (2014). The Australian Retirement Income System : Comparisons with and Lessons for the United States Wharton Pension Research Council.

Coates, B., & Chen, T. (2019). Why Australia's old−age poverty rates are far lower than you might think : Grattan.

Council on the Ageing. (2018). State of the (older) nation 2018 : Newgate Research.

Departmemt of Social Services. (2019). Income test for pensions. Retrieved from https://www.servicesaustralia.gov.au/individuals/topics/non−medical−rules−disability−support−pension/51251/in−come−and−assets−tests/income−test−pensions

Department of Health. (2020). Home Care Packages Program Reforms. Retrieved from https://www.health.gov.au/health−topics/aged−care/aged−care−reforms−and−re−views/home−care−packages−program−reforms

Department of Social Services. (2020). DSS Demographics September 2019. Retrieved from https://data.gov.au/dataset/ds−dga−cff2ae8a−55e4−47db−a66d−e177fe0ac6a0/details

Douglas, H., Georgiou, A., & Westbrook, J. (2017). Social participation as an indicator of successful aging : an overview of concepts and their associations with health. Australian Health Review, 41, 455−462.

Gong, C., & Kendig, H. (2016). Ageing and social change in Australia. In H. Kendig, P. McDonald, & J. Piggott (Eds.), Population ageing and Australia's future (pp. 19−45) : Australian National University Press.

Grove, A. (2016). Aged Care : a quick guide : Parliamentary Library.

Index Mundi. (2018). Australia − Age dependency ratio. Retrieved from https://www.indexmundi.com/facts/australia/age−dependency−ratio

Klapdor, M. (2015). Changed indexation of pensions and tightened eligibility for all benefits : Parliamentary Library.

Lelkes, O. (2008). Happiness Across the Life Cycle : Exploring Age−Specific Preferences : European Centre for Social Welfare Policy and Research.

Melbourne Institute of Applied Economic & Social Research. (2017). The Household, Income and Labour Dynamics in Australia Survey : Selected Findings from Waves 1 to 15 : Melbourne Institute of Applied Economic & Social Research.

Melbourne Institute of Applied Economic and Social Research. (2019). Poverty Lines : Australia : Melbourne Institute of Applied Economic and Social Research.

My Aged Care. (2020). Income assessment for Home Care Packages. Retrieved from https://www.myagedcare.gov.au/income−assessment−home−care−packages

National Commission of Audit. (2014). Towards responsible government : National Commission of Audit

OECD. (2015a). OECD Family Database. Retrieved from http://www.oecd.org/els/family/database.htm

OECD. (2015b). Pensions at a Glance 2015 : OECD and G20 Indicators : OECD.

OECD. (2017a). Better Life Index. Retrieved from https://stats.oecd.org/Index.aspx?DataSetCode=BLI

OECD. (2017b). Pension at a glanace 2017 : OECD.

OECD. (2018). Women are catching up to men in volunteering, and they engage in more altruistic voluntary activities. Retrieved from https://www.oecd.org/gender/data/women−are−catching−up−to−men−in−volunteering−and−they−engage−in−more−altruistic−voluntary−activities.htm

OECD. (2019a). Affordable Housing Database. Retrieved from http://www.oecd.org/social/affordable−hous−ing−database/

OECD. (2019b). Social Expenditure Database (SOCX). Retrieved from https://www.oecd.org/social/ex−penditure.htm

OECD. (2020a). Average wages. Retrieved from https://data.oecd.org/earnwage/average−wages.htm

OECD. (2020b). Labour force participation rate. Retrieved from https://data.oecd.org/emp/labour-force-participation-rate.htm#indicator-chart

OECD. (2020c). Life expectancy at birth. Retrieved from https://data.oecd.org/healthstat/life-expectancy-at-birth.htm

OECD. (2020d). Poverty gap. Retrieved from https://data.oecd.org/inequality/poverty-gap.htm#indicator-chart

OECD. (2020e). Poverty rate (indicator). Retrieved from https://data.oecd.org/inequality/poverty-rate.htm

Parliamentary Budget Office. (2019). Australia's ageing population : Understanding the fiscal impacts over the next decade : Parliamentary Budget Office.

Piggott, J. (2016). Population ageing in Australia : National policy challenges and future directions. In H. Kendig, P. McDonald, & J. Piggott (Eds.), Population ageing and Australia's future (pp. 47-62) : Australian National University Press.

Simon-Davies, J. (2018). Population and migration statistics in Australia : Parliamentary Library.

Smailes, P. J., Griffin, T. L. C., & Argent, N. M. (2019). Regional Cities and City Regions in Rural Australia : Springer.

United Nations. (2017). World Population Prospects : United Nations.

United Nations. (2018). Human Development Indices and Indicators : United Nations.

Windsor, T. D., Curtis, R. G., & Luszcz, M. A. (2016). Social engagement in late life. In H. Kendig, P. McDonald, & J. Piggott (Eds.), Population ageing and Australia's future (pp. 185-204) : Australian National University Press.

심수진. (2018). 노인 인구집단별 삶의 만족도 분석 (Vol. 겨울호) : 통계개발원.

여유진, 김미곤, 황도경, 김명중, 정용문, 정재훈, & 이주미. (2017). 부양의무자 기준 폐지에 따른 정책과제 연구 : 한국보건사회연구원.

여유진, & 정용문. (2011). 호주 사회보장체계 연구 : 한국보건사회연구원.

임완섭, 황남희, 이아영, 정은희, 윤여선, 정용문, . . . 최은혜. (2019). 사회보장 분야 사각지대 축소와 부적정 지출 관리방안 연구 : 한국보건사회연구원.

정경희, 오영희, 황남희, 오미애, 이선희, & 김정석. (2017). 노인의 삶의 질 지수 개발 : 한국보건사회연구원.

정용문. (2012). 공공부조. In 정기혜, 김용하, & 이지현 (Eds.), 주요국의 사회보장제도 - 호주 : 한국보건사회연구원.

정용문. (2013). 호주의 "현 거주지에서의 노화 (ageing-in-place)" 지원 정책이 한국의 노인복지 정책에 주는 시사점. 한국노년학, 33(7), 847-863.

# 제3부

# 비시민 · 소수자 사회보장

# 08 호주의 체류외국인 정책과 복지제도[1)]

## 1. 체류외국인 관련법 및 체류자격 제도

### 1) 이민 관련법

호주는 전통적인 이민국가로서 이민 유입 관리와 이민자 정착 서비스 등을 포함하는 이민 정책이 다른 나라들에 비해 상대적으로 일찍 발달했다. 제2차 세계대전을 기점으로 호주는 국가재건의 필요에 따라 적극적인 이민유입정책을 시행해 왔고, 이를 뒷받침할 사회정책도 일찍 도입되어 후발 국가들의 정책 벤치마킹의 대상이 되어 왔다. 현재에도 이민은 호주의 인구 및 경제 정책의 일환으로 적극적으로 활용되고 있고, 전 세계 200여 개 국가로부터 유입된 인구가 호주 전체 인구의 약 4분의 1을 차지하고 있어 대표적인 다문화 국가 중의 하나로 자리매김되어 있다(Australian Bureau of Statistics, 2012).

오랜 역사의 이민정책에도 불구하고 이민은 항상 호주 국내 정치 논쟁의 중심이 되어 왔다. 이민의 필요성에 대한 공개적인 반론은 드물지만, 국내 경기가 후퇴하는 시점이 되면 내국인 실업률 상승 등 이민의 경제적 역기능을 강조하는 의견들이 표출되며, 이러한 대중적 여론을 정치적으로 이용하여 인종차별주의와 반이민주의 및 반인도주의적인 난민 정책을 지지하는 정치세력이 등장하기도 했다. 이처럼 호주의 이민정책은 국내의 정치 이념적 환경 및 경제적 이민 수요 등 다양한 거시적 요인에 따라 민감하게 반응해 왔다.

1) 본 장은 '김안나 외(2012), 체류외국인 등에 대한 사회복지정책 국제 비교 및 향후 추진방향에 관한 연구(법부무 출입국 외국인정책 본부)'에 수록됨.

주지하다시피 호주의 이민 규모는 국내 수요에 따라 가변적이며, 이민 관련 법률들은 호주 정부의 정책적 욕구에 따라 지속적인 수정을 거쳐 오고 있다. 이에 따라 호주는 매년 이민 입국의 규모에 대한 계획을 수립하여 시행하고 있으며, 세부 비자 종류별로 이민 규모를 정하여 이민입국을 조절하고 있다. 외국인들의 호주 체류를 규정하는 법률은 연방헌법, 이민법, 이민법 시행령 및 시행지침으로 구성되어 있다. 호주 연방 헌법(Commonwealth Constitution) 제51조는 호주 연방의회에 이민, 귀화, 그리고 외국인에 관한 입법권을 부여하고 있다(Vrachnas, Boyd, Bagaric, & Dimopoulos, 2008).

연방정부에 의해 최초로 제정된 이민 관련 법률은 1901 이민제한법(Immigration Restriction Act 1901)이다. 백호주의를 상징하는 이 법률은 아시아 및 인근 태평양 지역 주민 등 비유럽인들의 호주 입국을 규제하기 위한 목적으로 제정되었으며, 인종에 대한 위계를 부여하여 특정 인종의 입국자를 선별하는 정책을 시행하였다(Thompson, 2011). 제2차 세계대전 이후 호주의 비유럽 이민자에 대한 규제는 점차로 완화되어, 1958년에 기존의 이민제한법을 완전히 대체하는 개정이민법(Migration Act 1958)이 제정되었다. 개정이민법은 외국인 입국 허가를 간소화함과 동시에 기존의 구술 영어시험제도를 폐지했다(Department of Immigration and Citizenship, 2012a). 또한 이민 신청자의 국적과 인종에 대한 질문을 폐기하고, 대신에 영구 정착의 적합성과 호주 사회로의 통합능력 및 기술자격 등을 기초로 이민 심사를 진행하게 된다. 이 법의 시행으로 5년 이상 거주한 비유럽 출신 일시 거주자들(temporary residents)에게 영주권 또는 시민권의 자격이 부여되었다. 개정이민법은 전후부터 현재까지 호주 이민 관련 정책들의 핵심 법령으로 기능해 오고 있다.

개정이민법에 기초하여 이민·시민권부 장관은 비자 및 입국허가의 부여와 취소에 관한 법적 권한을 부여받고 있다. 그러나 의회의 심의를 거치지 않고도 장관의 행정적 재량으로 이민법을 개정할 수 있도록 하는 등 이민·시민권부 장관이 지나치게 많은 임의재량을 가지고 있다는 비판이 제기되었다. 이에 따라, 1989년에 이민법 시행령(1989 Migration Regulations)이 제정되어 비시민권자의 입국 허가 및 체류에 관한 더욱 규범화된 법제를 갖추게 되었고, 1994년에 시행령이 개정되어 현재에 이르고 있다(Vrachnas et al., 2008).

호주 국적 보유자인 시민권자에 대한 법률로 호주시민권법(Australian Citizenship Act 2007)이 있다. 애초 호주 시민권법은 호주에 영주 거주한 영국 신민(British subjects)들과 영국으로부터의 단기 방문객(영국 시민)을 구분하기 위한 목적으로 도입되었다(Klapdor, Coombs, & Bohm, 2009). 즉, 1948년에 국적 및 시민권법(Nationality and Citizenship Act 1948)이 제정되기 이전에 호주인들은 영국 신민의 신분을 유지했고, 연방 귀화법(Naturalization Act 1903)에 따라 호주에 귀화한 자는 영국 신민으로서의 권리와 권한을 부여받았다. 따라서 영국 신민만이 호주 연방 헌법에 규정된 유일한 시민권자였고, 아시아, 아프리카 및 태평양 섬 지역 주민들에게는 귀화 신청 자격이 주어지지 않았다.

**표 8.1** 호주의 체류외국인 관련 법령

| 체류자격 | 법률 | 권한 및 규정 |
|---|---|---|
| 비시민권자 | 연방 헌법<br>(Commonwealth Constituton) | • 연방의회에 이민, 귀화, 그리고 외국인 관한 입법권을 부여 |
| | 이민법<br>(Migration Act 1958) | • 외국인의 호주 입국, 체류, 출국 및 추방에 대한 관리<br>• 이민·시민권부 및 장관의 권한 규정 |
| | 이민법 시행령<br>(Migration Regulation 1994) | • 이민법의 하위 법령<br>• 권한 행사의 행정절차 규정<br>• 새로운 이민정책 개발 및 사법적 해석에 따른 법령 개정을 용이하게 함 |
| | 이민법 정책지침서<br>(Minister for Immigration's policy guidelines) | • 이민법 시행에 요구되는 정책 및 절차 관련 세부 시행 지침(Procedures Advice Manual, PAM)<br>• 법적 구속력은 없으나 일반적으로 준수됨 |
| 시민권자 | 호주시민권법<br>(Australian Citizenship Act 2007) | • 호주 시민권 규정에 관한 법적 기초 |

출처 : Vrachnas et al.(2008).

전후 이민유입 확대에도 불구하고, 1969년에 기존의 국적 및 시민권법이 시민권법(Citizen Act 1969)으로 개정될 때까지 호주 시민은 영국을 국적으로 선언하도록 요구받았다(National Archives of Australia, 2012). 개정 시민권법은 다시 1973년에 호주시민권법(Australian Citizenship Act 1973)으로 개명되었고, 1984년 개정에 이르러서야 드디어 호주 시민들은 영국 신민이 아닌 독립적인 국민국가의 시민 자격을 법적으로 부여받게 되었다. 호주의 시민권 관련법은 최초 제정 이후 무려 30여 차례 개정작업을 거쳐 현재의 호주 시민권법에 이르러 있다. 2007년 개정 시민권법에 따라 시민권 시험제도(Citizenship Test)가 도입되어, 시민권 신청자들은 호주의 법과 가치에 대한 이해와 학습을 요구받고 있다.

호주 시민권을 신청하기 위해서는 호주 영주 거주자로서 다소 엄격한 호주 거주 기간 요건을 충족시켜야 한다. 즉, 호주 시민권 신청을 위한 거주 요건은 4년 이상의 호주 거주, 시민권 신청 이전 1년 이상의 영주 거주, 그리고 당 기간 동안 1년 미만의 해외체류 등을 포함하고 있다. 거주 기간 요건을 충족한 자는 시민권 시험 통과 이후 시민권 수여식에 참석하여 호주 시민권 서약(Australian Citizenship Pledge)을 거친 후 최종적으로 호주 시민권을 취득하게 된다. 시민권 취득은 이처럼 다소 복잡한 과정을 거치지만, 시민권 시험 합격률은 매우 높기 때문에 실제 시민권 취득은 쉬운 편이다. 2010~2011 회계년 통계에 의하면, 98.9%의 신청자들이 첫 시험 또는 두 번째 시험에서 통과했고(Department of Immigration and Citizenship, 2012e), 당해 총 95,284명이 호주 시민권을 취득했다(Department of Immigration and Citizenship, 2012e).

### 2) 체류자격제도

현행 호주 이민법은 인종, 성, 종교 등 개인적 배경에 상관없이 이민을 신청할 수 있도록 하고 있다. 그러나 이민법 제85조에 따라 이민·시민권부 장관(Minister for Immigration and Citizenship)은 입국허가 비자 수를 결정할 권한을 가지고 있다. 당해 이민 신청이 이민프로그램에 의해 설정된 최대 한도를 넘어설 경우 더 이상의 입국을 허가하지 않는다(Department of Immigration and Citizenship, 2012c). 이민 수속 중 당해 이민 허가를 받지 못한 경우는 이듬해 입국허가를 위한 대기자로 이양되며, 다음 해에 설정된 비자 종류별 이민 규모에 따라 심사 절차가 지속된다. 호주의 비시민권자 체류자격은 체류기간에 따라 영주이민자(permanent residents), 단기 이민자(temporary migrants) 혹은 장기 체류자(long-term temporary residents), 그리고 단기 방문자(visitors) 등으로 구분될 수 있다. 입국 신청자는 비자에 따른 특별한 요구사항을 만족시켜야 하며, 건강검진, 인품 및 보안검사 기준 등을 충족시켜야 한다.

**표 8.2** 체류자격 분류

<table>
<tr><th>대분류</th><th colspan="2">중분류</th><th>세분류</th></tr>
<tr><td rowspan="11">영주이민</td><td rowspan="8">이민</td><td rowspan="4">기술이민</td><td>포인트제 기술이민</td></tr>
<tr><td>고용주 후원 이민</td></tr>
<tr><td>사업 및 투자 이민</td></tr>
<tr><td>특별재능이민</td></tr>
<tr><td rowspan="3">가족통합 이민</td><td>배우자</td></tr>
<tr><td>부모</td></tr>
<tr><td>부양 아동 및 기타</td></tr>
<tr><td colspan="2">특별비자 이민</td></tr>
<tr><td rowspan="3">인도주의 이민</td><td colspan="2">국내보호 이민</td></tr>
<tr><td rowspan="2">해외 재정착 이민</td><td>해외 난민</td></tr>
<tr><td>특별 인도주의 프로그램</td></tr>
<tr><td rowspan="6">비영주이민 장기 체류</td><td colspan="3">워킹홀리데이</td></tr>
<tr><td colspan="3">유학생</td></tr>
<tr><td colspan="3">단기 기술직 종사자</td></tr>
<tr><td colspan="3">사회문화 비자(방문 학자, 운동선수 및 종교직 종사자)</td></tr>
<tr><td colspan="3">국제관계 비자(교환 프로그램 및 외교 공무원)</td></tr>
<tr><td colspan="3">직업훈련 비자</td></tr>
<tr><td>단기 방문자</td><td colspan="3">관광, 휴양, 가족방문, 단기 사업 및 의료 처치</td></tr>
</table>

출처 : Department of Immigration and Citizenship(2012e).

호주 이민법은 비합법적인 체류에 대해 추방(deportation) 또는 체류지위 박탈(removal) 등의 조치를 적용하고 있다. 추방 및 지위 상실은 시민권자를 제외한 모든 장단기 이민자들을 대상으로 하고 있으며, 단기 이민자의 경우에는 비자에 따른 체류기간을 초과하거나 근로조건을 위배한 경우 등 다양한 이유로 인해 비합법적 체류가 발생할 수 있다. 영주권자의 경우에도 입국 후 10년 이내에 중대한 범죄를 저지를 경우 추방될 수 있으며, 이민법 제501조에 의거하여 영주권이 취소되거나 박탈당할 수 있다. 호주에서 체류 중인 단기 이민자들이 체류기간 초과로 인해 비합법적 체류자가 되는 경우를 방지하기 위해 다양한 임시 체류허가(bridging visa) 제도가 있다. 예를 들어, 비자 변경 등의 행정적인 처리가 진행되는 동안 현재의 비자 체류기간이 만료한 경우, 임시 체류가 허용될 수 있다.

### (1) 영주이민

호주의 영주 이민 프로그램은 두 가지 형태로 구성되어 있다(Department of Immigration and Citizenship, 2012b). 하나는 일반 이민(Migration)이며, 다른 하나는 인도주의적(Humanitarian) 이민이다. 일반 이민의 범주에는 기술이민(skilled migration), 가족통합 이민(family migration), 그리고 특별비자 이민(special eligibility migration)이 속한다. 이 중 이민 프로그램에서 가장 큰 비중을 차지하는 두 범주는 기술이민과 가족통합 이민이다.

기술이민은 호주 경제에 필요한 기술을 보유하여 호주의 기술 부족을 보충하고 호주 경제에 기여할 수 있는 자를 대상으로 한다. 기술이민은 다시 세부적으로 포인트제에 기반한 기술이민(Point based skilled migration), 고용주 후원 이민(Permanent Employer Sponsored program), 사업 및 투자 이민(Business Innovation and Investment program), 그리고 특별재능이민(Distinguished talent) 등으로 나뉜다. 포인트제 기술이민에는 독립기술이민(Independent Skilled migration)과 주정부 후원 이민(Nomination by a state or territory government)이 포함되며, 독립기술이민은 제삼자의 후원이나 추천 없이 당사자의 기술과 자질 및 호주경제에 기여 가능성에 기초하여 선별된다. 고용주 후원 이민은 다시 일반 고용주 추천 이민(Employer Nomination Scheme)과 지방 고용주 후원 이민(Regional Sponsored Migration Scheme)으로 나뉜다. 사업 및 투자 이민은 호주에 신규 사업을 설립하거나 기존 사업을 발전시켜 호주 경제에 기여하고자 하는 자와 호주 정부에 일정 금액 이상을 투자하고자 하는 자를 대상으로 한다. 마지막으로 특별재능 이민은 운동선수, 음악가 및 예술가 등 해당 분야에서 국제적으로 재능이 인증된 자를 대상으로 한다.

이민 프로그램은 호주의 이민 수요 및 정부 정책에 따라 수시로 변경된다. 그동안 고용주의 후원을 동반하지 않는 독립기술이민이 가장 큰 비율을 차지해 왔으나, 2000년대부터 고용주의 후원에 기반을 둔 기술이민이 선호되고 있는 추세다. 즉, 최근 세계 경제위기(Global Financial Crisis)를 겪으면서 호주는 고용 가능성에 기초한 이민보다는 이미 고용이 보장된 이민에 우선권을 부여하기 시작한 것이다. 이는 기존의 공급 중심적(supply-driven) 이민에서 국내의 기술 수요에 기반을 둔 수요 중심적(demand-driven) 이민으로의 전환을 의미한다(Spinks, 2010). 또한 이민법 제499조에 의거하여 이민·시민권부 장관은 기술이민 범주의 특정 하위 비자에 대한 우선권을 부여할 수 있다(Priority Processing). 최근에는 호주의 인구분산 및 지방경제 활성화의 일환으로 지방 고용주 후원이민에 우선권을 부여하여 대도시가 아닌 지방 정착이민 신청자를 우선적으로 선발하고 있다. 2012년 7월 이후부터 일반 고용주 추천 이민에 대한 신규 지원은 받지 않고 있다.

가족통합 이민은 호주에서 영주 체류하고 있는 자의 배우자나 부모, 또는 부양아동을 통합시키기 위한 목적으로 허용되고 있다. 가족통합 이민의 경우 부양아동, 배우자 및 약혼자 등 직계가족(immediate family) 범주에 더 높은 우선순위를 부여하고, 부모나 고령 친척 등의 이민 비자 발급은 상대적으로 후순위로 밀려나 있다. 특별자격 이민은 매우 작은 부분을 차지하는 이민으로서 현재 영주권을 보유하고 있지 않은 기존의 영주체류자를 대상으로 한다. 이 범주의 이민으로 허용되기 위해서는 과거의 거주기록 및 연령 등 특별한 기준을 충족시켜야 하며, 호주에서의 군복무 등 특별직업 종사자 등이 이 범주의 영주 비자를 신청할 수 있다.

인도주의 이민은 난민 등 인도주의적 욕구를 가진 이들의 입국허가를 의미한다. 인도주의 영주 이민 프로그램은 국제협약에 따라 난민지위를 획득하여 이미 호주에 입국한 이민신청자들을 대상으로 하는 국내보호(onshore protection)와 아직 난민지위를 획득하지 못하고 호주에 입국하지 않은 이민 신청자들을 대상으로 하는 해외 재정착 이민(offshore resettlement)으로 구분된다(Department of Immigration and Citizenship, 2011b). 해외재정착 이민은 다시 유엔난민기구(UNHCR)로부터 난민 심사를 거쳐 난민으로 인정된 경우(Refugee)와 아직 난민 지위는 획득하지 못했으나 폭력이나 차별 등 본국으로부터의 인권 보호를 요하는 자들을 대상으로 하는 특별 인도주의 프로그램(Special Humanitarian Program)으로 구분된다. 호주 시민권자나 영주권자 또는 호주의 관련 기관은 특별 인도주의 비자 발급을 제안할 수 있다.

#### (2) 비영주이민 장기체류

비록, 정부의 영주 이민 프로그램은 아니지만 호주의 이민 유형에는 장기체류자가 포함하기도 한다. 비영주이민 장기체류란, 영주권 취득 없이 호주에 12개월 이상 거주하는 경우를 말한다. 단기이민이라고도 표현되는 장기체류는 워킹홀리데이, 유학생, 단기 기술직 종사자, 그리고 기타 사회문화 비자(방문 학자, 운동선수 및 종교직 종사자), 국제관계 비자(교환 프로그램 및 외교 공무원), 그리고 직업훈련 비자 등을 포함한다. 이 중에서 유학생과 고용주 후원 단기 기술이민자가 가장 큰 비중을 차지한다(Spinks, 2010). 장기체류의 증가는 최근 호주의 이민 추세에서 발생하고 있는 가장 큰 변화 중의 하나다. 영주 이민 입국이 최근 완만한 증가 또는 일정한 수준을 유지하고 있음에 비해 장기 체류입국은 급격하게 증가하고 있다. 예를 들어, 1982~1983 회계년에 79,730건이었던 단기이민 비자 발급은 2002~2003 회계년에 279,879건, 그리고 2008~2009 회계년에 389,299건으로 증가했다.

비영주이민 장기체류는 영주이민으로 가는 과정으로 활용되기 때문에 이민정책에서 중요한 의미를 지니고 있다(Hugo, 2004). 2008~2009 회계년에 영주이민 비자를 발급받은 자의 3분의 1 이상은 호주 초기 입국 시에 장기체류 비자를 보유했다가 영주 비자로 전환된 경우이다(Spinks, 2010). 아울러, 1년 이상 장기체류자는 호주 인구 통계에 반영되기 때문에 인구추산에도 중요한 역할을 하는데, 실제로 장기체류자들은 호주 인구증가의 일부를 담당하고 있다(Phillips & Klapdor, 2010). 영주이민 프로그램과는 달리 장기체류에 대해서는 정부로부터의 입국 규모 제한이 없다(단, 워킹홀리데이 비자는 예외적으로 발급 규모를 규제하고 있다). 그러나 영주이민 프로그램은 장기체류자의 입국 규모에 영향을 미치는데, 특히 영주이민을 목적으로 하고 있는 유학생이나 취업비자 소유자들은 호주의 부족직업군을 제시하는 기술직업리스트(Skilled Occupation List)의 변동과 기술이민 정책에 따라 민감한 증감을 경험하고 있다(Spinks, 2010).

장기체류로 분류되는 비자들은 다양하며, 서로 상이한 체류기간 및 조건이 적용된다. 이들은 호주에서 소득활동을 할 수 있고, 아울러 납세의 의무를 지닌다. 단, 이들은 사회복지 급여나 의료보장 등에 대한 자격은 부여되지 않는다. 예를 들어, 워킹홀리데이 비자는 단기적으로 경제활동과 학업에 대한 권리를 가지며, 호주는 현재 26개의 나라와 워킹홀리데이 비자 협정을 맺고 있다. 풀타임 유학생 비자의 경우 학업이 끝날 때까지 체류가 보장되며, 체류기간 동안 격주당 40시간의 파트타임 일을 할 수 있다. 방학 동안에는 시간 제한 없이 근로활동을 할 수 있으며, 대학원생의 경우에는 방학과는 상관없이 학기 중에도 무제한 소득활동이 허용된다. 단기 기술직은 호주 회사의 기술상의 필요로 일시적으로 고용되는 경우로서 최대 4년까지 체류가 가능하다.

## 2. 체류외국인에 대한 복지제도 전개과정

1901년 연방정부 설립 이전에 호주(Australia)라는 이름의 국가는 존재하지 않았으며, 기존의 6개의 자치령(Colonies)들은 이민 관리에 대한 독자적인 주권과 원칙을 보유하고 있었다. 1901년 연방정부 설립과 함께 자치령들은 이민과 관련한 권한을 연방정부에 이양하였고, 비유럽인들의 이민을 효과적으로 제한하고자 했던 각 자치령들의 공통이해에 기반을 두어 이민제한법이 제정되었다(Cronin, 1993). 실제로 연방정부의 이민제한법 도입 이전에 빅토리아, 뉴사우스웨일스, 그리고 퀸스랜드 등의 기존 자치령들 이미 19세기 중반 골드러쉬 시기부터 중국인 광산노동자들을 경계하기 위한 이민 규제책들을 이미 시행해 오고 있었다. 연방정부 차원에서 이민제한법이 시행됨에 따라 호주로 입국하고자 하는 자는 영어, 불어 및 이탈리아어 등 유럽 언어 구술시험(Dictation Test)을 거쳐야 했다. 아울러 1901 태평양 섬 지역 노동자법(Pacific Islander Labourers Act)과 1901 우편 및 전신법(Post and Telegraph Act) 등 이민 입국 제한을 관련법 등이 제정되어 호주로 우편물을 수송하는 선박은 백인만을 고용하도록 규정하여 태평양 섬 지역 주민 고용을 중단시켰다. 당연한 결과로 당시 호주의 이민유입은 영국과 아일랜드 등 일부 한정된 국가로부터만 이루어졌다. 1947년 인구통계에 의하면, 총인구의 90.2%가 대영제국 출신으로서, 호주는 사실상 앵글로 색슨 중심의 단일 민족국가의 위상을 유지했었다(Jakubowicz, 1989).

그러나 제2차 세계대전 이후 호주의 이민 환경은 급변하여 이민정책은 새로운 전기를 맞는다. 즉, 전후 국가 재건 및 인구증가에 대한 필요에 따라 호주는 이민 확대가 필요했고, 이러한 국가 정책적 욕구에 따라 1945년에 이민부(Department of Migration)가 설립되어 적극적인 이민유입 정책을 시행한다. 이때부터 비유럽 난민들 체류 허가(1949년) 및 15년 이상의 비유럽 출신 장기 거주자에 대한 시민권 부여(1957) 등 비차별적인 이민정책이 도입되기 시작했다. 그 결과, 1949년부터 1960년대 초반 사이에 무려 2백만여 명의 영주 이민이 유입되었다. 그러나 여전히 백호주의의 정책 기조는 유지되었고, 당시의 동화(assimilation) 이민정책에 따라 이민자들은 출신지의 문화와 언어를 버리고 호주 국적자가 되도록 요구받았다. 이 당시의 특징적인 현상은 남유럽으로부터의 이민유입 증가다. 즉, 영국 태생의 이민자에 대한 지속적인 선호 속에서, 영국으로부터의 대량 이민유입이 어려워지자 대안적으로 그리스와 이탈리아 등 남유럽인들의 이민 입국이 크게 증가한 것이다.

이후 호주의 이민입국은 남유럽뿐만 아니라 비유럽국 출신자에게도 크게 개방되었고, 1980년대부터 아시아와 중동 지역으로부터의 이민이 급격히 늘어났다. 이러한 이민인구의 급증에도 불구하고 당시 호주 정부는 비유럽국 출신의 이민자들의 정착이나 복지욕구에 대한 인식이 거의 없는 상태였다. 따라서 다양한 배경을 가진 이민자들은 각각의 국적과 인종 집단별로 상조하며 복지 욕구를 충족시켰다. 다양한 국적과 인종들의 커뮤니티들이 지역사회에 형성되어 복지 제공자로서의 역할을 수행했고, 상호 독립적이던 커뮤니티들은 서로 정보를 교환함과 동시에 공통의 관심사에 대해 협력하기 점차 시작했다. 이들은 이민자 개인과 가족의 복지욕구를 정부에 전달하고 정치적 압력을 행사하기 위한 연대를 형성했고, 이민자 2세대들이 교육을 받아 정부 및 민간 기관에 진출하면서 이민자 복지에 대한 호주사회의 인식이 자연스럽게 제고되기 시작했다(Cox, 1987).

사실 호주는 초기부터 이민자들에 대한 정부의 복지프로그램을 운영해 왔었다. 제2차 세계대전 이전에는 동화정책에 따라 호주 정부는 영국 신민들에 한하여 공공임대주택을 제공했다. 이들에게는 노령연금과 실업급여에 대한 자격도 부여되었다. 그러나 다양한 언어, 종교 및 문화적 배경을 가진 이민자들이 증가함에 따라 그동안의 동화정책은 사실상 지속하기가 어려워졌고, 전후 이민부의 설립과 함께 비영어권 출신의 이민자들에게도 임시숙소와 영어교육 프로그램(Adult Migrant English Program)이 제공되기 시작했다. 1960년대 말까지 동화정책은 완전히 폐기되고 호주의 이민정책은 통합(integration) 정책으로 전환된다. 이 정책적 변화에 따라 이민자들은 자신의 언어와 문화적 배경을 버리도록 요구되지 않았으며, 이민자의 호주 사회 적응을 위한 제도적 지원이 더욱 활성화된다. 이에 따라 호주 정부는 비정부 기구들에게 보조금을 지원하여 이민자들에게 직업훈련과 복지서비스를 제공하도록 했으며(Grant-in-aid scheme), '이민자 아동 교육 프로그램(Child Migrant Education Program)'이 도입되어 학령기의 이민자 아동을 지원했다. 1969년에는 '해외자격증 위원회(Committee on Overseas Professional Qualification)'가 설립되어, 해외에서 취득한 자격증을 호주에서 인정하기 시작했고, 영어 교육과정에 풀타임으로 등록된 이민자에게는 생계수당을 제공했다. 또한 1973년부터 무료로 전화통역 서비스 제도가 시행되었다. 이처럼 이민자 복지에 대한 정부의 책임성은 크게 강화되었지만, 여전히 이민자들의 정착에 민간단체의 역할이 강조되고 있었다.

1970년대 중반부터 호주는 '다문화주의(multiculturalism)'가 공식적인 정책담론으로 자리 잡았다. 뒤이어 1978년에 골벌리 보고서(Galbally Report)의 제안들이 새로운 이민정책으로 채택됨에 따라, 이민자들은 자신의 언어 및 종교 등 문화적 정체성을 유지하도록 장려되었고, 기회 균등과 평등 등 이민자들에 대한 사회정의가 더욱 강조되었다. 다문화주의가 사회정책으로 자리 잡으면서, 호주 정부는 기존의 이민자 지원 프로그램을 더욱 확대함과 동시에 이민자 복지 프로그램을 담당할 정부 기구들을 추가로 생성/개편하는 등 영어가 모국어가 아닌 이민자들을 위한 복지욕구에 정책적 관심을 기울이기 시작했다. 특히 기존에 이민자 집단들과 비정부 구호단체들에 의해 주도되어 왔던 이민자 복지 서비스 전달이 정부의 역할로 대체되기 시작했다(Birrell & Jupp, 2000). 이 당시에 이루어진 호주 정부의 이민자 복지 프로그램 지원을 위한 제도적 노력은 '이민자 자원센터(Migration Resource Centre)' 설립, 성인영어교육 프로그램 확대 시행, 그리고 '이민자 커뮤니티 협의회(Ethnic Communities' Councils)' 설립 등을 포함한다.

이민자 자원센터는 이민자와 인도주의 입국자들에게 고용 및 복지자원 등 정착에 필요한 정보와 서비스를 제공하기 위한 목적으로 1978년에 처음으로 설립되었다. 이후 이민자 자원센터는 지속적인 확대를 경험하여 1990년대 중반까지 호주 전역의 주요 도시에 32개의 센터가 설립, 운영되었다. 또한 1974년부터 각 주에 설립된 이민자 커뮤니티 협의회를 설립하여, 소수민족 커뮤니티들 간의 공통적인 관심사에 대하여 정책적 협조를 촉진하고, 정치적 대변 역할을 수행하도록 하고 있다. 1979년에는 '난민 지역사회 정착제도(Community Refugee Settlement Scheme)'가 도입되어, 난민들이 이민자 숙소(migrant hostel)에서 벗어나 지역사회로 이주하는 데에 필요한 주택자금을 무이자로 빌려주었다. 각 학교에서는 다문화 교육 프로그램(Multicultural Education Program)이 실시되었으며, 이민자들의 자국 언어방송 욕구를 충족시키기 위한 목적으로 1978년에 SBS(Special Broadcasting Service)가 국영채널로 설립되어 다양한 언어로 TV와 라디오 방송을 제공하고 있다. 이 시기부터 이민자들은 장애인 연금, 미망인 연금, 건강보험, 탁아 및 주택 등 정부가 제공하는 다양한 복지서비스들에 대한 자격을 갖추게 되었다(Department of Immigration and Multicultural and Indigenous Affairs, 2003).

1980년대 중반까지 호주는 다문화주의 원칙에 기반을 두어 이민자들에 대한 정착 지원 및 복지서비스의 점진적인 확대를 경험했다. 그러나 이민정책은 항상 호주 정치의 핵심 어젠다로서 이념 대결의 장으로 활용되어 옴에 따라, 이민자 복지제도 역시 이러한 정치적 논쟁의 귀결에 따라 불가피한 확대와 축소를 경험해 왔다. 또한 호주의 경제적 상황 역시 이민자 복지제도의 중요한 변수로 작용해 왔다. 1980년대를 전후로 한 호주의 국내 경기침체와 이에 따른 실업증가 등으로 호주정부는 다문화 프로그램 및 이민자 복지를 축소했다. 1986년 호크 노동당 정부는 이민자 자원센터 등의 다문화 기구, 이민자 영어교육 프로그램, 그리고 정착 서비스에 대한 예산 지원을 삭감했다. 1990년대 중반부터 보수연립당이 집권한 이후 다문화주의에 대한 호주의 정치적 지지는 붕괴하기 시작했다. 이민자들의 높은 실업률과 이들에 대한 정부의 재정지원은 비판받기 시작했고, 이러한 맥락에서 정부의 복지지원은 시민권자에 제한되어야 하며, 이민자들도 그 특성에 따라 차별적인 복지서비스가 제공되어야 한다는 주장이 제기되었다. 이민자 복지축소에 대한 사회적 합의와 이민자들의 특성에 따라 차별적 복지서비스 제공 주장이 설득력을 얻음에 따라, 영어구사력과 교육수준이 상대적으로 높은 기술이민자들에게 제공되는 정착지원 서비스는 줄어들고 대신에 인도주의적 이민자들에 대한 지원이 늘어난다(Department of Immigration and Multicultural and Indigenous Affairs, 2003). 이에 따라, 그동안 이민자 전체에게 무료로 제공되던 이민자 영어교육프로그램은 인도주의 이민자들을 제외하고는 유료화된다(Birrell & Jupp, 2000). 이민자 복지 지출을 축소하려는 시도로 1997년부터 신규이민자에게 대부분의 사회보장 급여를 받기 위해 2년의 대기기간이 도입되었고, 물론 이 규정은 이민자 집단의 절대적 비중을 차지하는 기술이민자와 가족통합 이민자에게만 적용되었다.

1980년대 후반부터 최근까지 진행되어 온 호주 이민정책 및 이민자 복지정책의 변화는 생산성에 기초한 기술이민 중심의 이민자 선별, 주거지원과 영어 교육 등 초기 정착에 소요되는 정부 재정지출의 축소, 비인도주의 이민자들의 복지 의존성 감소, 그리고 주요 사회보장 관련 부처로 정착 지원업무의 이관 및 이민자 선별과 체류관리 중심으로 이민·시민권부의 업무 범위 변경 등으로 요약될 수 있다. 아울러, 복지 서비스 전달방식도 크게 달라져, 기존에 정부 기관에 의해 직접적으로 전달되던 복지서비스는 민간기관에 위탁되어 정부는 민간기관 제공자들에게 서비스를 구매하고 이를 관리하는 방식이 이용되고 있다. 예를 들어, 난민지위를 획득하지 못한 신청자들은 정부의 직접적인 복지지원을 받을 수 없으나, 정부로부터 재정지원을 받는 자선단체들로부터 지원을 받을 수 있게 된다. 또한 영어교육 프로그램 제공기관

역시 입찰방식을 통해 이민·시민권부와 위탁계약을 맺고 자격을 갖춘 이민자들을 대상으로 영어교육을 실시하게 되며, 일반적으로 영어교육기관과 5년 계약을 맺게 된다.

요약컨대, 호주의 이민자 복지제도는 다문화주의에 대한 정책 담론과 정책 환경, 그리고 집권 정당의 정책적 우선순위에 따라 성장과 축소를 반복해 왔다(Galligan & Roberts, 2003). 1970년대 다문화주의 정책과 궤를 같이하며 형성되기 시작한 이민자 복지제도는 현재까지도 대체로 그 틀을 유지하고 있는 편이다. 1990년대부터 이민자들의 정착서비스에 대한 정부 지출 감소가 현저하게 진행되어 왔지만, 기존에 도입된 각종 이민자 복지제도들이 완전히 폐지된 사례는 많지 않다. 그럼에도 불구하고, 현재 호주의 이민자 복지제도는 여전히 심각한 정치적 도전에 직면해 있는 것은 사실이다. 집권 정당의 이념적 성향은 이민정책의 확대와 축소를 결정하는 주요 요인으로 작용해 왔지만(문경희, 2008), 최근 노동당의 집권에도 불구하고 쇠퇴 일로에 놓여있는 호주의 다문화주의를 회복시키기 위한 정책적 시도는 관찰되고 있지 않다. 오히려, 이민자들에 대한 호주 정부의 적극적인 정책 변화의 부재 속에서 기존의 동화 및 통합 이민정책 시절의 이민자 복지정책을 지지하는 의견도 지속적으로 제기되고 있다(Koleth, 2011).

기존 보수연립당, 특히 1990년대 중반부터 2000년대 중반까지 집권한 하워드 정부에 의해 심각하게 축소되어 왔던 다문화주의 정책과 이민자 복지제도가 호주에서 노동당의 집권에도 불구하고 다시 지배적인 사회정책으로 부활하지 못한 것은 호주의 민족적 정체성 형성에 갖는 다문화주의의 부정적인 효과와 관련이 있다. 더욱 중요하게는 현재 노동당 내부에서 다문화주의에 대한 정치적 확신이 부족하다는 점이다. 2007년 집권한 러드 노동당 정부는 '큰 호주 (big Australia)' 정책을 채택하며 이민유입 확대와 친이민자 정책을 시도했으나 대중적 지지를 얻지 못했다. 이후 정권을 이양받은 길라드 노동당 정부의 이민정책은 보수연립당의 반이민주의 및 반난민주의와 사실상의 차이가 없다(Judd, 2012). 그러나 호주의 다문화주의는 심각한 정치적 도전에도 불구하고 여전히 지속될 것으로 전망되고 있다(Tavan, 2012). 이는 호주가 그동안 오랜 역사를 통해 형성해 온 다문화주의 정책과 프로그램들이 미래의 이민정책을 지속적으로 규정할 것이라는 역사적 가정과 함께 호주에서 다문화주의는 여전히 강력한 정치적 수사로서 존재하고 있고, 다문화주의의 정치적 이념 그 자체가 사회적으로 부인되고 있지는 않기 때문이다.

# 3. 체류외국인의 유형별 현황 및 복지예산 규모

## 1) 이민현황

제2차 세계대전 이후 국가 경제 재건 및 국방 증강의 필요에 따라 호주는 인구증가 정책을 도입해야 했고, 매년 2%의 인구증가 목표를 달성하기 위한 일환으로 총인구의 1% 이상의 인구를 이민으로 충당하기 위한 적극적인 이민유입 정책이 시행되었다(Spinks, 2010). 이러한 적극적인 이민유입 정책은 1970년대 초반까지 이어졌고, 그 결과, 해외에서 출생한 호주 인구는 급격히 증가하여 1947년에 9.8%, 그리고 1971년에는 20% 수준에 이르렀다. 1980년대부터 호주의 이민정책은 이민의 노동시장 효과에 초점을 두기 시작했다. 즉, 기존의 인구증가 및 가족통합 목적의 이민정책에서 탈피하여 이민자의 고용가능성과 경제적 자립에 우선순위를 둔 것이다(Birrell, 2003). 이에 따라, 1970년대 중반에 이민 기술 리스트(nominated skill list) 제도가 도입되었고, 1990년대까지 이민자 선정과정에서 고용경력, 영어 구사 능력 그리고 연령 등이 고려되도록 하는 조치들이 도입되었다. 결과적으로 1980년부터 1990년대 사이에 유입 이민자 인구비율은 감소했으나, 2000년대부터 이 수치는 지속적으로 증가하여, 2010년 현재 호주 인구의 4분의 1(26%)이 해외에서 출생한 것으로 나타나고 있다.

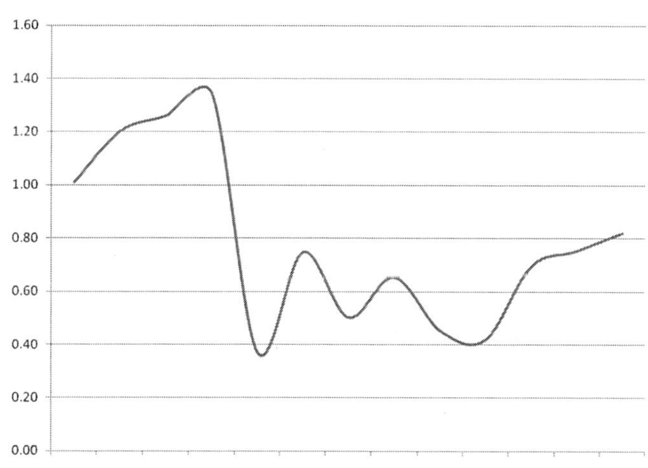


**그림 8.1** 총인구 대비 연간 이민유입 비율

출처 : Department of Immigration and Citizenship(2012e).

전후부터 1970년대 초반까지 약 20년 동안 이민유입은 부단히 증가하여 호주 인구증가에 큰 영향을 미쳤다. 1980년대와 1990년대에 기술 중심의 이민심사 강화로 호주는 이민유입의 감소를 경험했으나, 1990년대 후반부터 다시 총인구 대비 이민유입 비율이 점차 예전 수준으로 회복하고 있는 추세다. 즉, 초기 이민유입 성장기의 1% 이상의 수치에는 미치지는 못하나, 최근 총인구 대비 연간 이민유입 비율이 0.8%를 상회하여 높은 수준을 유지하고 있다 (Department of Immigration and Citizenship, 2012e).

### (1) 영주이민

영주이민에서 가장 큰 비중을 차지하는 집단은 기술이민자로서 2012~2013 회계년도 영주이민 비자 발급 계획은 총 190,000건이다. 이는 제2차 세계대전 이후 가장 큰 규모의 영주이민 입국이다(Phillips, 2012). 이 중 기술이민이 129,520건(68.0%)으로 가장 큰 부분을 차지하고, 이어 가족통합 이민(60,185건, 31.7%)과 특별비자 이민(565건, 0.3%) 순으로 비자 발급 규모가 책정되어 있다. 전반적으로 최근 영주이민 입국규모는 증가하는 추세에 있음을 알 수 있다.

**표 8.3** 비자유형별 영주이민 유입

| 범 주 | | 2007~2008 | 2008~2009 | 2009~2010 | 2010~2011 | 2011~2012 | 2012~2013 |
|---|---|---|---|---|---|---|---|
| 기술이민 | 발급건수 | 108,540 | 114,770 | 107,868 | 113,725 | 125,850 | 129,250 |
| | % | 68.4 | 67.0 | 64.0 | 67.4 | 68.0 | 68.0 |
| 가족이민 | 발급건수 | 49,870 | 56,366 | 60,256 | 54,543 | 58,600 | 60,185 |
| | % | 31.4 | 32.9 | 35.7 | 32.3 | 31.7 | 31.7 |
| 특별비자이민 | 발급건수 | 220 | 175 | 501 | 417 | 550 | 565 |
| | % | 0.1 | 0.1 | 0.3 | 0.2 | 0.3 | 0.3 |
| 합계 | 발급건수 | 158,630 | 171,318 | 168,623 | 168,685 | 185,000 | 190,000 |
| | % | 100.0 | 100.0 | 100.0 | 100.0 | 100.0 | 100.0 |

출처 : Department of Immigration and Citizenship(2012d).

일반적으로 영주이민은 주 신청인과 함께 가족이 동반되는데, 기술이민의 반 정도(50.6%)는 신청인의 가족이며, 반면 가족이민의 경우에는 14.6%만이 부양가족이다. 성별로 살펴보면, 전체 영주이민에서 여성(53.0%)의 비율이 남성(47.0%)보다 다소 높은데, 이는 여성이 가족이민의 주를 이루기 때문이다. 그러나 기술이민 분야에서는 남성이 여성보다 높은 비율을 차지했다. 영주이민자의 연령은 대체로 낮은 편이다. 2010~2011 회계년도 영주이민 입국자의 88.7%는 45세 이하였고, 60세 이상 연령자는 3.1%에 불과했다. 이는 기술이민의 자격요건으로 45세 이하 연령자가 포함되어 있기 때문인데, 이 기준은 2011년부터 49세로 상향조정되었다.

### (2) 인도주의 이민

호주는 오랫동안 인도주의 이민을 허용해 왔는데, 제2차 세계대전 이후 지금까지 인도주의 이민 프로그램하에서 약 77만 명을 받아들였다. 참고로 호주는 캐나다, 미국 등과 함께 해외 재정착 프로그램을 운영하는 극소수의 나라 중의 하나다(Department of Immigration and Citizenship, 2012e). 1970년대까지 호주는 인도주의 난민 유입 규모에 대해 별다른 계획 없이 허용하였으나, 1978년부터 국제사회의 난민 재정착 욕구에 기반을 두어 인도주의 이민 유입을 매년 조정하여 수립하고 있다.

**표 8.4** 비자유형별 인도주의 이민 유입(단위 : 건)

| 범 주 | | 2008~2009 | 2009~2010 | 2010~2011 |
|---|---|---|---|---|
| 해외 재정착 | 난민 | 6,446 | 5,988 | 5,998 |
| | 특별 인도주의 프로그램 | 4,471 | 3,234 | 2,973 |
| 국내 보호 | 영구 보호 | 2,372 | 4,516 | 4,818 |
| | 임시 보호 | 9 | 0 | 0 |
| | 특별 인도주의 프로그램 | 75 | 77 | 8 |
| | 영구 보호 이행 비자 | 39 | 8 | 2 |
| | 임시 인도주의 비자 | 5 | 0 | 0 |
| 합 계 | | 13,417 | 13,757 | 13,799 |

출처 : Department of Immigration and Citizenship(2012e).

2010~2011 회계년도에 총 13,799건의 인도주의 이민 비자가 발급되었으며, 이 중 다수(65.0%)가 해외 재정착 이민이었다(난민 43.5%, 특별 인도주의 프로그램 21.5%). 전체 해외 재정착 이민자 4명 중 1명(24.0%)은 이라크 출신이었으며, 이어서 버마(16.1%), 아프가니스탄(11.4%), 그리고 부탄(11.2%) 순이었다. 2012~2013 회계년도 인도주의 비자 발급 규모는 13,750건으로 계획되어 있다. 2008년 이후 전체적인 인도주의 이민은 일정한 수준을 유지하고 있으나, 해외 재정착 이민보다는 국내 보호 이민이 갈수록 선호되고 있다.

### (3) 방문 및 장기 체류

방문 비자는 대부분 관광, 휴양 및 가족방문 등의 목적으로 이용되며, 단기 사업 및 의료처치 등의 목적으로 이용되기도 한다. 2010~2011 회계년도 호주 방문비자는 약 350만 건이 발급되었으며, 영국(16.2%) 출신이 가장 많은 가운데, 미국(10.6%), 그리고 일본(9.2%)과 중국(9.2%) 등의 나라에서 많은 방문이 이루어졌다. 한국으로부터의 방문은 192,157건(5.5%)으로서 다섯 번째로 큰 방문비자 발급규모를 보였으며, 지난해에 비해 16.3%가 증가하여 중국(32.1%)에 이어 두 번째로 방문자 수가 크게 증가한 나라로 꼽혔다.

**표 8.5** 비자유형별 일시거주 유입(단위 : 건)

| 범주 | 2008~2009 | 2009~2010 | 2010~2011 | 최근 1년간 변동 |
|---|---|---|---|---|
| 방문 | 3,355,311 | 3,421,109 | 3,518,588 | 2.8 |
| 워킹홀리데이 | 194,582 | 183,168 | 192,922 | 5.3 |
| 유학생 | 319,632 | 270,499 | 250,438 | -7.4 |
| 단기 기술직 | 102,770 | 69,147 | 90,567 | 31.0 |
| 졸업 기술직 | 14,457 | 23,088 | 21,587 | -6.5 |
| 기타 | 37,692 | 32,307 | 35,603 | 10.2 |
| 합계 | 4,024,444 | 3,999,318 | 4,109,705 | 2.8 |

출처 : Department of Immigration and Citizenship(2012e).

대부분의 범주에서 방문 및 장기 체류 비자 발급은 증가했으나, 유학 및 졸업 기술직 비자 발급은 예외적으로 감소했다. 이에는 국제 경제의 불확실성 증가, 호주 환율 상승 및 기술이민 프로그램 개혁 등 복합적인 요인이 작용한 것으로 추정된다(Department of Immigration and Citizenship, 2012e). 참고로, 한국 유학생은 중국과 인도에 이어 세 번째로 큰 규모를 나타내고 있다.

방문 및 장기 체류자들은 정부로부터의 입국 규모 제한이 없고, 고용주들의 수요에 전적으로 의존하기 때문에 호주 국내 경제상황에 크게 영향을 받는다. 최근 일시 기술직에 대한 수요는 크게 증가했는데, 주로 보긴 및 사회복지, 건실, 정보통신, 및 광산업 등의 분야에서 많이 활용되고 있다. 각 비자에 따라 상이한 근로시간 규정이 적용되고 있지만, 호주 노동시장에서 호주 시민 및 영주권자와 동일한 근로조건과 혜택이 적용된다(Fair Work Ombusman, 2011). 호주 정부는 기존의 '균등 임금 및 근로 기준(Australian Fair Pay and Conditions Standard)'을 개정하여 2010년부터 '국가 고용 기준(National Employment Standards)'을 제정하여 시행하고 있다. 이 기준은 호주의 모든 피고용인들에게 부여되는 기본적인 권리를 규정하고 있는데, 워킹홀리데이, 계절 이주 노동자, 그리고 유학생 등 체류자격에 상관없이 동일한 처우를 받아야 함을 명시하고 있다. 임금과 근로시간 등 구체적인 근로조건은 고용주와의 근로계약에 따라 상이하나, 이 기준은 최저 임금, 주당 최대 근로시간, 출산 휴가, 연차 휴가 및 법정 공휴일 등에 대한 피고용인들에게 보편적으로 적용되는 권리를 보장하고 있다. 이에 따라 단기 기술이민자들도 시장 임금률의 적용을 받고, 동일노동에 대해 동일 임금을 받도록 되어 있다

### 2) 체류외국인 복지 예산

외국인이 초기 호주에 입국하여 호주 정부에서 제공하는 사회보장 급여 및 서비스를 받게 되기까지는 일반적으로 주요한 행정절차를 거치게 된다. 초기 입국 시에는 이민·시민권부로부터의 비자발급을 통해 체류자격을 획득해야 하며, 체류자격이 확정되면 이에 따라 정착지원 서비스에 대한 자격이 발생한다. 호주의 영주권자와 시민권을 획득한 자는 호주 정부의 직접적인 복지급여 시스템에 등록된다. 이 일련의 행정과정에는 관련된 호주 정부 부처의 개입과 예산 지출이 수반되며, 주요하게는 이민·시민권부의 이민정책과 인적자원부(Department of Human Services)의 사회보장 정책이 직접적으로 관련된다. 이민자들의 초기 정착지원 서비스와 사회보장 급여는 각각 이민·시민권부와 인적자원부의 별개의 소관으로 나뉘어 있기 때문에, 이를 분리하여 살펴본다.

### (1) 이민 정책 관련 예산

예산이 수반되는 호주 이민 · 시민권부의 업무는 크게 다음 여섯 가지 기능으로 분류된다. ① 비자발급 및 호주입국 관리, ② 난민 등 인도주의 정책, ③ 세관 및 국경 관리, ④ 비합법적 체류관리, ⑤ 신규 이민자와 난민의 정착 서비스, 그리고 ⑥ 다문화 정책 지원(Parliament House, 2012a). 2012~2013년 예산 계획에 의하면, 호주 이민 · 시민권부의 업무에 총 2,690.7 백만 달러(약 26,900억 원)가 배정되어 있다. 상기 기능별 예산 배분에 의하면, 이민 · 시민권부 예산의 절반(49.3%)은 비합법적 체류 관리에 충당되고 있음을 알 수 있다. 이 분야의 프로그램에는 비자 조건 준수 관리, 국내 불법 체류자 수용시설(Detention Centre) 운영, 그리고 비합법적 난민입국 관리 등이 포함된다.

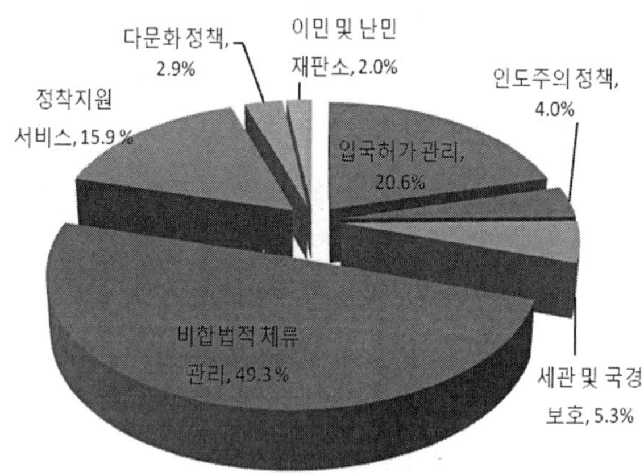


**그림 8.2** 이민정책 관련 예산 배분
출처 : Parliament House(2012a).

비합법적 체류 및 국경 관리 등을 제외하고, 체류 외국인의 입국허가 및 이들에 대한 정착 지원 등 두 가지 업무에 초점을 맞추어 예산 규모를 살펴보았다. 우선, 영주이민 및 일시거주 등 일반적인 호주 입국 관리에 559,569천 달러(5,595억 원), 그리고 난민 등 인도주의 입국 관리에 107,484천 달러(1,074억 원)가 책정되어 있다. 이 중에 일반관리 지출을 제외하고 비자 발급 및 이민 관련 서비스와 정책 수립 예산에 기초하여 비자 유형별 비율을 살펴보면, 인도주의 이민을 포함한 영주 이민과 방문 및 일시 거주에 대체로 반반 정도의 예산이 할당되어 있음을 알 수 있다. 더 구체적으로 방문 및 워킹홀리데이(20.1%) 입국 관리에 약 5분의 1의 예산이 소요되며, 이어서 가족통합 이민(16.9%), 기술이민(16.5%), 그리고 인도주의 이민(16.3%) 등에 비슷한 규모의 예산이 할당되어 있다.

**표 8.6** 체류외국인 입국 허가관리 예산

| 비자 유형 | | 서비스 전달 | 정책수립 | 합계 | 비율(%) |
|---|---|---|---|---|---|
| 영주이민 | 기술이민 | 94,916 | 13,582 | 108,498 | 16.5 |
| | 가족통합 이민 | 103,459 | 7,930 | 111,389 | 16.9 |
| | 특별 자격 이민 | 20,185 | 1,541 | 21,726 | 3.3 |
| 방문 및 일시거주 | 유학생 | 70,869 | 9,048 | 79,917 | 12.1 |
| | 경제적 일시거주 | 66,753 | 14,853 | 81,606 | 12.4 |
| | 비경제적 일시 거주 | 13,170 | 2,183 | 15,353 | 2.3 |
| | 방문 및 워킹 홀리데이 | 112,471 | 19,605 | 132,076 | 20.1 |
| 인도주의 이민 | | 48,852 | 19,522 | 107,484 | 16.3 |
| 합계 | | 530,675 | 88,264 | 658,049 | 100.0 |

출처 : Parliament House(2012a).

영주권을 취득한 자는 이민·시민권부에서 재정 지원하는 정착지원 프로그램과 서비스를 받을 수 있다. 이에는 정착 정보 제공, 영어 교육, 번역 및 통역 서비스, 그리고 인도주의 입국자들에 대한 특별 정착지원 프로그램 등이 포함된다. 이민·시민권부의 정착 지원 서비스는 일반적으로 호주 입국 후 5년 이내의 영주권자로서 인도주의 및 가족 통합 이민자, 그리고 지방에 정착한 기술이민자의 부양가족이 그 대상이 된다(Department of Immigration and Citizenship, 2011e). 구체적인 정착지원 서비스의 내용 및 자격요건은 이후에 자세하게 논의한다.

**표 8.7** 정착지원 예산

| 서비스 | 행정 | 서비스 전달 | 정책수립 | 합계 | 비율(%) |
|---|---|---|---|---|---|
| 성인영어프로그램 | 220,802 | 2,563 | 3,213 | 226,578 | 53.2 |
| 호주난민위원회 재정지원 | 140 (보조금) | - | - | 140 | 0.0 |
| 인도주의 정착 지원 | 57,761 | 18,564 | 5,049 | 81,374 | 19.1 |

| | | | | | |
|---|---|---|---|---|---|
| 부모 미동반 아동 난민 지원 | 15,693 | – | – | 15,693 | 3.7 |
| 지역사회 정착 서비스 지원 | 39,431<br>(보조금) | 7,070 | 1,762 | 48,263 | 11.3 |
| 무료 번역 및 통역 서비스 | 612 | 12,988 | 567 | 14,167 | 3.3 |
| 현장 통역 | – | 9,775 | 17 | 9,792 | 2.3 |
| 전화 통역 | – | 29,342 | 189 | 29,531 | 6.9 |
| 합계 | 334,439 | 80,302 | 10,797 | 425,538 | 100.0 |

출처 : Parliament House(2012a).

신규 이민자들의 정착 지원 업무에 호주 정부는 2012~2013 회계연도에 427,915천 달러(4, 280억 원)를 투자할 계획이다. 주요 사용처별로 예산 배분을 살펴보면, 성인영어교육 프로그램이 절반(53.2%)을 차지하여 정착지원 서비스에서 가장 큰 비중을 차지함을 알 수 있다. 이어서 인도주의 정착 서비스(19.1%)와 지역사회 정착 서비스(11.3%)에 많은 투자가 이루어지고 있다.

### (2) 이민자 사회복지 예산

사회보장 및 사회복지는 호주 연방정부 예산지출의 가장 큰 부분을 차지하고 있다(Swan & Wong, 2012). 즉, 전체 정부 예산의 약 3분의 1 이상(35%)이 이 분야에 쓰이고 있다. 보건(16%)과 교육(8%) 등을 포함한 주요 사회분야 지출이 호주 연방 정부 예산의 약 60%를 차지하고 있음을 알 수 있다. 이 세 분야가 차지하는 예산 비중은 지속적으로 증가해 왔고, 특히 인구 고령화 등의 영향으로 보건을 중심으로 그 증가율은 더욱 커질 전망이다.

호주의 사회보장 제도는 욕구에 기반을 둔 급여를 특징으로 하며, 따라서 '범주적(categorical)'이다. 즉, 사회보장 욕구가 강한 특정 계층을 분류하여, 해당 계층의 욕구를 충족시키도록 급여가 구분되어 있다. 사회보장 급여를 받는 주요 계층은 노인, 장애인 및 보호자(carer), 실업자, 1인 가구주 가구, 학생, 병자, 그리고 퇴역군인 등을 포함하며, 넓게는 부양아동이 있는 가정을 포함한다. 원주민 또한 사회보장 혜택을 받는 주요 집단에 속한다.

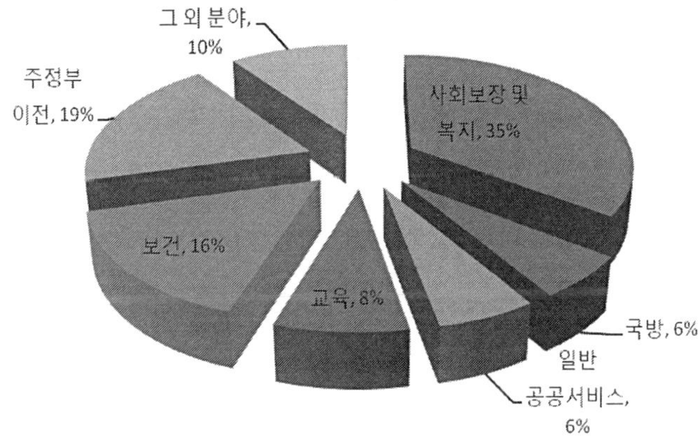


**그림 8.3** 호주 연방정부 정책분야별 예산 배분
출처 : Parliament House(2012b).

기본적으로 영주권자와 시민권자 및 그 가족이 정부로부터의 직접적인 현금 급여 자격을 갖는다. 그러나 호주의 사회보장 지출 통계는 영주권자과 시민권자를 분리하여 생산되지 않는다. 영주권자는 국적상 체류외국인으로 분류되지만, 사회보장에 관한 시민권자와 자격조건과 급여에 큰 차이가 없기 때문에 이민자에 한정하여 사회복지 예산을 별도로 분리하기는 어렵다. 단, 영주권자는 주로 노인, 부양아동 가정 및 실업 등의 분야에서 주로 급여를 받고 있는 것으로 추정된다.

**표 8.8** 2012~2013 사회보장 지출 (단위 : 백만 달러)

| 분야 | 노인 | 퇴역 군인/가족 | 장애인 | 부양 아동 가정 | 실업 | 기타 복지 프로그램 | 원주민 | 일반 행정 | 합계 |
|---|---|---|---|---|---|---|---|---|---|
| 금액 | 51,138 | 6,898 | 23,978 | 34,152 | 8,783 | 1,707 | 1,200 | 3,800 | 131,656 |
| 비율 (%) | 38.8 | 5.2 | 18.2 | 25.9 | 6.7 | 1.3 | 0.9 | 2.9 | 100.0 |

출처 : Parliament House(2012b).

호주 정부는 사회보장 및 사회복지 분야에 총 131,656백만 달러(13조 원)를 지출하고 있다. 분야별 사회보장 지출에 의하면, 노인(38.8%)과 부양아동이 있는 가정(25.9%)에 대한 지출이 가장 큰 비율을 차지하고 있고, 이 두 분야가 전체 사회복지 예산의 3분의 2를 차지한다. 즉, 노령연금과 저소득 가구 생계비 지원이 사회보장 지출이 가장 큰 지출 분야임을 알 수 있다.

## 4. 체류외국인에 대한 사회복지정책 현황

앞서 살펴보았듯이 호주 이민 · 시민권부는 이민자들의 초기 정착을 위한 복지 프로그램과 서비스를 제공하고 있지만, 주요 업무는 이민과 입국허가에 관련된다. 일반적으로 이민 · 시민권부의 복지제공 기능은 입국 후 5년 기간에 한정된다. 그것도 난민 등 인도주의 이민자 지원에 주로 집중되어 있기 때문에, 일반 영주이민자들에 대한 사회보장 업무는 대부분 주관 부처로 이관된다. 호주의 사회보장 주무부서는 인적서비스부다. 인적서비스부는 사회복지 제공과 관련된 다양한 기능을 수행하지만, 메디케어(Medicare), 센터링크(Centrelink), 그리고 아동지원 등이 주요 소관이다. 센터링크는 인적서비스부의 사회보장 급여 전달과 대민 서비스의 책임을 지고 있다.

인적서비스부와 함께 호주 국세청(Australian Tax Office)도 사회보장의 기능을 담당하고 있다. 따라서 이민 · 시민권부로부터 체류자격 심사가 끝나게 되면, 이민자들의 비자 정보는 인적서비스부 및 국세청과 공유된다. 호주 국세청은 이민자들이 비자에 규정된 근로시간 조건을 충족시키고 있는지를 관리함과 동시에 비자별 근로소득 세율에 따라 세금을 부과한다. 일반적으로 일시 체류자들에게는 영주권자를 포함한 호주 주거민과 다른 세율이 적용되며, 저임금 면세(tax-free threshold)가 적용되지 않고, 세금 공제(tax offsets) 또는 세액 감면(tax credits) 등의 세금혜택이 주어지지 않는다(Australian Taxation Office, 2012b). 호주 국세청은 또한 기업연금을 관리함으로써 체류외국인의 사회보장체계에서 중요한 역할을 담당하고 있다.

### 1) 공공부조

호주의 사회보장 체계는 한마디로 공공부조식 접근을 특징으로 한다(정용문, 2012a). 다른 서구국가와는 달리 사회보험 방식의 사회보장이 발달되지 않았고, 거의 모든 사회보장 급여 및 서비스가 공공부조 방식으로 제공되고 있다. 예를 들어, 노령, 실업, 그리고 장애 등 소득보장을 요구하는 대부분의 주요한 사회적 위험에 대해 공공부조로 대처하고 있다. 공공부조적 접근 방식의 특성상 기본적으로 정부로부터 지급되는 사회보장 급여는 소득연계적(earnings-related)이지 않다. 일반조세로 재원이 조달되기 때문에 자격조건이 급여 대상자의 기여(contributions)로부터 발생하지 않으며, 이에 따라 급여자격은 보편적 대상 포괄성

(universal coverage)의 성격을 띤다. 모든 소득지원 급여 및 보충급여들에 대한 자격요건이 소득 및 자산조사에 기초하고 있으며, 자격 요건을 충족한 자는 최대한의 균일급여를 받을 수 있다. 단, 실업 관련 급여는 구직활동(activity test) 요건이 추가되어 있다.

정부로부터 지급되는 소득보장 급여(income support payments)는 크게 수당(allowances or benefits)과 연금(pensions) 등 두 가지 형태로 구분된다. 수당은 일시적인 보호의 수단으로 지급되는 단기적 급여를 말하며, 연금은 장기적으로 사회보장 시스템에 의존해야 하는 계층에게 주어진다. 대체로 수당에 비해 연금에 더 높은 금액이 지원된다(Ziguras, 2010).

사회보장 급여에 대한 권리는 노동시장에서의 기여를 통해 발생하지 않기 때문에, 원칙적으로 유급 노동을 통해 적절한 수준의 소득을 유지할 수 없는 자는 누구나 급여를 신청할 수 있는 자격이 부여된다. 개별 급여는 급여 특성상 특수한 자격조건을 적용하고 있지만, 보편적으로 적용되는 자격조건은 크게 거주요건(residence requirements)과 소득(income) 및 자산(asset) 조사 등 두 가지를 포함한다. 그러나 호주의 사회보장법(Social Security Act 1991)은 호주 거주민(Australian residents)에 한하여 사회보장 급여 신청자격을 부여하고 있다. 호주 사회보장에서 정의하는 호주 거주민은 호주 시민, 영주권자, 그리고 기타 법으로 보호되는 특수 범주의 거주민(Special Category visa)을 포함한다. 따라서 비영주이민 장기체류자들은 정부로부터의 직접적인 현금 급여를 받지 못한다(Department of Immigration and Citizenship, 2011a).

**표 8.9 주요 공공부조 급여**

| 범주 | 급여 | |
|---|---|---|
| 가족 및 아동 | 가족 지원 | • 가족세제급여(Family Tax Benefit)<br>• 유급 출산휴가(Paid Parental Leave)<br>• 출산수당(Baby Bonus)<br>• 고아 수당(Double Orphan Pension)<br>• 가족 위기 급여(Crisis Payment) |
| | 보육 | • 보육 급여(Child Care Benefit)<br>• 보육 세제 환급(Child Care Tax Rebate) |
| 노인, 질병 및 장애인 | 노인 | • 노령연금(Age Pension)<br>• 배우자 연금(Wife Pension)<br>• 공과금 수당(Utilities Allowance)<br>• 연방정부 건강 할인 카드(Commonwealth Seniors Card) |
| | 질병 및 장애인 | • 장애 연금(Disability Support Pension)<br>• 병가 수당(Sickness Allowance)<br>• 보호인 수당(Carer Allowance) |

<table>
<tr><td rowspan="2">교육 및 노동</td><td>학생 및<br>청소년</td><td>• 학업 수당(Austudy)<br>• 원주민 학업 수당(ABSTUDY)<br>• 청소년 수당(Youth Allowance)<br>• 벽지출신 학생 지원 급여(Assistance for Isolated Children Scheme)</td></tr>
<tr><td>노동시장</td><td>• 실업 수당(New Start Allowance)<br>• 실업자 배우자 수당(Partner Allowance)<br>• 과부 수당(Widow Allowance)<br>• 육아 급여(Parenting Payment)<br>• 이동 수당(Mobility Allowance)<br>• 특별 수당(Special Benefit)</td></tr>
<tr><td>기타 급여</td><td colspan="2">사별수당 (Bereavement Allowance)<br>주거비 지원 (Rent Assistance)</td></tr>
</table>

출처 : Centrelink(2012).

거주민 요건과 함께 일부 사회보장 급여에는 거주기간 요건(period of qualifying residence)이 적용된다. 즉, 신규 이민자들의 경우 실업 및 기타 수당에 대한 자격을 부여받기 위해 2년의 거주가 요구된다. 단, 가족세제급여와 보육급여 등 부양아동이 있는 가정을 위한 사회보장 급여에 대해서는 거주기간 요건이 면제되어 적용되고 있다. 일반적으로 호주 거주 기간은 호주 내에서의 거주 기간으로 측정되지만, 호주와 협약이 되어 있는 일부 국가들의 경우에는 해당 국가에서의 거주기간도 호주에서의 거주기간으로 인정되기도 한다(Koken & Smith, 2005). 또한 난민(refugees)들과 그 가족, 난민으로 인정된 난민 신청자(asylum seekers), 그리고 호주 시민권자 배우자에게는 대기기간(waiting period) 없이 사회보장 급여 자격이 부여된다.

사회보장 급여 대기기간은 1991년 개정 사회보장법에 의거하여 시행되어 오고 있는데, 이 규정에 대해서 신규 이민자들의 사회보장 급여 접근권을 제한함으로써 복지권과 사회권을 제약하는 요소라는 비판이 제기되어 왔다(Carney, 2006; Koller, 1997). 그러나 호주 정부는 이에 대해 신규 이민자들이 초기 정착 시기에 사회보장체계에 곧바로 의존하는 것보다 자립 의지를 장려한기 위한 정책으로 인정하고 있다. 단, '특별급여(Special Benefit)'라고 하여, 사회보장 이외에 수단으로 생계가 어려운 것으로 인정되는 자에 한하여 대기기간 예외 규정을 두고 있기는 하다.

일부 사회보장 급여는 장기간 호주 거주를 요구하는데, 노령연금(Age Pension)과 장애연금(Disability Support Pensions)을 받기 위해서는 10년 거주요건을 충족시켜야 한다. 이 두 가지

급여는 다른 급여들에 비해 장기간의 생애에 걸쳐 지급되는 것이기 때문에, 진정한(genuine) 호주 거주민에 한하여 보호를 제공하고자 하는 호주 정부의 의향이 반영되어 있다. 아울러, 장기간 거주요건 적용은 급여 대상자를 축소함으로써 사회보장 재원을 보호한다는 더욱 현실적인 목적도 가지고 있다(FaHCSIA, 2009).

## 2) 사회보험

### (1) 기업연금

호주의 사회보장제도는 대부분의 사회적 위험을 공공부조로 해결하고 있지만, 노후 소득보장체계는 공공부조와 사회보험이 결합된 방식을 채택하고 있다. 초창기 호주의 노인 소득보장제계는 노령연금에 전적으로 의존해 왔으나, 1990년대부터 호주의 노인 사회보장 체계는 공적 급여와 사적 급여가 결합된 복합적 소득보장 체계로 발전해 왔다. 소위 3층 체계(three-pillar system)라고 하여, 공공부조 방식의 노령연금(Age Pension), 강제 기업연금(Superannuation Guarantee) 그리고 자발적 기업연금(voluntary superannuation) 등 서로 다른 세 가지 체계로 구성되어 있다(Department of Treasury, 2009). 세 번째 축을 개인적인 저축과 투자의 개념으로 본다면, 사실상 공적 노령연금과 강제 기업연금이 호주 노인소득보장의 핵심 요소라고 볼 수 있다.

공적 노령연금과 강제 기업연금은 호주 노인들의 주요 소득원으로 기능하고 있는데, 2008년 현재 68%의 65세 이상 노인들이 노령연금을 수령하고 있으며, 은퇴한 노인들의 43%가 기업연금 급여를 받고 있다(Australian Bureau of Statistics, 2009). 기업연금의 높은 가입률과 제도적 성숙에 따라, 기업연금 수령자는 더욱 증가할 것으로 예상되며, 앞으로 노인 소득보장 체계에서 기업연금이 노령연금을 점점 대체하는 경향을 띨 것으로 보인다. 즉, 최대 금액의 노령연금을 받는 노인의 비율은 기업연금이 시작되기 직전 67%(1991년)에서 56%(2008년)로 점점 줄어드는 추세다. 호주 정부의 추정에 의하면, 2050년에는 노령연금과 기업연금을 동시에 받는 노인이 50%를 차지하고, 노령연금 및 기업연금을 단독으로 받는 노인이 각각 25%를 차지할 것으로 예상된다(Batesman, 2007).

노인들을 위한 사회보장 체계의 두 번째 축인 강제 기업연금은 소득에 연계된 급여로서, 전적으로 고용주의 기여에 의해 재원이 마련된다. 고용주는 법에 의해 피고용인의 급여의 9%

이상을 기업연금 기금에 적립해야 하며, 이는 급여에서 삭감되는 것이 아니라 말 그대로 급여에 추가된 고용주의 기여금(contribution)이다. 호주 거주 요건이 적용되지 않기 때문에 대부분의 피고용인은 강제 기업연금의 혜택을 받을 수 있다. 단, 18세에서 69세까지의 근로자, 그리고 매월 450달러 이상의 급여를 받는 자에 한하여 연금이 적립된다. 정규직이든 비정규직이든 고용형태와 관련된 규정도 없으나, 18세 미만의 경우에는 주당 30시간 이상 일해야 고용주의 기여에 대한 자격을 부여받는다. 자영업자의 경우에는 기업연금 기여에 대한 의무는 없지만, 본인의 의사에 따라 기업연금 가입을 할 수 있다. 또한 일반 개인의 경우에도 고용 여부와는 상관없이 기업연금에 가입할 수 있으며(personal contribution), 고용주로부터의 기여금에 추가하여 적립할 수도 있다.

호주 정부의 일반조세 지출에 의존하지 않는 기업연금의 경우에는 일반 장기체류자에게도 가입 자격이 주어진다. 노후 소득보장 제도로 운영되고 있는 기업연금은 수령 연령을 법으로 정하고 있는데, 출생연도에 따라 55세부터 연금수령을 허용하고 있기는 하나 원칙적으로 영주권자과 시민권자는 65세에 이르기 전까지 기업연금을 수령할 수 없게 되어 있다. 단, 가입자가 퇴직 후 심각한 경제적 어려움에 처하거나 장애 등 건강상의 문제가 있을 경우는 예외적으로 연금수령을 허용하고 있다. 기업연금은 노령연금처럼 분할 수령할 수도 있고, 일시불 수령도 허용된다.

비영주이민 장기체류자의 경우 기업연금 수령에 관한 특별 규정이 적용된다. 즉, 연령에 상관없이 호주를 영구 출국한 후에 적립된 기업연금을 받을 수 있도록 하고 있다. 이 출국 기업연금 급여(Departing Australia Super Payment)는 단기 이민자에게만 적용되는 특별 조치다. 이 급여는 가입자의 비자가 만료된 이후 언제든지 연금 수령을 신청함으로써 받을 수 있다.

### (2) 재해보상보험

호주의 재해보상 제도는 민간영역과 공적영역이 혼합된 다소 복잡한 형태를 띠고 있다. 즉, 정부 당국은 민간보험회사 인가 및 관리감독 기능을 담당하고, 민간보험회사는 보험요율 결정 및 부과, 보상청구 등의 실질적인 보험업무와 관련된 역할을 담당한다(정용문, 2012b). 호주 재해보험 관리체계는 분절적이어서, 각 주정부는 독자적인 강제 재해보상제도를 운영하고 있다. 재해보상 급여 내용 및 범위에 관한 일반적인 기준은 각 관할주체들에 의해 대체로 공유되고 있지만, 특정 급여에 따라 다소 차이가 나기도 한다. 즉, 각 관할주체들이 근거하고 있는 법령 자체가 다르기 때문에, 상해에 관한 개념정의 및 보상범위에 관한 규정 등에서 약간씩의 차이를 보이고 있다. 근로자(worker), 상해(injury) 및 질병(disease)에 대한 개념정의가 조금씩 다른데, 예를 들어 노던 테리토리(Northern Territory)의 재해보험은 근로자를 원천과세(pay-as-you-earn)가 적용되는 피고용인으로 한정하고 있는 반면, 뉴사우스웨일스주는 일부 독립 계약직 근로자도 제도에 포괄하고 있다.

재해보상제도는 기본적으로 재해로 인해 상실된 임금과 상해치료 및 재활에 필요한 비용을 보상한다. 앞서 제시되었듯이, 임금보상은 보상에서 가장 큰 비용이 드는 분야로서 대략 전체 제도운영비의 반 정도가 소요된다. 의료비는 대부분 변상이 되는데, 의약품, 구급차, 그리고 기타 이동 수단 등의 보조 의료장비와 관련된 비용이 지원된다. 직장으로 복귀하는 과정에서 소요되는 경비, 예를 들어 재활비용, 안전강화를 위한 작업장 환경개선 및 작업장 안전 프로그램 운영 등도 보상내용에 포함된다. 사망급여의 경우 부양아동 및 장례비용이 포함되며, 신체 부위의 신체적 상실이나 시력 및 청력 따위의 기능상실 등으로 인해 상해가 영구적인 경우에는 일시불 급여가 지급된다.

재해보상제도는 정부가 고용주에게 강제적으로 부과한 보험료를 재정으로 한다. 일반적으로 보험요율은 해당 고용주가 지불하는 임금총액(payroll)에 기초하여 산정된다. 보험요율은 관리주체별로 독립적으로 책정하고 있으며, 고용주의 산업적 특성에 따라서도 차별적으로 적용된다. 예를 들어, 목재 벌채 등 고위험 직업군에 대해서는 12%까지 상승하는 경우도 있고, 반대로 사무직 등의 저위험 직종에는 0.2%의 보험요율이 적용되기도 한다(Safe Work Australia, 2012).

상기 산업재해에 관련된 기본원칙에 따라 업무와 관련된 상해나 질병을 경험한 자는 누구나 보상에 대한 권리를 갖는다. 단, 보상과 관련해서는 일반적으로 다음 세 가지 사전요건이 요구된다. 첫째, 당사자는 해당 관할주체의 법에 따른 피고용인이어야 하고, 둘째, 인가된 의료인에 의해 업무와 관련하여 발생된 상해에 대한 진단이 있어야 하며, 셋째, 임금이나 의료비용 등 상해로 인해 재정적 손실이 발생해야 한다. 따라서 작업장에서 발생할 수 있는 스트레스 또는 차별 등으로 인한 감정적 피해 등에 대해서는 재해보상이 적용되지 않는다.

호주의 재해보상제도는 체류자격과 관련한 어떠한 규정을 두고 있지 않다. 이는 위에서 제시된 피고용인 지위와 업무와 관련된 상해가 증명되기만 하면, 재해보상을 받을 수 있음을 의미한다. 따라서 학생, 워킹홀리데이, 또는 일시적 기술이민자 등 체류조건에 상관없이 고용주가 재해보상제도에 가입되어 있는 한 보상자격이 주어진다. 소득활동이 가능한 비자를 소유한 자는 재해보상뿐만 아니라 자유롭게 노동조합에 가입할 수 있고, '직장 보건 및 안전법(Occupational Health and Safety Act)'과 '균등고용기회법(Equal Employment Opportunity Act)' 등 고용 관련 법령들에 관한 한 호주 거주민과 동등한 적용을 받게 된다(Department of Immigration and Citizenship, 2012f).

### 3) 사회복지 서비스

#### (1) 의료보호

호주는 보편적인 국민의료보호제도(Medicare)를 통해 의료서비스를 제공하며, 일반조세로 운영되는 의료보장체계를 갖고 있다. 메디케어 서비스는 대부분 의료와 일부 검안서비스 및 약제 처방에 대한 접근에 대해 무료 또는 보조를 제공한다. 메디케어 자격을 갖춘 사람들은 공립 병원, 지정된 종교 및 자선 단체에 의해 운영되는 비정부 병원, 그리고 공공 환자를 진료하기로 정부와 협정을 맺은 민간병원에서 무료로 입원, 의료, 간호 및 기타 의료 서비스를 받을 수 있다. 이 외에 다양한 병원 외 서비스에 대해서도 의료보장 혜택이 주어진다. 호주 시민 및 영주권자들은 메디케어와는 별도로 민간건강보험에 가입할 수 있으며, 호주 정부는 정부의 의료재정을 보호하기 위한 일환으로 국민들이 민간보험에 가입하는 것을 장려하고 있으나 의무적으로 가입할 필요는 없다(신의철 · 박성희, 2012). 단, 민간건강보험에 가입하는 이점은 병원 치료에 있어 의사나 전문의를 직접 선택할 수 있고 공공 및 민간병원에서 민간 환자로서 치료를 받을 수 있다는 점이다.

강제적인 국민건강보험인 메디케어는 호주 정부에 의해 운영된다. 재정의 대부분은 메디케어 이용자들이 부담하는 메디케어 부과금(Medicare levy)에 의존한다. 즉, 메디케어 자격조건이 있는 모든 사람들은 매년 자신의 소득의 1.5%를 납부해야 하며, 일부 저소득 계층에 대해서는 면제 또는 감면 혜택이 주어진다. 또한 민간건강보험에 가입하지 않은 고소득자는 자신의 소득의 1%를 메디케어 추가 부과금으로 납부해야 한다. 2011~2012 회계년도 현재 추가 부과금의 소득 기준은 개인 연간소득 8만 달러, 그리고 가족 연간소득 16만 달러이다 (Australian Taxation Office, 2012a).

메디케어는 호주의 보편적인 의료보장 체계로서, 기본적으로 자격조건은 호주 시민권자, 영주권자와 뉴질랜드 시민권자에게 주어진다. 따라서 호주 방문자와 유학생을 포함한 일시 체류자들은 의료 보장에 관한 한 스스로 책임을 져야 하며, 이들에게는 민간건강보험 가입이 권장된다. 그러나 호주 정부와 상호 의료 협약(Reciprocal Health Care Agreements)을 맺은 국가의 방문객에 대해서는 메디케어에 접근할 수 있는 권한을 준다. 현재 이 국가들은 영국, 아일랜드, 뉴질랜드, 스웨덴, 핀란드, 노르웨이, 네덜란드, 벨기에, 슬로바키아, 몰타 및 이탈리아 등이다(Department of Human Services, 2012). 호주는 이들 각 국가들과 다소 복잡하고 차별적인 의료보장 기간 및 서비스를 제공한다. 예를 들어, 뉴질랜드, 영국, 아일랜드, 스웨덴, 핀란드, 및 노르웨이 출신의 방문자는 호주 체류기간 동안 메디케어 서비스 자격조건을 유지하지만, 몰타와 이탈리아 출신 방문자에게는 입국 이후 6개월의 기간 동안만 자격조건이 주어진다.

메디케어 서비스 보장 영역은 호주에서의 의료 처치에 한정되며, 호주 입국 전에 발생한 질병이나 상해는 보장받지 못한다. 유학생 체류자들에게는 또 다른 조건이 적용되는데, 호주와 상호의료협약을 맺었다 하더라도 노르웨이, 핀란드, 몰타, 그리고 아일랜드 출신의 학생들은 메디케어의 보장을 받지 못한다. 단, 호주와 의료협정을 맺고 있는 국가들의 시민들에 한하여 응급의료보장을 받을 수는 있다. 그러나 응급의료 서비스는 호주 입국 이전에 개인이 이미 가지고 있던 질병에는 적용되지 않는다.

#### (2) 보육

호주의 보육서비스는 크게 공인보육(Approved Care)과 등록보육(Register Care) 서비스로 구분될 수 있다. 공인보육은 정부로부터 인가를 받아서 운영하는 기관 중심의 서비스이고, 등록보육은 가족지원사무소(Family Assistance Office)에 보육제공자로 등록한 조부모, 친인척, 친구, 보모 등과 개인이 운영하는 민간시설에 의한 보육을 말한다(김효진, 2012). 공인보육은 종일제보육(Long day Care), 가정보육(Family Day Care), 일시보육(Occasional Care), 그리고 방과 전후 보육(Outside School Hours Care) 등의 형태로 제공된다. 2011년 현재, 전국적으로 총 14,290개의 공인 보육시설을 운영 중이며, 이 중에서 방과 전후 보육 시설(54.0%)과 종일보육 시설

(42.6%) 등 두 유형이 대부분을 차지한다(Office of Early Childhood Education and Child Care, 2010). 같은 해에 공인보육 서비스를 이용한 아동의 수는 950,760명으로서 호주 전체 12세 이하 아동 4명 중 1명(25.9%)이 공인보육을 이용한 것으로 나타났다.

호주 정부는 1972년부터 보육시설 이용 가구에게 재정적인 지원을 해 오고 있다. 공인된 보육시설을 이용하는 모든 가구는 보육비에 대한 지원을 받을 수 있고, 등록 보육 이용 역시 부분적인 지원을 받을 수 있다. 호주의 보육비 지원은 크게 두 가지 급여로 구분된다(여유진 · 정용문, 2011). 하나는 '보육급여'(Child Care Benefit)로서, 저소득 가구의 보육비에 대한 재정 지원을 목적으로 한다. 지원 금액은 소득이 증가함에 따라 줄어들며, 지불한 보육료에 대해 공인보육의 경우 시간당 최대 3.90달러, 그리고 등록보육은 0.652달러의 급여를 받을 수 있다. 아동의 수에 따라 급여 기준소득이 상승한다. 보육급여 자격을 갖춘 가구는 일반적으로 일주일에 아동 1인당 24시간의 보육에 대한 지원을 받게 되며, 부모가 주당 15시간 이상의 근로, 직업교육 또는 학업에 종사하는 경우는 50시간까지, 그리고 부모가 둘 다 학업이나 근로로 인해 보육을 할 수 없는 경우 50시간 이상까지 지원을 받을 수 있다.

가구소득이 기준 금액을 넘어서는 경우 보육급여를 받을 수 없지만, 대신 두 번째 보육비 지원 제도인 '보육환급(Child Care Rebate)' 급여를 받을 수는 있다. 이 급여는 부모가 모두 근로활동으로 인해 아동을 보육할 수 없는 경우에 지급되며, 보육료의 최대 50%를 환급받을 수 있다. 보육환급 급여에는 소득조사가 실시되지 않지만, 연간 최대 급여액이 7,500달러로서 상한선이 적용되고 있다.

보육서비스 이용 자체에는 특기할 만한 자격제한이 없이 모든 아동이 이용할 수 있다(단, 정부에서 의무적으로 규정한 예방접종 기록이 제출되어야 한다). 그러나 호주 정부로부터의 보육비 지원을 받기 위해서는 체류자격 조건을 충족시켜야 하며, 기본적으로 호주 시민과 영주권자에 제한되고 있다. 보육비 지원은 공공부조의 성격을 띠기 때문에, 유학생 및 장기체류자 아동은 보육시설 이용 시에 정부로부터의 지원 없이 전액의 비용을 납부해야 한다. 그러나 몇 가지 특수한 예외 규정은 있다. 예를 들어, 보호 비자 등 특별한 임시 비자 소유자, 그리고 호주 정부의 후원하에 교육을 받고 있는 유학생 및 극심한 경제적 어려움에 놓인 가구의 아동 등은 일시 거주일지라도 보육비 지원 자격을 갖추게 된다.

### (3) 노인 및 장애인 서비스

정부에서 제공하는 호주 노인 서비스는 크게 '재가 및 지역사회 서비스(Home and Commnunty Care)'와 노인복지 '시설서비스(Residential Care)'로 구분된다. 최근 호주 노인복지 서비스는 '에이징 인 플레이스(Ageing in Place)'가 강조되어, 가급적 시설로 입소하기 전에 현재의 가정과 지역사회에 더 오랫동안 머물도록 재가 및 지역사회 서비스가 권장되고 있다(Jung, 2009). 노인복지시설은 정부가 직접 운영하기보다는 비정부 기관에서 제공하는 서비스를 정부가 인가하고 구입하여 비용을 지원한다.

재가 및 지역사회 서비스는 일상생활에 어려움이 있는 노인과 장애인이 현재 살고 있는 가정에서 독립적인 생활을 유지할 수 있도록 지원하는 서비스다. 이를 위해 집수리 및 개조, 간병인, 정원관리, 교통 지원, 일상 활동 보조, 물리치료 및 음식배달 등의 다양한 서비스가 제공된다. 재가 및 지역사회 서비스는 노인뿐만 아니라 장애인도 그 대상이 된다. 노인복지 시설 서비스는 노인의 케어 욕구에 따라 저보호 요양시설과 고보호 요양시설로 나뉜다. 기존에 너싱홈(Nursing Home)이라고 불리었던 고보호 요양시설에서는 24시간 동안 일상 활동에 대한 보조와 간호사에 의한 의료서비스가 제공된다. 노인복지 시설에 입소하기 전에 '노인복지 시설 입소사정(Aged Care Assessment)'을 거쳐 보호 수준이 결정된다. 아울러, 에이징 인 플레이스의 개념에 기초하여 현재 저보호 시설에 있는 노인의 케어 욕구가 증가하여 고보호 시설로 이동하는 것을 최소화하도록 현재 시설에서 저보호와 고보호 서비스가 동시에 제공될 수 있도록 하고 있다.

정부에서 제공하는 노인복지 서비스는 기본적으로 영주권자와 시민권자에 한하여 자격조건이 주어진다. 재가 및 지역사회 서비스는 65세 이상의 노약자(호주 원주민의 경우 50세 이상), 장애인 그리고 그 간병인을 정책대상으로 하고 있으며, 연방정부와 주정부가 각각 60/40의 비율로 재정 부담한다. 이용서비스 및 개인의 경제적 능력에 따라 이용자에게 비용이 청구될 수 있는데, 최대 청구액은 이용자가 받고 있는 연금의 7.5%로 정하고 있다. 이 이상의 비용은 정부의 지원금으로 충당된다(Department of Health and Ageing, 2011).

시설 이용에는 일상 활동 지원 이외에 숙박에 관련된 비용 등 재가 및 지역사회 서비스보다 더 많은 비용이 수반된다. 즉, 기본 시설이용료(Basic Daily Fee)와 함께 입소 보증금(저보호 케어 시설) 또는 주거비(고보호 케어시설)가 부과되며, 특별한 서비스를 이용할 경우에는 이에 대한 추가적인 비용이 요구된다. 이용료는 시설에 따라 다르게 적용되지만, 호주 정부는 이용자들이 지불하는 최대 금액을 설정하여 적용하고 있으며, 소득 및 자산조사에 기초하여 지원액이 결정된다. 예를 들어, 기본 이용료는 노령연금의 최대 85% 선에서 결정되고 있다(Department of Health and Ageing, 2012).

### (4) 교육

호주의 의무교육은 대체로 만 6세에서 15세 사이의 학생에게 적용된다[남호주(South Australia)와 태즈메이니아(Tasmania)는 16세]. 따라서 호주 시민과 영주권자는 만 15세까지는 정규교육을 받을 의무와 권리를 가진다. 호주의 학교는 그 재정 구조에 따라 공립학교, 종교 사립학교, 그리고 독립 사립학교 등 크게 세 가지로 구분될 수 있다. 교육정책은 주정부의 소관으로서 각 주정부마다 교육과정과 프로그램이 조금씩 다르다. 따라서 호주 거주민 이외의 일시 체류자나 방문자들에 대한 교육 서비스 역시 주별로 상이하다.

일반적으로 비자 유형에 상관없이 대부분의 일시 체류자들의 아동들은 사립학교에 제약 없이 등록할 수 있다. 그러나 주정부에 의해 운영되는 공립학교 교육에 대해서는 주별로 다소 상이한 조건이 적용된다. 호주에서 가장 많은 수의 학교가 있는 뉴사우스웨일스주는 '일시 거주자 프로그램(Temporary Residents Program)'을 운영하고 있다. 이 프로그램에 의하면, 유학생, 장기간 사업 및 기술 비자 소지자 등의 장기 체류자 및 방문자 등 대부분의 입국자들의 부양 아동에게 유치원부터 고등학교까지 공립학교 등록을 허용하고 있다(Education & Communities, 2012). 단, 비평준화 고등학교(Selective High Schools)와 초등학교 영재반(Opportunity Class) 등 학문적으로 우수한 학생들에게 특별 프로그램을 제공하는 일부 공립학교들은 시민권자와 영주권자에게만 등록자격이 주어진다.

정규 학교교육은 일반 장기체류자 및 방문자들에게도 제공되지만, 이들에게는 다소 차별적인 학비 규정이 적용된다. 개별 사립학교들은 일반 체류 아동의 학비에 대해 독립적인 정책을 가지고 있어서, 호주 거주민과 동일한 학비를 적용하는 경우도 있고, 그렇지 않은 경우도 있다. 뉴사우스웨일스주의 공립학교는 비자 유형별로 상이한 학비규정을 적용하고 있다. 즉, 사업비자와 취업비자 등 경제적 장기체류자들과 학생 및 방문자들에게 상이한 학비 규정을 적용하고 있다. 대체로 경제적 장기체류자들에게 약간 저렴한 학비 혜택이 주어지는데, 2012

년 현재 초등학교의 경우 경제적 장기체류자는 1년간 4,500달러, 그리고 학생 및 방문자는 한 학기당 3,087.5달러의 학비가 적용된다(Education & Communities, 2012).

### 4) 기타 사회정책

다양한 인종적, 언어적, 그리고 문화적 배경을 가진 이민자들이 국가 형성에 중요한 역할을 함에 따라 호주는 신규 이민자들의 사회통합 촉진을 위한 정책들이 일찌감치 발전해 왔다. 2007년부터는 연방정부 총리실 산하에 '사회통합실(Social Inclusion Unit)'이 설치되어 다양한 취약계층의 사회통합 개선을 위한 정책적 노력이 이루어지고 있다. 이민자, 특히 비영어권 출신 이민자들은 사회통합 정책의 주요 대상이 되어 왔으며, 이들의 경제적 및 사회적 참여를 지원하기 위한 프로그램들이 지속적으로 개발, 제공되고 있다(Australian Social Inclusion Board, 2012).

호주 정부는 비영어권 출신 이민자들의 언어 장벽 해소 및 지역사회 조기통합을 위해 다양한 교육 및 지역사회 서비스를 제공해 왔다. 이 중 성인이민자 영어프로그램(AMEP)은 호주 정부의 가장 큰 이민자 정착지원 프로그램으로서, 1948년부터 시행되어 오고 있다. 가족통합 이민자, 기술이민자의 배우자, 그리고 인도주의 이민자 등 영어 구사력이 특별히 부족한 계층을 대상으로 하고 있다. 인도주의 이민자들에게는 무료로 제공되며, 기술이민자 배우자의 경우에는 비자 취득 시점에 일정 기준 이상의 영어성적을 제출하든지 아니면 비용을 지불하든지 선택할 수 있다. 18세 이상의 자격 보유자는 510시간의 성인이민자 영어프로그램(AMEP)을 받을 수 있다. 15~17세 사이의 이민자도 학교에서 정규교육을 받지 않을 경우 이 프로그램을 이용할 수 있으며, 영주권자가 아니더라도 사업이나 기술직 등의 장기체류자들과 그 배우자들에게도 성인 영어프로그램이 제공된다. 교육 참가는 개인의 자발적 의사에 따라 결정되며, 호주 입국 후 5년간 유효하다. 이 프로그램은 대학교, 전문대학(TAFE) 및 민간교육기관 등 이민·시민권부와 계약을 맺은 기관에 의해 제공된다(Department of Immigration and Citizenship, 2011d). 성인 영어프로그램 자격이 있는 자는 직업 영어프로그램(Settlement Language Pathways to Employment and Training)에 대한 자격도 주어진다. 이 프로그램은 비영어권 이민자의 구직활동 및 직장생활에 필요한 정보와 영어에 초점을 맞추어 실습을 포함하여 200시간의 영어 수업을 제공한다. 아울러 인도주의 입국자들에게는 이들의 특수한 욕구에 맞춘 특별 영어교육(Special Preparatory Program)이 제공된다.

또한 영어 구사력이 낮은 영주 이민자의 호주사회 적응과 지역사회 통합을 촉진하기 위한 목적으로 정착 보조금 프로그램(Settlement Grants Program)이 운영되고 있다. 이 프로그램은 지방정부, 비정부 기구 또는 성인영어프로그램 기관 등에 재정지원을 하여 신규 이민자나 그 가정에게 지역사회 서비스를 이용할 수 있도록 정보제공, 위탁, 지역사회 연계 및 케이스워크 등의 활동을 지원한다. 호주 입국 5년 이내의 인도주의 이민자와 가족 이민자, 그리고 지방에 정착한 기술이민자의 부양가족은 이 서비스를 이용할 수 있다(Department of Immigration and Citizenship, 2011c). 이 외에 난민이나 국내보호 이민자들은 인도주의 정착서비스(Humanitarian Settlement Services)를 받을 수 있다. 이 서비스는 인도주의 이민자들의 정착 욕구를 충족시키기 위한 집중지원 서비스로서 의료 및 사회보장, 은행 및 교육 기관 등의 이용을 돕고, 장단기 숙소를 지원함과 동시에 호주 정착에 필요한 교육 및 훈련 프로그램을 제공한다.

이민 · 시민권부는 번역 및 통역 서비스(Translating and Interpreting Service)를 운영하여, 비영어권자들이 정부 및 지역사회 기관에 연락하여 서비스를 이용할 수 있도록 돕고 있다. 번역 및 통역서비스는 기본적으로 유료로 제공되고 있으나, 시민권자와 영주권자 및 기타 정부로부터 허가받은 자들은 정부 및 비정부 기구, 그리고 병원 등의 일부 영리기관 서비스 이용시에 무료로 이용할 수 있다.

호주는 신규 이민자들의 사회적응 기간을 단축하기 위한 다양한 지원서비스를 제공함과 동시에 최근 이민자 선정에 영어 구사력에 대한 더욱 높은 기준을 적용함으로써 언어 장벽으로 인한 호주 정부의 사회통합 저해요인을 축소하기 위한 조치도 병행하고 있다. 즉, 영어 구사력이 호주 입국 후 조기 노동시장 진입의 필수적인 요소로 간주되어, 기술이민자들은 영주 비자 신청 시에 일정 수준 이상의 영어 성적을 충족시키도록 요구받고 있다(세부 기술 분야에 따라 상이한 기준이 적용됨). 최근 영어성적 기준은 갈수록 높아지는 추세이며, 기존에 영어 성적 제출이 면제되었던 분야에도 점점 더 넓게 적용되고 있다. 그러나 호주는 이민자에게 제공되는 정착지원 서비스를 개인의 사회통합 노력을 유도하기 위한 수단으로 직접적으로 활용하고 있지는 않다. 상기 서비스와 프로그램 참여는 의무적이지 않으며, 다른 사회복지 혜택의 필요조건이 아니다. 즉, 개인의 정착 욕구에 따라 자발적으로 이용하면 된다.

### 5) 체류자격별 복지급여

체류외국인에게 제공하는 주요 복지급여 및 서비스에 대한 자격요건은 급여별로 다를 수 있다. 호주의 체류외국인 사회복지 급여는 시민권자를 준거로 할 때 체류기간이 줄어들수록 접근성이 감소하는 위계적 구조를 띤다. 시민권자에게는 사회보장 급여 및 사회복지 서비스 급여가 무조건적으로 제공됨과 동시에 체류외국인에게 부여되지 않는 다양한 법적 권리가 배타적으로 보장된다. 예를 들어, 호주 시민권자에 한해 선거권과 피선거권 등의 참정권이 주어지며, 시민권자는 배심원, 국방 및 연방정부 공무원으로 재직할 권한을 가진다.

난민과 영주권자는 사실상 시민권자와 동일한 복지급여 자격을 갖춘다고 볼 수 있다. 특히 난민의 경우에는 체류외국인 중에서도 최우선적인 복지급여 자격이 주어지며, 실업수당과 양육급여 등 일반 영주권자에게 적용되는 대기기간이 면제되어 거의 모든 복지급여를 비자 취득과 동시에 받게 된다. 또한 난민에게만 특화된 다양한 정착지원 서비스들이 존재한다. 결혼 이주여성 역시 복지급여에 관한 한 사실상 영주권자와 차별이 없다. 일반 영주이민자들은 거주기간 요건을 충족시킴에 따라 실업수당, 양육급여 및 노령연금 등에 관한 사회보장 자격요건을 부여받아 시민권자와 동일한 자격요건을 갖추게 된다.

**표 8.10** 체류자격별 복지수급 여부

| 복지 정책 분야 | | 영주 이민 | | | 비영주이민 장기체류자 (외국인 근로자, 유학생) | 단기 방문자 |
|---|---|---|---|---|---|---|
| | | 인도주의 이민 (난민) | 이민 | | | |
| | | | 본인 | 배우자 (결혼 이주) | | |
| 공공부조 | 가족세제급여 | ○ | ○ | ○ | × | × |
| | 실업수당 | ○ | ◐ | ◐ | × | × |
| | 노령연금 | ○ | ◐ | ◐ | × | × |
| 사회보험 | 기업연금 | ○ | ○ | ○ | ○ | × |
| | 산재보험 | ○ | ○ | ○ | ○ | × |
| 기타 사회정책 | 의료보호 | ○ | ○ | ○ | × | × |
| | 보육 | ○ | ○ | ○ | △ | × |
| | 노인 및 장애인 | ○ | ○ | ○ | × | × |
| | 교육 | ○ | ○ | ○ | △ | × |

○ : 완전수급, ◐ : 대기기간 적용 후 수급, △ : 부분수급, × : 비수급

사회복지 급여가 체류자격에 따라 위계화되어 있음으로 인해 비영주이민 장기체류자들에게는 복지혜택에 대한 제도적 배제의 수준이 상대적으로 높다고 볼 수 있다. 즉, 외국인 근로자와 유학생 등 비영주이민 장기체류자들에 대한 복지급여 및 서비스는 크게 제한되어 있다. 이는 호주의 사회보장 체계의 특성에서 크게 기인하는 것으로 분석된다. 즉, 호주의 사회보장제도가 공공부조 방식에 의존하고 있음으로 인해 급여 자격요건이 개인의 노동시장에서의 기여로부터 발생하는 급여는 제한적이기 때문이다. 그러나 비영주이민 장기체류자들은 비자에 규정된 근로시간 조건하에서 노동시장에서 차별 없는 경제활동을 할 수 있고, 고용주가 재정부담하는 기업연금과 재해보험의 보호를 받을 수 있다. 이들은 메디케어 등 정부로부터 직접적인 재정지원에 의해 운영되는 사회복지 서비스를 제공받지는 못하지만 보육서비스와 공립교육에 대한 접근권은 부여된다. 단, 이들은 영주이민자들과는 차별적인 조건에서 서비스를 이용하게 된다. 예를 들어, 보육시설 이용 시에 정부로부터 제공되는 보육비 지원을 받을 수는 없으며, 공립학교에 등록하더라도 학비를 납부해야 한다. 대신 취업비자를 보유한 기술직 장기체류자들은 유학생들보다는 학비에 관한 우대조치를 받게 된다.

체류자격에 따라 호주 정부에서 제공되는 서비스와 프로그램에 현격한 차이가 있음에 따라 체류외국인들로 하여금 체류지위 상승으로 유인하는 간접적인 효과를 가질 것으로 예측된다. 체류자격상의 지위가 사회통합의 지표가 된다고 볼 수는 없으나, 체류자격의 변화는 호주 정부로부터의 혜택과 권리를 실질적으로 증가시켜 사회참여를 확대시킬 잠재력을 가진다. 예를 들어, 비영주이민 장기체류자들은 교육이나 보육 등 동일한 서비스에 대해 영주권자와는 차별적인 비용을 지불해야 하기 때문에 영주이민 비자 취득에 대한 유인을 받을 수 있을 것이다.

## 5. 결론 및 시사점

호주는 전통적인 이민국가로서 체류외국인 지원 정책에 오래된 정책적 경험을 가지고 있다. 호주는 국가 형성 자체가 이민에 의존했고, 제2차 세계대전 이후부터 이미 체계적인 이민관리와 이민자 사회통합 정책이 발달되어 왔다. 초기 비정부기관과 이민자 자조집단에 의해 주도되어 오던 이민자 지원 복지 프로그램들은 다문화주의가 정부의 공식적인 사회정책으로 자리 잡음에 따라, 호주 정부는 이민자들의 조기 사회통합을 지원하기 위한 다양한 프로그램들을 일찌감치 도입하고 실험해 왔다. 집권 정당의 정치적 이념에 따라 확대와 축소를 경험해 왔지만, 당시에 도입된 대부분의 프로그램들은 현재에도 이민자 사회통합 정책의 근간으로 유지되어 오고 있다.

호주에 비하면 한국은 외국인 정책에 관한 한 상당히 후발주자로서 그 역사가 상대적으로 매우 짧고, 본격적인 정책 형성단계에 있는 것으로 사료된다. 한국과 호주는 국익을 고려한 전략적인 외국인 체류정책을 시행하고 있다는 점에서 공통점이 있으나, 두 나라의 체류외국인 정책은 전반적으로는 다소 다른 맥락에서 발달해 왔다. 우선, 한국으로 유입되는 장기체류 외국인은 주로 결혼 이민자와 외국인 동포들로서 기술이민과 인도주의적 이민 등이 주가 된 호주의 이민자 구성과는 매우 다르다. 또한 호주의 이민정책이 영주이민을 전제로 이민자 복지제도가 발전해 옴에 따라 비이민 장기체류자들에도 영주이민으로 전환할 수 있는 기회가 제공됨에 반해, 한국의 경우에는 결혼이민자나 재외동포, 그리고 일부 전문기술인력을 제외하고는 영주권이나 국적취득의 기회가 많이 부여되지 않고 있는 것으로 판단된다.

최근 호주는 지속적으로 적극적인 이민 입국을 허용하고 있지만, 조기 사회통합이 가능한 자로 이민자 선별을 더욱 엄격하게 진행하고 있다. 특히 초기 정착에 있어 영어 구사력의 중요성이 더욱 강조되고 있어 비영어권 출신자들의 이민 입국은 더욱 어려워지고 있는 것은 사실이다. 그러나 일단 영주이민 비자를 획득한 자들은 호주 정부가 제공하는 다양한 초기정착 서비스와 사회보장 급여를 받을 수 있게 된다. 비록 실업수당과 노령연금 등에 대해서는 일정 기간 동안 급여 대기기간이 적용되고 있으나, 일반 가구들에게 주어지는 사회보장 급여는 입국 시점에 기준하여 제공된다. 즉, 부양자녀가 있는 가정은 가족세제급여, 보육시설 이용료 보조 및 주거비 지원 등을 받기 때문에 초기 정착 시기에 재정적인 부담이 크게 감소한다. 아울러, 이러한 급여들은 신청 시점이 아닌 급여자격 발생 시점에 기준하여 소급 지급되기 때문에 영주이민자들에게는 입국과 동시에 다소 후한 사회안전망이 주어진다고 볼 수 있다.

반면, 비영주이민 장기체류자와 단기 방문자들은 상대적으로 제한된 제도적 보호를 받고 있다고 볼 수 있다. 이는 기본적으로 호주의 사회보장 체계의 특성에 기인한다. 즉, 대부분의 사회보장 급여가 노동시장에서 본인의 기여에 연계되어 있지 않은 공공부조성 급여로서 체류상의 지위에 의해 그 자격요건이 결정되기 때문이다. 비록 비영주이민 장기체류자들은 비록 정부의 일반조세로부터 지출되는 직접적인 현금 급여는 받지 못하지만 기업연금과 재해보상 등 노동시장 활동에 기반을 둔 사회보험성 사회보장 급여에 대한 권리는 완전하게 주어진다. 또한 근로조건에 관한 한 차별적인 처우는 받지 않으며, 근로활동이 허용된 비자 소지자들은 임금률과 휴가 등에 관한 한 국내 거주민과 동일한 권리가 부여된다.

이처럼 호주의 체류외국인 사회복지 제도는 체류상의 지위에 따라 상당히 위계화되어 있어, 관광객 등 단기 방문자, 유학생, 기술직 장기체류자, 일반 영주이민자, 난민 등의 순으로 사회보장 급여 및 서비스에 대한 접근성이 증가한다. 비록 외국인 체류자들에게는 다소 인색한 복지혜택이 제공되지만, 난민과 영주 이민자들은 시민권자와 사실상 동일한 제도적 보호를 받게 된다. 또한 호주는 신규 이민자들의 초기정착 욕구를 충족시키기 위한 포괄적인 지원체계를 갖추고 있는 것으로 평가된다. 즉, 재정적인 지원과 함께 언어 장벽 해소, 노동시장 진입 지원, 지역사회 정보 제공 및 사회참여 촉진 등을 위한 다차원적인 사회통합 서비스를 제공하고 있다. 이러한 정착지원 서비스는 다른 사회복지 혜택을 위한 조건으로 제공되지 않는다.

호주의 이민자 복지 전달체계는 이민자의 사회통합 진행과정을 고려하여 역할분담되어 있다. 기본적으로 사회보장 급여 및 복지서비스는 인적자원부의 소관이나, 이민자의 초기 정착 서비스 업무는 이민·시민권부가 맡고 있다. 즉, 이민자의 초기 적응은 이민정책을 총괄 담당하는 부서에서 지원을 하고, 어느 정도 사회통합이 진행된 이민자는 시민권자와 동일한 복지 전달체계에 편입되는 것이다. 이러한 방식은 이민자가 사회복지 전달체계에서 특수 지원대상 집단으로 범주화되는 현상을 예방하는 효과를 가지는 것으로 판단된다. 아울러, 호주 사회보장체계의 특성상 호주 국세청이 취업이민자의 근로소득세를 관장하면서 기업연금을 관리함으로써 체류외국인의 사회보장체계에 중요한 역할을 담당하고 있는 점도 특기할 만한 사항이다.

호주와 한국의 상이한 이민정책 맥락에도 불구하고, 호주의 포괄적인 이민자 지원 체계는 한국의 외국인 복지정책 및 사회통합 정책 수립에 유용한 시사점을 제공하고 있다. 또한 호주의 장기간에 걸친 외국인 지원정책 전개 경험은 앞으로 한국의 외국인 정책이 확대, 발전하기 위해 무엇을 고려해야 할지 교훈을 주고 있다. 즉, 성공적인 정책사례들에 대한 벤치마킹을 통해 한국적 상황에 맞춘 정책전이를 추구할 수 있다. 특히 저출산·고령화로 인한 생산가능 인구 감소와 전체 인구의 고령화 추세 등 심각한 인구문제를 안고 있는 한국의 상황에서 호주의 기술이민제도와 이민자 복지제도의 연계성은 우리나라 이민정책에 시사하는 바가 클 것으로 보인다.

## 참고문헌

Australian Bureau of Statistics. (2009). 4102.0 – Australian Social Trends : Trends in Superannuation Coverage : Australian Bureau of Statistics.

Australian Bureau of Statistics. (2012). 3412.0 – Migration, Australia, 2010–11 Australian Bureau of Statistics.

Australian Social Inclusion Board. (2012). Social Inclusion in Australia:How Australia is faring : Department of the Prime Minister and Cabinet.

Australian Taxation Office. (2012a). Guide to Medicare levy Australian Taxation Office.

Australian Taxation Office. (2012b). Working in Australia – what you need to know : Australian Taxation Office.

Batesman, H. (2007). Old age income protection in Australia : Centre for Pensions and Superannuation.

Birrell, B. (2003). Immigration policy and the Australian Labour Market. Economic Papers, 22(1), 36–45.

Birrell, B., & Jupp, J. (2000). Welfare Recipient Patterns Among Migrants Centre for Immigration and Multicultural Studies, Australian National University.

Carney, T. (2006). Neoliberal Welfare Reform and 'Rights' Compliance under Australian Social Security Law : Legal Studies Research Paper No. 06/61 : Sydney Law School, University of Sydney.

Centrelink. (2012). A guide to Australian Government payments : Department of Human Services.

Cronin, K. (1993). A Culture of Control. In J. Jupp & M. Kabala (Eds.), The Politics of Australian Immigration : Australian Government Printing.

Department of Health and Ageing. (2011). Community Packaged Care Guidelines : Department of Health and Ageing.

Department of Health and Ageing. (2012). Fees and Charges for Residential Aged Care – An Overview : Department of Health and Ageing.

Department of Human Services. (2012). Health care for visitors to Australia : Department of Human Services.

Department of Immigration and Citizenship. (2011a). Fact Sheet 47 – Temporary Residence in Australia : Department of Immigraion and Citizenship.

Department of Immigration and Citizenship. (2011b). Fact Sheet 60 – Australia's Refugee and Humanitarian Program : Department of Immigraion and Citizenship.

Department of Immigration and Citizenship. (2011c). Fact Sheet 92 – Settlement Grants Program : Department of Immigraion and Citizenship.

Department of Immigration and Citizenship. (2011d). Fact Sheet 94 – English Courses for Eligible Migrants and Humanitarian Entrants in Australia : Department of Immigraion and Citizenship.

Department of Immigration and Citizenship. (2011e). Fact Sheet 96 – Eligibility for Settlement Services : Department of Immigraion and Citizenship.

Department of Immigration and Citizenship. (2012a). Fact Sheet 8 – Abolition of the 'White Australia' policy : Department of Immigation and Citizenship.

Department of Immigration and Citizenship. (2012b). Fact Sheet 20 – Migration Program Planning Levels : Department of Immigraion and Citizenship.

Department of Immigration and Citizenship. (2012c). Fact Sheet 21 – Managing the Migration Program : Department of Immigraion and Citizenship. 35

Department of Immigration and Citizenship. (2012d). Migration Program Statistics : Department of Immigraion and Citizenship.

Department of Immigration and Citizenship. (2012e). Population flows Immigration aspects (2010−11 ed.) : Department of Immigraion and Citizenship.

Department of Immigration and Citizenship. (2012f). What are my rights? : Department of Immigraion and Citizenship.

Department of Immigration and Multicultural and Indigenous Affairs. (2003). Review of Settlement Services for Migrants and Humanitarian Entrants Department of Immigration and Multicultural and Indigenous Affairs.

Department of Treasury. (2009). Australia's Future Tax System − The Retirement Income System : Report on Strategic Issues : Department of Treasury, Australian Government.

Education & Communities. (2012). Temporary residents Program : Education & Communities, NSW government.

FaHCSIA. (2009). Social Security Payments − Residence Criteria, 2011, from http://www.fahcsia.gov.au/sa/in−ternational/policy/Residence_Criteria/Pages/default.aspx

Fair Work Ombusman. (2011). Foreign workers Rights fact sheet : Fair Work Ombusman.

Galligan, B., & Roberts, W. (2003). Australian Multiculturalism : Its Rise and Demise. Paper presented at the Australasian Political Studies Association Conference, University of Tasmania, Hobart.

Hugo, G. (2004). A new paradigm of international migration : implications for migration policy and planning in Australia : Department of Parliamentary Services.

Jakubowicz, A. (1989). The state and the welfare of immigrants in Australia. Ethnic and Racial Studies, 12(1), 1−35.

Judd, J. (2012). Immigration Issues in the 2010 Federal Election. In M. Simms & J. Wanna (Eds.), Julia 2010 : The caretaker election : ANU E Press.

Jung, Y. (2009). Problems and challenges of 'Aging in Place' in Australia. Paper presented at the Seoul National University − University of Tokyo Joint Conference on Gerontology, Seoul, Korea.

Klapdor, M., Coombs, M., & Bohm, C. (2009). Australian citizenship : a chronology of major developments in policy and law : Department of Parliamentary Services.

Koken, E., & Smith, B. (2005). Tax & Social Security (8th ed.) : Thomson.

Koleth, E. (2011). Multiculturalism : a review of Australian policy statements and recent debates in Australia and overseas : Social Policy Section, Parliament of Australia.

Koller, S. (1997). Unequal Treatment for Newly Arrived Migrants Under the Social Security Act. Australian Journal of Human Rights, 4(1).

National Archives of Australia. (2012). Citizenship in Australia - Fact sheet 187 : National Archives of Australia

Office of Early Childhood Education and Child Care. (2010). Child Care Update : Department of Education, Employment and Workplace Relations.

Parliament House. (2012a). Portfolio Budget Statements 2012−13 : Immigration and Citizenship Portfolio : Parliament House.

Parliament House. (2012b). Portfolio Budget Statements 2012−23 : Human Services Portfolio : Parliament House.

Phillips, J. (2012). Migration program. In D. Heriot (Ed.), Budget Review 2012-13 : Parliament of Australia.

Phillips, J., & Klapdor, M. (2010). Migration to Australia since federation : a guide to the statistics : Department of Parliamentary Services.

Safe Work Australia. (2012). Key Workers' Compensation Information, Australia : Safe Work Australia.

Spinks, H. (2010). Australia's Migration Program : Department of Parliamentary Services.

Swan, W., & Wong, P. (2012). Budget Strategy and Outlook : Treasury, Australian Government.

Tavan, G. (2012). No Going Back? Australian Multiculturalism as a Path-Dependent Process. Australian Journal of Political Science, 47(4), 547-561.

Thompson, S. (2011). 1901 Immigration Restriction Act : Migration Heritage Centre.

Vrachnas, J., Boyd, K., Bagaric, M., & Dimopoulos, P. (2008). Migration and refugee law : principles and practice in Australia (2nd ed.) : Cambridge University Press.

Ziguras, S. (2010). Australian Social Security Policy : Doing More with Less? In A. McClelland & P. Smyth (Eds.), Social Policy in Australia : Understanding for Action (2nd ed., pp. 158-175) : Oxford University Press.

김효진. (2012). 아동 및 보육서비스. In 정기혜, 김용하 & 이지현 (Eds.), 주요국의 사회보장 제도 - 호주편 : 한국보건사회연구원.

문경희. (2008). 호주 다문화주의의 정치적 동학 : 민족 정체성 형성과 인종 문화 갈등. 국제정치논집, 48(1), 265-291.

신의철, & 박성희. (2012). 의료보장. In 정기혜, 김용하 & 이지현 (Eds.), 주요국의 사회보장제도 - 호주편 : 한국보건사회연구원.

여유진, & 정용문. (2011). 호주 사회보장 체계 연구 : 한국보건사회연구원.

정용문. (2012a). 공공부조. In 정기혜, 김용하 & 이지현 (Eds.), 주요국의 사회보장 제도 - 호주편 : 한국보건사회연구원.

정용문. (2012b). 재해보험. In 정기혜, 김용하 & 이지현 (Eds.), 주요국의 사회보장제도 - 호주편 : 한국보건사회연구원.

09

# 호주의 난민 사회통합을 위한 사회보장[1)]

## 1. 서 론

### 1) 연구의 필요성 및 목적

한국의 최초 난민 유입은 2001년으로 거슬러 올라간다. 당시 유입 난민 규모는 미미했고(김현미・이호택・최원근・박준규, 2010), 본격적인 난민 유입은 난민법 제정 이후 2012년부터 시작되었다. 이후 난민유입 규모는 예전에 비해 상대적으로 비약적인 증가 추세에 있으며, 2017년 12월 현재 국내 체류 난민은 1,474명으로 집계되어 있다(난민인권센터, 2018). 비록 현재로서는 난민 인구 규모가 크지 않지만, 증가 추세에 있는 국제 난민 발생과 한국에 난민 인정 신청을 하는 이들의 지속적인 증가를 고려할 때 앞으로 국내 난민 체류는 실질적인 증가를 경험할 것으로 전망된다(통계청, 2019).

난민의 증가는 이들에 대한 보호정책과 지원체계의 체계적인 구축의 필요성을 제기한다. 왜냐하면 난민들은 사회정책의 관점에서 사회적 배제를 경험할 가능성이 매우 높은 취약 인구집단 하나로 간주되기 때문이다(Levitas et al., 2007; Phillimore & Goodson, 2006). 사회적 배제란 통상 사회적 불이익의 다자원성을 표현하는 개념으로 사용된다. 이는 대부분의 사회구성원들이 누리는 자원, 권리, 재화와 서비스가 부족하거나, 정치, 경제, 사회, 및 문화 영역에서 정상적인 관계와 활동에의 참여 능력이 저하된 상태를 의미한다(Doney, McGuirk, & Mee, 2013; Levitas et al., 2007). 사회적 배제는 다양한 요인들의 영향을 받아 다양한 형태로 표출된다. 실

1) 본 장은 '정용문・이원익(2020), 난민 사회통합을 위한 사회보장 : 호주 정책 사례 및 시사점, 사회보장연구 36(2), pp. 37–68'에 수록됨.

업, 비숙련, 저임금, 열악한 주거환경, 범죄에 관여, 나쁜 건강상태 그리고 가족관계의 문제 등은 사회적 배제의 주요 요인이다(Office of Deputy Prime Minister, 2000). 사회적 배제의 경험은 결과적으로 사회적 주류로부터 배제되어 소속감이 저하된 상태로 귀결된다(Hills, Le Grand, & Piachaud, 2002).

개념적으로 사회적 배제는 세 가지 유형으로 구분된다. 첫째는 포괄적 배제(wide exclusion)로서 하나 또는 소수의 배제 요인에 의해 광범한 인구집단이 영향을 받는 형태다. 둘째는 심층적 배제(deep exclusion)로서 다양한 배제 요인이 중첩적으로 작용하여 특정한 인구집단의 삶의 질과 웰빙 그리고 미래 삶의 기회에 심각하게 부정적인 영향을 미치는 경우를 말한다. 셋째는 집중적 배제(concentrated exclusion)로서 배제의 문제가 지역적으로 집중된 상태를 일컫는다(Miliband, 2006). 일반적으로 사회적 배제는 구조적 장벽들에 의해 사회참여 기회를 박탈당하고, 사회심리적인 장벽이 결합됨으로써 쉽게 제거되지 않고 장기간에 걸쳐 구축되는(entrenched) 경향이 있다(Levitas et al., 2007).

한국에 거주하는 난민들은 난민협약에 따른 처우 규정에 따라 한국의 시민들과 동일한 수준의 사회보장 혜택을 제공받을 권리를 가지고 있다(국가법령정보센터, 2016). 한국의 난민들은 형식적으로는 공식적인 사회보장 접근권이 부여되어 있으나, 실질적으로는 진정한 시민이 아닌 시민으로 '인정되는 자'로서 지위를 가지고 있으며, 이로 인해 온전한 접근권을 향유하고 있지 못한 실정으로 보고되고 있다(변수현, 2018). 난민 특수적인 사회보장 욕구는 사회보장 프로그램에 충분히 반영되어 있지 않고, 난민은 다른 이민자 집단에 비해 보호 제공 우선순위가 낮다. 또한 전달체계의 복잡성으로 인한 행정적 배제도 확인되고 있다. 즉, 프로그램과 서비스 제공에 다양한 부처들이 관여되어 있고, 이들 간의 정책 조율이 원활하지 않음과 동시에 일선 정책 수행자들의 난민 지원 프로그램 인지도도 낮다(이 슬, 2018). 결국 난민들의 다차원적인 배제 경험에 비해 한국의 제도적 보호는 이들의 정착 및 보호 욕구에 충분히 대응하지 못하고 있는 것이다.

이제 난민들을 위한 사회보장 제도적 대응방안을 더욱 적극적으로 모색할 단계에 있다고 판단된다. 이 과정에서 난민 사회보장 정책을 선발(先發)적으로 시행해 온 국가들의 정책 사례를 참고하는 것은 유용할 것이다. 호주는 전통적인 이민 국가로서 이민 및 다문화 정책과 제도에 대한 국제적 벤치마킹의 대상이 되어 왔다. 난민 정착 및 보호정책에 관해서도 오랜 경험을 가지고 있기 때문에, 정책 사례 연구와 정책 이전(policy transfer) 혹은 정책 학습(policy learning)의 기회를 제공해 주고 있다. 호주의 난민 사회보장의 성취와 과제를 살펴보는 것은 한국 난민 사회보장 체계와 성과에 대한 사전적인 성찰과 대응(future-proofing)을 가능하게 해줄 것으로 기대된다. 본 연구는 호주의 난민 사회보장 체계를 심층적으로 탐구하여 한국의 난민 사회보장 체계 구축과 실행과 관련된 정책적인 함의를 도출하고자 한다. 이를 위해 호주 난민 사회보장 정책과 제도, 그리고 프로그램의 특성을 파악한다. 이후 사회통합의 관점에서 호주의 사회보장의 성과를 분석하여, 한국 난민들의 사회통합을 촉진하는 사회보장 체계 개선과 구축에 요구되는 시사점을 제공하고자 한다.

### 2) 문헌 검토

난민들은 본국에의 위험과 위협으로부터의 보호를 확보하는 데에는 일차적으로 성공했지만, 보호를 제공하는 새로운 사회에 재정착하는 데에 다양한 어려움에 직면하게 된다. 난민들이 새로운 사회에서 경험하는 불이익은 다차원적이기 때문에 흔히 '사회적 배제'라는 개념으로 접근되어 왔다. 난민들의 배제 경험은 대체로 일반 이민자들의 그것과 중첩되는 경향이 있다. 그러나 난민들은 이민자들과는 범위와 깊이 면에서 다른 유형의 배제를 경험하고 있다. 예를 들어, 난민들이 경험하는 고용과 소득 상의 불이익은 일반 난민들에 비해 더 심한데, 난민들은 직업적 경력이나 기술에 기초하여 선발되지 않기 때문이다.

난민이 경험하는 배제는 전형적으로 앞서 소개된 심층적 배제로 설명된다. 구체적으로 난민들이 경험하는 배제는 언어 및 문화적 소수자로서 경험하는 차별과 노동시장 참여의 제약, 그리고 이 두 요인이 상호 연관되어 복합적으로 작용하는 상태로 요약될 수 있다(Phillimore & Goodson, 2006). 또한 난민들은 사회적 관계망 형성과 경제적 기회의 가용성으로 인해 특정 지역에 거주하면서 지역 공동체를 이루는 경향이 있다. 이 경우에 실업이나 불완전고용(under-employment)이 지역적으로 편중되는 집중적 배제가 발생할 수 있다(Losoncz, 2018; Onsando, 2014). 난민의 거주지 집중은 실제 국내외에서 흔히 관찰되는 현상이다(난민인권센터, 2018).

경제적 그리고 지역적 배제는 실제 '눈에 보이지 않은 차별'이 가시화된 결과로 여겨진다. 차별은 제도적으로 통제하기 어려운 문제로서 실제로는 난민들의 사회통합을 저해하는 더욱 강력하고 체계적인 장벽(systemic barrier)으로 작용하고 있다. 예를 들어, 난민들이 경험하는 고용상의 불이익은 비단 언어능력과 기술 면에서 고용 가능성이 낮은 1세대 난민에게만 한정된 경험이 아니라 현지에서 성장한 다음 세대로까지 이전된다(Losoncz, 2018). 실제 고용과정에는 비공식적인 연결망(informal connections)이 작동하고, 난민 배경을 가진 이들은 보이지 않는 장벽으로 인해 세대에 걸쳐 외부자(outsiders)로 남게 될 가능성이 높다.

난민들은 넓게 보면 이민자의 일부로서 문화적응(acculturation)이라는 동일한 문제에 직면하게 된다. 지배적인 문화를 수용하는 데에 어려움을 겪을 수 있으며, 자아 정체성에 혼란을 경험할 수도 있다. 문화적 정체성 혼란은 사회심리적 스트레스를 초래한다(Berry, 1997). 난민들이 경험하는 사회심리적 스트레스에는 일반적으로 심리적 외상(posttraumatic stress disorder)이라는 또 하나의 차원이 추가된다. 우울증, 불안, 공포, 자살충동 등은 심리적 외상으로 인해 난민들에게서 특히 자주 관찰되는 증상들이다(Phillmore, 2011).

최근 한국에서 난민이 사회적 이슈로 부각됨에 따라 난민에 대한 연구 관심이 점차 증대되고 있다. 그럼에도 불구하고 한국의 난민 연구는 초기 형성 단계에 있다고 볼 수 있다. 국내 난민에 대한 학문적 관심은 2010년 즈음에서 시작되었고, 본격적인 난민 연구는 2010년대 후반부터 촉발되었다. 난민에 대한 짧은 학문적 관심은 우리나라 난민 유입의 짧은 역사와 궤를 같이하고 있다.

국내 난민 연구의 양적인 확대에도 불구하고, 논의의 주제는 난민 유입과 수용에 관한 것으로서 한정적이다. 지금까지의 연구들은 대체로 난민 인정 절차와 국내 수용에 많은 관심을 기울여 온 반면 난민들을 위한 사회보장에 관한 제도적 접근은 상대적으로 덜 시도되었다. 현재까지 진행되어 온 국내 난민 관련 연구들은 크게 보면 세 가지 흐름으로 구분할 수 있다. 첫 번째는 난민의 법적 지위와 권리에 관한 것으로서 난민유입 절차, 난민신청자들(asylum seekers)에 대한 보호와 처우 등을 주로 다루고 있다(김종세, 2019; 민지원, 2019; 이은채, 2019). 두 번째 연구 흐름은 난민들에 대한 인식과 태도를 다루고 있다. 이 주제는 근래 난민 연구의 주류를 이루고 있는데, 주로 한국인들의 반난민 정서와 반난민 담론을 탐구하고 있다(강지혜 · 선봉규, 2018; 구기연, 2018; 김광식, 2019). 대체로 학술연구들은 반난민 담론의 비정의(injustice)를 강조하고, 난민 수용의 필요성과 당위성을 제시하고 있지만, 언론 등의 대중매체들에서는 난민 유입의 국익 효과에 대해 분분한 의견들이 확인되고 있는 실정이다. 세 번째 유형은 국내 체류 난민들의 정착 경험을 다루고 있다. 이들은 미시적 연구로서 난민들의 생활 경험들을 탐구하고 있다(김시정 외, 2016; 김현미 외, 2010; 박미숙, 2017; 손주희 · 정하나, 2018). 국내 체류 난민들이 경험하고 있는 사회적 배제 실태에 대한 연구들은 조금씩 축적되고 있다(김현미 · 이호택 · 이혜진 · 신정희 · 이연주, 2013; 노충래 · 고수애 · 윤수경 · 김수리, 2017; 오병훈, 2016).

호주의 난민 사회보장은 국내에 거의 소개된 적이 없다. 호주의 보수화된 난민 유입 정책과 열악한 난민 신청자 처우는 국내외 문헌들을 통해 비판적으로 소개되어 오기는 했다(Fiske, 2006; Jupp, 2007; Refugee Council of Australia, 2019). 그러나 국내 문헌으로서 난민들을 위한 호주의 지원 정책이나 프로그램을 심도 있게 소개한 문헌은 극히 드물다. 이병열 & 김희자(2011)가 국제비교연구의 일부로서 호주 난민 제도를 다루기는 했지만, 난민 유입 정책에 관한 연구로서 난민 사회보장 지원체계에 비중을 두지는 않았다. 김안나 등(2012) 역시 국제비교 관점에서 호주의 외국인 복지제도를 다루고 있지만, 난민에 특화된 연구는 아니었다.

### 3) 개념적 분석틀

호주 난민 사회보장의 성취와 과제는 다양한 관점에서 평가할 수 있다. 앞서 서술한 바와 같이 난민들의 정착 경험을 적절하게 기술하는 개념은 사회적 배제다. 따라서 난민들의 관점에서 사회보장을 평가하는 적합한 기준은 사회통합일 것이다. 왜냐하면 사회통합은 개념적으로 사회적 배제에 대칭되며, 사회적 배제라는 문제적 현상에 대한 정책적 대응이기 때문이다(United Nations, 2016).

사회통합은 학문적 그리고 정책적으로 광범위하게 이용되고 있는 개념이지만 정의가 다양하고 불분명하다. 사회통합은 흔히 사회적 배제와 동반하여 정의되는데, 사회적 배제가 빈곤과 소득 불평등 등의 경제적 자원의 결핍을 넘어서서 그러한 조건을 형성하는 과정에 관심을 가지듯이 사회통합은 자원과 기회에 대한 균등한 접근과 인적자원의 개발, 그리고 사회참여를 중요시한다(김안나 외, 2008). 사회통합에 대한 수용 가능한 개념적 정의는 "사회적 배제를 경험하는 이들이 경제, 사회, 정치 및 문화 생활에 완전하게 참여하여 사회에서 정상으로 간주되는 표준적인 생활을 영위할 수 있도록 하는 과정" 정도로 할 수 있다(Council of the European Union, 2004).

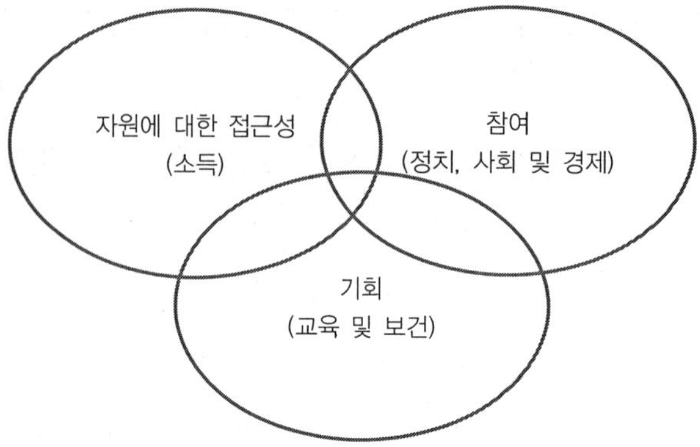


**그림 9.1** 개념적 분석틀

그러나 분석의 틀로서 사회통합 개념을 활용하기 위해서는 그 개념을 구성하는 주요 영역들을 분해할 필요가 있다. 사회적 배제/통합은 다음 세 가지 영역들에 의해 판단된다. 자원(resources)에 대한 접근성, 참여, 그리고 기회(United Nations, 2016). 자원이란 다양한 물질적, 비물질적 요소들을 포괄하지만 통상 경제적 자원(economic resources)으로 조작적으로 정의된다. 참여 역시 매우 광범위한 개념이지만, 정치, 경제, 그리고 사회적 차원으로 규정된다(Silver, 2015). 기회는 개인의 자아성취를 위한 능력을 의미하며, 구체적으로 교육과 건강에 의해 영향을 받는다.

한 개인이 사회적으로 배제 혹은 통합되어 있다는 것에 대한 절대적인 판단기준은 없으며, 맥락 의존적인(context-dependent) 상대적 판단이다. 즉, 그 판단의 개념적 기준에는 불평등이 있다. 즉, 어느 특정 인구집단이 배제되었는지 혹은 통합되었는지는 상기 세 가지 영역에서 그 집단이 다수 혹은 주류라고 간주되는 사회구성원들과 얼마나 근접해 있는가에 의해 판단되는 것이다. 사회보장의 목표는 해당 집단과 주류 집단의 간극을 줄이거나 없애는 것이며, 이 역할의 수행 정도에 의해 사회통합 기능이 평가될 수 있다. 불평등의 정도를 판단하는 준거 집단은 호주 시민권자가 될 것이다. 즉, 난민 배경을 가진 이들이 호주 시민권자에 대비하여 각 영역에서 (얼마나) 차이가 있는지에 따라 사회통합도가 판단될 것이다.

# 2. 호주 난민 유입 정책 개요

## 1) 호주 난민 유입 정책 전개

호주는 제2차 세계대전 이후 국가 재건 및 인구증가에 대한 필요에 따라 이민 유입이 필요했고, 이러한 국가 정책적 욕구에 따라 1945년에 호주 최초의 이민 전담부처(Department of Migration)가 연방정부에 설립되었다(Phillips, 2017). 그 전의 호주 이민 업무는 외무부 등 다른 부처의 일부 업무로 수행되어 왔다. 이민부가 독립적 부처로 설립된 이후 상당 기간 동안 부처 내에서는 난민 업무는 별도로 분리되지 않은 채 일반 이민 업무와 통합되어 다루어졌다. 이 시기 난민 업무는 유엔난민기구에 의해 판정되는 영외(off－shore) 난민 수용에 한정되었다.

그러나 1970년대 베트남전으로 인해 지리적으로 근접한 국가에서 대량 발생한 전쟁 난민은 호주 난민 정책에 전환기를 제공했다. 인도차이나 난민 입국 규모의 확대뿐만 아니라 난민으로 인정되지 않은 소위 보트피플(Indochinese boat people)이 배를 타고 호주 영내로 진입하기 시작했다(Karlsen, Phillips, & Koleth, 2011). 호주는 유엔 난민기구의 난민 정의에 부합하지 않는 새로운 형태의 난민신청자에 대한 정책적 대응이 필요하게 되었다. 이에 따라 호주 정부는 인도차이나 지역의 인도주의 위기에 대응할 새로운 정책으로 '인도주의 프로그램(Humanitarian Program)'을 도입하게 되었다. 이 프로그램은 사전 신청 절차 없이 영내로 진입한 난민신청자들(asylum seekers)에게 보호를 제공하기 위한 메커니즘을 확립하고, 향후 영외와 영내 난민 유입을 계획하고 통제할 정책 구조를 제공하는 것을 골자로 했다.

이후 호주 난민 유입 정책은 특기할 만한 변화 없이 유지되었으며, 1993년에 인도주의 프로그램은 공식적으로 이민 프로그램(Migration Program)으로부터 독립되었다. 1996년 보수 정부의 집권으로 호주 난민 정책은 난민 유입 통제와 프로그램의 효율적 관리가 강화되는 방향으로 전환되었다. 즉, 기존에 영외와 영내로 구분되어 관리하던 난민 정책 관리체계를 '인도주의 및 난민 정착 프로그램(Humanitarian and Refugee Resettlement)'으로 통합하고, 영내 난민 유입 규모를 사전에 할당하는 방식이 도입되었다(Karlsen et al., 2011). 사전 신청 없이 호주에 입국한 이들에 대한 난민 수용 규모를 사전에 할당함으로써 기존에 욕구에 기초한 난민 지위 심사 대신 계획된 숫자에 의거하는 방식으로 대전환이 이루어진 것이다(McMaster, 2001 : 62). 이후 난민 유입 통제와 난민 프로그램 운영의 효율성은 호주 정부가 추구하는 난민 정책의 원칙으로 확립되어 있다.

난민 및 인도주의 프로그램은 일반 이민 프로그램과 함께 '이민법 1958(Migration Act 1958)'에 근거하고 있다. 단, 이민법 시행규칙(Migration Regulations 1994)에 따라 일반 이민(Migration Program)과는 달리 난민은 강제된 이민(forced migration)으로 구분되어 법적으로 인식되고 있다. 2019년 현재 호주의 난민 정책은 '난민 및 인도주의 프로그램(Refugee and Humanitarian Program)'으로 운영 중이며, 이 프로그램은 세부 비자 유형에 따라 난민과 난민 신청자에 관한 지위와 처우를 규정한다(Bruce, 2003; Murphy, 2016). 난민 및 인도주의 프로그램은 다시 영외 및 영내 난민 프로그램으로 구분된다. 이 두 프로그램은 독립적으로 운영되는 것이 아니며, 1996년부터 그 수치는 연동되어 운영된다. 예를 들어, 영외 난민 유입의 증가는 영내 난민 유입의 감소로 이어진다(Bruce, 2003 : 3).

대부분의 호주 난민은 영외 난민 프로그램을 통해 입국한다. 이들은 유엔난민기구로부터 심사를 받아 난민 지위를 획득한 후 호주 입국을 신청하는데, 영외 난민 비자는 두 가지의 영주거주 비자로 구성된다. 하나는 난민 범주(Refugee Category)로서 이는 다시 4개의 세부 비자로 구분된다. 첫 번째, 난민비자(Refugee visa, 200비자)는 유엔난민기구의 난민 정의를 충족한 이들에게 주어진다. 두 번째는 특정국 인도주의 비자(In-country Special Humanitarian Visa, 201비자)로서 이라크나 아프가니스탄 등지에서 호주 군인들을 도와줌으로써 위험에 처한 이와 그 부양가족을 대상으로 하는 소규모 비자 유형이다. 세 번째, 긴급 구조 비자(Emergence Rescue Visa, 203비자) 역시 소규모 비자로서 생명이나 안전에 위협을 느껴 이미 본국에서 탈출한 이들을 대상으로 한다. 네 번째, 여성호보비자(Woman at Risk Visa, 204비자)는 남성 보호자 없이 타국에서 위험에 처한 여성을 대상으로 한다.

이 외에 특별 인도주의 프로그램(Global Special Humanitarian Visa, 202비자)은 유엔난민기구가 아닌 호주 시민이나 영주권자(직계가족), 혹은 지역사회 단체의 신청에 의해 난민이 유입되는 경로다. 성공적으로 비자를 받은 경우에는 신청자가 해당 난민의 초기 입국에 수반되는 비용을 지불해야 한다. 이 프로그램은 호주에 있는 개인이나 가족, 비즈니스 혹은 지역사회 단체에게 난민 유입에 역할과 책무를 부여하기 위한 목적으로 도입되었다(Department of Home Affairs, 2018).

### 2) 난민 유입 규모 및 구성

1945년 호주 연방정부에 이후 880,000만 명 이상이 난민 혹은 인도적 입국자로서 호주에 정착했다(Department of Home Affairs, 2019b). 호주는 1977년부터 유엔난민기구의 재정착 프로그램에 참가하고 있으며, 이후 거의 일관적으로 전 세계적으로 난민 유입이 가장 많은 세 나라 중 하나에 속해 있다(Karlsen, 2016). 유엔난민기구의 난민 재정착 통계에 의하면, 2017년에 총 102,800명의 난민들이 유엔난민기구를 통해 제3국에 재정착했으며, 호주는 이들 중 14.7%(15,100명)를 받아들여 미국과 캐나다에 이어 세 번째로 난민 유입이 많은 나라로 기록되어 있다(UNHCR, 2018). 난민 유입 규모에 대한 국제 비교는 절대 유입 규모와 함께 인구당 난민 유입 통계를 이용하기도 한다. 2016년 현재 호주의 인구 1천 명당 난민유입은 1.139명으로서 캐나다(1.286명) 다음으로 두 번째로 높으며, 미국(0.298명)에 비해서는 약 세 배가량 높은 수치를 보이고 있다(RMIT ABC, 2018).

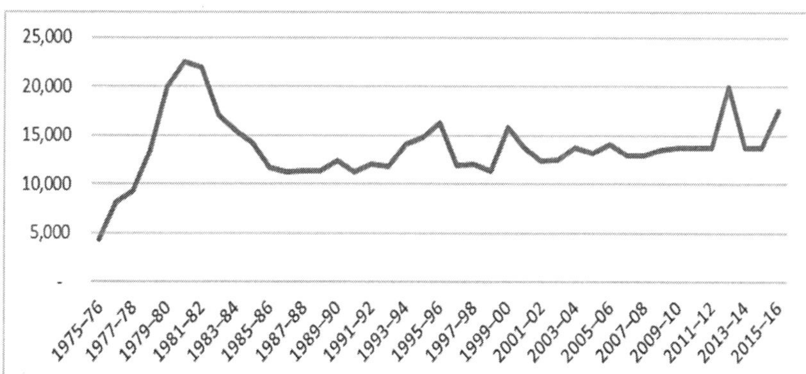


**그림 9.2** 호주 난민 유입 추이

출처 : Phillips(2017).

영내 및 영외를 포함한 전반적인 호주의 난민 유입은 대체로 점진적인 증가를 보여주고 있다. 1970년대 후반 급격한 난민 유입은 유엔난민기구의 재정착 프로그램 참여에 기인하고 있으며, 1980년대 후반과 1990년대 전반에 걸친 난민 유입 상승은 천안문 사태에 따른 중국 난민의 대량 유입에 결과다. 2012~2013년에 난민 유입이 다시 한번 일시적으로 급상승을 경험한 바 있으며, 이는 당시 집권기에 있던 노동당의 정책적 결정에 따른 것이었다(Phillips,

2017). 2015년 이후 난민 유입 상승은 전 세계적인 난민 위기의 영향에 의한 결과이며, 2017~2018년에 16,250명의 난민 유입이 있었다. 2011년 이후 최근 호주 입국 난민은 주로 이라크, 시리아, 미얀마, 아프가니스탄, 그리고 콩고 출신이 주를 이루고 있다.

2017~2018년 기준으로 호주 난민 유입을 경로별로 살펴보면, 영내 난민 입국은 10명 중 1명(8.8%)에도 미치지 못하는 것으로 나타나 매우 제한적이다(Department of Home Affairs, 2019a). 호주 정부는 1996년 이후 영내 난민 유입에 대한 엄격한 통제 정책을 견지해 왔으며(Bruce, 2003), 결국 대다수의 난민 유입은 영외 난민 프로그램을 통해 이루어진다.

**표 9.1** 경로별 난민 구성(%)

| 구분 | | 2013~2014 | 2014~2015 | 2015~2016 | 2016~2017 | 2017~2018 |
|---|---|---|---|---|---|---|
| 영외 | 난민범주 | 47.2 | 43.6 | 47.2 | 43.9 | 48.7 |
| | 특별인도주의 프로그램 | 32.8 | 36.4 | 41.4 | 48.3 | 42.6 |
| 영내 | | 20.0 | 20.0 | 11.4 | 7.8 | 8.8 |
| 합계 | | 100.0 | 100.0 | 100.0 | 100.0 | 100.0 |

출처 : Department of Home Affairs(2019a).

전술했다시피 호주의 영외 난민 유입은 반드시 유엔난민기구의 난민 심사에만 의존하지는 않는다. 특별인도주의 프로그램과 지역사회 신청 프로그램을 통해 호주에 이미 거주 중인 호주 시민이나 영주권자(보통은 직계가족) 혹은 지역사회단체들과 연계가 있는 이들이 이 프로그램들을 통해 난민으로 입국하고 있다. 이 집단의 비율은 점진적으로 상승하고 있는 추세로서, 현재 비통상적인 영외 난민 유입과 통상적인 영외 난민 유입이 거의 동등한 비율에 이르러 있다. 이는 호주가 가장 큰 위험에 처해 있는 취약한 난민보다는 입국 후 상대적으로 정착 욕구가 작은 난민들을 점점 더 선호하고 있음을 보여주고 있다(Refugee Council of Australia, 2017).

# 3. 난민 재정착 지원 정책 및 체계

## 1) 주요 정책

호주 정부의 난민 정착에 대한 접근은 욕구에 기반한 지원, 호주 사회에 조기 통합, 환영하는 지역사회, 그리고 민관 협력에 의한 서비스 제공 등의 주요 원칙들에 기초하고 있다. 난민 정착과 관련해서는 성과 중심적인 정책(outcomes based service framework)을 지향하고 있으며, 이에는 영어(English proficiency), 교육(Education), 그리고 고용(Employment) 등 소위 3E에 우선순위를 두고 있다. 구체적인 난민 정착 관련 정책 목표는 다음과 같이 요약할 수 있다. ① 조기개입 : 인도주의 입국자들에게 초기에 집중적인 지원을 한다. ② 맞춤형 서비스 : 개별 난민들은 각자 상이한 정착 욕구를 가지고 있다. ③ 사전 준비 : 지역사회가 난민을 맞을 준비가 미리 되어 있어야 정착 프로그램이 잘 작동한다. ④ 민관협력 : 정부와 비정부 기관들이 협력할 때 서비스 혁신과 좋은 성과를 기대할 수 있다. ⑤ 평가 및 개선 : 정착 프로그램들은 지속적으로 평가되고 개선되어야 한다(Department of Social Services, 2017e, 2018b).

난민 정착 서비스는 연방(federal)정부, 주(state)정부 그리고 지방(local)정부 등 3층 정부 체계에 의해 실행되며, 이 과정에서 민간 그리고 비영리기구들의 참여는 서비스 전달체계에서 결정적인 역할을 담당하고 있다. 각 단계 정부 간의 역할 분담 및 비정부기관의 역할은 '국가정착기본틀(National Settlement Framework)'에 제시되어 있다. 국가정착기본틀은 난민 및 초기 입국 이민자들의 정착 서비스 전달 체계를 규정하는 상위 문서다(Department of Social Services, 2018a). 국가정착기본틀은 난민 지원 정책의 계획, 전달 및 평가 등 세 가지 정책 절차에 대한 실행 가이드라인은 제시하고 있으며, 초기 입국자들이 경험하는 욕구와 장벽에 기초하여 정착 지원 서비스가 주목해야 할 아홉 가지 핵심 서비스 영역을 선정하고 있다. 각 영역별로 각 단위의 정부 및 비정부 기구가 담당해야 할 세부적인 역할이 제시되어 있는데, 각 전달체계별 역할분담은 다음과 같이 정리된다(Department of Social Services, 2018b).

**표 9.2** 난민 정착 서비스 핵심목표 및 전달체계

<table>
<tr><th>핵심 목표</th><th colspan="2">전달체계</th><th>주요 역할</th></tr>
<tr><td rowspan="4">• 언어서비스<br>• 고용<br>• 교육 및 훈련<br>• 주거<br>• 건강 및 웰빙<br>• 교통<br>• 시민참여<br>• 가족 및 사회 서비스<br>• 법률지원</td><td rowspan="3">정부</td><td>연방정부<br>(국가)</td><td>- 이민 및 인도주의 프로그램 관리 및 집행<br>- 입국 후 5년내 정착 서비스 재정지원<br>- 고용 및 사회보장급여 등 주류(mainstream) 서비스 관장<br>- 교육과 보건 등 주정부 관장 서비스 재정 지원<br>- 인종주의나 차별 등 구조적 장벽 해소 및 다문화주의와 지역사회 화합 촉진</td></tr>
<tr><td>주정부<br>(시도)</td><td>- 교육 및 보건 서비스 등 주정부 단위 서비스 집행</td></tr>
<tr><td>지방정부<br>(구)</td><td>- 지역사회의 특수적인 환경에 맞는 정착 서비스와 기반시설 제공</td></tr>
<tr><td colspan="2">비정부 기구</td><td>- 난민과 직접적인 관계를 갖고, 이들의 정착 욕구와 정책 이슈들을 정부 기관에 조언<br>- 주류 서비스와 시민사회 간의 연결 역할<br>- 자원봉사프로그램 운영, 긴급구조 지원, 민족공동체(ethnic communities)들과의 협력사업 등 직접적인 지원 서비스 제공</td></tr>
</table>

출처 : Department of Social Services(2018a).

국가정착기본틀이 난민 지원 정책의 목표를 규정하고, 이를 달성하기 위한 전달체계와 방법론에 대한 방향을 제시하고 있다면, '국가정착서비스 성과표준(National Settlement Services Outcomes Standards)'은 각 목표들을 달성하기 위한 실행방안을 제시하고 있다. 호주 정착 위원회는 복지부의 지원으로 국가정착서비스 성과 표준을 개발하여 2016년부터 시행하고 있다. 국가정착서비스 성과 표준은 다양한 서비스 제공자들이 국가정착기본틀이 정한 정책목표를 이해하고, 이들이 제공하는 서비스 간의 질적 표준을 정하여 서비스의 일관성을 유지하기 위한 목적으로 도입되었다. 각 정책 목표별로 기대되는 성과 지표를 제시하고 있으며, 양적인 지표가 아닌 질적인 지표다(Settlement Council of Australia, 2016).

**표 9.3** 국가정착서비스 성과 표준

| 핵심 목표 | 결과물 표준 | 성과 지표(주요 내용 발췌) |
|---|---|---|
| 언어 서비스 | 다양한 맥락에서 번역 및 통역서비스 접근성 | - 정착 서비스 제공 기관들은 언어 정책과 절차 개발 및 실행<br>- 번역사, 통역사, 이중언어 사용 직원 운용 등 다양한 언어서비스 활용<br>- 클라이언트들은 언어 서비스 접근권을 가지고 있음을 인지하고 있음 |
| 고용 | 정착 서비스 제공자, 고용인, 고용서비스 제공자들의 협력적인 접근 | - 맞춤형 고용 프로그램 운용<br>- 작업장 다양성과 차별에 대한 고용인 교육<br>- 여성들의 교육 및 고용 프로그램 참여를 촉진할 보육서비스 제공 |
| 교육 및 훈련 | 교육과 훈련에 대한 접근성 | - 노동시장에 투입될 수 있을 수준의 영어 교육 지원<br>- 입국 이전부터 입국 이후까지 교육과 훈련 제공<br>- 직업상담 서비스 제공 |
| 주거 | 지역사회와 고용 기회 근접성 내에 적합하고 지불 가능한 주거 | - 주거서비스 제공자들을 대상으로 한 주거 정책 및 지불 가능한 주택 정보 제공 및 교육<br>- 난민들의 주거 접근권을 저해하는 차별적 장벽 제거<br>- 보증금 지원, 지역사회 주거 프로그램 등 주거 지원 정책 및 프로그램 실행 |
| 건강 및 웰빙 | 건강과 웰빙을 촉진할 일차 의료 제공 및 조기 개입 | - 초기 입국자들을 위한 적합하고 지불 가능한 보건 서비스<br>- 호주 보건 시스템에 대한 이해와 권리 교육<br>- 문화, 언어, 종교적 배경, 트라우마 등을 고려한 개별화되고 감수성 있는 접근 |
| 교통 | 사회, 경제적 참여를 촉진할 지불 가능한 교통 선택권 | - 비용, 교통정보, 대중교통시스템 등 난민들이 겪는 공통적인 교통 장벽 해소<br>- 운전자 교육 등 초기 입국자들의 특수 교통 욕구에 대한 대응<br>- 지방 정착자 등 교통 접근성이 낮은 이들을 위한 대안적 교통 수단 및 시스템 개발 |
| 시민참여 | 개인적으로, 집단적으로 적법한 방식으로 호주사회에 참여 | - 본국의 문화적 실천 유지 지원<br>- 호주의 더 넓은 맥락에서의 문화적 경험에 대한 노출 지원 등 문화 간 교류(intercultural dialogue) 이벤트 시행<br>호주 시민권 획득 경로 및 정보 제공 |
| 가족 및 사회 서비스 | 정착과정에서 의미 있는 가족 관계 및 사회관계 확립 | - 새로운 사회와 지역사회의 규범에 대한 적응 지원<br>- 문화적 정체성과 가치 유지 지원<br>- 여성, 청소년 등 특화된 욕구를 고려한 가족 지원 |
| 법률지원 | 시의적절한 법률서비스를 난민들의 모국어로 제공 | - 난민들이 특수하게 겪는 법적인 이슈에 대한 대응책 개발<br>- 법률 분야 서비스 제공자들을 대상으로 사법 체계 내에서 난민들이 겪는 차별 문제 교육<br>- 법적인 논의가 있는 모든 상황에 통역 서비스 제공 |

출처 : Settlement Council of Australia(2016).

호주 정부는 2000년대 초반부터 난민 및 이민자들을 가급적 지방에 정착시키기 위한 정책적 노력을 하고 있는데, 이는 지방의 노동력 부족 문제에 대한 정부의 관심에서 비롯되고 있다(Karlsen et al., 2011). 호주 이민부는 난민들의 개인적인 배경 및 특성을 고려하여 지방 정착을 장려하고 있는데, 가장 주요하게 고려되는 사항은 호주에 가족이나 친구와의 유대관계가 있는지 여부다. 즉, 유대관계가 없는 난민 입국자들에게 우선적으로 지방 정착을 권장하고 있다. 현재 전체 인도주의 입국자의 약 90%는 호주에 미리 정착한 가족이나 친구 등을 가지고 있으며, 약 10% 정도만이 사전 유대관계가 없이 입국하고 있다(Department of Social Services, 2017e).

일반적으로 난민들은 일반 이민자들에 비해 정착과정에서 더 많은 지원을 필요로 한다. 게다가 지방은 대도시에 비해 정착에 필요한 기반시설이 부족한 것이 사실이다. 즉, 지방 정착의 성공 여부는 얼마나 지방의 지역사회가 고용, 주거, 언어 지원, 상담, 보건 서비스 그리고 문화적 지원 등 적절한 서비스를 제공할 수 있느냐에 달려 있다. 호주 정부는 난민들의 성공적인 지방 정착을 지원할 수 있도록 지방 정부와 지역사회가 서비스와 프로그램을 어떻게 계획하고 실행해야 하는지에 대한 가이드라인(Guide to Supporting Settlement in Regional Australia)을 수립, 시행하고 있다(Department of Social Services, 2017c).

### 2) 정책 추진 체계

호주는 오랜 기간에 걸쳐 난민들의 정착 서비스를 개발, 시행해 왔다. 연방, 주 그리고 지방 정부들 간의 역할 분담이 체계적으로 이루어져 있으며, 민간 및 비영리기구들은 정책을 직접적으로 자문, 개발하여 정책 수립자로서의 역할을 담당함과 동시에 서비스 전달체계의 일부로서 정책 실행자로의 역할도 동시에 가지고 있다. 즉, 민관 협력관계(public private partnership)는 호주 난민 정착 정책 수립 및 실행의 특징적인 면모다.

난민 지위 심사 및 입국 절차는 이민부의 소관이지만 난민으로 인정된 이들에 대한 정착 지원은 주로 복지부(Department of Social Services)와 교육훈련부(Department of Education and Training)의 책임으로 이관된다. 호주 정부에는 정착 관련 이슈들을 조율하기 위한 부처간 기구로서 '난민정착고위간부회의(Senior Officials Settlement Outcomes Group)'를 운영하고 있다. 난민정착고위간부회의는 국가정착기본틀 개발과 실행에 관한 핵심적인 역할을 담당하고 있으며, 각 주정부 내에서 혹은 주정부에 걸쳐 인도주의 입국자들을 위한 서비스 개선과 조율 기능을 담당한다. 난민정착고위간부회의는 복지부가 좌장이 되며, 이민부, 각 주정부, 지방정부연합회 등이 참가하고 있으며, 매년 2회 이상 공식 회의를 통해 난민 정착 관련 이슈와 진행상황을 논의한다(Department of Social Services, 2018b).

이 외에도 난민 정착 및 지원 관련 주무부처인 복지부는 독립적인 자문기구로서 '정착서비스 자문위원회(Settlement Services Advisory Council)'를 두고 있다. 정착서비스 자문위원회는 '난민 재정착 자문위원회(Refugee Resettlement Advisory Council)'를 전신으로 두고 있으며, 특별히 난민들의 사회적, 경제적 참여 증진과 사회적 응집력 향상에 우선순위를 두고 있다. 정착서비스 자문위원들은 주로 시민사회 및 비영리기구들의 난민 서비스 전문가들로 구성되어 있다(Department of Social Services, 2019i).

난민들을 위한 직접적인 대면 서비스 전달은 주로 민간 비영리 기구들을 통해 이루어지고 있다. 난민 서비스 기구들은 사회참여, 경제적 웰빙, 독립 그리고 지역사회와의 연계를 목적으로 서비스들을 전달하고 있다. 호주 복지부는 난민 서비스와 관련하여 3개의 기구에 재정지원을 하고 있다(Department of Social Services, 2018b). 우선 '호주정착위원회(Settlement C ouncil of Australia)'로서 전국적으로 난민 서비스를 제공하는 80여 개의 비정부 서비스 제공기관을 대표하는 기구로서 실질적인 서비스 전달체계로 볼 수 있다(Joint Standing Committee on Migration, 2017). 호주정착위원회는 앞서 제시된 국가정착기본틀을 개발하는 두 번째는 '다문화 청소년 옹호 네트워크(Multicultural Youth Advocacy Network)'로서 난민 청소년들에게 특화된 정책 및 서비스 전달 기능을 담당하는 전국 단위의 비영리기구다. 세 번째 '호주 다문화 위원회(Multicultural Council Australia)'는 2012년에 설립된 비영리기구다. 이민자 및 난민들을 위한 호주의 대표적인 옹호 기구로서, 연구 및 정책분석 기능을 수행하고 있다. 고용, 법률 및 보건 등의 분야에서 서비스를 제공함과 동시에 민간기업 및 지역사회와의 파트너십 형성을 촉진하고 있다.

### 3) 정착 프로그램 및 서비스

#### (1) 입국 전(pre-arrival) 서비스

호주는 정착 단계별로 체계적이고 다양한 난민 정착 프로그램을 개발, 운영해 왔다. 우선 입국 이전 정착서비스로서, 영외 난민들은 '호주 문화 오리엔테이션(Australian Cultural Orientation)' 프로그램에 참가할 수 있다. 이 프로그램은 주로 아프리카, 남아시아, 동남아시아, 그리고 중동 지역 난민에게 제공되며, 5세 이상의 입국 예정자에게 최대 5일 동안 교육이 제공된다.

이 프로그램은 호주로의 여정과 정착과 관련된 실용적인 정보와 조언을 제공하는 것을 목표로 하고 있으며, 세관법부터 입국 이후 예상되는 정착 과정과 이에 수반되는 지원 서비스나 프로그램 등에 대한 정보가 제공된다. 문화적, 사회적, 경제적 적응에 필요한 기초적인 생활 기술들을 교육하며, 입국 후 영어 프로그램에 참여하길 권장한다. 또한 양성평등이나 가정폭력 등과 관련된 호주의 법규와 생활 규범 등에 대한 오리엔테이션 등이 제공된다. 국제이민기구(International Organization for Migration)는 호주 정부로부터 위탁을 받아 이 프로그램을 시행하고 있다(Department of Social Services, 2019b; Joint Standing Committee on Migration, 2017).

#### (2) 입국 시(on-arrival) 서비스

호주 정부는 난민 입국과 초기 정착을 지원하는 프로그램으로 '인도주의 정착 프로그램(Humanitarian Settlement Program)'을 시행하고 있다. 인도주의 정착 프로그램은 초기 난민 입국자들을 대상으로 하여 입국 후 첫 몇 개월 동안 필요한 기술과 지식을 제공한다(Department of Social Services, 2018b). 인도주의 정착 프로그램은 호주 정부로부터 인가를 받은 5개의 지역사회 기반 비영리 기구에 의해 제공되며, 이 기구들은 초기 정착뿐만 아니라 이후 주류 서비스도 함께 제공할 수 있는 권한이 있다. 프로그램 참여 여부는 본인의 자발적인 의사에 의해 결정되며, 욕구에 기반한 사례관리(case management) 접근법이 적용된다. 즉, 서비스 제공자들은 난민 입국자 개인별 사례관리자를 할당하며, 이들은 주거, 육체 및 정신건강, 웰빙, 금전관리 및 교통, 지역사회 참여, 네트워킹, 가족 기능 및 사회적 지원, 법률, 언어 서비스, 교육 및 훈련, 고용 등 욕구 전반에 걸쳐 개별화된 사례관리 계획(case management plan)을 개발한다.

서비스 제공자들은 공항 영접, 초기 숙소 인도, 음식 등 초기 필수사항들을 제공하고, 소득보장 전달체계인 센터링크(Centreklink), 메디케어(Medicare) 및 은행 등에 등록하는 방법을 지원한다. 통역서비스 이용 방법 및 지역사회 서비스에 대한 정보도 제공한다. 이에 더하여, 기초 서비스(foundation services)가 제공되는데, 이에는 호주 문화와 생활방식 교육, 장기 숙소 구하기, 이민자 영어 프로그램 및 여타 교육 및 훈련 프로그램 등록, 고용 서비스 등록 및 프로그램 참여 등에 대한 지원을 제공한다. 또한 학령기 아동의 학교 등록을 지원하며, 학교 등록은 입국 후 최대 6주 이내에 종료되어야 한다(Department of Social Services, 2018b).

인도주의 정착 프로그램은 클라이언트의 정착 성과에 따라 조기에 종료될 수도 있고, 장기간에 걸쳐 진행될 수도 있다. 통상 대부분의 난민들은 호주 입국 후 6~18개월 이내에 인도주의 정착 프로그램을 마치게 되며, 특별히 취약계층에게는 더 장기간의 서비스를 허용하고 있다(Department of Social Services, 2019d). 이후 난민들은 입국 후 정착서비스 혹은 주류 서비스로 이전된다.

일부 난민들은 정착 욕구가 예외적으로 클 수 있다. 이들에게는 별도로 '특수집중서비스(Specialised and Intensive Services)'가 적용된다. 특수집중서비스는 기존의 복합 욕구 지원 프로그램을 대체하는 서비스로서, 인도주의 정착 프로그램의 한 구성요소다. 특수집중서비스는 장애, 심각한 건강 문제, 일상생활을 저해하는 정신건강 문제, 가정폭력 등으로 인해 관계 단절, 행동문제, 사회적 고립, 경제적 곤경 혹은 법률적인 문제로 인해 정착에 특별히 어려움을 경험하는 이를 대상으로 집중적인 서비스를 제공한다. 특수집중서비스는 입국 후 최대 5년까지 지원이 이루어지며, 6개월 정도의 단기 개입으로 종료되는 경우도 많다(Department of Social Services, 2019e).

### (3) 입국 후(post-arrival) 서비스

입국 후 대략 18개월까지 인도주의 정착 프로그램 서비스를 받고 나면, 이후 약 5년간에 걸쳐 본격적인 정착 지원서비스를 받게 된다. 이에는 이민자 영어 프로그램, 보건 서비스 및 고용 서비스 등이 포함된다. 2000년대 초반 정착 서비스에 대한 체계화 논의에 따라 기존 정착 서비스 체계 및 재정지원에 대한 재검토가 이루어지고, 그 결과 통합된 정착 서비스로서 '정착 보조금 제도(Settlement Grants Program)'가 2006년에 도입되었다(Millbank, Phillips, &

Bohm, 2006). 정착 보조금 제도는 난민들과 이민자들의 사회 · 경제적 독립과 자조를 지원하여 사회보장 서비스에 의존하는 기간을 최소화하기 위해 지역사회 기구들의 활동을 지원했다(Department of Social Services, 2017b). 2019년에 정착 보조금 제도는 '정착 참여 및 이행 지원 프로그램(Settlement Engagement and Transition Support Program, 이하 '이행지원프로그램')'으로 개명되었다(Department of Social Services, 2019h).

이행지원프로그램은 정부가 난민에게 직접적인 지원하는 것이 아니라, 난민 정착 서비스를 제공하는 지역사회 기구들의 활동에 보조금을 지급하는 방식으로 지원한다. 이행지원프로그램은 크게 두 가지 형태의 사업에 대해 재정지원을 한다. 하나는 클라이언트 서비스(Client Services)로서 영어, 교육 및 고용 참여 등 소위 3E를 중심으로 국가정착기본틀이 정한 서비스에 우선 지원을 한다. 2019~2022년에 걸쳐 전국적으로 76개의 기구들이 이 형태의 서비스를 제공하게 된다. 다른 하나는 지역사회 역량강화(Community Capacity Building) 사업으로서 지역사회 단체나 기관 혹은 주민들로 하여금 난민들을 더 수용할 수 있는 환경을 조성하도록 촉진한다. 동일한 기간에 총 24개의 기구들이 이 형태의 서비스를 위해 재정지원을 받게 된다.

## 4. 난민 사회보장 제도 및 프로그램

### 1) 소득보장

호주의 사회보장 급여 체계는 개인 혹은 고용주들의 기여가 아닌 일반 조세를 재원으로 하고 있다는 점에서 많은 다른 복지선진국들과 차이가 있다. 즉, 호주 사회보장 급여 자격기준은 거주와 욕구라는 두 가지 기준에 의해 주로 결정되며, 노동시장에서의 기여 수준이나 기간을 반영하지는 않는다(여유진 · 정용문, 2011b). 따라서 사회보장 급여를 받기 위해서는 일단 호주 거주민(Australian resident)이라는 거주 요건부터 충족해야 한다. 호주 거주민은 사회보장법 1991(Social Security Act 1991)에 의해 규정되며, 구체적으로 호주 시민권자와 영주권자를 의미한다.

호주의 사회보장 급여는 체류상의 지위에 따라 자격요건을 달리하며, 시민권자를 준거로 하여 체류기간이 줄어들수록 접근성이 감소하는 위계적 구조를 띤다. 즉, 시민권자에게는 사회보장 급여 및 사회복지 서비스 자격요건이 자동적으로 제공되지만 장기체류자라 하더라도, 비영주 비자 보유자들에게는 복지혜택에 대한 제도적 배제의 수준이 상대적으로 높다. 따라서 외국인 근로자와 유학생 등 비영주이민 장기체류자들에 대한 복지급여 및 서비스는 크게 제한되어 있다. 그러나 비영주이민 장기체류자들은 비자에 규정된 근로시간 조건하에서 노동시장에서 차별 없는 경제활동을 할 수 있고, 고용주가 재정부담하는 기업연금과 재해보험의 보호를 받을 수는 있다(김안나 외, 2012).

영주권자들은 궁극적으로 시민권자와 동일한 사회보장 접근권을 가지지만, 입국과 동시에 사회보장 급여 자격요건이 성립하는 것은 아니며, 초기 입국자 대기기간(Newly Arrived Resident's Waiting Period) 요건이 적용된다. 대부분의 사회보장 급여는 4년의 대기기간이 적용되며, 노령연금(Age Pension)과 장애연금(Disability Pension)에는 10년의 호주 거주 요건이 부과된다. 대기기간은 영주비자를 수여받은 일자부터 계상되며, 10년 대기기간 적용 급여의 경우 호주 국내에서 연속 5년간의 거주요건 또한 부과된다(Department of Social Services, 2019j). 아동이 있는 가족을 대상으로 하는 가족세제급여(Family Tax Benefit)와 돌봄수당(Carer Allowance) 등에는 대기기간 면제 혹은 상대적으로 짧은 대기기간이 적용되지만, 신규 이민 입국자 대기기간은 점차 강화되는 추세다.

사회보장 급여 관련 호주 거주 요건이 면제되는 경우가 예외적으로 있는데, 장애인을 동반한 이민자와 난민이 이 예외조항의 적용을 받는다. 즉, 난민 지위를 획득하게 되면 일단 일반 영주 이민자와 동등한 사회보장 급여권이 부여된다. 그러나 일반 영주 이민자들에게 적용되는 대기기간이 면제되어 모든 사회보장 급여를 비자 취득과 동시에 받게 된다. 따라서 난민은 시민권자는 아니지만 결국 호주 시민권자와 동일한 사회보장 급여 자격을 갖추고 있으며, 체류외국인 중에서 가장 포괄적인 사회보장 접근권을 가지고 있다고 볼 수 있다(김안나 외, 2012).

그러나 난민들이 대기기간 없이 포괄적인 사회보장 급여권을 갖는다고 해서 난민들이 사회보장 급여에서 특혜를 받지는 않는다는 점은 언급할 필요가 있다. 즉, 난민들에게 특화된 별도의 급여가 있거나, 난민들에게 특별히 높은 급여율이 적용되는 경우는 없다. 예를 들어, 난민 역시 일반 실업급여 신청자와 동일하게 구직활동 심사(activity test)를 받아야 실업급여를 유지할 수 있다(Luke Buckmaster, 2012).

난민 지위를 획득하지 못한 난민 신청자들을 위한 재정 지원 프로그램도 존재한다. 호주 정부는 난민 신청자들의 열악한 상태에 대한 재정 지원 대책으로 1992년에 처음으로 '난민 신청자 지원 프로그램(Asylum Seekers Assistance Scheme)을 만들었고, 2005년부터는 난민 신청자 중에서도 특별히 취약한 계층을 지원하기 위한 사례 관리 프로그램으로 '지역사회 지원 프로그램(Community Assistance Support Program)'을 운영해 왔다. 이 프로그램들은 지역사회에 거주하는 영내 난민 신청자(community-based asylum seekers)로서 난민 비자 수속 중에 있는 이들을 대상으로 하고 있다(Refugee Council of Australia, 2018).

### 2) 사회경제적 참여

난민들의 사회참여에 있어서 영어 구사력은 가장 근본적이고 중요한 요소로 간주된다. 영어 능력이 있어야만 구직활동이나 교육 및 훈련활동 참여가 가능하고, 독립적으로 호주 사회에 참여할 수 있기 때문이다. 호주 복지부는 난민과 이민자들이 주요 사회서비스를 이용하는 경우 무료 통역 서비스를 제공하고 있다. 무료 통역 서비스가 이용 가능한 기관은 다양하며, 이에는 사립병원, 약국, 비정부기구, 부동산, 정부 산하기구, 노조, 의회 등이 포함된다. 더불어, 입국 후 2년 이내인 자가 고용, 교육 및 지역사회 활동에 참여할 때 필요할 경우 무료 번역 서비스가 제공된다(학업 및 졸업증명서, 경력 증명서 번역 등).

통역 및 번역 서비스와 함께 난민들의 영어 구사력 향상을 위한 프로그램으로서 '이민자 영어 프로그램(Adult Migrant English Program)'이 교육훈련부에 의해 제공되고 있다. 입국 후 5년 이내의 난민 및 이민자는 510시간의 무료 영어 교육 프로그램에 참가할 수 있다. 전국적으로 307개의 기관을 통해 영어 교육 서비스를 제공받을 수 있다. 프로그램 참가는 의무적이지 않으며, 자발적 의사에 의해 결정된다(Department of Education, 2019a).

국가정착기본틀에도 명시되어 있듯이 고용을 통해 난민들의 경제적 자립을 지원하는 것이 난민 지원 정책의 최우선 목표라고 할 수 있다. 인도주의 입국자들의 고용 성과에 집중하기 위해 호주 정부는 지속적으로 인도주의적 보호 책무를 경제개발 정책에 통합시키고 있다. 예를 들어, 호주 정부는 이민자 및 난민의 지방 재정착을 추구하고 있으며, 이는 지역 노동시장의 인력난을 해소하고, 난민들을 조기에 노동시장으로 진입시키는 소위 동반승리(win-win) 전략으로 다루어지고 있다(Boese, van Kooy, & Bowman, 2018).

일반적으로 난민들의 고용 지표는 그다지 좋지 않다. 초기 입국 난민들의 대부분은 실업상태에 있으며, 전반적으로도 일반 근로 연령대 실업률보다 4배 이상 높은 것으로 보고되고 있다(Yosufzai, 2017). 난민에만 한정된 실업률을 별도로 확인하기는 어려운데, 입국 후 10년이 된 난민들의 실업률은 33% 정도로 추정되고 있다(Hartley & Fleay, 2016). 난민들은 일반 이민자들과 달리 보유기술에 기초하여 선발된 이들이 아니기 때문에 난민들의 상대적 고실업률은 그다지 놀랄 만한 사실은 아니다. 난민들의 고실업에 미치는 요인들은 다양하며, 영어 구사력, 차별, 입국 후 노동시장 참여 경험 부족, 해외에서의 자격 및 기술 증명상의 어려움 등이 구조적 장벽으로 작용하고 있는 것으로 평가되고 있다(Burhani & Sayed, 2018).

호주 정부는 난민들에게 제공되고 있는 사회보장 현금 급여 감소에 정책적 우선순위를 두고 있으며(Department of Social Services, 2017d), 훈련과 고용에 대한 투자를 지속적으로 확대하고 있다. 호주 정부의 정책적 지원의 직접적인 효과인지에 대해서는 논란의 여지가 있지만(Education and Employment References Committee, 2019), 상당수의 난민들은 일정 기간이 지나면 성공적으로 노동시장에 진입하게 된다. 호주 복지부 통계에 의하면, 입국 후 5년이 지나면 실업급여 수급자 수가 거의 절반으로 줄어든다(Yosufzai, 2017).

호주의 난민 고용정책은 자율적 참가를 허용하던 방식에서 점차 강제적 참가 방식으로 변모하고 있다. 2019년 1월부터 새로 입국한 난민이 12주 동안 사회보장 급여를 받게 되면, 13주째부터는 상호의무제(Mutual Obligation)에 기반한 구직활동에 참여해야 한다. 성인실업수당, 청년실업수당, 양육수당과 특별수당 등 실업과 관련된 급여를 받는 모든 이에게 상호의무제 참여 의무가 부과되며, 전업 돌보미에 한해 매우 제한적인 예외 규정을 두고 있다(Department of Social Services, 2019g). 상호의무제에 참여하면, 센터링크와 함께 구직 계획(Job Plan)을 작성해야 한다. 당사자는 향후 구직 활동을 촉진할 수 있는 다양한 활동에 선택적으로 참여하게 되는데, 이에는 인도주의 정착 프로그램, 이민자 영어 프로그램, 유급 노동, 공인된 교육이나 훈련, 자원봉사 및 기타 공인된 활동이 포함된다. 실업 관련 급여를 6개월 동안 받게 되면, 고용서비스로 위탁된다(Department of Employment Skills Small and Family Business, 2019).

호주의 주류 고용 서비스는 '적극적 고용(JobActive)' 프로그램으로 명명되며, 2015년부터 그 전신인 '호주 일자리 서비스(Job Services Australia)'를 대체하고 있다. '적극적 고용' 프로그램은 민관협력 고용 프로그램으로서 전국적으로 1,700개의 민간 고용 서비스 제공자들이 네트워크를 형성하여 참가자에게 고용 서비스를 제공하고 있다. 적극적 고용 참가 대상자가 의무를 다하지 않을 경우 사회보장 급여상의 불이익이 가해지는 강제적 성격을 띤 프로그램이다.

적극적 고용 프로그램은 이력서 작성, 일자리 찾기, 인터뷰 준비 및 취업상태 유지 등 일반적인 구직활동 지원 프로그램을 운영하지만, 구직자의 상황과 지원 욕구에 따라 맞춤형 서비스를 제공하는 것으로 주요 특징으로 한다. 센터링크로부터 고용서비스로 위탁되게 되면, 우선 지원 욕구 등급 심사를 받는다. 이 절차는 '구직자 분류 도구(Job Seeker Classification Instrument)'를 활용하여, 구직자의 구직 난이도와 구직 의향을 측정하고, 구직과 관련하여 복합적인 욕구를 가지고 있는지 확인한 후 구직자는 3등급으로 분류된다. 가장 낮은 등급인 A등급은 구직 의향이 강하고, 최소한의 지원으로 구직이 가능한 이들이 포함되며, 좀 더 집중적인 서비스가 요구될 경우 B등급과 C등급으로 분류된다(JobActive, 2015). 난민들의 경우 일반적으로 높은 등급으로 분류될 가능성이 높다.

### 3) 기회 : 교육 및 보건

난민들을 위한 교육은 크게 직업교육과 학교교육을 구분할 수 있다. 전술했다시피 직업교육은 주로 '적극적 고용' 서비스를 통해 제공되고 있다. 직업훈련 제공자들은 구직자를 직업교육 서비스로 위탁할 수 있다. '교육과 고용을 위한 기술(Skills for Education and Employment)' 프로그램은 구직활동 및 직업생활에 요구되는 일반적인 기술을 교육하는데, 영어, 읽고 쓰는 능력, 그리고 수리 등을 직업 요건에 맞게 실질적인 훈련을 제공한다. 일반적으로 해당 교육기관에 참석하여 대면 교육을 받지만 원격 교육도 가능하도록 유연하게 운영된다. 2018년 6월 이전 참가자들에게는 800시간의 무료 교육이 제공되었으나, 이후 참가자들에게는 650시간으로 줄어들었다(Department of Education, 2019b).

난민들은 학교교육 측면에서는 일반 호주인들에 비해 큰 욕구를 가지고 있다. 대부분의 학생들은 호주 입국 전에 학업 중단을 경험했으며, 이로 인해 자국어 및 영어 구사력과 수리 능력 발달에 어려움을 겪는다. 난민들의 교육 욕구에 대한 대응하기 위해 각 주정부들은 포용적인 교실 및 학교 환경 제공과 특수 지원 프로그램을 운영하고 있다. 대학 등 3차 교육으로 진학하는 난민 학생들의 수는 지속적으로 증가하고 있으며, 그 진학률은 일반 호주 학생들에 못지 않다. 그러나 대학원 이상 진학률은 일반 호주 학생들에 비해 낮은 것으로 보고되고 있다(Terry, Naylor, Nguyen, & Rizzo, 2016).

인도주의 입국자들은 적합한 비자를 취득함과 동시에 주요 보건 서비스에 대한 접근권을 부여받는다. 여기에는 호주의 보편적인 보건 시스템인 메디케어(Medicare), 의약품보조금제도(Pharmaceutical Benefits Scheme), 그리고 예방접종 서비스(Australian Immunisation Register) 등이 해당된다. 메디케어 자격요건을 가진 이는 자동적으로 의약품보조금제도와 예방접종 서비스에 대한 접근권을 가지게 된다. 메디케어는 일반의와 전문의 치료, 각종 의료 테스트나 스캔, 수술 및 시력 검사 등에 수반되는 비용을 지원하지만 구급차, 치과 치료, 안경이나 보청기, 성형수술 등에는 적용되지 않는다. 난민들은 메디케어 급여와 서비스를 받을 수 있지만, 난민 신청자의 경우에는 난민 비자 수속 중에 있는 연결비자(Bridging Visa) 소지자에 한해 메디케어 접근권이 부여된다. 보건의료 서비스에는 무료 통역 서비스가 이용 가능하다.

인도주의 입국자들은 전쟁이나 박해, 고문이나 구금 등으로 인한 신체적, 정신적 건강 문제를 겪는 경우가 있다. 특히, 강제 이주, 장기간에 걸친 정치적 억압, 난민 수용소에서의 경험, 가족 상실 및 결별 등으로 인해 정신적인 외상을 경험하는 경우도 있다. 그러나 언어 및 문화적 요인, 사회경제적 지위상의 문제, 혹은 보건 서비스 접근권을 제한하는 정책 등으로 인해 난민들은 보건 서비스 이용에 장벽을 경험하는 경우도 있다. 고문과 트라우마를 경험한 이들은 '고문과 트라우마 생존자 서비스 포럼(Forum of Australian Services for Survivors of Torture and Trauma)' 서비스에 위탁되어 전문적인 회복 서비스를 받을 수 있다. '고문과 트라우마 생존자 서비스 포럼'은 호주의 전문 재활 기관 연합으로서 난민 그리고 난민 신청자들을 대상으로 심리적 손상 검사, 상담 그리고 치료 개입 등을 제공한다(Forum of Australian Services for Survivors of Torture and Trauma, 2019).

이 외에 호주 '보건부(Department of Health)'는 '난민 보건 실천 가이드(Australian Refugee Health Practice Guide)'를 개발하여 운영 중이다. '난민 보건 실천 가이드'는 일반의, 간호사 및 다른 보건 서비스 제공자들이 난민 혹은 난민신청자들에게 보건 서비스를 제공할 때 요구되는 적합한 지식과 기술을 담고 있다. 난민 환자를 식별하는 방법, 난민들에게서 흔히 발견되는 신체적, 정신적 증상, 난민들과 의사소통하는 방법, 그리고 적절한 위탁처 및 위탁 방법 등에 대한 최적의 실천(best practice) 접근법을 보건 서비스 제공자들과 공유하고 있다(Victorian Foundation for Survivors of Torture Inc, 2019).

## 5. 사회통합 관점에서의 호주 사회보장 평가

이상에서 제시된 난민 사회보장 체계 및 프로그램을 사회통합적 관점에서 평가해 보았다(그림 9-1 참조). 첫 번째 영역인 자원에 대한 접근성 면에서 호주의 난민 사회보장은 제도적으로 잘 보장되어 있다고 볼 수 있다. 물론 난민 배경을 가진 이들이 조기에 충분한 사적 소득을 보유하는 경우는 흔한 관찰이 아니며, 보통은 일반 이민자들보다 사적 소득 면에서는 열악한 지위에 있을 확률이 높다. 그러나 난민들은 체류외국인 중에서 가장 높은 소득보장 접근권을 가지고 있으며, 준거집단인 시민권자와 동등한 수준의 권리를 보유하고 있다. 영주권자들에게 적용되는 대기기간 규정에서도 예외적이기 때문에 소위 소득보장 사각지대에 놓일 위험은 없는 것이다.

두 번째 영역에서 우선 정치적 참여를 살펴보면, 호주 난민들의 정치 참여 역시 제도적으로 잘 보장되어 있다. 난민들의 관점에서 정치 참여란 시민권(citizenship)에 대한 접근권과 참정권 행사를 의미한다(Bekaj & Antara, 2018). 호주 난민들은 다른 어떤 이민자 집단보다 호주 시민권 획득률이 높다(Doherty, 2017). 시민권은 곧바로 선거 참여 및 정당 활동 등 공식적인 정치 참여에 대한 권리를 의미하기 때문에, 호주 난민들의 공식적 정치 참여 정도는 높다고 볼 수 있다. 물론, 정치 참여 보장이 곧 정치적 권력이나 영향력을 의미하지는 않기 때문에 그들의 정치적 견해는 옹호집단들에 의해 조직화되고 대변되고 있다.

사회참여란 공식(지역사회 기관이나 조직 구성원으로서의 활동), 비공식(가족이나 친구 등과의 관계), 단독(개인 취미활동 등) 사회참여 활동 등 다양한 형태를 띤다(Lemon, Bengtson, & Peterson, 1972). 그러나 언어와 문화적 다양성을 가진 난민과 관련된 사회참여 욕구는 문화적 정체성을 표현하고, 유지하는 상태로 사회와 상호작용하는 것이다. 호주의 국가정착기본틀은 난민들이 본국의 문화적 전통을 실천할 수 있도록 장려, 지원하고 있다. 구체적으로 지역사회 역량강화(Community Capacity Building) 사업은 난민의 문화적 배경을 공유하는 지역사회 민족공동체의 활동을 지원하고 있어, 난민들의 사회참여를 위한 제도적 환경은 수용적이다. 더불어, 비영어권 국가 출신 입국자들에게는 모든 사회서비스 영역에서 통역서비스가 제공되고 있다는 점에서 난민들의 사회참여 장벽을 약화시키기 위한 제도적 장치는 잘 구축되어 있다고 평가할 수 있다.

난민들의 경제참여 성과는 불분명하고 논쟁적인 부분이 있다. 전술했듯이 초기 정착 지원 기간인 5년이 지나면 난민 실업률은 상당히 해소되고 있지만, 난민 고용 지원 프로그램에 대해서는 성과에 대한 칭찬보다는 개선의 여지가 더 큰 것으로 평가된다(Boese et al., 2018; Education and Employment References Committee, 2019; Tahiri, 2017). 우선 호주의 고용서비스가 민간 취업 기관들을 통해 실업자들의 구직활동을 지원하고, 이 고용실적에 기반하여 재정지원이 이루어짐에 따라 시장의 논리가 강하게 지배하게 된다. 즉, 난민처럼 복합적 욕구를 가진 구직자의 경우 고용 실적이 줄어들기 때문에, 민간기관은 이 집단을 지원하려는 동기가 약할 수 있으며, 따라서 욕구가 높은 구직자들이 체계적으로 배제될 수 있다. 또한 호주 고용서비스가 기본적으로 사회보장 급여에 대한 고통 분담 부과의 성격을 가지기 때문에 난민 고용 지원정책이라기보다는 복지 통제를 위한 노동시장 정책(workfare)의 성격이 강하다. 난민들은 고용의 질과는 상관없이 상호의무제 책무를 수행하기 위해 '아무 일'에 종사하도록 요구받을 수 있는 것이다(조선주 · 정가원 · 김난주 · 손정민, 2013). 또한 난민을 포함하여 비영어권 국가 출신 이민자들에게 특화된 고용서비스를 제공할 능력이 있는 기관들이 부족한 점도 주요한 개선사항으로 지적되고 있다(Tahiri, 2017).

세 번째 영역인 기회에서 교육(Education)은 고용(Employment)과 함께 3E의 한 요소로서 호주 난민 지원정책의 주요한 부분을 차지하며, 나머지 영어(English)도 넓게 보면 교육의 영역으로 포함될 수 있기 때문에 사실상 교육은 호주 난민 지원정책의 가장 핵심적인 영역이라 볼 수 있다. 호주 난민 교육은 체계적으로 제공되고 있다. 입국 이전의 호주 사회의 문화와 관습에 대한 예비 교육, 입국 이후 정착에 필요한 기초 영어 및 생활 교육, 그리고 이후 노동시장에 투입될 수 있을 수준의 영어 및 직업 기술 교육 등 정착 주기에 따른 교육의 기회가 제공되고 있다. 성인 난민 교육과 함께 난민 아동 및 청소년들을 위한 학교 교육에도 정책적인 노력이 투입되고 있다. 난민 배경을 가진 학생에게는 제2언어로서의 영어(English as a secondary language ESL) 교육 등을 통한 주류 학교 교육으로의 이전(transition)을 지원하고 있고, 이들의 특수한 교육 욕구(장기간의 교육 중단 등) 해소를 위한 프로그램들이 실행되고 있다(Multicultural Youth Advocacy Network, 2019). 그러나 난민들의 학교 교육이 지나치게 사회심리적인 개인적 접근에 치우쳐 있고(Matthews, 2008), 학교와 지역사회와 연계 등 총체적인 (holistic) 접근을 추구하는 포용 교육(inclusive education)의 관점에서 개선의 여지가 많이 남아 있다(Taylor & Sidhu, 2012).

보건에 관한 한 호주 난민들은 높은 수준의 접근권을 가지고 있다. 난민으로서의 지위를 인정받음과 동시에 메디케어 서비스에 포괄되며, 본인의 기여와는 무관하게 이 서비스를 이용할 수 있다. 난민 경험으로 인해 발생할 수 있는 신체적, 정신적 외상 회복을 위한 별도의 의료 지원이 제공된다는 점은 호주 난민 의료서비스의 장점 중의 하나다. 무료 통역 서비스는 난민들이 의료서비스 이용 시에 수반될 수 있는 언어장벽을 해소하고 있어, 난민들은 건강 보장에 관한 권리와 기회 면에서 배제의 가능성은 작다고 평가된다.

## 6. 한국 난민 사회보장 정책에 주는 시사점

오랜 역사에 걸쳐 형성, 발전 및 변형되어 온 호주의 난민 사회보장 제도는 구축 단계에 있는 한국의 나민 사회보장제도에 시사하는 점들이 많다. 이는 호주가 반드시 난민 사회보장의 좋은 모델을 제공한다는 의미는 아니다. 과거에 호주는 인도주의적 입국자를 적극적으로 수용함으로써 난민 보호정책의 벤치마킹의 대상이 된 적이 있다. 그러나 호주의 난민 정책은 1990년대 중반에 신자유주의적 접근으로 급선회한 이후 비판의 대상이 되고 있다. 즉, 복지 지출 축소를 지향하고 있는 호주 사회보장의 전반적인 정치사회적 환경 속에서(여유진 · 정용문, 2011b) 난민 그리고 더 넓게 이민자들에게 사용되고 있는 복지 자원의 감축이 정책적으로 선호되고 있다.

성장과 퇴보의 경험이 뒤섞여 있는 호주 난민 사회보장의 역사는 참고자료서의 가치가 크다. 선발 주자의 경험은 후발 주자에게 난민 사회보장 설계와 운영에 관한 교훈을 제공한다. 호주의 경험은 난민 사회통합을 위해 사회보장에서 주요하게 고려되어야 할 목표, 그 목표들을 이루기 위한 정책과 프로그램, 상대적으로 성취하기 쉬운 것과 어려운 것, 효과적인 접근 방법들, 그리고 난민 사회보장이 발달 혹은 후퇴할 수 있는 조건과 환경 등에 대한 지식을 제공한다. 이는 한국 난민 사회보장의 전략적 방향을 안내할 지침이 될 수 있다.

우선, 호주 난민 사회보장의 성취와 장점을 통해 한국이 참고할 만한 점들을 요약해 보면 다음과 같다. 첫째, 호주는 체계적인 난민 정착 지원 프로그램을 구축하고 있다. 난민 입국 이전부터 입국 시점, 그리고 입국 이후 단계별 정착 욕구를 파악하고, 각 단계별 지원체계를 가지고 있다. 이 지원체계는 구체적인 목표와 시간표(time-frame)에 따라 설계되어 있어 목표 지향적이고, 성과 지향적이다. 호주 정부는 신규 입국자들이 통상 5년 내에 호주 사회에 대한 전반적인 정보를 얻고, 생활기반을 확립하며, 통합된 사회구성원으로 성장하기 위한 지원을 제공한다. 둘째, 목표를 성취하기 위한 접근법은 유연하고 개별적이다. 호주 난민 사회보장은 초기 정착에 집중적인 지원을 하는 것을 제1의 원칙으로 하고 있으며, 개인별로 정착 욕구가 다를 수 있다는 점을 고려하여 서비스를 제공한다. 무엇보다도 개별 사례관리자가 할당되어 개별화된 지원을 하며, 복합적인 욕구를 가진 이들에게는 집중적인 서비스를 제공하고, 장기간 서비스를 허용하여 정착 시간표를 경직적으로 적용하지는 않는다. 셋째, 난민 사회보장에 관한 한 철저하게 욕구에 기반한 자격요건을 적용한다. 호주 난민 사회보장은 점점 더 직접적인 보호 제공보다는 3E를 강조함으로써 자립을 추구한다는 점은 분명하다. 그러나 난민은 호주 시민과 완전하게 동등한 사회보장 접근권을 가지고 있다. 이는 유엔의 "난민의 지위에 관한 협약"의 난민 사회보장권에 관한 규정과 일관된다(United Nations High Commissioner for Refugees, 1951).

한국도 명시적으로는 난민 사회보장에 관한 국제 협약을 준수하고 있다. 즉, 난민법 제31조는 "난민으로 인정되어 국내에 체류하는 외국인은 대한민국 국민과 같은 수준의 사회보장을 받는다"고 명시하고 있고, 이에 따라 난민은 외국인에 관한 특례로서 국민기초생활보장 제도의 합법적 급여 자격이 부여된다(보건복지부, 2019). 그러나 실제 제도 운영 과정에서 난민들은 사회보장 접근권이 훼손되는 행정적 배제를 경험하고 있다(김세진, 2015). 이는 한국의 다문화 사회통합 프로그램의 관심이 주로 결혼이주민과 북한이탈주민에 주어져 있기 때문이다. 이들이 사회보장과 관련하여 한국 시민권자에 상응하는 지위를 부여받는 것과는 달리 난민인정자는 한국 시민권에 '준하는' 특수한 신분적 지위를 가지고 있다. 외국인이기 때문에 사회보장에 대한 온전한 권리가 보장되지 않는 것이다(변수현, 2018). 보호 욕구가 가장 높은 난민들에게 시민과 동등한 최고 수준의 사회보장 접근권을 부여하고 있는 호주의 사례를 적극 참고할 필요가 있다.

호주가 소득보장 측면에서는 높은 수준의 제도적 사회통합을 지원하고 있지만, 취업이나 사회진출, 정책과정 참여 등 사회경제적 참여 면에서는 개선의 여지가 많다. 우선, 난민의 경제적 자립과 관련하여, 호주 정부는 난민을 고용에 관한 복합적인 욕구를 가진 인구 집단으로 규정하고 집중적인 지원을 함으로써 초기 정착 기간 이후 노동시장 진입률이 상승하는 정책적 성과를 거두고 있다. 교육과 훈련 등 노동 공급 측면뿐만 아니라 고용주 난민 고용 지원 등 노동 공급 측면에서도 적극적인 조치들을 취한 포괄적인 노동시장 정책의 결과로 볼 수 있다. 그러나 난민의 실업률은 호주 평균 실업률보다 1.5배가량 높아(Friendly Nation Initiative, 2019) 경제적 통합은 주요 과제로 남아 있다.

이 문제에 대처하기 위한 정책적 시도로서 호주 정부는 저숙련 노동력에 대한 수요가 많은 지방에 난민들을 정착시키려는 노력을 하고 있다. 이는 지방의 노동력 부족과 난민의 실업률 해소라는 일석이조의 효과를 겨냥하고 있지만 그 효과는 분명하게 나타나고 있지 않다. 지방 거주는 취업 기회와 저렴한 숙박 면에서 유리한 점이 있고, 실제 농업 분야에 직업적인 포부가 있는 난민들에게는 효과적인 대안이 된다. 그러나 지방에서는 난민에 대한 편견이나 오해(이슬람 근본주의와의 연계 등) 및 고용주들의 편견이 상대적으로 강한 경향이 있어서 경제활동과 지역사회 통합 면에서 더 큰 어려움을 겪기도 한다(Musoni, 2019).

난민들의 경제 참여 문제는 호주와 한국이 공통적으로 직면해 있는 도전이다. 최근 한국 정부는 난민 신청자 및 인도적 체류자들의 건설업 취업 금지, 그리고 난민 인정자들에 대한 건설업 취업허가제를 도입했다(김예리, 2019). 정부가 차별과 배제를 주도하고 있다는 점에서 물론 호주와는 근본적으로 다른 양상이지만, 두 나라의 난민은 경제적 기회의 제약이라는 유사한 위험에 노출되어 있다. 이 문제의 근저에는 난민에 대한 지역사회의 부정적인 담론과 인종주의로 표현되는 보이지 않는 차별이 자리 잡고 있다(Losoncz, 2018). 이는 체계적인 배제를 재생산하는 강력한 메커니즘이다. 호주에서도 반난민 정서를 부추기고 이를 정치적으로 이용하는 경우가 종종 발견된다. 예를 들어, 호주의 이민부 장관이 “난민신청자들이 대부분 문맹이며, 호주인의 일자리를 빼앗거나 실업자 대열에 합류할 것”이라는 난민 배제적 발언을 하여 지역사회의 분열을 초래하기도 했다(Bourke, 2016). 결국 난민 사회통합을 위한 효과적인 사회보장은 기본적인 사회권 보장을 위한 제도적 정비와 함께 근거가 없는 반난민 담론에 대한 대항담론 형성을 동시에 필요조건으로 한다는 점을 시사한다.

## 참고문헌

Bekaj, A., & Antara, L. (2018). Political Participation of Refugees : Bridging the Gaps : International Institute for Democracy and Electoral Assistance.

Berry, J. (1997). Immigration, acculturation and adaptation. Applied Psychology : An International Review, 46(1), 5–68.

Boese, M., van Kooy, J., & Bowman, D. (2018). Humanitarian migrants, work and economic security on the urban fringe : How policies and perceptions shape opportunities : Brotherhood of St Laurence.

Bourke, L. (2016). Peter Dutton says 'illiterate and innumerate' refugees would take Australian jobs. Sydney Morning Herald. Retrieved from https://www.smh.com.au/politics/federal/peter–dutton–says–illiterate–and–innumerate–refugees–would–take–australian–jobs–20160517–goxhj1.html

Bruce, A. (2003). Australia's Refugee and Humanitarian Progam. In D. Barnes (Ed.), Asylum Seekers and Refugees in Australia : Issues of Mental Health and Wellbeing (pp. 1–21) : Transcultural Mental Healh Centre.

Buckmaster, L. (2012). Australian Government assistance to refugees : fact versus fiction : Parliamentary Libray.

Burhani, N. H., & Sayed, J. (2018). Facilitating better employment opportunities for refugeebackground migrants and people seeking asylum in Australia Melbourne Social Equity Institute.

Council of the European Union. (2004). Joint report by the Commission and the Council on social inclusion : Council of the European Union.

Department of Education. (2019a). Adult Migrant English Program. Retrieved from https://www.education.gov.au/adult–migrant–english–program–0

Department of Education. (2019b). Skills for Education and Employment. Retrieved from https://www.education.gov.au/skills–education–and–employment

Department of Employment Skills Small and Family Business. (2019). Streamlining Services for Refugees : Department of Employment Skills Small and Family Business.

Department of Home Affairs. (2018). Community Support Program (CSP). Retrieved from https://immi.homeaffairs.gov.au/what–we–do/refugee–and–humanitarian–program/community–support–program

Department of Home Affairs. (2019a). Discussion Paper : Australia's Humanitarian Programme 2019–2020 : Department of Home Affairs.

Department of Home Affairs. (2019b). Refugee and humanitarian program. Retrieved from https://immi.homeaffairs.gov.au/what–we–do/refugee–and–humanitarian–program

Department of Social Services. (2017a). Families and Communities Settlement Services : Settlement Services Guidelines Overview : Department of Social Services.

Department of Social Services. (2017b). Guide to Supporting Settlement in Regional Australia : Department of Social Services.

Department of Social Services. (2017c). Migrants and refugees on income support : Department of Social Services.

Department of Social Services. (2017d). Snapshots from Oz : Key features of Australian settlement policies, programmes and services available for humanitarian entrants (Second ed.) : Department of Social

Services.

Department of Social Services. (2018a). National Settlement Framework : Department of Social Services.

Department of Social Services. (2018b). Welcomed and Supported : Australia's approach to the settlement and integration of new migrants : Department of Social Services.

Department of Social Services. (2019a). The Australian Cultural Orientation (AUSCO) Program.

Department of Social Services. (2019b). Humanitarian Settlement Program. Retrieved from https://www.dss.gov.au/settlement-services-programs-policy-settlement-services/humanitarian-settlement-program

Department of Social Services. (2019c). Humanitarian Settlement Program - Specialised and Intensive Services. Retrieved from https://www.dss.gov.au/settlement-services-programs-policy-settlement-services-humanitarian-settlement-program/humanitarian-settlement-program-specialised-and-intensive-services

Department of Social Services. (2019d). Mutual obligation requirements. Retrieved from https://www.humanservices.gov.au/individuals/topics/mutual-obligation-requirements/29751

Department of Social Services. (2019e). Settlement Engagement and Transition Support (SETS) Program. Retrieved from https://www.dss.gov.au/settlement-services-programs-policy-settlement-services/settlement-engagement-and-transition-support-sets-program

Department of Social Services. (2019f). The Settlement Services Advisory Council (SSAC). Retrieved from https://www.dss.gov.au/settlement-services/related-agencies-sites/the-settlement-services-advisory-council

Department of Social Services. (2019g). Social Security Payments - Residence Criteria. Retrieved from https://www.dss.gov.au/about-the-department/international/policy/social-security-payments-residence-criteria

Doherty, B. (2017). Refugees will be hardest hit by changes to Australia's citizenship test, experts say. Retrieved from https://www.theguardian.com/australia-news/2017/apr/21/refugees-will-be-hardest-hit-by-changes-to-australias-citizenship-test-experts-say

Doney, R. H., McGuirk, P. M., & Mee, K. J. (2013). Social Mix and the Problematisation of Social Housing. Australian Geographer, 44(4), 401-418.

Education and Employment References Committee. (2019). Jobactive : failing those it is intended to serve : Education and Employment References Committee, The Senate.

Fiske, L. (2006). Politics of exclusion, practice of inclusion : Australia's response to refugees and the case for community based human rights work. The International Journal of Human Rights, 10(3), 219-229.

Forum of Australian Services for Survivors of Torture and Trauma. (2019). Forum of Australian Services for Survivors of Torture and Trauma. Retrieved from https://www.fasstt.org.au/

Friendly Nation Initiative. (2019). Australian employers' guide to hiring refugees : Migration Council of Australia.

Hartley, L., & Fleay, C. (2016). Do refugees cost Australia $100m a year in welfare, with an unemployment rate of 97%? Retrieved from http://theconversation.com/factcheck-qanda-do-refugees-cost-australia-100m-a-year-in-welfare-with-an-unemployment-rate-of-97-54395

Hills, J., Le Grand, J., & Piachaud, D. (2002). Understanding Social Exclusion : Oxford University Press.

JobActive. (2015). jobactive Deed 2015-2020 : JobActive.

Joint Standing Committee on Migration. (2017). No one teaches you to become an Australian : Report of the inquiry into migrant settlement outcomes : Joint Standing Committee on Migration.

Jupp, J. (2007). Refugees and asylum seekers. In J. Jupp (Ed.), From White Australia to Woomera (pp. 176−196) : Cambridge University Press.

Karlsen, E. (2016). Refugee resettlement to Australia : what are the facts? : Parliamentary Library.

Karlsen, E., Phillips, J., & Koleth, E. (2011). Seeking asylum : Australia's humanitarian program : Parliamentary Library.

Lemon, B. W., Bengtson, V. L., & Peterson, J. A. (1972). An exploration of the activity theory of aging : activity types and life satisfaction among in−movers to a retirement community. Journal of Gerontology, 27(4), 511−523.

Levitas, R., Pantazis, C., Fahmy, E., Gordon, D., Lloyd, E., & Patsios, D. (2007). The multi−dimensional analysis of social exclusion : University of Bristol.

Losoncz, I. (2018). The Structural and Institutional Exclusion of Refugees in Australia. In A. Garnier, L. L. Jubilut, & K. B. Sandvik (Eds.), Refugee Resettlement : Power, politics, and humanitarian governance (pp. 139−158) : Berghahn.

Matthews, J. (2008). Schooling and settlement : refugee education in Australia. International Studies in Sociology of Education, 18(1), 31−45.

McMaster, D. (2001). Asylum seekers : Australia's response to refugees : Melbourne University Press.

Miliband, D. (2006). Social exclusion : The next steps forward : Office of the Deputy Prime Minister.

Millbank, A., Phillips, J., & Bohm, C. (2006). Australia s settlement services for refugees and migrants : Parliamentary Library.

Multicultural Youth Advocacy Network. (2019). Submission to the Independent Panel for Review into Integration, Employment and Settlement Outcomes for Refugees and Humanitarian Entrants : Multicultural Youth Advocacy Network.

Murphy, K. (2016). Immigration and Refugee Law. In The Law Handbook : Your practical guide to the law in NSW (pp. 995−1029) : Thomson Reuters.

Muconi, E. (2019). Understanding regional settlement in Australia : Key learnings from past experiences : The Regional Australia Institute.

Office of Deputy Prime Minister. (2000). Preventing social exclusion : Office of Deputy Prime Minister.

Onsando, G. (2014). Refugee immigrants : addressing social exclusion by promoting agency in the Australian VET sector : National Centre for Vocational Education Research.

Phillimore, J., & Goodson, L. (2006). Problem or Opportunity? Asylum Seekers, Refugees, Employment and Social Exclusion in Deprived Urban Areas. Urban Studies, 43(10), 1715−1736.

Phillips, J. (2017). Australia's Humanitarian Program : a quick guide to the statistics since 1947 : Parliamentary Library.

Phillmore, J. (2011). Refugees, Acculturation Strategies, Stress and Integration. Journal of Social Policy, 40(3), 575−593.

Refugee Council of Australia. (2017). Less than one third of refugees in Australia's humanitarian program are resettled from UNHCR : Refugee Council of Australia.

Refugee Council of Australia. (2018). Status Resolution Support Services (SRSS). Retrieved from https://www.refugeecouncil.org.au/srss/

Refugee Council of Australia. (2019). Options for Australia's Refugee and Humanitarian Program in 2019−20 : Refugee Council of Australia.

RMIT ABC. (2018). Fact check : Does Australia run the most generous refugee program per capita in the world? Retrieved from https://www.abc.net.au/news/2017-12-21/fact-check-george-brandis-refu-gees-per-capita/9241276

Settlement Council of Australia. (2016). National Settlement Services Outcomes Standards : Settlement Council of Australia.

Silver, H. (2015). The Contexts of Social Inclusion : United Nations.

Tahiri, S. (2017). Not working : Experiences of refugees and migrants with Jobactive : Fairfield Multicultural Interagency & Refugee Council of Australia.

Taylor, S., & Sidhu, R. K. (2012). Supporting refugee students in schools : what constitutes inclusive education? International Journal of Inclusive Education, 16(1), 39-56.

Terry, L., Naylor, R., Nguyen, N., & Rizzo, A. (2016). Not There Yet : An Investigation into the Access and Participation of Students from Humanitarian Refugee Backgrounds in the Australian Higher Education System : National Centre for Student Equity in Higher Education.

UNHCR. (2018). Global Trends : Forced Displacement in 2017 : UNHCR.

United Nations. (2016). Leaving no one behind : the imperative of inclusive development : United Nations.

United Nations High Commissioner for Refugees. (1951). 1951 Convention Relating to the Status of Refugees : United Nations High Commissioner for Refugees.

Victorian Foundation for Survivors of Torture Inc. (2019). Australian Refugee Health Practice Guide. Retrieved from http://refugeehealthguide.org.au/

Yosufzai, R. (2017). Refugees on welfare : the real numbers. Retrieved from https://www.sbs.com.au/news/refugees-on-welfare-the-real-numbers

강지혜, & 선봉규. (2018). 한국사회 반난민 담론의 부상과 구성 : 제주 예멘 난민 사례. In 세계한상문화연구단 국내학술회의 (pp. 43-66) : 세계한상문화연구단.

구기연. (2018). 난민 이슈가 보여준 우리의 민낯 : 한국의 이슬람 혐오와 난민 문제. 창작과 비평, 46(3), 401-412.

국가법령정보센터. (2016). 난민법 : 국가법령정보센터.

김광식. (2019). 삶터, 모두를 위한, 누구를 위한 것도 아닌 : 난민과 국경에 대한 철학적 성찰. 사회와 철학, 37, 23-58.

김세진. (2015). 한국의 난민지원체계 분석 및 문제점 : 참여연대 복지동향.

김시정, 김지은, 신주영, 이병호, 전효빈, & 최보경. (2016). 대한민국 체류 난민의 취업 실태 연구. 공익과 인권, 16, 3-43.

김안나, 노대명, 김미숙, 신호성, 홍인옥, 김태완, . . . 유정예. (2008). 사회통합을 위한 사회적 배제계층 지원방안 연구 : 한국보건사회연구원.

김안나, 정기선, 이정우, 김미숙, 최승아, & 정용문. (2012). 체류외국인 등에 대한 사회복지정책 국제 비교 및 향후 추진방향에 관한 연구 : 법무부 출입국, 외국인정책본부.

김예리. (2019). 난민들 "건설업 취업금지" 하루아침에 갈곳 잃었다. 미디어 오늘. Retrieved from http://www.mediatoday.co.kr/news/articleView.html?idxno=201029

김종세. (2019). 난민법상 강제송환금지 규정에 대한 소고. 한양법학, 30(4), 51-65.

김현미, 이호택, 이혜진, 신정희, & 이연주. (2013). 한국 거주 난민아동 생활 실태 조사 및 지원 방안 연구 : 세이브 더칠드런.

김현미, 이호택, 최원근, & 박준규. (2010). 한국 체류 난민 등의 실태조사 및 사회적 처우 개선을 위한 정책 방안 : 법무부.

난민인권센터. (2018). 2018 난민인권센터 통계자료집 : 난민인권센터.

노충래, 고주애, 윤수경, & 김주리. (2017). 국내 난민아동 한국사회 적응 실태조사 : 초록우산 어린이재단.

민지원. (2019). 캐나다 정책을 통해 본 난민신청자에 대한 처우와 국내제도 개선방안. In 한국행정학회 학술발표논문집 (pp. 955－968) : 한국행정학회.

박미숙. (2017). 난민의 한국사회 정착과정에 관한 연구. 다문화사회연구, 12(2), 217－251.

변수현. (2018). 난민인정자 정부지원 취업정책과 자격인정제도. In 한국에서 난민으로 살아가기 (pp. 73－86) : 한국난민인권연구회.

보건복지부. (2019). 국민기초생활보장사업 안내 : 보건복지부.

손주희, & 정하나. (2018). 한국 체류 난민의 사회적응을 위한 정책적 방향 탐색 : 집단 간 차이를 중심으로. 다문화평화, 12(2), 1－22.

여유진, & 정용문. (2011). 호주 사회보장체계 연구 : 한국보건사회연구원.

오병훈. (2016). 한국 난민정책의 문제점과 개선방안. 정책개발연구, 15(1), 69－95.

이병렬, & 김희자. (2011). 캐나다, 호주, 독일, 프랑스 난민정책의 특성에 대한 연구. 한국사회정책, 18(2), 33－68.

이슬. (2018). 사회보장서비스에의 접근성 및 정보제>의 필요성. In 한국에서 난민으로 살아가기 (pp. 9－16) : 한국난민인권연구회.

이은채. (2019). 난민불인정자의 불복절차에 관한 연구. 다문화사회연구, 12(3), 289－316.

조선주, 정가원, 김난주, & 손정민. (2013). OECD국가의 장년 고용촉진을 위한 정책 사례 연구 : 고용노동부.

통계청. (2019). 난민 통계 현황. Retrieved from https://www.index.go.kr/potal/stts/idxMain/selectPoSttsIdxMainPrint.do?idx_cd=2820&board_cd=INDX_001

# 제4부

# 장애 및 정신건강

**제10장** 호주의 비기여 장애인 소득보장제도

**제11장** 호주 장애인복지 거버넌스

**제12장** 호주의 정신보건 정책과 전달체계

# 10 호주의 비기여 장애인 소득보장제도[1]

## 1. 소득보장 지형

### 1) 소득보장체계

호주 소득보장제도는 강한 대상표적성(highly targeted), 일반조세에 의한 재원조달(funded by general revenue), 그리고 균일급여방식(flat–rated payments)을 특징으로 한다(Ziguras, 2015). 소득보장체계의 이분법적 구분에 따르면(Bonoli, 1997a), 전반적으로 호주의 소득보장은 사회보험을 통한 시장임금 보전보다는 강력한 공공부조를 통한 빈곤 감소에 정책목표를 둔 전형적인 베버리지안(Beveridgean) 사회보장체계의 특성을 지니고 있다. 대상표적성이 강조됨에 따라 사회보장 수급자 선정에 엄격한 자격요건 심사가 수반된다.

공공부조를 중심으로 소득보장제도가 구조화되어 있기 때문에 소득 및 자산조사(means–test)에 기초한 현금 급여의 비중이 매우 높다. GDP에서 자산조사 현금 이전 지출이 차지하는 비율 면에서 호주는 OECD 국가들보다 월등히 높다. GDP의 6%가 넘는 예산을 소득조사를 통한 소득보장 프로그램에 사용하고 있으며, 이는 OECD의 4배 수준이다(Peter Whiteford, 2017a).

1) 본 장은 '조윤화 외(2020), 장애인 소득보장체계 개편방안 연구, 한국장애인개발원'에 수록됨.

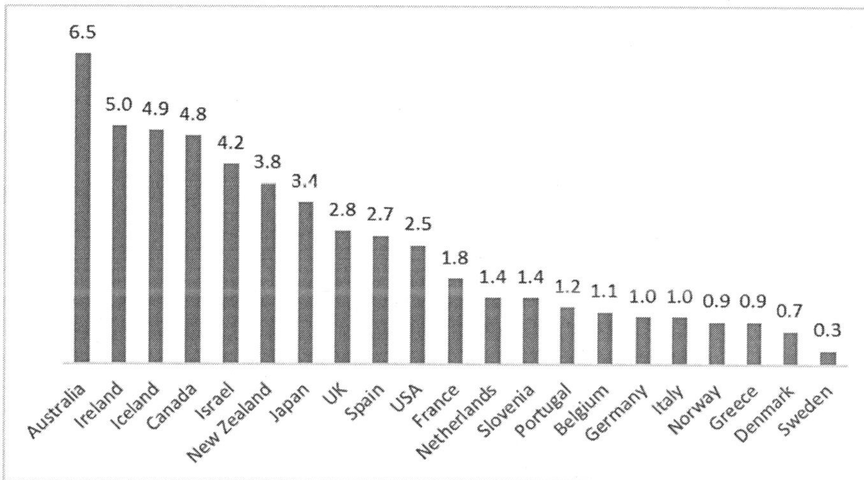


**그림 10.1** GDP 대비 소득조사 현금 급여(%)
출처 : Peter Whiteford(2017a).

정부의 일반예산에 의해 지급되는 소득보장 급여는 소득연계적이지 않다. 조세로 재원이 조달되기 때문에 자격요건이 급여 대상자의 기여(contributions)로부터 발생하지 않는다. 다시 말해 호주의 소득보장은 욕구에 기반한 급여를 특징으로 하며, 따라서 범주적(categorical)이다. 즉, 소득보장 욕구가 강한 특정 인구집단을 구분해 내고, 해당 인구집단의 욕구를 충족시키도록 급여가 구분되어 있다. 정부로부터 소득보장 급여를 받는 주요 인구집단은 노인, 장애인 및 그 돌보미, 실업자, 학생, 한부모 가구, 그리고 퇴역군인 등 다양하며, 더 넓게는 부양아동이 있는 가정도 포함된다.

호주의 소득보장이 대상표적성이 강하고 범주적이라고 해서 대상포괄성(universal coverage)이 낮다고 평가되지는 않는다. 호주의 소득보장은 20여 개의 소득보장 급여 및 55개의 보충급여로 구성되어 있다. 말 그대로 사회안전망이 그물처럼 짜여 있어 보편적인 대상포괄성의 성격을 띤다. 소득보장에 대한 권리가 노동시장에서의 기여에 의해 발생하지 않기 때문에 욕구가 있는 이는 누구나 소득보장 급여를 신청할 수 있는 자격이 부여된다(정용문, 2012a). 소득보장 수급자 통계를 인구통계에 대비해 보면, 전체 인구의 43%가 정부로부터 직접적인 현금급여를 받고 있으며, 저소득계층에게 주어지는 각종 감면 및 할인 카드(concession cards) 등 현금성 급여를 받는 이들까지 포함하면 소득보장 수급률은 72%에 달한다(Department of Social Services, 2020b). 따라서 호주의 소득보장체계에서 배제된 인구집단을 일컫는 사각지대는 주요한 이슈로 부각되어 있지 않다(임완섭·황남희·정은희 외, 2019).

단, 호주 소득보장의 높은 대상포괄성이 급여의 적절성을 의미하지는 않는다. 전체 소득보장 수급자의 25% 정도는 정부로부터의 급여가 가구 소득의 절반 이상을 차지하여 주요 소득의 원천이 되고 있다. 그러나 호주의 빈곤율은 12.1%로서 OECD의 그것(11.8%)과 유사한 수준이며(OECD, 2020g), 소득보장 급여자들의 빈곤율은 28.3%로서 전체 빈곤율의 2배 이상을 상회하고 있다(Australian Council of Social Service, 2020). 즉, 호주의 소득보장은 포괄성을 위해 적절성을 어느 정도 상쇄한 구조라고 볼 수 있다.

정부로부터 지급되는 직접적인 현금 급여(income support payments)는 크게 수당(allowances 혹은 benefits 등의 이름으로 지급됨)과 연금(pension이라는 이름으로 지급됨) 등 두 가지 형태로 구분된다. 수당은 일시적인 보호의 수단으로 지급되는 단기성 급여를 말하며, 연금은 장기적으로 소득보장체계에 의존할 것을 기대되는 이들에게 지급된다. 호주의 대표적인 연금으로는 노령연금(Age Pension)과 장애인연금(Disability Support Pension) 등이 있다. 대체로 수당에 비해 연금에 더 높은 금액이 지원된다. 연금의 경우 수당에 비해 장기간 거주요건이 적용된다. 예를 들어, 새로 입국한 이민자의 경우 실업 관련 급여를 받기 위해서 2년이 거주기간이 요구되는데, 연금을 받기 위해서는 10년의 거주요건을 충족해야 한다. 연금은 수당에 비해 장기간의 생애에 걸쳐 지급되기 때문에 진정한 호주 거주민에 한해 보호를 제공하고자 하는 호주 정부의 의향이 반영되어 있다. 장기간 거주요건 적용을 통해 급여 대상자를 축소함으로써 사회보장 재원의 지속성을 강화하는 것도 장기거주 요건 적용의 현실적인 목적이다(여유진·정용문, 2011b).

### 2) 장애인 소득보장

다른 서구 국가들과 달리 호주의 소득보장체계에는 사회보험 방식의 기여형 소득보장이 극히 제한적으로 도입되어 있다. 거의 모든 소득보장이 공공부조 방식의 비기여형으로 운영되는데, 장애 관련 소득보장도 마찬가지다. 전술했듯이 특정한 인구 집단에 따라 급여들이 범주화되어 있으며, 장애인이라는 인구학적 지위로 자격이 부여되는 급여는 장애인연금(Disability Support Pension)이 유일하다.

물론, 장애인에게 제공되는 급여가 장애인연금만 있는 것은 아니다. 예를 들어, 장애인 근로자도 기여형 소득보장제도인 기업연금(Superannuation Guarantee)에 가입되지만, 기업연금은 장애인이기 때문에 제공되는 급여가 아니라 은퇴 후 노후 소득보장을 목표로 운영되는 제도다. 이 외에 사회보험형으로 운영되는 메디케어(Medicare)와 국가장애보험(National Disability Insurance Scheme)이 있지만 이들은 소득보장이 아닌 서비스 형태의 지원을 위한 제도들이다. 따라서 비기여로 운영되는 장애인연금이 장애인 소득보장을 위한 단일 체계인 것이다.

호주 장애인연금의 기원은 1908년에 제정된 노령 및 장애인 연금법(Commonwealth Old-Age and Invalid Pensions)이다. 호주는 전 세계적으로 볼 때 국가 차원에서 운영되는 장애인연금 제도를 도입한 초기 국가 중의 하나다. 호주는 1908년 이전에 이미 주(States) 단위에서 독립적으로 장애인 연금제도를 시행해 오고 있었다. 1901년 연방정부가 수립됨에 따라 이들을 국가 차원의 제도로 통합 전환한 것이다.

이후 장애인연금은 큰 변화 없이 장기간 유지되다가 1991년에 현재의 명칭(Disability Support Pension)[2]으로 대체되었다. 이름의 변화에 내포되어 있듯이, 기존의 장애인연금이 근로능력이 감소 혹은 상실된 이들을 위한 보호 체계였다면, 새로운 장애인연금은 장애인들이 노동시장에 참여할 수 있도록 재활(rehabilitation)과 자활(self-sufficiency) 프로그램에 대한 접근성을 강화하는 데에 강조점을 두기 시작한 것이다. 장애인연금 수급자의 고용을 촉진하기 위해 인센티브(employment entry payment)가 도입되기도 했다(Daniels, 2011).

1996년부터 2007년까지 장기집권한 보수당 정부가 사회보장 제도의 전면 개혁을 실시하면서 장애인연금제도는 실질적인 변화를 경험하게 된다. 즉, 기존의 정책이 장애인의 자립을 위한 '지원'에 강조점을 두었다면, 새로운 변화는 장애인들을 노동시장으로 진입시키기 위한 강압적인 정책수단을 활용하기 시작했다. 예를 들어, 장애가 있어도 근로가 가능한 장애인들의 장애인연금 수급 요건에 근로활동 참여가 포함되었다. 2006년부터 근로가 충분히 가능한 장애인들은 장애인연금이 아닌 실업급여(Newstart Allowance)[3]로 이전되었다(Daniels, 2011). 2014년부터는 특히 젊은 장애인들이 고용 촉진의 대상으로 부각되어, 35세 미만 장애인연금 수급자들은 의무적으로 고용 관련 활동(compulsory activities)에 참여해야 한다(Luke Buckmaster,

2) 직역하면 '장애지원연금'이지만, 편의상 본 서에서는 '장애인연금'으로 칭한다.
3) 2020년부터 JobSeeker Payment라는 새로운 명칭으로 운영되고 있다.

2015). 전반적으로 호주 장애인연금은 그 자격요건이 강화되는 방향으로 변화해 왔으며, 사회적 시민권(social citizenship)보다는 경제적 시민권(productive citizenship) 관념에 기초한 개혁 조치들이 도입되어 온 것으로 평가된다(Jennifer, 2015).

**표 10.1** 장애인 및 장애인연금 수급자 통계

| | 2003 | 2009 | 2012 | 2015 | 2018 |
|---|---|---|---|---|---|
| 호주 전체 인구 | 19,676.6 | 21,601.7 | 22,640.9 | 23,745.6 | 24,898.6 |
| 장애인구(천 명) | 3,958.3 | 4,026.2 | 4,234.2 | 4,290.1 | 4,367.2 |
| 장애인구 비율(%)* | 20.1 | 18.6 | 18.7 | 18.1 | 17.5 |
| 장애인연금 수급자(천 명) | 670 | 760 | 820 | 810 | 770 |
| 장애인연금 수급자 비율(%)** | 16.9 | 18.9 | 19.4 | 18.9 | 17.6 |

* 호주 전체 인구 대비 장애인 인구

** 장애인 인구 대비 장애인연금 수급자 수

출처 : Australian Bureau of Statisics(2019); Parliament of Australia(2018).

장애인연금 자격요건 강화는 장애인연금 수급률에 영향을 미치기 시작했다. 호주 장애인 인구는 전반적인 증가 추세에 있으며, 2018년 현재 약 436만 명이 장애인으로 등록되어 있다. 장애인 인구 규모의 증가는 장애인연금 수급자 수의 증가로 귀결될 것이라는 것이는 자연스러운 추정일 것이다. 그러나 장애인연금 수급자의 수는 2010년경까지 증가하다가 최근에는 감소 추세에 있다. 이에 따라 장애인연금 수급률도 2012년에 최고 수준에 이르렀다가 현재 감소 추세로 전환되었다.

장애인 인구가 증가하는 가운데에 장애인연금 수급률이 감소한다는 이 불일치 현상에는 정책적인 요인이 영향을 미치고 있는 것으로 분석되고 있다. 즉, 장애인연금 자격요건 강화가 장애인연금 수급자로 유입되는 경로를 제한하고 있는 것이다. 신규 수급자는 감소하는 가운데, 기존 수급자는 노령연금 수급자로 전환되면서 장애인연금 순증가가(net changes) 감소하고 있는 것이다. 이 현상에는 2006년 장애인연금 개혁[4]이 실질적인 영향을 미치고 있는데, 이 때부터 근로능력 기준이 일주일 30시간에서 15시간으로 감소되었다. 다시 말해, 기존에는 일주일에 29시간까지 일할 수 있는 능력이 있어도 장애인연금 수급자격이 주어졌지만, 이제

4) 2006년 장애인연금 개혁은 '복지에서 근로로(Welfare to Work)'라는 정책 패키지 도입의 일부로 진행되었다.

는 15시간 이상 일할 수 있는 것으로 판정되면 급여 대신에 장애인고용서비스가 권장되기 시작한 것이다(Parliament of Australia, 2018).

비록 자격요건 강화로 장애인연금에 대한 접근성을 약화되고 있지만, 장애인연금에 대한 정부지출은 지속적으로 증가해 오고 있다. 2017~2018년에 장애인연금에 호주 정부는 약 266억 호주달러(약 22조 원)를 지출했다. 이는 전체 현금 급여 지출의 26%에 해당한다(Australian Institute of Health and Welfare, 2019g). 호주 정부의 장애인 현금 급여 지출은 GDP 대비 1.9%로서 OECD 평균(1.6%)보다 높은 수준이다(OECD, 2020g).

**표 10.2** 현금 급여 정부 지출(십억 호주달러)

| 회계연도 | 노인 | 가족 및 아동 | 장애인 | 기타 | 전체 |
|---|---|---|---|---|---|
| 2001~2002 | 30.8 | 27.2 | 12.9 | 2.8 | 73.6 |
| 2002~2003 | 31.6 | 26.6 | 13.3 | 2.9 | 74.4 |
| 2003~2004 | 33.9 | 32.7 | 14.1 | 2.9 | 83.6 |
| 2004~2005 | 34.0 | 29.3 | 14.1 | 3.0 | 80.4 |
| 2005~2006 | 33.1 | 28.9 | 16.0 | 2.7 | 80.7 |
| 2006~2007 | 35.3 | 28.9 | 16.4 | 2.8 | 83.3 |
| 2007~2008 | 37.0 | 27.4 | 17.0 | 2.9 | 84.3 |
| 2008~2009 | 41.0 | 40.7 | 21.0 | 12.1 | 114.8 |
| 2009~2010 | 39.6 | 29.5 | 21.0 | 2.5 | 92.6 |
| 2010~2011 | 41.3 | 29.1 | 22.9 | 2.3 | 95.5 |
| 2011~2012 | 43.4 | 31.7 | 24.7 | 2.3 | 102.2 |
| 2012~2013 | 44.1 | 31.0 | 25.0 | 2.2 | 102.4 |
| 2013~2014 | 45.9 | 30.2 | 26.4 | 2.1 | 104.7 |
| 2014~2015 | 47.2 | 30.2 | 27.1 | 2.1 | 106.5 |
| 2015~2016 | 48.2 | 30.1 | 27.0 | 2.0 | 107.3 |
| 2016~2017 | 48.0 | 26.8 | 26.5 | 1.8 | 103.1 |
| 2017~2018 | 47.6 | 26.4 | 26.6 | 1.7 | 102.2 |

출처 : Australian Institute of Health and Welfare(2019g).

장애인 현금 급여는 호주 정부의 현금 급여에서 가장 빠르게 성장해 온 분야다. 가장 큰 비중을 차지하는 분야는 노인 분야로서 전체 현금 급여 지출의 46.6%를 차지하고 있다. 그러나 상승 추세는 장애인 분야보다 약한 편이다. 가족 및 아동 분야 지출이 전통적으로 두 번째로 큰 비중을 차지해 왔으나, 지속적인 감소를 보이는 가운데에 최근에 장애인이 두 번째 지위로 올라섰다(Australian Institute of Health and Welfare, 2019g). 대체로 장애인 분야가 노인과 가족 분야 지출을 대체하는 경향을 보이고 있다고 볼 수 있다.

## 2. 수급대상자 선정기준 및 수급자 규모

장애인연금을 받기 위해서는 매우 까다로운 심사를 거쳐야 한다. 장애인연금 선정기준은 크게 의학적(medical) 기준과 비의학적(non-medical) 기준으로 구분되며, 이 두 가지 기준을 동시에 충족해야 한다(Services Australia, 2020b).

### 1) 비의학적 기준

비의학적 기준은 다시 세 가지 구성된다. ① 연령, ② 거주요건(residency), 그리고 ③ 소득 및 자산조사(income and assets test). 우선 연령 기준에 의하면, 장애인연금 신청자는 16세 이상, 그리고 노령연금 수령 미만 연령이어야 한다. 노령연금 수령연령은 상향 조정 과정에 있으며, 2023년에 67세가 된다. 두 번째 거주 요건에 의하면, 장애인연금 신청자는 호주 거주민이어야 하며, 거주민이란 원칙적으로 호주 시민(citizens)과 영주권자(permanent residents)를 의미한다. 이들은 신청 이전에 최소 10년 이상을 호주에 거주해야 하며, 이 기간 동안 최소 5년 이상은 중단없이 호주 내에 거주해야 한다. 거주요건 적용의 예외 사례가 있으며, 이에는 호주 사회보장 급여 협정(social security agreements)이 맺어진 나라의 국민, 난민 등 인도주의적 비자 보유자, 그리고 호주 거주민으로서 영구적으로 실명하여 일을 할 수 없는 경우 등이 포함된다.

**표 10.3** 장애인연금 소득 기준(21세 이상, 2020년 기준, 호주달러)

| | 최대 금액 장애인연금 수급 기준 | 장애인연금 수급 상실 소득 기준 |
|---|---|---|
| 단독 가구 | 2주당 $178(연간 $4,628) 이하 | 2주당 $2,066.6(연간 $53,731.60) |
| 부부 가구 | 주당 2주당 $316(연간 합산 $8,216) 이하 | 2주당 $3,163.2(연간 합산 $82,243.20) |

출처 : Services Australia(2020b).

세 번째 소득 및 자산조사는 한국과 같이 하나의 합산된 기준을 산출하지 않고 독립적으로 적용한다. 우선 소득에는 다양한 원천이 포함되는데, 크게 고용소득(employment income)과 인정소득(deeming income)으로 구분한다. 고용소득이란 말 그대로 고용을 통한 임금, 상여금, 그리고 부가급여 등이 포함된다. 인정소득이란 은행잔고, 적금, 주식, 그리고 기업연금 등으로부터의 정기적인 급여 등이 포함된다. 소득 기준은 단독 가구와 부부 가구로 구분하여 적용하며, 단독 가구의 경우 2주당 소득이 178호주달러, 부부 가구의 경우 2주당 소득이 316호주달러 이하면 최대 급여를 받을 수 있다. 만약 소득이 기준을 넘어서게 되면 곧장 장애인연금 수급자격을 상실하는 것이 아니라 수급액이 감소하게 된다. 감소율은 50%로서 1달러 소득이 증가할 때 급여액이 50센트 감소한다(단, 부부 가구가 질병상의 이유로 별거할 경우 40센트 감소). 또한 아동이 있는 단독 가구의 경우 아동 1인에 대해 수급액 감소 없이 2주당 24.6호주달러까지 추가 소득이 인정된다(부부 가구의 경우 각 12.3호주달러).

**표 10.4** 장애인연금 상실 소득 기준(21세 미만, 2020년 기준, 호주달러)

| | 기준소득(2주당) | 기준소득(연간) |
|---|---|---|
| 18~20세, 미혼, 자녀 없음, 집에서 거주 | $1,076.60 | $27,991.60 |
| 16~17세, 미혼, 자녀 없음, 집에서 거주 | $972.40 | $25,282.40 |
| 16~20세, 미혼, 자녀 없음, 독립거주 | $1,397.4 | $36,332.40 |
| 18~20세, 기혼, 자녀 없음 | $2,742.4(부부합산 시) | $71,302.40(부부합산 시) |
| 18세 미만, 기혼, 자녀 없음 | $2,742.4(부부합산 시) | $71,302.40(부부합산 시) |

출처 : Services Australia(2020b).

최종적으로 장애인연금 급여자격이 상실되는 소득기준(income cutoff point)은 수급자의 연령과 가구 상황에 따라 다르다. 즉, 이 소득을 넘어서는 소득이 있는 이는 장애인연금을 받지 못한다. 예를 들어, 21세 이상 미혼인 경우, 2주당 소득이 2,066.6호주달러 혹은 연간소득이 53,731.6호주달러에 이를 때까지 적어도 부분적으로 장애인연금을 받을 수 있다.

자산조사는 주택 보유자와 미보유자로 구분하여 진행된다. 가장 주요한 자산은 부동산이기 때문이다. 단, 자산은 부동산뿐만 아니라 다양한 자산을 조사한다. 여기에는 자동차, 배, 가정용품, 그리고 기타 개인물품(컴퓨터나 보석 등) 등을 포함한다. 자산을 산정할 때는 시장가격(market value)을 기준으로 하며, 자산에 부착된 대출이나 빚은 차감한다. 호주 자산조사에서 중요한 점은 본인이 거주 목적으로 보유하고 있는 주택(principal home)은 산정되지 않는다는 점이다(단, 대지가 2헥타르를 넘는 경우 자산조사 대상). 이처럼 자산조사 기준은 매우 높게 설정되어 있어서 실제 자산조사에 의해 연금 수급 자격에 미달하는 경우는 많지 않은 것으로 보고되고 있다(여유진 외, 2017).

**표 10.5** 장애인연금 수급 자산 기준(21세 이상, 2020년 기준, 호주달러)

| | 최대 금액 장애인연금 수급 자산 기준 | | 장애인연금 수급 상실 자산 기준 | |
|---|---|---|---|---|
| | 주택 보유자 | 무주택자 | 주택 보유자 | 무주택자 |
| 단독 가구 | $268,000 이하 | $482,500 이하 | $583,000 이상 | $797,500 이상 |
| 부부 가구 | $401,500 이하 | $616,000 이하 | $876,500 이상 | $1,091,000 이상 |

출처 : Services Australia(2020b).

자산조사는 무주택자에게 높은 기준을 설정하고 있다. 즉, 무주택자에게 장애인연금 수급에 대한 유리한 접근성을 제공하고 있는 것이다. 소득조사와 같이 최대 장애인연금을 수급할 수 있는 자산 기준이 주어지며, 자산이 증가함에 따라 수급액은 감소하게 된다. 즉, 자산이 1,000달러 증가할 때마다 장애인연금 수급액은 3호주달러가 감소한다.[5] 이후 장애인연금액이 '0'이 되는 자산 기준까지 수급액은 감소하여 결국 장애인연금 자격은 상실된다. 자산조사에도 21세 미만 연령자에 대한 별도의 기준을 적용하고 있다.

### 2) 의학적 기준

의학적 기준은 다시 명백한(manifest) 의학적 기준과 일반적(general) 의학적 기준으로 나뉜다. 이 두 가지 기준 중에서 적어도 한 가지 기준을 충족해야 장애인연금 자격 요건을 위한 의학적 기준을 충족하게 된다. 다시 말해, 의학적 기준 충족이 곧장 장애인연금 자격 충족을 의미하는 것은 아니다. 즉, 전술한 소득 및 자산조사와 함께 후술할 직업능력검사 등의 비의학적 기준까지 모두 충족해야 비로소 장애인연금을 수급하게 된다.

---

5) 2015~2016 예산의 '사회보장 자산조사 급여감소율 조정(Social Security Asset Test – Rebalance asset test threshold and taper rate)'안에 따라 2017년부터 연금 급여감소율(taper rate)이 두 배로 증가되었다. 즉, 그 전에는 1,000달러 자산 증가분에 대해 1.5달러의 급여가 감소되었다(Parliament of Australia, 2018).

우선 명백한 의학적 기준이란 ① 영구적으로 시력을 상실했거나, ② 요양병원(nursing home) 수준의 돌봄 욕구가 있거나, ③ 기대수명이 2년 미만인 말기 질환을 보유하고 있거나, ④ IQ가 70 이하의 지적 장애를 가지고 있거나, ⑤ 말기 후천성면역결핍증(Category 4 HIV/AIDS)을 보유하고 있거나, ⑥ 보훈처(Department of Veterans' Affairs)의 특별등급 장애연금에 해당하는 장애를 가진 경우(완전하고 영구적인 손상)를 말한다. 명백한 의학적 기준을 충족했다면 일반적 의학적 심사를 받을 필요는 없지만 곧장 장애인연금 수급을 의미하지는 않으며, 비의학적 심사를 거쳐야 한다. 만약 명백한 의학적 기준을 만족하지 못하면 일반적 의학적 심사를 받아야 한다.

일반적 의학적 기준에는 ① 장애가 앞으로 2년 이상 지속되며, ② 장애가 충분히 입증되었으며(진단, 치료 및 안정화 단계를 거침), ③ 손상률(impairment rating) 기준으로 20점 이상을 받으며, ④ 해당되는 경우 고용지원프로그램(Program of Support) 기준을 충족하며, ⑤ 앞으로 2년 동안에 장애로 인해 일주일에 15시간 이상 일할 수 없어야 한다는 기준을 포함하고 있다. 이상의 일반적 의학적 기준은 '모두' 충족되어야만 장애인연금 자격 기준을 만족한다.

구체적으로 장애가 충분히 입증되기 위해서 급여 신청자는 그 근거자료를 제출해야 한다. 이에는 병력보고서(medical history reports), 전문의 의료 보고서, 심리치료사 보고서(IQ 검사 등), 의료영상 보고서, 정밀 신체검사 보고서, 원내 혹은 원외 수술 보고서, 보상 및 재활 보고서, 특수학교 보고서, 기타 물리치료 및 청각 보고서 등이 포함된다.

손상률은 일반적 의학적 심사에서 결정적인 역할을 담당한다. 손상률표(Impairment Tables)는 업무 관련 장애 정도를 평가하기 위한 도구이며, 현재 사용되는 손상률표는 2011년 '장애인연금 근로능력평가 개정(Better and Fairer Assessment of Work-related Impairment for Disability Support Pension)'에 따라 도입되었다. 총 15개 기능에 대해 손상 정도를 0점에서 30점 사이에 점수화하고 있다. 15개 기능은 ① 신체활동과 체력, ② 상지기능, ③ 하지기능, ④ 척추기능, ⑤ 정신건강기능, ⑥ 술, 마약, 기타 약물 관련 기능, ⑦ 뇌기능, ⑧ 의사소통기능, ⑨ 지적기능, ⑩ 소화 및 재생산 기능, ⑪ 청각기능, ⑫ 시각기능, ⑬ 배설기능, ⑭ 피부기능, ⑮ 의식기능으로 구분되어 각각의 표로 구성되어 있다(Department of Social Services, 2011). 각 영역에 대해 점수 분포는 기능적 제약 정도에 따라 5개로 범주화되어 있다. 0점 : 기능적 제약 없음, 5점 : 약한(mild) 제약, 10점 : 상당한(moderate) 제약, 20점 : 심한(severe) 제약, 30점 : 극심한

(extreme) 제약(기능 손상률표는 부록 참고).

손상률표에 의해 장애인연금 수급 자격을 만족하기 위해서는 다음 두 가지 방법 중의 하나를 충족해야 한다. 첫째, 하나의 영역에서 손상 점수가 20점 이상(심한 제약)이어야 한다. 둘째, 하나의 영역에서 20점 이하이면, 다른 영역에서의 손상 점수를 합산하여 20점 이상이 되어야 한다. 만약 20점 미만이면 장애인연금 자격에 미달되어 심사는 종료된다. 만약 합산 손상 점수를 통해 손상률 기준을 충족했다면, 추가적으로 '고용지원프로그램(Program of Support)'에 참여해야 장애인연금 수급조건이 충족된다. 신청자는 고용지원프로그램 참가 사실을 증명해야 한다. 이를 위해 급여 신청 이전 3년 내에 적어도 18개월 동안 이 프로그램에 참여해야 하며, 프로그램 기간이 18개월보다 짧을 경우 이를 수료해야 한다.

고용지원프로그램이란 장애인의 기능손상 수준에 따라 맞춤화된 고용지원 프로그램으로서 새로운 손상률표 도입과 함께 2011년부터 시행되고 있다. 근로능력이 있는 장애인에게 직업훈련, 재활, 직업을 탐색・확보・유지할 수 있는 능력을 향상시키기 위한 목적을 가지고 있다. 고용지원프로그램은 연방정부로부터 인가받은 기관에 한해 제공되며, 이에는 실업자 고용 서비스(JobActive), 장애인고용서비스(Disability Employment Services), 지방 고용 프로그램(Remote Jobs and Communities Program), 그리고 장애인직업적응훈련기관(Australian Disability Enterprises, ADE)[6] 등 네 가지 유형의 서비스 제공자가 포함된다(Disability Employment Services, 2015).

손상률 심사 통과로 모든 심사가 완료된 것이 아니라 최종적으로 '근로능력심사(Job Capacity Assessment, JCA)'를 받아야 한다. 근로능력심사는 의료전문가에 의해 수행되며, 신청자는 이 대면심사에 '참석'해야 한다. 근로능력평가는 신청자의 손상이 업무수행 능력에 어떠한 영향을 미칠지 최종 판단하는 과정이며, 구체적으로 향후 2년간 15시간 이상 일할 수 있는지, 그리고 훈련과 고용지원을 통해 근로능력이 향상될 수 있는지 평가한다. 즉, 고용지원을 통해서도 15시간 이상 일할 수 있는 능력이 없다고 판정되면 수급 자격을 갖추게 된다. 근로능력심사는 약 1시간에 걸쳐 진행되며, 심사자가 신청자의 근로능력(ability to work)에 관한 보고서를 작성하는 것으로 마무리된다.

6) 장애인직업적응훈련기관(ADE)은 장애인에게 보호 고용(supported employment)을 제공하는 비영리기관을 말한다. 주로 상당한(moderate) 그리고 심각한(severe) 손상을 가진 이를 대상으로 하며, 전국적으로 약 2만 명이 이 서비스를 받고 있다(Department of Social Services, 2020a).

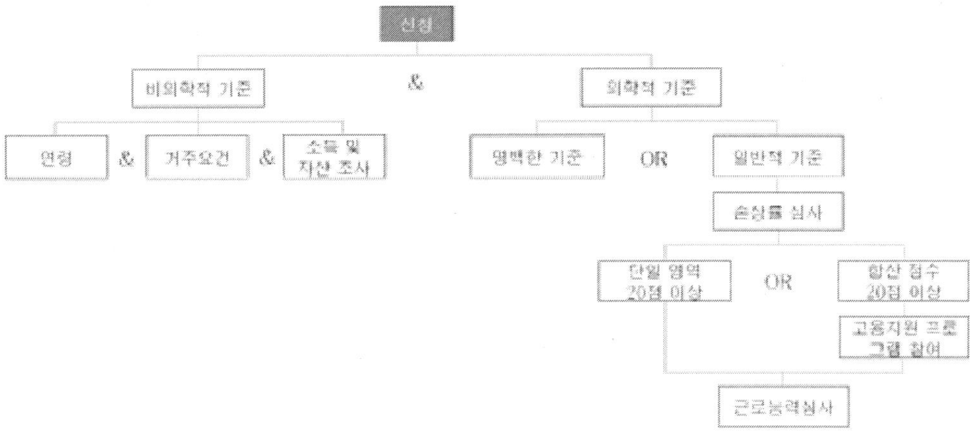


**그림 10.2** 장애인연금 수급대상자 선정 체계

### 3) 수급자 규모

2020년 현재 장애인연금 수급자는 754,181명이다(Department of Social Services, 2020b). 장애인연금 수급자 수는 2012년에 최고치에 이르렀다가(793,900명) 이후 감소한 후 반등 추세에 있다. 전술했듯이 2011년부터 장애인연금 수급 요건을 강화한 정책적 변화가 수급자 감소에 영향을 미친 것으로 평가되고 있다. 그러나 장애인연금 수급자 수가 지속적으로 감소할 것으로 예상되지는 않으며, 장기적으로 약 8십만 명 수준에서 일정하게 유지될 것으로 추정되고 있다(Parliament of Australia, 2018).

**표 10.6** 장애인연금 수급자

| 연도 | 호주 인구 | 장애인구 | | 장애인연금 수급자 | | |
|---|---|---|---|---|---|---|
| | | 수 | 비율(%) | 수 | 비율A(%)<br>(전체 인구 기준) | 비율B(%)<br>(장애인구 기준) |
| 2003 | 19,676,600 | 3,958,300 | 20.1 | 663,624 | 3.4 | 16.0 |
| 2009 | 21,601,700 | 4,026,200 | 18.6 | 735,572 | 3.4 | 18.9 |
| 2012 | 22,640,900 | 4,234,200 | 18.7 | 793,900 | 3.5 | 19.4 |
| 2015 | 23,745,600 | 4,290,100 | 18.1 | 767,627 | 3.2 | 18.9 |
| 2018 | 24,898,600 | 4,367,200 | 17.5 | 680,318 | 2.7 | 17.6 |
| 2020 | 25,000,000 | 4,400,000 | 17.6 | 754,000 | 3.0 | 17.1 |

출처 : Australian Bureau of Statisics(2019); Australian Institute of Health and Welfare(2019c); Department of Social Services(2020b).

최근 추정치들로 장애인연금 수급자 비율을 살펴보면(Australian Institute of Health and Welfare, 2020b), 호주 전체 인구 대비 3.0%가 수급자다. 만약 장애인연금 수급 연령대(16~64세)의 전체 인구(약 20,700,000명)와 동일 연령대의 장애인연금 수급자 수(약 656,200명)를 비교해 보면 수급률은 약 3.6%가 된다. 추가적으로, 16~64세 연령대 장애인인구(약 2,070,600명)와 비교해 보면, 장애인연금 수급률은 31.2%로 증가한다.

**표 10.7** 장애인연금 수급자의 특성

| 구분 | | 명 | 비율(%) |
|---|---|---|---|
| 성별 | 남자 | 402,037 | 53.3 |
| | 여자 | 352,144 | 46.7 |
| 연령 | 16~20 | 20,791 | 2.8 |
| | 21~24 | 26,973 | 3.6 |
| | 25~34 | 78,845 | 10.5 |
| | 35~44 | 101,131 | 13.4 |
| | 45~54 | 170,142 | 22.6 |
| | 55~64 | 262,493 | 34.8 |
| | 65세 이상 | 93,806 | 12.4 |
| 급여율 | 최대급여 | 651,076 | 86.3 |
| | 부분급여 | 92,642 | 12.3 |
| | 기타(미결정 등) | 10,463 | 1.4 |
| 합계 | | 754,181 | 100.0 |

출처 : Department of Social Services(2020b).

장애인연금 수급자 중에는 남성이 여성보다 많은 비율을 차지하고 있으며, 연령이 상승할수록 수급자 수도 증가하고 있다. 특기할 점은 장애인연금 수급 연령 범위를 벗어나는 고연령층 수급자가 있다는 사실이다. 보통 노령연금 수령 연령에 이르면 장애인연금 수급자는 노령연금으로 전환된다. 그러나 노령연금 수급 자격을 충족하지 못하거나 노령연금 전환으로 수급액이 감소할 것으로 예상되는 일부 장애인연금 수급자는 그대로 장애인연금 수급자로 남아있을 수 있다. 약 93,800명 정도가 이 경우에 해당한다(Department of Social Services, 2020b). 급여율(payment rate)별로 살펴보면 거의 대다수(86.3%)가 최대급여(full payment)를 받고 있음을 알 수 있다.

# 3. 급여수준

장애인연금 급여는 21세를 기준으로 별도로 급여율을 적용하고 있다. 또한 가구 상황에따라서도 급여율이 다르다. 급여는 다시 기본급여(basic payment)와 부가급여(supplement)로 구분된다. 부가급여는 다시 연금부가급여(pension supplement)와 에너지부가급여(energy supplement)로 구분된다.

**표 10.8** 장애인연금 최대급여액(21세 이상, 2주당, 호주달러)

| | 단독가구 | 부부가구(각) | 부부가구(합산) | 부부가구 (질환으로 별거 시 각) |
|---|---|---|---|---|
| 최대 기본율 | $860.60 | $648.70 | $1,297.40 | $860.60 |
| 최대 연금 부가급여 | $69.60 | $52.50 | $105 | $69.60 |
| 에너지 부가급여 | $14.10 | $10.60 | $21.20 | $14.10 |
| 합계 | $944.30 | $711.80 | $1,423.60 | $944.30 |

출처 : Services Australia(2020b).

연금부가급여는 연금수급자들의 필수 생활비를 지원하는 목적으로 지급된다. 장애인연금에만 적용되는 것이 아니라 노령연금, 보훈연금, 돌보미급여(Carer Payment) 등 연금성 급여에 부가적으로 지급된다. 구체적으로 약값 지출, 전화와 인터넷 등의 통신비를 지원한다. 별도의 신청절차는 필요하지 않으며, 장애인연금에 자동적으로 부가된다. 에너지 부가급여 역시 자동적으로 지급되는 급여로서 난방 등 연금 수급자의 에너지 소비 지출을 지원한다.

21세 이상의 장애인연금 수급자가 단독가구일 경우 2주당 최대 944.30호주달러(4주당 1,888.6달러), 부부가구일 경우 합산 1,423.60호주달러(4주당 2,847.2달러)를 지급받는다. 수급자가 21세 미만인 경우, 수급자의 가구 상황(결혼 여부, 부모와 동거 여부 등)을 고려하여 급여액이 달라진다. 특기할 만한 점은 21세 미만 수급자의 경우 부모와 동거 여부와 상관없이 부모의 소득은 급여에 아무런 영향을 미치지 않는다는 점이다. 단, 21세 이상 수급자에게 주어지는 부가급여가 21세 미만 수급자에게는 적용되지 않는다.

**표 10.9** 장애인연금 최대급여액(21세 미만, 2주당, 호주달러)

| 가구 상황 | 최대급여액 |
|---|---|
| 미혼, 18세 미만, 부모와 거주 | $385.10 |
| 미혼, 18세 미만, 독립 거주 | $594.40 |
| 미혼, 18~20세, 부모와 거주 | $436.50 |
| 미혼, 18~20세, 독립 거주 | $594.40 |
| 결혼, 21세 미만 | $594.40 |

출처 : Services Australia(2020b).

장애인연금을 포함한 호주의 소득보장 급여율은 1년에 2회(3월과 9월) 최신화된다(indexation). 장애인연금과 노령연금 등의 연금 급여율의 최신화는 생활비와 평균임금 두 가지 기준을 고려한다. 생활비는 소비자물가지수(CPI)에 의해 측정되는데, 일반 소비자물가지수가 아닌 '연금수령자를 위한 생계비 지수(Pensioner and Beneficiary Living Cost Index)'가 적용된다. 이는 연금수령자들이 주로 소비하는 물품들에 대한 물가를 반영하여 조정한 지수다. 일반적으로 후자는 전자보다 물가상승률이 더 높아 급여액을 상승시키는 효과를 가진다. 평균임금은 남성 평균 주급(Male Total Average Weekly Earnings)에 의해 측정된다. 연금 급여율 최신화 과정을 더 구체적으로 살펴보면, 일단 소비자 물가지수가 먼저 고려되어 연금 급여 인상(감소)률이 결정된다. 만약 이 방식으로 인해 부부 합산 연금 최대 급여액이 주당 남성 주급의 41.76%가 되는지 비교하고, 만약 이보다 낮을 경우 41.76%로 인상한다. 따라서 통상 남성 평균 주급의 41.76%가 급여액의 기준선이 된다. 단독 가구의 경우 산출된 금액의 66.6%를 고정률로 적용한다. 결과적으로 단독 가구의 연금 수령액은 대략 남성 평균 주급의 27.5% 선에서 결정된다(Michael Klapdor, 2015). 이에 따라, 호주 장애인연금 급여액은 거의 예외 없이 지속적으로 증가해 왔다(Department of Social Services, 2020d).

2020년 장애인 연금 수급액을 동기 실제 근로소득 자료와 비교해 보았다. 우선 소득기준을 전체 근로자의 평균소득과 장애인 연금이 벤치마킹하고 있는 남성 평균소득으로 구분했다. 장애인연금 역시 부가급여 포함액과 부가급여 제외액으로 구분했다. 전체 평균소득을 기준으로 할 때, 호주 장애인연금 급여액은 39.7%에서 43.6% 사이에 위치했다. 남성 평균소득을 기준으로 하면, 급여액은 28.0%와 30.7%의 범위에 존재했다. 통상 장애인연금 급여에 부가급여가 포함되어 지급되므로, 실질 급여수준은 평균소득의 43.6%에 달한다고 볼 수 있다.

**표 10.10** 장애인연금 급여수준 평가(단독가구 기준)

| 최대급여액 (부가급여 포함) | 최대급여액 (기본급여만) | 평균소득(전체) : $2,166.0 | | 평균소득(남성만) : $3,075.4 | |
|---|---|---|---|---|---|
| | | 비율A (부가급여 포함 기준) | 비율B (기본율 기준) | 비율A (부가급여 포함 기준) | 비율B (기본율 기준) |
| $944.3 | $860.6 | 43.6% | 39.7% | 30.7% | 28.0% |

출처 : Australian Bureau of Statisics(2020).

장애인연금은 호주 장애인들의 주요한 소득 원천이 되고 있다. 급여자격으로 판단해 볼 때 수급자들은 대체로 기능손상률 분포에서 중간 이상의(심각한 혹은 극심한) 제약을 경험하는 중증 장애인이다. 이들 5가구 중 3가구(58.6%) 이상에게 장애인연금은 가구 소득의 절반 이상을 차지하고 있다. 중증장애인 가구의 소득에서 근로소득이 절반 이상을 차지하는 가구는 16.7%에 불과하다(Australian Bureau of Statisics, 2019). 이처럼 장애인연금은 장애인 가구의 가계에 결정적인 중요성을 지니고 있지만, 장애인연금의 적절성에 대해서는 개선의 여지가 많은 것으로 평가된다. 호주 국내 자료에 의하면, 최저생활을 유지하는 데에 재정적인 어려움을 겪고 있는 장애인연금 수급자들이 많다(Li, La, Brown, Miranti, & Vidyattama, 2019). 또한 전체 장애인의 37%, 그리고 장애인연금 수급자의 41%가 상대적 의미의 빈곤선 이하에서 생활하고 있는 것으로 보고되고 있다(Australian Council of Social Service, 2020).

## 4. 대상자 선정 및 고용연계 체계

### 1) 연금수급권자

장애인연금 수급자격을 한 번 획득했다고 해서 자격이 영구히 유지되는 것은 아니다. 수급자에게는 근로활동 참여, 장애 상황 점검, 소득 보고, 기타 개인 상황 변화 보고 등의 의무가 부과될 수 있으며, 이러한 조건들을 지속적으로 충족해야 자격요건이 유지된다.

근로활동 참여 의무(participation requirements)는 수급자들의 근로활동 진입을 지원하기 위한 목적으로 2012년부터 시행되고 있다(Department of Social Services, 2015a). 근로활동 참여 의무는 35세라는 연령을 기준으로 다른 규칙을 적용한다. 수급자가 35세 미만이고, 일주일에

8시간 일할 수 있으며, 6세 미만의 부양아동이 없다면 근로활동 참여 의무가 부과된다. 근로활동 참여 의무가 부과되면, 수급 이후 18개월 동안은 매 3개월마다 한 번씩, 이후에는 35세가 될 때까지 6개월에 한 번씩 센터링크와의 인터뷰에 참석해야 한다. 수급자는 이 인터뷰에 고용서비스 제공자와 동행해야 하며, 개인 상황, 취업 준비를 위해 이용하고 있는 서비스들, 미래 취업에 대한 전망, 그리고 근로활동 참여 계획(participation plan) 등을 논의한다. 근로활동 참여계획에는 고용서비스 제공자와의 미팅, 현장 실습, 교육 및 훈련(22세 미만인 경우), 그리고 재활 및 상담서비스 등의 내용이 포함된다.

35세 이상의 수급자는 근로활동 참여 의무가 면제된다. 35세 미만이라 하더라도 명백한 의학적 기준을 충족하거나, 일주일에 8시간 일할 수 없거나, 6세 미만의 부양아동이 있거나, 장애인임금체계(Supported Wage System)에서 일하고 있거나 혹은 장애인직업적응훈련기관(ADE)에 등록되어 이는 근로활동 참여 의무가 없다. 장애인임금체계란 민간기업의 장애인 고용을 촉진하기 위한 지원제도다. 구체적으로 장애인의 근로능력과 생산성에 따라 임금수준이 조정(감소)되도록(disability pay rate) 허용하고 있으며,[7] 1994년에 처음 도입되었다(Disability Employment Services, 2018). 예를 들어, 비장애인 근로자에 비해 생산성이 70%라면, 고용주는 비장애인 임금의 70%를 지급할 수 있다. 단, 아무리 장애근로자의 생산성이 낮더라도 주당 $89 미만으로는 지급할 수 없다. 장애인의 생산성은 연방정부 사회서비스부의 심사위원회(National Panel of Assessors)에 의해 결정된다. 생산성 심사는(assessment/trial period) 12주에 걸쳐 진행할 수 있으며, 최대 16주까지 연장 가능하다(Department of Social Services, 2016).

근로활동 참여 이외에 장애인연금 수급자들은 수급자격 점검(reviews)을 받을 수 있다. 수급자격 점검은 그 목적에 따라 부정수급 감시를 위한 준수 점검(compliance review)과 통상적인 서비스 자격 점검(service update reviews)으로 구분된다. 수급자격 점검은 점검 내용에 따라 다시 의학적 점검(medical review)과 비의학적 점검(non-medical review)으로 구분된다. 의학적 점검은 통상 2년 동안 유효한 것으로 인정되지만, 모든 수급자들이 2년마다 의학적 점검을 받는 것은 아니며, 실제로는 거의 받지 않는다(Australian National Audit Office, 2016). 의학적 점검은 장애인연금 수급자들에게 한정된 점검임에 반해 비학의학적 점검은 모든 소득보장 수급자들에게 공통적으로 적용되는 점검이다. 비학의학적 점검에는 소득, 자산, 그리고 거주요

7) 호주는 업종별, 산업별 근로기준체계가 있으며(Awards라고 부름), 최저수준의 임금과 근로기준 등이 명시되어 있다.

건상의 변화에 대해 보고를 해야 하는 의무를 말한다.

장애인연금 수급자는 주당 30시간 미만 근로활동을 할 수 있다. 만약 주당 30시간 이상 일하게 되면, 장애인연금 지급이 중단된다. 근로소득은 장애인연금 수급액에 영향을 미치며, 급여액은 소득의 연금삼소율에 따라 줄어든다.

### 2) 연금수급 비적격자

장애인연금 수급자 선정 과정에는 기능손상률 심사를 통해 근로능력평가가 내재화되어 있다. 만약 장애가 있음에도 불구하고 근로능력 부재가 충분히 입증되어 못하여 장애인연금 자격요건을 충족하지 못하게 되면, 본인의 의향에 따라 장애인고용서비스(Disability Employment Services, DES)를 이용할 수 있다. 단, 장애인고용서비스는 심사과정에서 근로능력평가(JCA)로부터의 의뢰를 받은 이 혹은 연금자격 심사와는 무관하게 장애인고용서비스 제공자의 의뢰로 센터링크의 고용서비스자격심사(Employment Services Assessments)를 받은 이에 한해 접근권이 주어진다. 전술했듯이 장애인고용서비스는 장애인연금 자격요건의 일부가 되기 때문에 추후 장애인연금을 받기 위해서든 혹은 연금수급과는 무관하게 노동시장에 진입하기 위한 지원을 받기 위해서든 장애인에게 본 서비스 이용의 동기가 부여된다.

장애인고용서비스는 장애, 부상, 질환 등의 이유로 취업에 어려움이 있는 이들의 경제활동 참여를 지원하기 위한 호주 정부의 프로그램을 말한다. 구체적으로 경력 상담 및 조언, 취업 준비, 이력서 개발, 그리고 직업훈련 등을 제공한다. 장애인고용서비스는 근로능력 제약 정도에 따라 장애관리서비스(Disability Management Service)와 고용지원서비스(Employment Support Service)로 구분된다. 상대적으로 경증이면서 고용 탐색 및 지속에 간헐적인 지원이 필요한 이들은 전자의 서비스를, 영구적인 장애를 가지고 있어서 주기적이고 지속적인 지원이 필요한 이들은 후자의 서비스를 이용할 수 있다. 장애고용서비스는 영리 및 비영리기관들에 의해 제공되며, 정부로부터 보조금을 받아 운영된다(Department of Social Services, 2019c). 서비스 제공자들은 취업지원(employment assistance), 취업유지(post-placement support), 그리고 장기고용지원(ongoing support) 등의 서비스에 대해 보조금을 받는다.

# 5. 결 론

호주 장애인연금 수급 요건은 엄격화되고 있다. 이 현상은 비단 장애인 소득보장에 한정된 현상은 아니며, 사회보장 수급자 기반 축소와 이를 통한 사회보장 지출 감소를 위한 호주 정부의 사회보장 개혁조치의 일환으로 추진되고 있다. 이러한 거시 정책의 영향으로 장애인연금 수급자의 증가현상은 둔화된 것으로 보인다. 그러나 장애인연금은 호주의 사회보장 현금급여 지출에서 가장 빠르게 성장해 온 분야다. 가장 큰 비중을 차지하는 노령연금을 제외한다면 근로연령대 소득보장에서는 가장 큰 비중을 차지한다.

장애인연금을 수급요건을 갖추기 위해서는 의학적 기준과 비의학적 기준을 모두 충족해야 하는 까다로운 심사를 거쳐야 한다. 의학적 기준이 일차적으로 주요하게 고려되지만 장애 정도와 근로능력을 종합적으로 고려하여 심사가 이루어진다. 급여 신청자가 가지고 있는 주요 장애가 심각한 수준 이상의 근로능력 제약을 초래하는 중증장애인이 우선적인 수급요건을 갖추지만, 경증장애인에 대해서도 장애인연금 수급의 경로가 열려 있다. 즉, 경미한 기능 손상이 여러 분야에서 발생할 경우 이를 합산하여 수급자격 판단에 반영한다는 점은 합리적인 방식이라 판단된다.

비록 최근 장애인연금 수급자 규모는 전체 장애인 인구규모의 증가와 비례적으로 동조하지는 않지만, 장애인연금의 대상포괄성은 높은 수준이라고 평가된다. 장애인연금 수급 연령대(16~64세)의 전체 인구와 동일 연령대의 장애인연금 수급자 수를 이용한 수급률은 약 3.2%다. 또한 16~64세 연령대 장애인인구와 비교해 보면, 장애인연금 수급률은 31.2%로 증가한다.

급여수준의 적절성에 대해서는 개선의 여지가 많은 것으로 평가할 수 있다. 장애인연금의 최대급여액을 호주 전체의 평균 근로소득과 비교해 보면 43.6%다. 이에 따라, 장애인연금 수급자 5명 중 2명(41%)은 상대빈곤선 이하에서 생활하고 있다. 그러나 수급자의 연령이나 가구상황에 따라 급여수준을 차등화하여 개별화된 급여체계를 갖추고 있다는 점은 특기할 만하다.

호주 장애인연금의 급여수준은 물가지수와 평균임금에 따라 연동되는데(indexed), 통상 남성평균주급의 27.5% 선에서 급여수준이 결정된다. 이 전통에 따라 호주 장애인연금 급여수준의 현격한 변화를 기대할 수는 없을 것이다. 그러나 호주가 독자적으로 구축해 온 '객관적인' 기준에 따라 연금급여율이 '주기적으로' 최신화된다는 점 또한 참고할 만하다.

호주 장애인연금에서 특기할 만한 또 다른 점은 근로연계복지로서의 특성이 강화되고 있다는 점이다. 특히 상대적으로 경증 장애를 가진 저연령 수급자에 대해서는 근로활동 의무를 부과하고 있어 근로연계복지의 표적이 되어 있다. 장애인연금 수급자격을 갖추지 못한 장애인에게는 장애인고용서비스가 제공되며, 노동시장 진입이 장려된다. 그러나 명백한 의학적 기준을 충족한 중증장애인과 35세 이상의 상대적 고연령 수급자에 대해서는 근로활동 의무가 면제되어, 장애인 고용연계 체계는 수급자의 현실적인 고용 가능성을 고려하고 있다고 볼 수 있다.

## 참고문헌

https://www.abs.gov.au/AUSSTATS/abs@.nsf/Lookup/4430.0Explanatory%20Notes12018?OpenDocumentAustralian Bureau of Statisics. (2019). 4430.0 – Disability, Ageing and Carers, Australia : Summary of Findings. Retrieved from

Australian Bureau of Statisics. (2020). Average Weekly Earnings, Australia. Retrieved from https://www.abs.gov.au/statistics/labour/earnings-and-work-hours/average-weekly-earnings-australia/latest-release#data-download

Australian Council of Social Service. (2020). Poverty in Australia 2020 : Australian Council of Social Service.

Australian Institute of Health and Welfare. (2019a). Disability Support Pension and Carer Payment. Retrieved from https://www.aihw.gov.au/reports/australias-welfare/disability-support-pension-and-carer-payment

Australian Institute of Health and Welfare. (2019b). Welfare expenditure. Retrieved from https://www.aihw.gov.au/reports/australias-welfare/welfare-expenditure

Australian Institute of Health and Welfare. (2020). People with disability in Australia : Australian Institute of Health and Welfare.

Australian National Audit Office. (2016). Qualifying for the Disability Support Pension : Australian National Audit Office.

Bonoli, G. (1997). Classifying welfare states : a two-dimension approach. Journal of social policy, 26(3), 351-372.

Buckmaster, L. (2015). Changes to Disability Support Pension : Parliament of Australia.

Daniels, D. (2011). Social security payments for the aged, people with disabilities and carers 1901 to 2010 : Parliament of Australia.

Department of Social Services. (2011). Social Security (Tables for the Assessment of Work-related Impairment for Disability Support Pension) Determination 2011 : Department of Social Services.

Department of Social Services. (2015). Disability Support Pension – Participation Requirements. Retrieved from https://www.dss.gov.au/our-responsibilities/disability-and-carers/benefits-payments/disability-support-pension-participation-requirements

Department of Social Services. (2016). Overview of the Supported Wage System : Department of Social Services.

Department of Social Services. (2019). Disability Employment Services. Retrieved from https://www.dss.gov.au/our-responsibilities/disability-and-carers/programmes-services/disability-employment-services

Department of Social Services. (2020a). Australian Disability Enterprises. Retrieved from https://www.dss.gov.au/disability-and-carers-programmes-services-for-people-with-disability/australian-disability-enterprises

Department of Social Services. (2020b). DSS Demographics June 2020. Retrieved from https://data.gov.au/dataset/ds-dga-cff2ae8a-55e4-47db-a66d-e177fe0ac6a0/distribution/dist-dga-c91d7ee0-59e0-4fc9-92a9-066b840d1139/details?q=

Department of Social Services. (2020c). Guides to Social Policy Law : Social Security Guide. Retrieved from https://guides.dss.gov.au/guide-social-security-law/5/2/2/10

Disability Employment Services. (2015). Participation in a Programme of Support Fact Sheet : Disability Employment Services.

Disability Employment Services. (2018). Supported Wage System Assessment Guidelines : Disability Employment Services.

Jennifer, M. (2015). Australia's disabling income support system : Tracing the history of the disability pension from 1908 to today. Australian Journal Of Social Issues, 50(3), 253－276.

Klapdor, M. (2015). Changed indexation of pensions and tightened eligibility for all benefits : Parliament of Australia.

Li, J., La, H. A., Brown, L., Miranti, R., & Vidyattama, Y. (2019). Inequalities in Standards of Living : Evidence for improved income support for people with disability : Australian Federation of Disabillity Organisations.

OECD. (2020). Social Expenditure － Aggregated data. Retrieved from https://stats.oecd.org/Index.aspx?DataSetCode=SOCX_AGG

Parliament of Australia. (2018). Disability Support Pension - Historical and projected trends. Retrieved from https://www.aph.gov.au/About_Parliament/Parliamentary_Departments/Parliamentary_Budget_Office/Publications/Research_reports/Disability_support_pension_Historical_and_projected_trends

Services Australia. (2020). Disability Support Pension. Retrieved from https://www.servicesaustralia.gov.au/in－dividuals/services/centrelink/disability－support－pension

Whiteford, P. (2017). Social security and welfare spending in Australia : Assessing long－term trends : Tax and Transfer Policy Institute, Australian National University.

Ziguras, S. (2015). Australian social security policy : Doing more with less? In A. McClelland & P. Smyth (Eds.), Social Policy in Australia : Understanding for Action : Oxford University Press.

여유진, 김미곤, 황도경, 김명중, 정용문, 정재훈, & 이주미. (2017). 부양의무자 기준 폐지에 따른 정책과제 연구 : 한국보건사회연구원.

여유진, & 정용문. (2011). 호주 사회보장체계 연구 : 한국보건사회연구원.

임완섭, 황남희, 정은희, 이아영, 정용문, 윤여선, . . . 최은혜. (2019). 사회보장 분야 사각지대 축소와 부적정 지출 관리 방안 연구 : 한국보건사회연구원.

정용문. (2012). 공공부조. In 정기혜, 김용하, & 이지현 (Eds.), 주요국의 사회보장제도 － 호주 : 한국보건사회연구원.

## 부록 기능 손상률표('신체활동 및 체력 기능' 영역 발췌)

| 점수 | 설명 |
|---|---|
| 0점 | 신체활동 또는 지구력을 요구하는 활동에 미치는 기능적 영향이 없다.<br>(1) 신청자는 :<br>(a) 자신의 나이에 적합한 운동을 최소한 30분 이상 수행할 수 있다.<br>(b) 가정과 지역사회에서 신체 활동을 수행하는 데 어려움이 없다. |
| 5점 | 신체활동 또는 지구력을 요구하는 활동에 미치는 약한(mild) 기능적 영향이 있다.<br>(1) 신청자는 :<br>(a) 신체적으로 힘든 활동을 수행할 때 가끔(occasional) 증상(예 가볍게 숨이 가쁨, 피로, 심장통증)을 경험하며, 이러한 증상으로 인해 때때로 어려움이 있다.<br>(i) 지역사회시설(예 상점 또는 쇼핑몰, 직장, 교육 및 훈련기관 주변)로 이동 시 쉬지 않고 걸어갈 수 있다(휠체어로 이동). 또는<br>(ii) 신체활동 수행(예 계단으로 이동, 휠체어로 경사로 이동) 또는 힘든 가사 활동(예 바닥청소 또는 잔디 깎기)을 할 수 있다.<br>(b) 육체노동이 많은 작업(예 땅파기, 무거운 물건 옮기기, 시멘트 작업, 벽돌 쌓기)을 제외한 대부분의 업무 관련 작업을 수행할 수 있다. |
| 10점 | 신체활동이나 지구력을 요구하는 활동에 미치는 상당한(moderate) 기능적 영향이 있다.<br>(1) 신청자는 :<br>(a) 가정과 지역사회에서 일상적인 활동을 수행할 때 빈번한(frequent) 증상(예 숨이 가쁨, 피로, 심장통증)을 경험하며, 이러한 증상으로 인해<br>(i) 집에서 먼 거리를 걸을 수 없고(휠체어로 이동할 수 없고), 상점이나 지역사회시설을 이용하기 위해서는 운전하거나 다른 교통수단을 이용해야 한다. 또는<br>(ii) 가정 내 일상적인 활동을 수행하는 데 어려움을 겪는다(예 침대 시트 교체 또는 마당 쓸기). 그리고<br>(b) 다음을 수행할 수 있다.<br>(i) 대중교통을 이용하거나 휠체어를 이용하여 쇼핑센터 또는 슈퍼마켓을 다닐 수 있다. 그리고<br>(ii) 사무실에서 앉아서 또는 움직임이 적은 성격의 업무 관련 작업(즉, 높은 수준의 신체적 노력이 필요 없는 작업)을 수행할 수 있다. |
| 20점 | 신체활동이나 지구력을 요구하는 활동에 미치는 심각한(severe) 기능적 영향이 있다.<br>(1) 신청자는 :<br>(a) 가벼운 신체활동을 수행할 때 보통(usually) 증상(예 숨이 가쁨, 피로, 심장통증)을 경험하며, 이러한 증상으로 인해<br>(i) 도움 없이는 쇼핑센터나 슈퍼마켓으로 걸어(휠체어를 이용하여)갈 수 없다. 또는<br>(ii) 도움 없이는 주차장에서부터 쇼핑센터나 슈퍼마켓으로 걸어(휠체어를 이용하여)갈 수 없다. 또는<br>(iii) 도움 없이는 대중교통을 이용할 수 없다. 또는<br>(iv) 가벼운 가사 활동(빨래를 접거나 치우기, 가벼운 정원일)을 할 수 없다. 그리고<br>(b) 사무실에서 앉아서 또는 움직임이 적은 업무 관련 작업을 최소 3시간 정도 수행하는 데에 어려움이 있다. |
| 30점 | 신체활동이나 지구력을 요구하는 활동에 미치는 극심한(extreme) 기능적 영향이 있다.<br>(1) 신청자는 :<br>(a) 신체활동이나 지구력을 요구하는 활동을 전혀(completely) 수행할 수 없다. 또는<br>(b) 신체활동이나 지구력을 요구하는 활동을 할 때에 증상(예 숨이 가쁨, 피로, 심장통증)을 경험하며, 이러한 증상으로 인해 집안에서 도움 없이는 돌아다닐 수 없다.<br>(2) 손상 정도는 산소치료(예 주간에 또는 돌아다닐 때 산소공급기 사용)를 필요로 한다. |

출처 : Department of Social Services(2011).

# 11 호주 장애인복지 거버넌스[1]

## 1. 최근의 장애인복지 동향

최근 호주의 장애인복지정책은 급변해 오고 있다. 여기에는 국가장애보험(National Disability Insurance Scheme, NDIS)의 도입으로 인한 장애인복지 서비스의 패러다임 변화가 포함된다. 2013년부터 시행되어 오고 있는 국가장애보험은 호주의 사회보장 체계에서는 다소 낯선 보험원칙(insurance principles)에 기초하고 있으며, 개별예산제(personalised budget)를 도입하여 공급자에서 이용자 중심 서비스로 개편함으로써 장애인복지의 근본적인 전환으로 평가되고 있다.

국가장애보험은 호주 장애인 서비스에서 중추적인 기능을 하는 독립적인 프로그램이지만, 장애인복지정책이라는 더 큰 프레임워크의 한 구성요소다. 정책환경적인 맥락에서 호주의 장애인복지 동향을 특징짓는 변화에는 국가장애보험 시행과 함께 새로운 장애인복지정책(Australia's Disability Strategy Advisory Council) 시행, 국가장애데이터자산(National Disability Data Asset) 구축, 그리고 장애인 권익 향상 종합대책(Royal Commission into Violence, Abuse, Neglect and Exploitation of People with Disability) 수립 등이 포함된다(Australian Institute of Health and Welfare, 2022).

호주 정부는 최근에 장애인복지정책 10개년 계획(Australia's Disability Strategy 2021－2031, 이하 '10개년 계획')을 발표했다. 10개년 계획은 이전 국가장애정책(National Disability Strategy 2010~2020)에 기초하여 장애인들의 삶을 향상시키기 위한 연속적인 정책이다. 존중, 포용, 그

1) 본 장은 '김경란 외(2024 예정), 장애인복지 전달체계 개편방안 연구, 한국장애인개발원'에 수록됨.

리고 평등이라는 원칙과 장애에 대한 사회적 모델에 기초하여 장애인들이 지역사회의 평등한 구성원으로서의 권리와 잠재력을 행사할 수 있도록 인식, 실천, 그리고 구조상의 장벽을 해소하는 것으로 목표로 하고 있다(Department of Social Services, 2021). 10개년 계획은 변화가 필요한 7개의 영역을 선정하고, 각 영역별로 요구되는 정책 우선순위를 제시하고 있다.

**표 11.1** 10개년 계획 정책 우선순위

| 영역 | 우선순위 |
|---|---|
| 고용과 재정적 안정 | - 장애인 고용 증대<br>- 청년 장애인의 교육으로부터 고용으로의 전환 향상<br>- 장애인의 재정적 독립성 강화 |
| 포용적인 가정과 지역사회 | - 부담 가능한 주거에 대한 이용 가능성 향상<br>- 장애인 친화적인 주택 및 주거 선택권 강화<br>- 사회활동, 여가, 문화, 스포츠, 종교 등에 대한 완전한 참여<br>- 물리적 및 자연 환경에 대한 접근성 강화<br>- 전 지역사회에 접근 가능한 교통체계 구축<br>- 정보와 의사소통 체계의 접근성 강화 |
| 안전, 권리 그리고 법적 평등 | - 폭력, 학대, 방치, 착취로부터의 안전과 자유<br>- 정신외상적인 생애 경험에 대응하는 정책과 프로그램<br>- 장애인 성평등 및 여성과 아동 등 취약 계층의 위험 예방<br>- 장애인 인권과 비차별 권리 옹호<br>- 사법체계에 대한 평등한 접근권<br>- 복합적인 욕구를 가진 장애인들의 범죄에 대한 효과적인 대응 |
| 개인 및 지역사회 지원 | - 장애인복지 서비스의 욕구 대응력 강화<br>- 국가장애보험의 '합당하고 필요한 지원' 원칙의 유연한 적용<br>- 비공식 돌봄에 대한 인정과 지원 강화<br>- 보조공학기기에 대한 접근성 향상 |
| 교육과 학습 | - 학령전기 교육과 돌봄에 대한 접근성과 참여율 향상<br>- 장애인 학생을 우한 포용적인 교육 역량 강화<br>- 고등교육으로의 경로와 접근성 확대<br>- 평생학습에 대한 참여와 접근성 확대 |
| 건강과 웰빙 | - 의료서비스에 대한 장애인 접근성 향상<br>- 예방과 조기개입 중심의 의료서비스<br>- 정신보건 지원과 서비스 향상<br>- 장애인들을 위한 재난위험관리계획 |

| | |
|---|---|
| 지역사회 인식과 태도 | – 장애인 고용에 대한 고용주 인식 개선<br>– 주요 직업 영역(보건, 교육, 사법, 응급, 지역사회서비스 등) 종사자의 장애인 대응력 향상<br>– 장애인의 고위직 담임권 향상<br>– 지역사회 인식 개선 |

출처 : Department of Social Services(2021).

국가장애데이터자산 사업은 장애인들을 위한 정책 성과를 측정하고 향상하기 위한 목적으로 설립되었다. 기존에 장애인에 대한 데이터는 주정부별로 또는 서비스 기구별(agencies)로 분절되어 있었고, 장애인들의 생애 경험과 삶의 질에 대한 완전한 상황 파악(complete picture)이 어려웠다. 2020년부터 2021년까지 호주의 주요 주정부들은 수상실(Department of Prime Minister and Cabinet), 사회서비스부(Department of Social Services), 국가장애보험공단(National Disability Insurance Agency), 호주보건복지연구원(Australian Institute of Health and Welfare), 그리고 호주통계청(Australian Bureau of Statistics)과 함께 국가장애데이터자산에 대한 시범사업을 실시했고, 당 사업이 정부, 학계, 그리고 지역사회에 정보자산으로서의 가치가 있을 것으로 판단하여 본 사업으로 시행하고 있다.

국가장애데이터자산은 세 가지 영역의 데이터에 초점을 두고 있는데, 그것은 호주장애인복지정책 10개년 계획의 성과 보고, 장애인 건강 상태, 그리고 고용이다. 이에 추가적으로 장애인 아동 발달, 학교 교육, 주거, 사법체계, 그리고 교통에 관한 정부 자료가 포함될 예정이다. 국가장애데이터자산 구축은 사회서비스부 주도하에 호주통계청과 호주보건복지연구원과의 공동작업으로 수행된다. 각 주정부와 장애계도 데이터 자산 설계와 구축에 참여한다. 장애인의 프라이버시와 개인정보 보호는 국가장애데이터자산 프로젝트의 최우선 원칙이며, 데이터 수집과 활용은 장애계가 동의하는 방식과 이유만을 위해 사용된다(National Disability Data Asset, 2023b).

2019년에 호주 정부는 장애인 권익 문제에 대한 조사를 위한 왕립위원회를 설립했다. 이는 폭력, 방치, 학대와 착취 등 장애인 권익 침해가 고질적이고 만연하다는 지역사회의 문제제기에 대한 대응이었다(Royal Commission into Violence Abuse Neglect and Exploitation of People with Disability, 2022). 왕립위원회는 약 4년에 걸친 자료수집 과정을 거쳐 2020년에 중간보고서를, 그리고 2023년에 최종보고서를 발표했다. 총 12권으로 구성된 방대한 최종보고서는 장애인에게 포용적인 공정한 사회를 건설하고, 권익 침해가 없는 독립적인 삶을 지원하기 위한 222개의 종합대책을 담고 있다. 이들은 크게 다음 아홉 가지 영역으로 범주화될 수 있다. 장애인의 인권 실현, 자율성과 접근성, 포용적인 교육/고용/주거, 사법정의, 원주민 장애인, 장애서비스, 독립적인 모니터링 체계, 새로운 거버넌스, 그리고 왕립위원회 이후(Royal Commission into Violence Abuse Neglect and Exploitation of People with Disability, 2023).

왕립위원회 종합대책은 장애인 권익 보호를 강화하기 위한 정책대안들의 집대성이라기보다는 새로운 법적, 제도적 개편을 제시함으로써 향후 호주의 장애인복지정책과 서비스를 새로운 방향으로 안내할 정책 제안서로 평가된다. 여기에는 호주장애인인권법(Australian Disability Rights Act) 제정, 장애인 평등부(Department of Disability Equality) 신설, 그리고 왕립위원회 종합대책 실행을 감시하고 관리하는 책임을 지는 국가장애위원회(National Disability Commission) 설립 등이 포함된다. 일반적으로 왕립위원회는 공공정책 검토에 관해서 가장 높은 수준의 검토 기구다. 왕립위원회는 총독(governor-general)에 의해 공식적으로 설립되며, 정부부처에 정책 자문을 제공한다(Royal Commissions, 2023). 왕립위원회는 국가적으로 중대한 사안들에 대한 검토의 필요성이 제기될 때 설립되며, 왕립위원회 보고서의 제안사항들은 상당한 중요성을 띤다. 그러나 왕립위원회의 제안사항들이 법적 구속력을 가지는 것은 아니다. 따라서 호주 정부가 왕립위원회 종합대책에서 도출한 정책 제언들과 새로운 거버넌스 제안을 실현하는지의 여부는 지켜봐야 한다.

## 2. 장애인 정책 조정기구

장애인복지는 소득, 교육, 고용, 주거, 사법, 그리고 사회서비스 등 다양한 영역에 걸쳐 있기 때문에 단일 조직이 모든 영역을 포괄적으로 관리하기는 어렵다. 즉, 각 영역별로 주관하는 부처가 독립적인 역할과 책임을 부여받는다. 특히 호주는 연방제로 운영되고 있기 때문에 연방정부와 주정부 간의 역할분담체계가 복잡하다. 통상적으로 연방정부와 주정부는 각 영역에 관한 역할분담 협약을 맺고, 공동책임을 진다. 장애 영역에서 각 정부 단위의 역할은 대체로 다음과 같이 구분된다.

**표 11.2** 각 정부 단위의 역할과 책임

| 연방정부 | 주정부 |
|---|---|
| 국가장애보험(행정)<br>정보, 연계 및 역량 강화(Information, Linkages and Capacity Building) 프로그램<br>국가장애보험품질위원회(NDIS Quality and Safeguards Commission)<br>– 고용서비스 및 소득보장급여<br>– 연방 사법 체계 및 연방정부 경찰청<br>– 보육 급여<br>– 의료 : 메디케어, 일반의 및 약제급여<br>– 원주민 지역사회건강 기구<br>– 노인돌봄 및 재향군인 돌봄<br>– 대학교육<br>– 청각서비스 프로그램<br>– 연방정부 국민고충처리(Ombudsman)<br>– 호주인권위원회(Australian Human Rights Commission) | – 주거(공공, 사회주택)<br>– 공공병원<br>– 지역사회 건강서비스<br>– 재가복지(Home and Community Care) 프로그램<br>– 대중교통<br>– 학령전기, 초등 및 중등 교육<br>– 직업교육<br>– 주정부 사법체계 및 교도서비스<br>– 주정부 경찰청<br>– 후견인<br>– 아동보호<br>– 시설장애인 지역사회 방문 프로그램<br>– 가정폭력 서비스<br>– 주정부 인권 및 차별 관련 기구들 |
| **주정부(시군구 단위)** | **정부공통** |
| – 도시계획/물리적 환경 설계<br>– 건물 접근 가능성<br>– 지역개발계획<br>– 도로, 보도, 자전거도로, 공원, 여가시설<br>– 공중 화장실, 놀이터<br>– 시군구 운영 보육시설 및 노인돌봄센터<br>– 도서관 및 지역복지관<br>– 주차 관리 | – 국가장애보험(재정지원 및 공동관리기구)<br>– 정신건강 서비스<br>– 장애인 옹호 서비스<br>– 정부 서비스 이용료 감면(comcessions)<br>– 지역사회 인프라<br>– 문화예술 분야 재정 및 활동지원<br>– 공공박물관 및 공연 시설 |

출처 : Department of Social Services(2021).

호주 연방정부의 장애인복지정책 조정기구로는 장애개혁각료위원회(Disability Reform Ministerial Council)가 있다. 장애개혁각료위원회는 각 주정부의 장에 분야 장관 두 명으로 구성된다. 구체적으로 한 명은 주정부의 장애 정책 담당 장관이고, 다른 한 명은 주정부의 재정 담당 장관이다. 장애개혁각료위원장(Chair of the Council)은 국가장애보험부 장관(Minister for NDIS)이다. 국가장애보험부는 2019년에 신설된 연방정부 부처다. 장애개혁각료위원회에는 사안에 따른 위원장의 요청에 따라 사회서비스부 장관, 국가장애보험 품질관리위원장, 국가장애보험 공단 이사장(Board Chairman), 국가장애보험 최고경영자(Chief Executive Officer)가 참석한다(Australian

Government, 2020).[2]

장애개혁각료위원회는 기본적으로 국가장애보험 정책에 대한 의사결정기구다. 즉, 국가장애보험제도의 전략적인 감독(oversight) 기구로서 국가장애보험의 실행과 재정 안정성 등을 검토한다. 구체적으로 국가장애보험 연간보고서(Annual Report)와 분기보고서(Quarterly Reports)를 검토하고, 국가장애보험의 성과와 이용자 현황, 돌봄 노동력 현황, 비용과 재정 안정성, 실행 위험성, 품질관리위원회 운영 등을 범정부회의(National Cabinet)에 보고한다. 범정부회의는 호주의 최고 행정의결기구(peak intergovernmental forum)로서 수상과 주지사들의 회의다(Department of the Prime Minister and Cabinet, 2023a).[3] 범정부회의의 안건은 전국적인 조율을 필요로 하는 국가적인 사안으로서 다양할 수 있으나, 상시적으로 논의되는 핵심 정책들(key priorities)이 범주화되어 있다. 이들은 데이터와 디지털, 보건, 주거, 교육, 기술과 노동력, 에너지와 기후변화, 인프라와 교통, 그리고 여성과 함께 장애개혁을 포함하고 있다. 각 분야별 정책을 담당하는 각료회의들(Ministerial Councils)이 각각 운영된다(Australian Government, 2022a).

장애개혁각료위원회의 역할은 주로 국가장애보험 제도를 관리감독하는 데에 있지만, 그에 한정되지는 않는다. 각료회의의 책임의 범위에는 '장애인복지정책 10개년 계획'을 포함하여 장애인과 그 가족, 그리고 돌봄인력을 위한 포용적이고 접근 가능한 서비스와 시스템 구축에 필요한 제반 개혁이 명시되어 있다(Australian Government, 2020). 실제로 최근 장애개혁각료위원회는 10개년 계획을 승인하고, 국가장애보험 시행 10년 검토 보고서('What We have Heard')에 대해 논의하고(Australian Government, 2023b), 장애인 권익에 대한 왕립보고서의 제언들을 실현하기 위한 태스크포스 설립을 의결했으며, 국가장애데이터자산위원회 구성을 의결했다. 또한 장애인 보호고용계획(Supported Employment Plan)을 승인했다(Department of Social Services, 2023b). 이처럼 장애각료회의는 장애인복지 전반에 걸쳐 국가적으로 중요한 사안들을 포괄적으로 검토하여 의사결정하는 기구다.

장애개혁각료위원회는 국가장애보험법(National Disability Insurance Scheme Act 2013)에 근거하여 설립 및 운영되고 있다. 동법의 정의(definition)에 의하면, 장애개혁각료회는 연방정부와

2) 2018년까지 장애개혁각료위원장은 사회서비스부 장관이었고, 사안에 따른 위원장의 요청에 따라 국가장애보험 이사장이 회의에 참석했다.

3) 범정부회의는 1년에 최소 4회 개최된다. 지방정부 대표는 1년에 한 번 회의에 참석한다.

주정부의 장관들로 구성되며, 범정부회의가 정한 국가장애보험과 관련된 임무를 수행하는 기구(a body : (a) that consists of Ministers of the Commonwealth, States and Territories; and (b) that has been designated by COAG as having responsibilities relating to the National Disability Insurance Scheme)다(Federal Register of Legislation, 2013a). 주요 임무는 국가장애보험과 관련된 정책사안들에 대한 논의와 국가장애보험법 개정에 대한 검토를 포함한다. 또한 논의 사항들과 정책 제언들을 범정부회의에 보고 및 전달하는 기능을 담당한다. 장애개혁각료위원회는 범정부회의에 의해 1년에 한 번 검토된다. 범정부회의는 정책 우선순위에 따라 장애각료회의의 존속의 필요성을 논의하며, 이 과정은 다른 분야의 각료회의에도 동일하게 적용된다.

장애개혁각료위원회는 1년에 최소 2회 소집되며, 필요시 추가적으로 소집된다. 최근에는 통상 2개월에 한 번씩 회의가 진행되어 왔다(Department of Social Services, 2023a). 의결은 합의(consensus)의 원칙에 따른다. 합의가 이루어지지 않을 경우 다수결로 의결하며, 이 경우에는 주정부들이 의결사항을 준수해야 할 의무를 가지지는 않는다(Australian Government, 2020). 국가장애보험법은 장애개혁각료위원회의 사무국(Secretariat) 운영에 대한 규정을 포함하고 있지는 않다. 대신에 범정부회의 운영 가이드라인은 각료위원회 자체의 동의에 의해 사무국을 설치할 수 있도록 규정하고 있다(Australian Government, 2023a). 장애개혁각료위원회는 현재 사무국을 운영하고 있지 않은 것으로 이해된다. 그러나 연방정부 차원에서 장애인복지를 관장하는 국가장애보험부가 있고, 그 장관이 장애개혁각료위원회의 의장이 되므로, 국가장애보험부가 장애개혁각료위원회의 사무국을 포괄하는 기능을 수행한다고 볼 수 있다.

## 3. 범부처 장애인복지 서비스 전달체계 및 서비스 현황

장애인복지는 생애주기를 포괄적으로 고려해야 하고, 다양한 삶의 영역에 대해 통합적으로 지원하는 정책을 요구하기 때문에 조율과 협업을 담당하는 기구가 반드시 필요하다. 특히 호주는 연방정부 체계로서 연방정부는 주정부와 지방정부가 상당한 자치 권한을 가지고 있다. 따라서 전국적인 단위에서 추진 및 관리되어야 할 정책 사안에 대해서는 정책 조율 기구의 역할이 중요하다. 전술했듯이 장애인복지 분야에 있어서도 각 정부 단위의 역할과 책임이 분화되어 있기 때문에 국가적 사안을 실행하는 데에 있어 조율과 협업 문화가 강조되고 있다

(Australian Government, 2022a).

장애개혁각료위원회는 장애인복지 분야 내적으로는 의견 조율기구이자 최고 의사결정 기구다. 장애인복지 분야 제도 개혁이나 조직개편 등의 공식적인 정책제언들은 장애각료회의의 논의와 검토를 필요로 한다. 이로 인해 전국 단위의 모든 장애인복지정책에는 종국적으로 장애개혁각료위원회의 승인이 수반된다. 예를 들어, 왕립위원회 장애인 권익 종합대책에 제시된 정책제언들은 장애개혁각료위원회를 통해서만 실현될 수 있다(Royal Commission into Violence Abuse Neglect and Exploitation of People with Disability, 2023).

대외적으로는 장애개혁각료위원회는 범정부회의와 소통하는 경로다. 각료위원회들은 범정부회의를 지원하는 하위체계이며, 장애인복지뿐만 아니라 모든 각료위원회들이 일반적으로 준수하도록 권장되는 운영 가이드라인(Guidance for Intergovernmental Meetings)이 있다. 이 가이드라인에 따르면, 각료위원회는 크게 두 가지로 구분된다. 하나는 범정부회의에 주기적으로 보고를 해야 하는 것이고(a reporting line), 다른 하나는 보고 의무가 없는 것이다. 전자의 설립과 해산은 범정부회의에 의해 결정되고, 후자는 해당 분야 내에서 그 필요성에 따라 설립과 해산을 할 수 있다. 장애인복지를 포함한 핵심정책 분야는 전자에 해당한다.

각 각료위원회는 운영기준(terms of reference)을 설립해야 하며, 거기에는 각료위원회의 목적과 전략적 우선 정책, 구성원과 운영방식, 그리고 일몰조항(a sunset clause)과 해산 계획이 명시되어야 한다. 세부 운영방식은 각 각료회의의 필요와 동의에 의해 결정되며, 범정부회의에 보고 의무를 가진 각료회의는 1년에 최소 2회 이상 회의를 소집해야 한다. 각료회의는 기본적으로 해당 분야 연방정부와 주정부의 장관들로 구성되지만 각료회의별로 유연성을 부여하여 추가적으로 다른 관련 장관들과 외부 자문 그룹을 포함할 수 있다. 각료위원회들은 필요시에 다른 분야의 각료위원회들과 협업(cross-portfolio collaboration)이 가능하다(Australian Government, 2022b). 또한 각료위원회들은 정책영향분석(policy impact analysis)을 수행해야 하는데, 수상실은 이를 지원하기 위한 가이드를 제공하고 있다(Department of the Prime Minister and Cabinet, 2023b).

장애개혁각료위원회는 범정부회의의 구성요소로서 표준화된 가이드라인에 의거하여 운영되고 있다. 이 가이드라인은 현행 범정부회의의 전신인 호주정부협의회(Council of Australian Governments)가 1992년에 성립된 이후부터 시행되어 온 정책조율 거버넌스다. 범정부회의와

각료회의의 효과적인 운영을 위해 오랜 시간에 걸쳐 합리적으로 설계 및 수정되어 온 것으로 이해된다. 실제로 장애개혁각료위원회의 구조와 운영방식에 대한 문제제기는 잘 관찰되지 않는다. 2개월에 한 번 정기적으로 소집되어 장애인복지 관련 주요 사안을 논의하고 있으며, 구성원들 역시 주요한 정책들과 관련된 기구들로 포괄적으로 구성된 것으로 평가된다. 장애개혁각료위원회의 주요한 의제인 국가장애보험은 각 주정부들과의 적절한 협업하에서 기존의 분절적인 체계에서 통합적인 체계로 순조롭게 이행되었다.

그러나 장애개혁각료위원회의 장기지속성은 불확실성의 영역에 남아있다고 볼 수 있다. 장애개혁각료위원회는 국가장애보험 도입을 계기로 설립되었고, 현재 국가장애보험 시행이 10년이 지난 시점에서 국가장애보험 제도의 성과와 개선사항에 대한 검토가 이루어지고 있다 (Dickinson & Yates, 2023). 아직 국가장애보험 제도가 완전히 정착한 단계는 아니기 때문에 많은 정책 제언들이 이루어지고 있고, 그 결과로 현재 장애개혁각료위원회는 활성화되어 있다. 그러나 국가장애보험이 어느 정도 제도적으로 정착한 이후에는 기구의 위상과 임무는 축소될 가능성이 있다. 이 경우 범정부회의의 핵심정책 어젠다에서 제외되어 현행보다 한 단계 낮은 보고의무가 없는 각료위원회로 위상이 낮아질 가능성이 있다. 장기적으로 위상이 변화한다 하더라도 장애개혁각료위원회와 유사한 수준의 장애인복지 조율 기구의 필요성은 지속될 것으로 전망된다.

## 4. 구조 기능적 전달체계 및 운영주체별 장애인복지 서비스 전달체계

현재 호주에서 가장 상위의 장애인복지정책은 10개년 계획이다. 국가장애보험은 지난 10개년 계획의 일부로 도입된 것이며, 따라서 10개년 계획이 장애인복지의 최상의 프레임워크라 볼 수 있다. 10개년 계획을 실행하기 위해서는 다양한 영역에서의 장애인복지 사업 실행기구들이 작동해야 하며, 이를 위해 각 사업별로 위원회가 운영된다. 장애인복지 운영 체계를 도식화하면 다음과 같다.

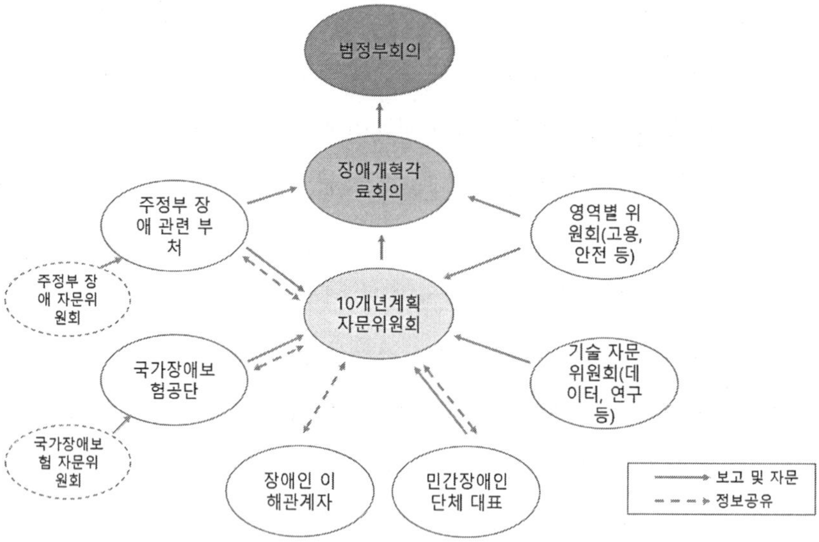


**그림 11.1** 장애인복지 운영 체계
출처 : Australia's Disability Strategy Advisory Council(2023).

장애인복지 분야의 운영주체들은 일차적으로 10개년 계획을 실행하는 역할을 담당한다. 주요 운영주체들은 자문위원회를 두고 있다. 우선 장애인복지의 프레임워크인 10개년 계획과 관련해서는 10개년 계획 자문위원회(Australia's Disability Strategy Advisory Council)가 있다. 10개년 계획 자문위원회는 장애개혁각료위원회와 정부부처들에게 10개년 계획의 실행, 모니터링 및 평가에 대한 사항들을 제공하는 것을 목적으로 하고 있다. 구체적으로 세부실행계획, 성과, 그리고 진행상황에 대한 주기적인 보고를 하고, 피드백과 제언들을 개발하는 역할을 한다. 현재 자문위원회는 총 12명으로 구성된다. 위원장, 4명의 주정부 장애자문위원회(6개의 주와 2개의 특별자치구에서 교대로 참석), 청년 장애인, 다문화배경 청년 장애인, 여성 장애인, 원주민 장애인, 벽지(remote area) 전문가, 2명의 특별 자문가(연방정부 부처에서 임명). 이 중 위원장은 반드시 장애를 가진 사람이어야 하며, 최소 1회는 장애개혁각료위원회에 참석해야 한다. 공식적으로 자문위원회의는 1년에 3회 이상 소집해야 하며, 위원장의 발의로 추가적인 회의가 개최될 수 있다(Australia's Disability Strategy Advisory Council, 2023).

각 주정부는 연방정부와는 별도로 독립적인 장애인복지정책을 시행하고 있으며, 이를 위한 자문위원회를 운영하고 있다. 예를 들어, 빅토리아주의 장애인 자문위원회(Victorian Disability Advisory Council)는 주정부의 장애인복지법(Disability Act 2006)에 의해 설립되어 있으며, 빅토리아주의 장애인복지정책인 '통합적인 빅토리아주(Inclusive Victoria : the state disability plan)'를 개발, 실행 및 모니터링하는 기능을 담당한다. 위원회는 빅토리아주의 장애 담당 부처(Department of Families, Fairness and Housing)에게 독립적이고 전략적인 자문을 제공하며, 2개월에 한 번씩 회의를 개최한다(Department of Families Fairness and Housing, 2023).

국가장애보험제도는 국가장애보험공단에 의해 실행되고 있으며, 국가장애보험부 장관이 행정에 대한 책임을 진다. 실제 국가장애보험제도는 공단 이사회에 의해 운영된다. 구체적으로 이사회는 국가장애보험의 전략적 방향을 설정하고, 대외적 이해관계자들(국가장애보험부장관, 장애개혁각료위원회, 국가장애보험자문위원회 등)과의 관계를 유지하며, 제도의 준수와 위험관리, 그리고 성과 모니터링을 장애개혁각료위원회에 보고하는 역할을 담당한다. 또한 이사회는 11명으로 구성되며, 장애인복지 서비스 제공, 재무관리, 기업지배구조 등의 전문가들로 구성된다(NDIS, 2023c). 공단 이사회의 주요 임무에는 국가장애보험 공단 운영계획(Corporate Plan) 개발이 포함된다. 4년에 한 번씩 4개년 계획을 수립하는데, 최근 운영계획은 두 가지 목표에 초점을 맞추고 있다. 하나는 이용자들의 경험과 성과를 재정적으로 지속가능한 방식으로 향상시키는 것이고(장애인의 삶에 대한 선택과 통제, 고용지원, 사회참여, 사회경제적 형평성 등), 다른 하나는 공단의 운영 실적을 향상시키는 것이다(이용자 만족도, 지역사회의 신뢰와 존중, 장애인 직원 고용 등)(NDIS, 2023a).

국가장애보험제도 역시 자문위원회(Independent Advisory Council)를 운영하고 있다. 자문위원회는 국가장애보험 공단 이사회에게 이용자와 가족, 그리고 돌봄 제공자들과 관련한 이슈들에 대한 자문을 제공한다. 위원회는 장애와 권익옹호 분야에 종사하는 12명으로 구성된다. 위원회는 국가장애보험 제도가 목적에 부합하도록 운영되도록 도움을 주기 위한 업무계획을 작성하고 실행한다(NDIS, 2022).

국가장애보험제도는 품질관리위원회(NIDS Quality and Safeguard commission)를 운영한다. 품질관리위원회는 이용자들의 권리, 안전 및 웰빙을 보장하는 것을 목적으로 하고 있으며, 서비스의 질을 향상시키기 위한 실천과 정책을 개발하는 기능을 한다. 장애인복지 서비스가 민간기관들에 의해 제공되므로 주로 서비스 제공기관들의 규범 준수와 관련된 활동을 한다. 즉, 서비스 제공기관들이 행위규범(NDIS Code of Conduct) 준수를 촉진하고, 억압적인 실천 방법을 제거하기 위해 전국적으로 일관된 정책을 개발한다(NDIS Quality and Safeguards Commission, 2023).

국가장애보험 시행과 더불어 새롭게 설립된 기구로 국가장애데이터자산위원회(National Disability Data Asset Council)가 있다. 국가장애데이터자산은 기존에 각 주정부별로 독립적으로 혹은 분절적으로 시행되어 오던 장애인복지가 국가장애보험제도 시행으로 전국적으로 통합된 방식으로 진행되게 됨에 따라 그동안 장애인 관련 데이터를 통합적으로 관리하기 어려웠던 행정적 장벽이 해소됨에 따라 가능해진 사업이다. 통합적으로 데이터를 구축함에 따라 장애인에 대한 통찰을 확대하고, 지역 간 비교와 분석을 통해 더 나은 지원을 위한 의사결정이 가능하게 된 것이다. 데이터자산 구축은 2년간 개발과 테스트를 사업을 거쳤으며, 10개년 계획 자문위원회가 시범사업을 관리하고, 새로운 위원회 설립을 제안했다. 위원회의 주요 임무는 데이터가 적절하게(correctly) 사용되도록 관리하는 것이다. 구체적으로 데이터를 활용한 연구주제를 개발하고, 데이터가 정부와 장애계가 합의된 목적대로 이용되도록 하고, 안전하게 관리하여 장애계와의 신뢰를 구축하는 역할을 담당한다. 위원회는 총 12명으로 구성되며, 이 중에서 6명은 공공기구, 3명은 비정부기구, 그리고 3명은 장애계에서 임명된다. 세부적으로 장애인의 다양성을 고려하여 장애인과 그 가족, 장애인 정책 전문가, 그리고 성, 지역, 문화 등의 배경을 고려하여 위원회가 구성된다(National Disability Data Asset, 2023a).

## 5. 각 서비스(사업)별 관련 법령 검토

장애인복지 분야 최고 정책 조율 및 의결기구인 장애개혁각료위원회는 10개년 계획과 국가장애보험 제도의 실행과 향상을 목적으로 하고 있다. 장애개혁각료위원회는 국가장애보험법(National Disability Insurance Scheme Act 2013)에 따라 설립 및 운영된다. 법에 따라 각료회의는 국가장애보험제도와 국가장애보험법과 관련된 정책 사안들을 검토하고, 국가장애보험부장관에게 이와 관련된 자문을 하고, 범정부회의에 제언을 하는 기능을 담당한다. 국가장애보험법은 국가장애보험공단 이사회와 자문위원회에 대한 규정들을 담고 있다. 이사회는 자문위원회로부터의 자문 사항들과 정책 사안들을 각료회의에 보고하도록 되어 있다(Federal Register of Legislation, 2013a).

정책 조율은 장애인복지의 통합적 지원의 필요성뿐만 아니라 연방제라는 행정체계 때문에 호주에서는 더욱 강조된다. 정부 간 그리고 영역 간 관계와 협의는 연방제를 효과적으로 운영하는 데에 있어 핵심적인 요소로 간주되어 왔다. 최근의 국가장애보험제도의 도입과 장애개혁각료위원회의 설립은 협업과 조율의 가치를 보여주는 모범적인 사례로 평가되고 있다. 즉, 장애에 대한 경험은 지역에 따라 다양하고, 다양한 서비스 모델을 필요로 하기 때문에 전국적인 단위에서 통합적으로 관리될 때 장애인에 대한 정부의 책무성이 더욱 효과적으로 강화된다(Department of the Prime Minister and Cabinet, 2020).

국가장애보험법은 장애인 개인의 인생 목표(goals and aspirations)와 그 목표 달성과 관련된 욕구를 충족하는 것을 목적으로 하고 있다. 동법은 개인에 따라 인생 목표가 다르기 때문에 개별화된 지원 모델이 요구됨을 명시하고 있고, 인생 목표를 추구하는 데에 있어 장애가 장벽이 되지 않아야 한다는 것을 함의하고 있다. 동법은 장애인에게 '합당하고 필요한 지원(reasonable and necessary supports)'을 제공할 것을 명시하고 있다. 이에 따라, 국가애보험은 포괄적인 서비스 체계를 구축하고 있다. 국가장애보험제도의 지원은 크게 네 가지 유형으로 분류된다. 핵심지원(Core Supports), 역량형성(Capacity Building), 자본지원(Capital Supports), 그리고 상시지원(Recurring Supports).

**표 11.3** 국가장애보험제도 지원 내용

| 지원유형 | 목표 | 내용 |
|---|---|---|
| 핵심지원 | 일상생활 및 지역사회활동 지원 | - 일상활동 지원<br>- 지원된 독립 생활(Supported Independent Living), 중기(medium term) 숙소<br>- 교통<br>- 소비재(배뇨기기, 장관영양기기 구입 등)<br>- 사회・경제・지역사회참여・여가 지원 |
| 역량형성 | 기술개발, 독립성 향상, 미래의 지원 욕구 감소 | - 다양한 서비스들의 조율, 심리적 코칭<br>- 적절한 숙소 지원<br>- 사회참여를 위한 기술 학습<br>- 직업훈련 및 고용 유지<br>- 대인 관계 기술<br>- 행동 관리 및 도전적 행동 감소 지원<br>- 건강과 웰빙<br>- 평생교육<br>- 선택과 통제(케어플랜 관리) 능력 지원<br>- 아동기 개입 |

| | | |
|---|---|---|
| 자본지원 | 고비용의 보조공학기기, 차량개조, 주택개조, 장애인 특별 숙소 | - 보조공학기기 지원(가정, 지역사회, 직장)<br>- 보조공학기기 관리 및 대여<br>- 주택의 구조적 변경<br>- 중증 장애인을 위한 특별 숙소(specialist disability accommodation) 제공 |
| 상시지원 | 상시적인(regular basis) 현금 지원 | - 주로 교통 급여 |

출처 : NDIS(2023f).

국가장애보험이 개별예산제로 운영된다는 것은 장애인 개인이 자신의 삶의 열망과 욕구에 기초한 개별적인 지원계획(Inidividualised NDIS Plan)을 갖는다는 것을 의미한다. 국가장애보험 서비스 이용은 바로 이 계획의 수립에서부터 시작된다. 이 계획에는 개인의 인적사항과 생활 실태, 성취하고자 하는 목표, 사회적 지지망, 국가장애보험 서비스 욕구, 개별예산 사용 및 관리 방법, 그리고 계획의 변경 시기 등이 포함된다. 즉, 장애인 개인의 상황과 욕구에 따른 맞춤형 서비스가 제공되도록 설계된다.

국가장애보험은 세부적으로 생애주기별 서비스 체계를 구축하고 있다. 우선 국가장애보험은 9세 미만의 아동을 대상으로 하는 조기 아동기 프로그램(early childhood approach)을 가지고 있다. 이 프로그램은 다시 6세 미만 아동과 6세 이상 아동으로 구분하고, 6세 미만 아동에 대해서는 발달상의 지연(developmental delay)을 검사하는 도구(NDIS developmental delay criteria)를 활용하여 상당한(substantial) 발달 지연 여부를 판정한 후 국가장애보험 서비스로부터 조기개입을 받도록 하고 있다. 9세 미만 아동을 위해서는 '조기연계(early connections)' 프로그램이 제공된다. 조기연계 프로그램은 발달상의 지연 혹은 장애를 가진 아동들을 대상으로 한다. 장애 아동들은 국가장애보험과 계약을 맺은 다양한 분야의 조기개입 서비스 제공자들(early childhood partners)로부터 서비스를 제공받는데, 여기에는 유치원이나 프리스쿨 등의 보육서비스 기관들, 학교, 일반의와 소아과 의사 등의 의료서비스기관, 영양학자와 아동 정신보건 서비스 등의 지역사회 보건 서비스, 그리고 상담 서비스 등의 가족 지원 서비스 기관 등이 포함된다(NDIS, 2023b).

9세 이상이 되면 국가장애보험 지역서비스(local area coordinator)와 계약을 맺은 장애서비스 기관들로부터 서비스를 제공받는다. 이 연령대는 학령기이므로 장애학생은 학교교육 체계와 장애서비스 체계로부터 독립적인 혹은 연계된 서비스를 받는다. 기본적으로 학교는 장애학생들을 위한 교수법 조정, 학습지원 및 보조도구 제공, 학교 건물의 접근성 향상, 그리고 학교 교육과정에서 요구되는 교통 지원(예를 들어, 소풍이나 스포츠 행사 등) 등의 책임이 있다. 이에 반해 장애서비스는 개인돌봄, 등하교 지원 및 특수 지원 등 학생의 학습과는 관계가 없는 일상활동 관련 지원을 한다(NDIS, 2023d). 그러나 역할 구분은 분명치 않을 수 있으며, 국가장애보험은 학교의 장애학생지원 프로그램(Program for Students with Disability)과 함께 학교에 작업치료사, 물리치료사 및 언어병리학자 등의 특수 직원 고용, 보조공학기기 구입, 장애학생 교육을 위한 교사 훈련, 특수 교사 고용, 그리고 교구 구입 등을 재정지원한다. 국가장애보험은 필요할 경우 학교 내에서 장애학생을 위한 심리치료사(therapist)가 활동할 수 있도록 하고 있으며, 장애학생의 등하교에 필요한 교통서비스를 제공한다(Victorian Government, 2023).

학령기에서 성인기로의 전환은 장애인에게 매우 중요한 과업이며, 국가장애보험은 장애학생들이 졸업 이후에 근로활동에 종사할 수 있도록 준비하는 것을 지원한다. 졸업 전후 고용지원(School leaver employment supports) 프로그램은 장애학생들이 졸업 1년 전부터 졸업 후 1년까지 2년에 걸쳐 개별화된 고용경로(individualised pathway to employment)를 지원한다. 일반적으로 민간기업에서의 실습, 취업기술훈련, 교통훈련 등이 제공되는데, 학생의 요구에 따라 돈 관리, 시간 관리, 의사소통, 자기계발 등 다양한 기술에 대한 훈련이 제공된다(NDIS, 2023e).

성인기에 이르면 표준화된 지원이 이루어지는 것이 아니라 지속적으로 개별화된 지원이 이루어진다. 개인은 자신의 욕구와 상황의 변화에 따라 지원계획을 재사정(reassess)하고 변경할 수 있다. 일반적으로 지원계획은 12개월 혹은 24개월 단위로 작성되며, 자신의 목표를 달성하는 데에 도움이 되는 방식으로 혹은 변화된 목표에 맞게 지원계획을 검토하고 변경한다.

**표 11.4** 생애주기별 서비스

| 생애주기 | 아동기 | 학령기 | 전환기 | 성인기 |
|---|---|---|---|---|
| 서비스 | 조기 아동기 프로그램(early childhood approach) | 학교 연계 서비스 | 졸업 전후 고용지원(School leaver employment supports) | 개별화된 지원계획 검토 및 변경 |

국가장애보험제도의 시행은 장애인복지에 대한 주정부의 역할, 행정체계 그리고 근거 법령에 변화를 초래했다. 국가장애보험에서 주정부의 역할은 활동지원사 선별, 제약적인 실천방법에 대한 인가, 후견인 관리, 교육기관과 의료기관의 장애인 서비스 품질 관리, 사법체계의 보호 강화 등 직접적인 서비스가 아닌 서비스 인프라 관리에 집중된다(NDIS Review, 2023). 그러나 여전히 주정부는 독립적으로 장애인복지정책을 수립하고 시행한다. 예를 들어, 뉴사우스웨일스주는 장애포용정책(NSW Disability Inclusion Plan 2021－2025)을 시행하고 있다. 장애포용정책은 주정부 단위에서의 최상위 정책이며, 지방정부들은 이 정책에 기초하여 실행계획을 수립한다. 장애포용정책은 크게 네 가지 영역에서 집중적인 정책적 관심을 기울인다. 장애인에 대한 지역사회의 긍정적인 태도 형성, 장애인의 지역사회 생활 적합도(liveability) 향상, 의미 있는 고용에 대한 접근성 지원, 그리고 장애인복지 서비스 접근성 향상을 위한 서비스 체계와 절차 개선(NSW Department of Families Communities and Disability Services, 2021).

장애인복지에 대한 주정부의 역할 조정으로 인해 행정체계가 사실상 축소되었는데, 기존에 주정부의 장애인복지를 담당하던 '지역사회와 장애인부(Department of Families, Communities and Disability Services)'의 기능은 '지역사회와 사법부(Department of Communities and Justice)'와 '보건부(Department of Health)'로 분할 이전되었다. 주정부의 장애인 정책은 장애포용법(Disability Inclusion Act 2014)에 근거를 두고 있다. 장애포용법은 주정부로 하여금 장애포용정책을 실행하도록 규정하고 있으며, 동법은 장애위원회로 하여금 장애포용정책 실행을 모니터링하고, 담당 부처에 자문을 제공하도록 규정하고 있다(NSW Legislation, 2023).

## 6. 시사점

호주의 장애인복지는 정책적으로 그리고 거버넌스 면에서 큰 변화를 경험하고 있다. 공급자 중심에서 이용자 중심 서비스로의 전환이 이루어지고 있으며, 이를 뒷받침할 행정체계와 법령의 변화가 수반되고 있다. 장애인복지 전달체계에서 특기할 만한 변화는 기존의 주정부 중심의 분절적 체계가 연방정부 정부 중심의 통합적 체계로 전환되고 있다는 점이다. 전국 단위의 표준화된 장애인 서비스 제공의 필요성에 대한 사회적 공감대는 국가장애보험제도 도입을 추동했다. 국가장애보험의 효과적인 실행과 관리를 위해 연방정부 차원에서 장애인복지를 전담하는 부처가 신설되어 있다. 이는 장애인복지가 연방정부의 정책에서 차지하는 지위가 격상했다는 의미로 해석된다.

국가장애보험제도의 도입은 단지 서비스 정책의 영역뿐만 아니라 장애인복지성책 선반에 대해서 연방정부의 책임성을 더욱 강화하고 있다. 국가장애보험제도 관리 책임을 넘어서서 연방정부는 전국 단위의 장기 장애인복지정책을 수립하고, 그 실행에 대한 관리 책임 기구로 장애개혁각료위원회를 구성했다. 장애개혁각료위원회는 국가장애보험제도와 함께 장애인 인권, 교육, 고용, 건강 및 지역사회 인식 등 장애인복지정책 전반에 대한 최고 의결기구로서의 위상을 차지하고 있다. 더불어 연방정부의 장애인복지정책 실행을 지원하는 기구로서 자문위원회가 운영 중이다.

장애인복지 분야는 장애인의 생애 전반을 다루고 있기 때문에 다양한 사업들과 담당 조직들 간의 조율과 협업의 중요성이 강하게 부각되는 정책 영역이다. 연방정부가 장애인에 대한 포괄적인 지원을 통합적으로 지원하기 위한 정책과 행정조직을 구축하고 있는 한편 주정부들은 연방정부와 동조하는 독자적인 장애인복지정책과 조직을 운영하고 있다. 주정부의 장애인복지정책 역시 포괄적이고 통합적인 정책들로 구성되어 있다. 지방정부들은 단계적으로 주정부의 장애인복지정책에 기초하여 실행계획과 조직을 운영하고 있다. 이처럼 호주의 장애인복지 전달체계는 위계적이면서 표준화된 방식으로 운영되고 있다. 장애인복지 전달체계에서 각 정부 단위는 국가최고의결기구인 범정부회의를 정점으로 하여 순차적인 하위체계로 구조화되어 있다고 볼 수 있다.

호주 장애인복지 전달체계의 또 다른 특징은 자문조직의 효과적인 운영에 있다. 모든 정책과 전달체계는 법적 근거를 둔 자문기구를 두고 있다. 이 기구들의 운영기준과 임무는 법에 명시되어 있으며, 따라서 정해진 일정과 계획에 따라 체계적으로 운영되고 있다. 전반적으로 호주는 장애인복지정책의 조율과 협업의 필요성에 효과적으로 대응하는 전달체계를 구축 및 운영하고 있는 것으로 평가된다.

## 참고문헌

Australia's Disability Strategy Advisory Council. (2023). Australia's Disability Strategy Advisory Council terms and references.

Australian Government. (2020). COAG Disability Reform Council Terms of Reference : Australian Government.

Australian Government. (2022a). A culture of cooperation : First Secretaries Group's Review of Ministerial Councils Final report to National Cabinet : Australian Government.

Australian Government. (2022b). Guidance for Intergovernmental Meetings (version 2) : Australian Government.

Australian Government. (2023a). Guidance for Intergovernmental Meetings (version 3) : Australian Government.

Australian Government. (2023b). What we have heard : Moving from defining problems to designing solutions to build a better NDIS : Australian Government.

Australian Institute of Health and Welfare. (2022). The disability policy environment. In People with disability in Australia : Australian Institute of Health and Welfare.

Department of Families Fairness and Housing. (2023). Victorian Disability Advisory Council.

Department of Social Services. (2021). Australia's Disability Strategy 2021－2031 : Department of Social Services.

Department of Social Services. (2023a). Disability Reform Ministerial Council. Retrieved from https://www.dss.gov.au/our－responsibilities/disability－and－carers/programmes－services/govern－ment－international/disability－reform－ministers－meeting

Department of Social Services. (2023b). Disability Reform Ministerial Council Communiqués : Department of Social Services.

Department of the Prime Minister and Cabinet. (2020). Review of COAG Councils and Ministerial Forums : Department of the Prime Minister and Cabinet.

Department of the Prime Minister and Cabinet. (2023a). National Cabinet Terms of Reference : Department of the Prime Minister and Cabinet.

Department of the Prime Minister and Cabinet. (2023b). Regulatory Impact Analysis Guide for Ministers' Meetings and National Standard Setting Bodies : Department of the Prime Minister and Cabinet.

Dickinson, H., & Yates, S. (2023). A decade on : The achievements and challenges of the National Disability Insurance Scheme's implementation. Australian Journal of Social Issues, 58(3), 460－475.

Federal Register of Legislation. (2013). National Disability Insurance Scheme Act 2013 : Federal Register of Legislation.

National Disability Data Asset. (2023a). The National Disability Data Asset Council : The National Disability Data Asset.

National Disability Data Asset. (2023b). The National Disability Data Asset Factsheet : National Disability Data Asset.

NDIS. (2022). Council's Work Plan 2022－23 : NDIS.

NDIS. (2023a). 2023－27 NDIA Corporate Plan : NDIS.

NDIS. (2023b). Early childhood approach : NDIS.

NDIS. (2023c). NDIS Governance. Retrieved from https://www.ndis.gov.au/about－us/governance

NDIS. (2023d). School education. Retrieved from https://ourguidelines.ndis.gov.au/how－ndis－sup－ports－work－menu/mainstream－and－community－supports/who－responsible－supports－you－need/school－education

NDIS. (2023e). School Leaver Employment Supports. Retrieved from https://www.ndis.gov.au/providers/working-provider/school-leaver-employment-supports

NDIS. (2023f). Understanding and using your NDIS plan : NDIS.

NDIS Quality and Safeguards Commission. (2023). Scope of Commissioner's Functions : NDIS Quality and Safeguards Commission.

NDIS Review. (2023). Roles and responsibilities in the Framework. Retrieved from https://www.ndisreview.gov.au/resources/paper/ndis-quality-and-safeguarding-framework-issues-paper/key-issues/roles-and

NSW Department of Families Communities and Disability Services. (2021). Disability Inclusion Plan 2021-2025 : NSW Department of Families Communities and Disability Services.

NSW Legislation. (2023). Disability Inclusion Act 2014 : NSW Legislation.

Royal Commission into Violence Abuse Neglect and Exploitation of People with Disability. (2022). About the Disability Royal Commission : Royal Commission into Violence Abuse Neglect and Exploitation of People with Disability.

Royal Commission into Violence Abuse Neglect and Exploitation of People with Disability. (2023). Royal Commission into Violence, Abuse, Neglect and Exploitation of People with Disability : Final Report : Royal Commission into Violence Abuse Neglect and Exploitation of People with Disability.

Royal Commissions. (2023). About Royal Commissions. Retrieved from https://www.royalcommission.gov.au/about-royal-commissions

Victorian Government. (2023). The NDIS and schools. Retrieved from https://www.vic.gov.au/ndis-and-schools

# 12 호주의 정신보건 정책과 전달체계[1)]

## 1. 정신질환 개요

정신건강의 문제(mental health problems)는 제대로 정의되어 있지 않다. 정신건강 문제는 대략적으로 정신적 기능의 손상을 의미한다. 이를 지칭하는 용어는 다양한데, 정신질환(mental illness), 정신이상(mental disorder), 정신병(mental disease), 그리고 심리 이상(psychiatric disorder) 등이 혼용되어 사용되고 있다(Australian Institute of Health and Welfare, 2015). 호주에서는 주로 정신질환과 정신이상 등 두 용어가 공식적인 문서에 가장 흔하게 쓰이고 있다.

정신질환은 용어만큼이나 그 종류와 정도도 다양하며, 특정한 진단기준(diagnostic criteria)을 충족하지 못할 때 정신질환으로 분류된다. 대체로 스트레스, 불안, 우울, 그리고 약물의존 등은 상대적으로 흔하게 관찰되는 정신질환으로 분류되며, 조현병(schizophrenia), 분열정동장애(schizoaffective disorder), 그리고 양극성 정동장애(bipolar disorder) 등은 일반적으로 관찰되지 않는 심한 정신질환으로 분류되고 있다(Australian Institute of Health and Welfare, 2015). 물론 개별 정신질환 내에서도 정도의 차이는 있다.

호주에서 가장 포괄적인 정신질환 통계는 호주 통계청에서 실시하는 '정신건강과 웰빙 서베이(National Survey of Mental Health and Wellbeing)'에 의해 생산되고 있다. 1997년에 첫 서베이가 실시되었고, 가장 최근에 실시된 서베이는 2007년으로 거슬러 올라간다. 이후 호주 통계청에서는 정신건강에만 전적으로 관련된 전국 조사를 실시하지 않았다. 이후 정신건강 관

1) 본 장은 '엄태완 외(2021), 안전한 지역사회를 위한 공공-민간 자원연결 모형 개발 : 조현병 환자의 지역사회 거주를 위한 인적 인프라 구축'에 수록됨.

련 통계는 각 주(States and Territories)에서 정책 및 서비스 개발을 위해 독자적으로 수행하고 있다. 예를 들어, 뉴사우스웨일스주에서는 'NSW 웰빙 서베이(NSW Wellbeing Survey 2019)'가 진행되고 있다(Mental Health Association NSW, 2019). 호주 통계청에 가장 최근에 실시한 정신건강 관련 서베이는 2017~2018년에 실시된 '전국 건강 서베이(National Health Survey)'나. 이 조사는 정신건강에만 국한되지 않고, 건강 관련 제반 주제들을 포함하고 있다(Australian Bureau of Statistics, 2018b).

2007년 '정신건강과 웰빙 서베이'에 의하면, 호주 전체 인구의 약 45%는 생애에 걸쳐 정신질환을 경험하고 있으며, 최근 12개월 동안 정신질환을 경험한 인구는 약 20%에 달했다(Australian Bureau of Statistics, 2008). 즉, 전체 인구 5명 중 1명은 조사 시점에서 정신질환을 경험하고 있는 것이다. 최근의 '전국 건강 서베이'에서도 유사한 통계가 확인되고 있다(Australian Bureau of Statistics, 2018b). 호주 통계청은 정신질환을 크게 세 가지 범주로 구분한다. 불안 장애(anxiety disorders), 정동 장애(affective disorders), 그리고 약물 사용 장애(substance use disorders). 불안 장애에는 공황장애, 광장공포증, 대인기피증, 일반 불안장애, 강박장애, 그리고 심리적 외상 등이 포함되며, 정동 장애에는 우울 에피소드, 기분저하(dysthymia), 그리고 양극성 정동장애가 포함된다. 약물 의존 장애에는 유해한 음주 사용, 알코올 중독, 그리고 약물 사용 장애가 포함된다. 최근 12개월 동안 정신질환 경험자의 유형별 분포를 살펴보면, 불안 장애가 가장 큰 비중을 차지하고 있고, 이어서 정동 장애와 약물 사용 장애가 뒤를 따른다(Australian Bureau of Statistics, 2008).

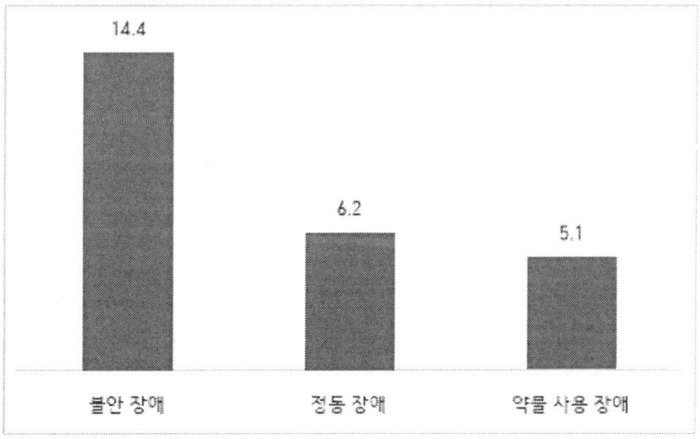


**그림 12.1** 정신질환 유형별 경험률(%)

출처 : Australian Bureau of Statistics(2008).

정신질환을 경험한다는 것이 반드시 정신병리(psychotic illness)를 의미하지는 않는다. 정신병리는 섭식장애(eating disorders)나 성격장애(personality disorders) 등의 심각한 결과로 이어지기도 하는데, 환각, 망상 혹은 행위 이상 등의 증상으로 특징지워진다. 정신병리를 경험하는 이들은 극소수인데, 18~64세 인구 1천 명 중에서 공공에서 제공하는 전문적인 정신건강 서비스를 받고 있는 사람들은 3.1명이다. 비정부 정신질환 서비스를 받고 있는 이들까지 합하면 1천 명당 3.5명이다. 정신질환 서비스를 받고 있는 이들 중에는 조현병(47.0%)이 가장 큰 비중을 차지하고 있고, 이어서 양극성 정동장애(17.5%)와 분열 정동장애(17.5%)가 뒤를 잇고 있다(Morgan et al., 2011).

정신질환 경험은 연령과 관련이 있다. 16~24세 연령대에서 정신질환 경험률이 26.4%로 가장 높고, 연령이 상승할수록 정신질환 경험률은 감소하는 경향을 보인다(Australian Bureau of Statistics, 2008). 정신질환 전문 서비스를 받고 있는 이들 3명 중 2명 정도(64.8%)도 25세 이전에 증상이 시작되었다(Morgan et al., 2011). 정신질환은 반드시 성인에게서만 경험되는 것은 아니다. 유아기와 학령기 연령대에서도 정신질환은 흔하게 발견되고 있으며, 4~17세 사이 연령대의 13.9%가 주의력 결핍, 불안, 그리고 우울 등의 정신질환을 경험하고 있다(Lawrence et al., 2015).

정신질환은 개인과 가족, 더 나아가 지역사회에 부정적인 파급효과를 가지는 것으로 보고되고 있다. 정신질환과 약물사용 장애는 질병부담(burden of disease)의 주요 원인이다. 이들은 전체 질병부담(total burden of disease)의 12%를 차지하고 있으며, 이는 암, 심혈관질환, 그리고 근골격질환에 이어 네 번째로 큰 원인이다. 또한 정신질환과 약물사용 장애는 건강 저하나 상실 등의 비치명적인(non-fatal) 질병부담에서는 두 번째로 큰 원인이다(Australian Institute of Health and Welfare, 2016). 정신건강의 저하는 심한 경우 자살로 이어질 가능성도 있다. 자살은 반드시 정신질환을 수반하지는 않지만, 자살을 시도한 이의 94.2%는 지난 12개월 이내에 정신질환 경험이 있는 것으로 나타났다(Cook, 2019).

정신질환은 개인 차원의 부담과 손실을 넘어서서 지역사회와 정부에게도 부담이 되고 있다. 정신질환이 장애와 병적 상태(morbidity)의 주요 원천이 됨에 따라 호주 장애지원연금 수급자의 약 3분의 1 정도(34%)는 정신질환을 주요 이유로 가진 이들이다(Australian Institute of Health and Welfare, 2020a). 정신질환은 호주 사회의 경제적 부담의 원인이 되기도 한다. 연구에 의하면 심각한 정신질환은 한 해에 567억 호주달러(약 50조 원)의 경제적 비용을 초래하고 있다. 이는 보건 서비스 이용에 따른 직접적인 비용뿐만 아니라 업무에 대한 영향 등으로 인한 생산성의 손실까지 포함하여 산출된 금액이다(Royal Australian and New Zealand College of Psychiatrists, 2016). 이는 일 인당 연간 4천 호주달러(약 370만 원)에 해당하는 금액이다(Cook, 2019).

## 2. 정신보건 체계 및 서비스

### 1) 정신보건 체계

호주의 정신보건 체계는 연방정부, 주정부, 그리고 민간의 영리 및 비영리 부문들의 책임으로 구성되어 있다. 각 부문의 역할에 대해서는 대략적으로 경계가 설정되어 있기는 하지만 항상 분명하게 구분되어 있지는 않다. 특히 연방정부와 주정부 간의 역할 경계는 불분명하거나 책임 공유(shared responsibility) 방식의 전달체계를 구성하는 경우가 많다.

우선 연방정부는 호주의 공공의료 시스템인 '메디케어(Medicare Benefits Schedule)'를 통해 다양한 정신보건 서비스를 지원한다. 메디케어를 통해 보조금을 받는 정신보건 서비스는 주로 일반의(general practitioners), 정신과의사(psychiatrist), 심리학자, 그리고 사회복지사 등에 의해 제공된다. 연방정부는 또한 '의약품 보조 제도(Pharmaceutical Benefits Scheme)'를 통해 약품 비용을 지원한다. 연방정부는 정신보건 서비스에 필수적인 다양한 프로그램과 서비스에 대한 재정지원을 한다. 여기에는 소득지원, 사회참여 지원, 장애인 서비스, 노동시장 참여 지원, 주거비 지원 등이 포함된다.

연방정부가 주로 의료서비스 전반에 대한 관리 및 관련 프로그램과 서비스에 대한 재정지원의 역할을 담당하는 반면 실제 정신보건 서비스를 제공하는 주체는 주정부다. 주정부가 제공하는 정신보건 서비스는 크게 공공병원 서비스, 지역사회 정신보건 서비스(community mental health care services) 그리고 거주시설 정신보건 서비스(residential mental health services) 등으로 구분될 수 있다. 주정부가 제공하는 정신보건 프로그램과 서비스는 연방정부와 공동으로 재정부담하는 경우가 많다. 예를 들어, 공공병원 서비스의 경우 연방정부가 실제 진료의 일정

비율로 주정부를 지원하며(activity-based funding), 의료분야 전문 직업인들의 등록과 인가 업무도 연방정부와 주정부가 공동으로 운영하는 기구(Australian Health Practitioner Regulation Agency)를 통해 이루어진다. 그 외 전국장애보험제도(National Disability Insurance Scheme)와 홈리스 지원 정책(National Housing and Homelessness Agreement) 등의 정신보건 관련 프로그램들도 연방정부와 주정부의 공동 재정지원으로 운영된다.

민간 영리부문 서비스는 민간병원에서 제공되는 서비스를 포함한다. 민간보험은 민간병원에서 제공하는 서비스와 치료비를 지원한다. 민간 비영리기관들은 정부 혹은 민간으로부터 재정지원을 받아 정신보건 서비스를 제공한다. 이들의 역할은 정신보건 전문가들이 수행하는 진단이나 치료보다는 정신질환자를 위한 웰빙프로그램과 지원서비스 등에 초점을 두고 있다.

정신질환을 보유하고 있다고 해서 정신보건 서비스를 받는 것은 아니다. 대부분(86%)의 호주 정신질환 경험자들은 정신보건 서비스의 필요성을 느끼지 못하고 있다. 그러나 정신질환에 대한 메디케어 지원의 확대로 정신보건 서비스 이용자는 증가하고 있다. 2018~2019년에 정신건강 관련한 처방을 받은 이는 430명이다. 정신보건 서비스를 이용한 이들의 대부분(71%)은 일반의의 진료를 받은 경험이 있으며, 38%는 심리학자, 그리고 23%는 정신과의사로부터 진료를 받았다(Australian Institute of Health and Welfare, 2020a).

2018~2019년 현재 호주가 정신보건 서비스에 지출한 총 비용은 106억 호주달러(약 10조원)다. 이를 일 인당 비용으로 환산하면 420호주달러가 되며, 지난 2014~2015년의 396호주달러를 고려해 볼 때 연간 1.5%의 증가율을 보이고 있다. 서비스 제공 부문별로 구분해 보면, 주정부가 59.8%로서 가장 큰 비중의 재정지원을 담당하고 있으며, 연방정부는 35.0%, 그리고 민간 부문에서 5.2%를 담당하고 있다(Cook, 2019). 연방정부의 지출은 대부분 메디케어 보조금에 사용되고 있다.

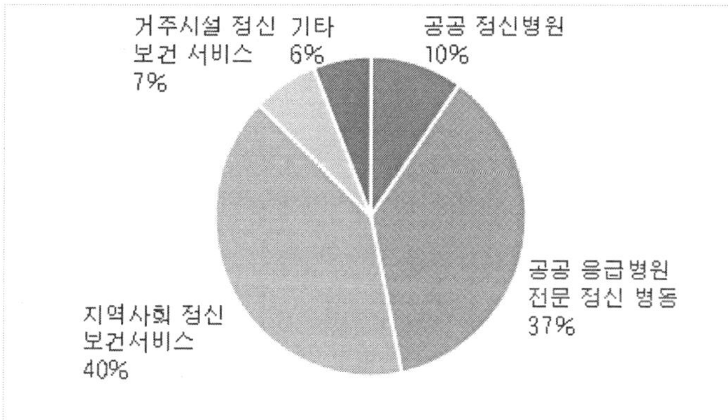


**그림 12.2** 주정부 정신보건 분야 예산 지출
출처 : Australian Institute of Health and Welfare(2020a).

실제 전문 정신보건 프로그램과 서비스 운영을 담당하고 있는 주정부의 예산지출은 2018~2019년 현재 64억 호주달러(약 6조 원)다. 공공병원에 소요되는 지출이 가장 큰 비중을 차지하고 있다. 이 중에서도 단기 응급 치료(specialised psychiatric units or wards in public acute hospitals)에 대부분이 지출되고, 정신과병원(public psychiatric hospitals) 지출은 작은 비중을 차지하고 있다. 단일 지출 영역으로는 지역사회 정신보건 서비스가 40%로서 가장 큰 비중을 차지하고 있으며, 거주시설 정신보건 서비스에 지출되는 예산은 7%로 상대적으로 작다(Australian Institute of Health and Welfare, 2020a).

### 2) 정신보건 서비스

호주 정신보건 서비스는 크게 세 가지 유형으로 구분할 수 있다. 첫째는 연방정부의 메디케어 보조금으로 제공되는 서비스다. 주로 일반의, 정신과의사, 심리학자, 사회복지사, 그리고 작업치료사 등이 메디케어의 보조(subsidised)를 받는다. 우선 일반의들은 2016년 한 해에 우울, 불안 그리고 수면장애 등 총 1,770만 건의 정신질환 관련 진료를 했으며, 이는 일반의 전체 진료의 12.4%에 해당한다. 실제 일반의들이 정신질환 항목으로 메디케어에 의료비를 청구한 경우는 320만 건이다(Cook, 2019).

정신과의사들도 정신질환 관련 상담과 진료에 대해 메디케어에 환불(rebates)형식으로 지급을 받는다. 2017~2018년에 정신과의사들이 메디케어에 청구한 항목은 240만 건이다. 정신과

의사들은 환자 일 인당 가장 높은 빈도의 서비스를 제공하는 집단이며, 이들은 환자당 6.2회의 서비스를 제공한다. 일반의와 정신과의사 외에도 메디케어 환불 요청을 할 수 있는 연합보건직업군(allied health professionals)이 있다. 이들은 보통 일반의, 정신과의사, 그리고 소아과의사 등으로부터 위탁을 받아 정신보건 서비스를 제공한다. 연합보건직업군은 2017~2018년에 약 560만 건의 서비스에 대한 진료비를 메디케어에 청구했다(Cook, 2019).

두 번째 유형은 메디케어의 보조금으로 운영되지 않는 전문 정신보건 돌봄 서비스다(specialised mental health care). 전문 정신보건 돌봄 서비스는 주로 주정부와 연방정부의 예산 지원으로 운영되는 다양한 기관에 의해 제공된다. 여기에는 공립 및 민간 정신과 병원(public and private psychiatric hospitals), 공공 응급 병원의 정신과 병동(psychiatric units or wards in public acute hospitals), 지역사회 정신보건 돌봄 서비스(Community mental health care services), 그리고 거주시설 정신보건 서비스(Residential mental health services) 등이 포함된다. 2018~2019년 현재, 전문 정신보건 돌봄 서비스를 제공하는 시설은 1,694개다. 이를 시설 유형별로 세분화해 보면, 160개의 공공병원과 66개의 민간병원이 정신과병원 혹은 정신과 병동을 가진 병원이다. 공공병원은 약 7천 개의 정신보건 병상을 확보하고 있으며, 추가적으로 민간병원이 3,300여 개의 병상을 제공하고 있다.

거주시설 정신보건 서비스는 전국적으로 183개가 운영되고 있으며, 이들은 총 2천 5백여 개의 병상을 제공하고 있다. 거주시설은 재활, 치료 및 장기간 돌봄 서비스를 제공하고 있으며, 2018~2019년에 총 6,357명의 거주자들에게 서비스를 제공했다. 거주시설 서비스에서 가장 큰 비중을 차지하는 정신질환은 조현병으로서 전체 에피소드의 25.1%를 차지하며, 이어서 인격장애(specific personality disorders, 13.2%)와 분열정동장애(8.8%)가 뒤를 잇고 있다. 거주기간을 살펴보면, 과반수(51.2%)는 2주 이하의 단기 거주자이고, 1년 이상 거주자는 3.5%로 소수를 차지하고 있다.

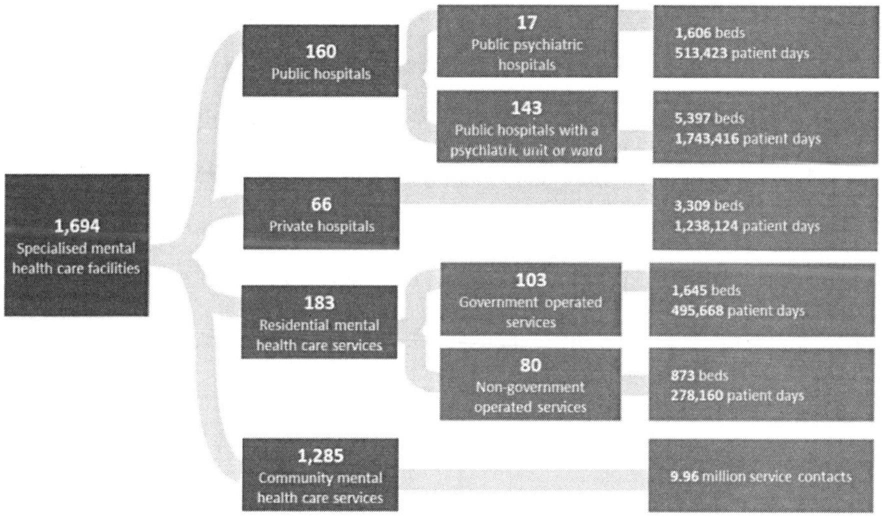


**그림 12.3** 정신보건 서비스 시설 현황
출처 : Australian Institute of Health and Welfare(2020a).

지역사회 정신보건 돌봄 서비스는 정부에서 직접 운영하거나 정부에서 재정지원하고 지역사회 서비스 기관이 운영하는 방식으로 수행된다. 여기에는 병원에 기반을 둔 순회서비스(ambulatory care services), 외래환자 및 주간진료도 포함된다. 2018~2019년 현재 전국적으로 1,285개의 지역사회 정신보건 서비스 기관이 운영 중이며, 이들은 한 해에 약 453,000명의 환자에게 970만 건의 서비스를 제공했다. 거주시설 서비스와 마찬가지로 지역사회 서비스에서도 조현병(21.9%)이 가장 빈번한 사유로 기록되고 있으며, 이어서 우울에피소드(6.6%)와 분열정동장애(6.1%)가 많은 비중을 차지한다.

전문 정신보건 돌봄 서비스 제공자들은 '정신보건 서비스 국가 표준(National standards for mental health services)'을 준수해야 한다. 국가표준은 정신보건 서비스의 품질을 관리하기 위한 제도적 메커니즘이며, 1996년에 처음으로 도입되었다. 국가표준은 정신보건 서비스가 어떻게 제공되어야 하는지, 정부의 정책 방향과 일관되는지, 그리고 기대되는 수준에 정신보건 실천 수준은 무엇인지, 그 기대에 부합하기 위한 서비스 제공 절차와 개입이 어떠해야 하는지 등에 대한 기준과 가이드를 제공하고 있다(Department of Health, 2010).

세 번째 정신보건 서비스 유형은 정신보건 특수적인 서비스라기보다는 관련 서비스로 볼 수 있다. 이에는 대표적으로 장애지원서비스(disability support services)와 홈리스지원서비스(homelessness support services) 등이 포함된다. 호주의 장애지원서비스는 '국가장애보험제도(National Disability Insurance Scheme)'에 의해 운영된다. 국가장애보험은 2016년부터 시행된 새로운 형태의 호주 장애인 활동지원 서비스를 의미한다. 기존에 각 주별로 독립적으로 운영되던 장애지원서비스를 전국 단위로 표준화한 것이며, 일반예산으로 충당하던 재원을 사회보험방식으로 전환했다. 모든 정신질환 보유자가 국가장애보험의 장애지원서비스를 받는 것은 아니며, 정신질환으로 인한 장애가 확인된 이에 한해 서비스(psychiatric disability support services)의 자격요건이 부여된다. 2018~2019년 현재 국가장애보험 서비스 이용자 중에서 정신질환 장애를 가진 이는 106,401명이며, 이 중 70,901명은 정신질환이 주요 장애인 경우다. 최근 장애지원서비스를 받는 정신질환자는 증가 추세에 있으며, 인구 십만 명당 이들의 수는 422.6명이다. 장애지원서비스를 받는 정신질환자의 절대 다수는 지역사회 서비스 이용자들이며, 거주시설 이용자는 점점 줄어들어 최근에는 극소수에 머물고 있다.

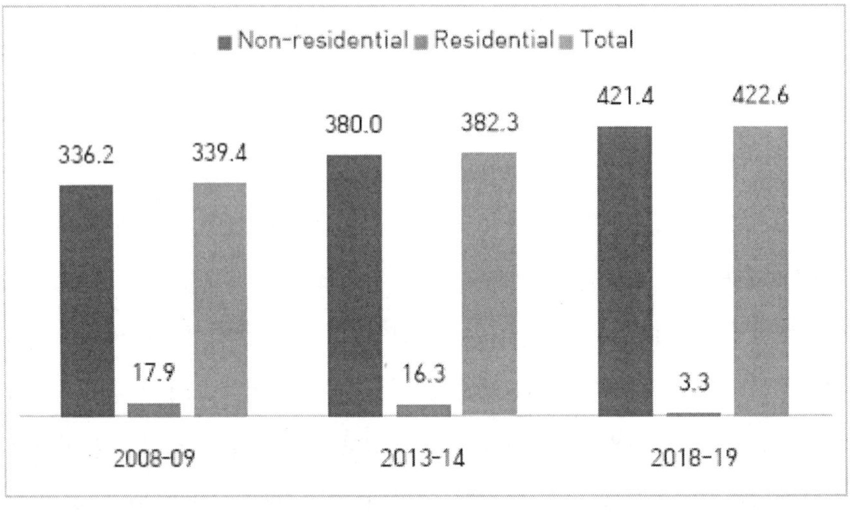


**그림 12.4** 인구 십만 명당 정신질환 장애지원서비스 이용자 수

출처 : Australian Institute of Health and Welfare(2020a).

정신질환은 홈리스의 원인이 되기도 한다. 홈리스 혹은 홈리스 위험에 처한 이들을 위한 서비스를 제공하는 기관들은 다양한데, 호주 정부로부터 재정지원을 받는 서비스를 '홈리스 전문 서비스(specialist homelessness services)'로 부른다. 이들 서비스는 주로 비영리기관에 의해 운영된다. 홈리스 전문 서비스는 크게 숙소 서비스와 비숙소 서비스로 구분된다. 숙소 서비스는 말 그대로 단기/긴급 숙소 제공, 중기/이전 숙소 제공, 임차 유지 지원, 퇴거(eviction) 지원, 압류(foreclosures) 방지 등의 서비스를 말한다. 비숙소 서비스는 가정폭력 서비스, 정신보건 서비스, 가족관계 지원 서비스, 약물 상담, 법률/재무 서비스, 그리고 이민 및 문화적응 서비스 등을 포함한다. 2018~2019년 현재 홈리스 전문 서비스를 받고 있는 이는 전국적으로 241,000명이고, 이 중 35.8%(약 86,500명)는 현재 정신질환을 가지고 있는 이들이다. 홈리스가 되는 경로는 다양한데, 정신질환이 주요 원인이 되어 홈리스 전문 서비스를 받는 이는 전체 홈리스의 4.3%다(Australian Institute of Health and Welfare, 2020a).

### 3) 최근 정신보건 정책 방향

호주에서는 전통적으로 정신보건을 포함한 사회서비스 분야는 주정부의 독립적인 권한으로 운영되어 왔다. 그러나 최근에는 주정부 간의 정책적 조율의 필요성에 따라 연방정부와 주정부의 공동책임 체계로 전환되는 경향을 보이고 있다. 전후 시설보호의 문제점들이 전 사회적 이슈로 부상하고, 사회복지 제반 서비스에서 탈시설화와 지역사회 보호에 대한 사회적 욕구가 제기됨에 따라 호주정부는 국가 차원에서 개혁 정책을 추진해 왔다.

정신보건 분야에서 실질적으로 정책개발이 이루어진 것은 1980년대로 거슬러 올라간다. 2개의 정부보고서가 시설수용의 문제점을 공론화했는데, 리치몬드 보고서(1981)는 시설에 수용된 장애인과 정신질환자들에 대한 학대를 드러내면서 탈시설화를 주장했다(Richmond, 1981). 이어진 뉴사우스웨일스 주정부 보고서 역시 시설에 수용된 정신질환자들의 인권 문제를 다루었다(Burdekin, Hall, & Guilfoyle, 1993). 이 보고서들은 시설 수용 정신질환자들의 사회, 경제, 위생 및 정의 문제에 대한 정부의 대응을 촉발했고, 이에 대한 대응으로 호주 정부는 '호주 보건부 자문 위원회 대책본부(Australian Health Ministers Advisory Council Task Force)'를 설립했다(Vrklevski, Eljiz, & Greenfield, 2017). 그 결과 호주 정부는 '국가정신보건계획(National Mental Health Plan, 1993-1998)'이라는 최초의 국가 차원의 정신보건 정책을 수립했다. 이 5개년 전략보고서는 정신질환자에 대한 서비스를 병원에서의 단기간 응급 처치와 지역사회보호 중심으로 전환하기 위한 법적, 제도적 토대를 구축하는 것을 목표로 했다. 구체적으로 다음 12개의 우선순위 전략이 포함되었다. 소비자의 권리, 정신보건 서비스와 일반 보건 섹터 간의 관계, 정신보건 서비스와 보건 이외 섹터 간의 연계, 서비스 혼합, 정신건강 촉진 및 정신질환 예방, (병원에서의) 일차 돌봄 서비스, 돌보미들과 비영리기관, 정신보건 종사자, 법제, 연구 및 평가, 서비스 표준, 그리고 모니터링과 책임성(Department of Health, 2001). 후속되는 '제2차 국가정신보건계획(1998–2003)'과 '제3차 국가정신보건계획(2003–2008)'은 기존 국가계획 사업의 성과를 공고히 하기 위한 사업의 연장과 일부 우선순위의 추가로 요약할 수 있다.

'제4차 국가정신보건계획'은 기존의 계획과는 달리 정신질환자의 사회통합을 최고 우선순위에 설정하고, 성과지향적인 접근을 시도했다. 크게 다음 다섯 가지의 우선순위와 측정 가능한 성과지표를 제시하고 있다. ① 사회통합과 회복(근로연령대 정신질환자의 노동시장 참여율, 16~30세의 젊은 정신질환자의 교육과 고용 참여율, 정신질환자에 대한 낙인적(stigmatising) 인식 개선, 안정적인 주거를 가진 정신질환자의 비율, 정신질환자의 지역사회 참여율), ② 예방과 조기개입(학교 교육과정에 정신보건 관련 과목 비중, 학생들의 정신보건 서비스 이용률, 학생들의 약물 사용률, 지역사회 자살률, 교육과 훈련을 받은 정신보건 분야 일선 종사자의 비율, 지역사회의 정신보건 및 정신질환에 대한 이해도, 정신질환 유병률), ③ 서비스 접근성, 조율 및 돌봄의 지속성(정신보건 서비스 이용률, 퇴원 후 28일 이내 재입원율, 입원 전 지역사회 서비스 이용률, 퇴원 후 지역사회 서비스 이용률, 주치의를 보유한 전문 정신보건 서비스 이용자 비율, 응급치료 대기시간, 홈리스 정신질환자 출현율, 성인 혹은 청소년 교정시설 정신질환자 출현율), ④ 서비스의 질적 개선과 혁신(정신보건 종사자 중에서 정신보건 서비스 이용자와 돌보미가 차지하는 비율, 정신보건 서비스 국가표준을 충족하는 서비스의 비율, 정신보건 서비스를 받은 이들이 경험하는 효과, 긍정적인 서비스를 경험한 이용자와 돌보미의 비율), ⑤ 책임성 : 측정과 진행상황 보고(성과 데이터를 공개하는 정신보건 서비스 기관의 비율)(Department of Health, 2009).

**표 12.1** 5차 국가정신보건계획 주요 내용

| 중점 목표 | 성과지표 |
|---|---|
| 통합적인 계획과 서비스 전달 | – 건강 상태 및 욕구 : 높은 수준의 심리 스트레스를 가진 인구의 비율<br>– 자살률<br>– 정신보건 서비스의 질 : 긍정적인 서비스 경험을 한 이용자와 돌보미의 비율<br>– 서비스의 효과성 : 진료의 결과 혹은 사회참여 증진<br>– 보건 서비스에 대한 접근성과 통합<br>– 후속조치 : 퇴원 후 혹은 자살 시도 후 |
| 효과적인 자살예방 | – 자살률 감소 : 병원 내 자살 발생 감소 포함<br>– 자살 시도로 응급 서비스를 받은 후 후속 서비스 제공<br>– 자살 시도자에 대한 돌봄 및 서비스 결과에 대한 데이터베이스화를 통한 자살예방 전략 |
| 심각한 정신질환자를 위한 조율된 처치와 지원 | – 돌봄과 지원서비스의 질적 개선 : 비자발적인 병원 입원 욕구 감소, 격리 등 통제적인 실천(restrictive practices) 감소<br>– 진료의 결과 향상 : 삶의 의미 및 가족/사회와의 연계감, 학업과 고용에의 참여<br>– 돌봄의 지속성 : 입원 후 후속조치 개선<br>– 장기 정신질환자의 신체건강에 대한 효과적인 돌봄, 일반인들과의 유병률 격차 감소<br>– 가족 돌보미들에 대한 지원 개선 : 돌보미들의 고용 참여 향상 |
| 원주민의 정신보건과 자살예방 | – 정신보건과 웰빙 개선 : 심리 스트레스, 정신질환자의 약물 사용, 자살 감소<br>– 비원주민들과의 격차 감소 : 정신보건 서비스 접근성, 돌봄의 질과 연속성, 퇴원후 후속 조치, 병원 재입원률, 자살 시도 후속 조치, 장기 신체질환 출현율, 유병률 격차 |
| 정신질환자들의 신체건강 향상 및 조기 발병 감소 | – 정신질환 보유자 중 장기 신체질환 출현율<br>– 정신질환자의 약물 사용률<br>– 정신질환자 중 신체질환으로 인한 입원율<br>– 정신질환자와 일반인의 유병률 격차 |
| 수치감과 차별 감소 | – 정신보건 서비스 이용자 중 차별경험 사례 보고 건수<br>– 고용이나 학업에 참여하는 정신질환자의 비율<br>– 정신보건 종사자에 의한 차별적 태도 |
| 정신보건 전달체계의 안전과 질 | – 서비스 이용자와 돌보미에 의해 측정된 서비스의 질<br>– 돌봄의 지속성 : 병원 입원 혹은 자살 시도 후속 조치<br>– 응급 정신보건 서비스에 통제적 실천<br>– 장기 정신질환자의 신체 건강에 대한 돌봄 |
| 정신보건 체계의 효과성 향상 | – 동료 간 돌봄(peer workforce) 증가 : 정신질환 서비스 이용자가 정신보건 종사자가 되는 비율 |

출처 : Department of Health(2017).

현재 '제5차 국가정신보건계획(Fifth National Mental Health and Suicide Prevention Plan 2017–2022)'이 실행 중이다. 제목에서도 시사되듯이 제5차 계획에는 자살 방지가 정신보건에서 중점적인 목표로 설정되어 있다. 총 8개의 우선순위가 설정되어 있으며, 각 영역별로 이를 달성하기 위한 세부실행목표와 성과지표가 제시되어 있다(Department of Health, 2017). 제5차 계획은 목표를 달성하기 위해 정신보건 체계의 조율과 통합적 접근을 강조하고 있으며, 새로 설립된 2개의 조직체계가 이 기능을 담당하게 된다. 첫 번째 기구는 '일차보건네트워크스(Primary Health Networks)'로서 병원들로 구성된 독립기구다. 2015년부터 설립, 운영 중이며, 보건 서비스의 효율성과 효과성 제고, 그리고 분절화되어 있는 보건체계의 연계성 강화를 목표로 하고 있다(Booth et al., 2016). 제5차 계획은 정신질환이 단지 정신 차원의 문제만이 아니라 육체 건강 및 사회적 웰빙과 연관되어 있다는 점에 주목하고 있으며, 따라서 일차보건네트워크스의 중요성이 부각되고 있다. 두 번째 기구는 '연방정신보건위원회(National Mental Health Commissions)'다. 정신보건위원회는 2012년에 보건부(Department of Health) 산하에 설립, 운영되고 있다. 정신보건위원회는 정신보건 서비스와 자살 방지를 위한 범정부 차원의 접근법을 취하고 있으며, 정책 제언과 보고서 작성 등의 자문역할을 담당한다. 제5차 계획에 제시된 우선순위는 바로 정신보건위원회가 2014년에 실행한 '정신보건 프로그램과 서비스에 대한 검토 보고서(National Review of Mental Health Programmes and Services)'에 기초하고 있다.

1990년대 초반부터 시행되어 오고 있는 호주의 국가정신보건정책의 중점 목표에서 지속적으로 등장하는 주제 중의 하나는 정신질환자의 사회통합과 지역사회 보호다. 병원으로 되돌아 오는(revolving door) 순환 현상을 감소시키고, 최대한 지역사회에서 통합된 사회구성원으로 머물도록 지원하는 서비스 모형을 선호하고 있는 것이다(Mental Health Coordinating Council, 2007). '서비스 혼합(service mix)' 혹은 '실용적 균형(pragmatic balance)'은 병원서비스와 지역사회서비스의 혼합을 지향하고 있으며, 두 영역 간의 이분법적 서비스 연계를 넘어서서 정신질환의 예방과 치료에 영향을 미치는 제반 요인들을 포괄적으로 고려하는 접근을 이상적인 모델로 상정하고(Thornicroft & Tansella, 2004), 이를 실현하기 위한 정책적 대응을 발전시켜 나가고 있다. 제5차 정신보건계획에 시사되어 있듯이, 호주 정신보건 전달체계는 치료와 지원이 조율되고, 통합적인 방식으로 운영되는 것을 최우선 목표로 하고 있다(Department of Health, 2017; National Mental Health Commission, 2018).

**그림 12.5** 사회통합적인 정신보건 지원체계
출처 : Mental Health Coordinating Council(2007).

최근 호주의 정신보건 체계의 관심사 중의 하나는 아동 정신질환이다. 지난 30년간 실행되어 온 국가정신보건계획에서 제대로 반영되어 오고 있지 못한 분야가 아동 및 청소년 정신보건 문제다. 아동 및 청소년 정신보건 문제에 대한 관심은 매우 중요한데, 그 이유는 성인기 정신질환의 50%는 14세 이전의 연령대에서 시작하기 때문이다. 또한 4~17세 연령대의 14%는 이미 어떤 유형의 정신질환을 경험하고 있다. 호주 정부는 아동 정신건강의 중요성과 심각성에 관심을 가지고, 최근에 '국가 아동 정신보건 전략(The National Children's Mental Health and Wellbeing Strategy)'을 발표했다(National Mental Health Commission, 2020). 이 전략은 아동의 정신보건을 위해 가족과 지역사회, 정신보건체계, 그리고 교육체계가 어떻게 아동을 지원해야 하는지에 대한 프레임워크를 제시하고 있다(National Mental Health Commission, 2020). 아동의 정신보건 체계에서는 특히 돌보미(주로 부모)를 적절히 개입시키는 것이 최적의 실천으로 간주되며, 따라서 돌보미에 대한 지원에도 정책적 관심이 증대되고 있다(National Mental Health Commission, 2018).

## 3. 지역사회 정신보건 서비스 사례(뉴사우스웨일스주)

### 1) 정책 및 전략

보육, 주택, 보건 등의 사회서비스는 전통적으로 주정부의 소관이며, 연방정부는 주정부 간의 서비스 표준화와 균등화를 위한 정책개발 및 재정지원을 담당한다. 큰 틀에서 연방정부가 사회서비스 운영에 관한 방향을 제시하고 있으며, 주정부는 이에 기초하여 주정부 특성을 고려한 독립적인 정책을 수립, 실행하고 있다(여유진 · 정용문, 2011b). 여기서는 호주에서 가장 인구규모가 큰 뉴사우스웨일스주의 정신보건 정책, 프로그램 및 서비스에 대해 탐색해 본다.

뉴사우스웨일스주의 정신보건 정책은 '잘 살기(Living Well : A Strategic Plan for Mental Health in NSW 2014-2024)'에 제시되어 있다. '잘 살기'는 뉴사우스웨일스주 정신보건 체계와 프로그램을 총괄하는 최상위 문서라고 볼 수 있다. 전술했던 리치몬드 보고서가 제시한 탈시설화 제안을 반영하고 있는 이 전략보고서는 지역사회 정신보건 서비스를 강화하고, 장기 병원 돌봄에 대안으로서 지역사회 기반 서비스를 제공할 것임을 명기하고 있다. '잘 살기' 정책에서 제시하고 있는 주요 우선순위는 지역사회로의 이전(shift to community : 지역사회에 기반하고, 일차보건체계와 지역사회 전문 정신보건 서비스가 조율된 24시간 돌봄 체계), 불평등 해소(addressing inequality : 지방 거주자, 원주민, 아동 및 청소년, 다문화 배경 보유자, 성소수자 등을 위한 정신보건 서비스 강화), 그리고 통합돌봄체계(integrated care : 정부와 민간 영리 및 비영리 기구, 이용자 간의 정보 및 서비스 공유)를 포함하고 있다(NSW Mental Health Commission, 2014).

'잘 살기' 정책을 실행하기 위한 계획으로 뉴사우스웨일스주는 '지역사회 보호로의 경로(Pathways to Community Living Imitative, 이하 '지역사회경로')'라는 프로그램을 2014년부터 운영하고 있다. '지역사회경로'는 심각한 정신질환으로 12개월 이상 장기로 병원 서비스를 받고 있거나 장기 입원 위험이 있는 이들을 지역사회에 정착시키기 위한 프로그램이다. '지역사회경로'는 권리에 기반한(rights-based) 회복지향적(recovery-oriented) 접근법을 취하고 있다. 따라서 장기 입원 환자들을 지역사회로 이전시켜 적절한 돌봄을 제공하기 위한 새로운 서비스 모델을 개발하고, 병원 입원자 수와 입원 기간을 단축시키는 것을 목표로 하고 있다. '지역사회경로'는 특히 장기입원 중인 노인과 노인은 아니지만 복합적인 욕구를 가진 18세 이상의 정신질환자 등 두 집단을 주요 대상으로 하고 있다. 당시 뉴사우스웨일스주에는 380명의 중증 정신질환자가 장기 병원 서비스를 받고 있었으며, 이 중 100명은 노인이고, 280명은 비노인 복합 욕구 보유자들이었다(Thompson, Williams, & Masso, 2018).

2015년부터 지역사회 이전 사업이 진행되고 있으며, 2020년 현재 약 68%의 병원 입원자가 가족과 함께 거주하거나, 지역사회 거주시설로 이전되었다. 이들 중의 상당수는 15~30년 동안 병원 입원 서비스를 받던 이들이다(NSW Ministry of Health, 2014b). 이들은 단지 서비스를 받는 공간이 병원에서 지역사회로 이전된 것만이 아니라 '재활 정신의학(rehabilitation psychiatry)' 접근법에 따른 서비스를 제공받고 있다. 재활 정신의학은 개인이 지역사회에서 생활하고 일하는 데에 필요한 정서적, 사회적 그리고 지적 기술을 개발하는 것을 지원한다(Rössler, 2006).

### 2) 프로그램과 서비스

뉴사우스웨일스주의 정신보건 체계는 크게 세 집단의 정신질환자에게 서비스를 제공하고 있다. 우선 노인 정신질환자로서 이들은 일반적으로 65세 이상이며, 원주민은 50세를 기준으로 한다. 노인 정신보건 서비스는 주로 간호 및 의료종사자, 연합보건직업군, 사회복지사, 작업치료사, 그리고 심리학자로부터 제공되며, 경우에 따라 동료(peer workers) 서비스가 제공된다. 동료서비스는 '잘 살기' 정책의 권고에 따라 시행되고 있으며, 주정부는 동료서비스를 확대하기 위해 별도의 웹사이트(https://peerworkhub.com.au)를 구축, 운영하고 있다. 또한 정신보건 동료 종사자를 양성하기 위해 자격증(Certificate IV in Mental Health Peer Work) 제도를 신설하고, 장학금 지원을 하고 있다(NSW Ministry of Health, 2018).

뉴사우스웨일스주의 노인 정신질환자 서비스는 '노인 정신보건 서비스(NSW Older People's Mental Health Services : SERVICE PLAN 2017－2027)' 정책(NSW Ministry of Health, 2017b)과 '노인 지역사회 정신보건 가이드라인(Specialist Mental Health Services for Older People(SMHSOP) Community Model of Care Guideline)'(NSW Ministry of Health, 2017c)에 따라 운영되고 있다. 이 정책들은 개별적이고 회복지향적인 접근법을 제시하고 있으며, 이용자의 욕구에 따른 회복 목

표(recovery goals)를 설정하고, 이에 따른 서비스가 제공된다. 실제 현장에서의 회복지향적 정신보건 서비스의 절차와 실천에 대한 매뉴얼은 가이드라인에 제시되어 있다.

노인 정신보건 서비스는 거주시설 서비스와 지역사회 서비스로 구분된다. 거주시설 서비스는 일반 노인복지 시설과의 협업으로 제공되고 있다. 즉, 노인 정신질환자들은 보호욕구가 높은 노인들이 주로 이용하게 되는 시설에서 통합적인 서비스를 받게 된다. 지역사회 서비스는 중증 노인 정신질환자에게 사회심리적인 지원을 제공한다. 이에는 숙박 서비스, 사회참여 지원, 자조 활동, 옹호 및 건강증진 서비스 등이 포함된다. 지역사회 서비스는 민간 비영리 기구에 의해 제공되며, 정신보건 전문 서비스의 지원으로 보완된다. 지역사회 서비스는 '주거지원 프로그램(Housing and Accommodation Support Initiative)'과 '지역사회 생활지원 프로그램(Community Living Supports)'에 의해 운영되고 있다. 연방정부는 '연방 재가지원 프로그램(Commonwealth Home Support Program)'과 '연방 가정 돌봄 패키지(Commonwealth Home Care Packages Program)'를 통해 노인 정신질환자들의 지역사회 정착을 주정부의 노력을 지원하고 있다.

성인기 정신질환자들은 노인 정신질환자들에게 제공되는 '주거지원 프로그램(Housing and Accommodation Support Initiative)'과 '지역사회 생활지원 프로그램(Community Living Supports)'을 통해 '그들이 원하는 방식에 따라' 지역사회에서 생활하고 참여할 수 있는 지원서비스를 받게 된다. 구체적으로 2개의 프로그램은 쇼핑, 은행, 요리, 대중교통 이용 등의 일상생활기술, 보건 서비스, 약 복용, 치료 등을 잊지 않고 실행하는 방법, 사회 및 여가활동에의 참여, 새로운 기술 습득, 교육과 고용에 대한 접근, 병원과 가정을 오가는 방법, 그리고 장애인 지원 서비스에 대한 접근 방법에 대한 지원을 제공한다. 중증 정신질환자에게 사회주택(social housing)을 제공하고, 상기 서비스를 제공하는 것이 두 가지 프로그램의 목표다. 그러나 중증 정신질환자라는 이유로 자동적으로 사회주택 거주 자격요건이 성립하는 것은 아니다. 이 두 가지 프로그램 이외에 '난민 정신보건 서비스(Mental Health Community Living Supports for Refugees)'와 '자살방지서비스(Suicide prevention services)' 등도 성인기 정신보건 서비스의 일부로 운영되고 있다. 비단 성인기에만 한정되지는 않지만 정신보건 관련 정보나 위탁 서비스에 대한 정보를 제공하기 위해 '정신보건 전화서비스(mental health line)'는 24시간 운영되고 있다. 24시간 '위기 전화상담서비스(telephone crisis services)' 역시 24시간 운영되고 있으며, 최근 코로나로 인한 정신질환 등에 대해서도 위기 전화상담서비스를 받을 수 있다(NSW Ministry of Health, 2018).

전술했듯이 아동 및 청소년 정신질환은 최근 호주 정신보건 체계가 새롭게 정책적 관심을 가지고 있는 문세 중의 하나다. 뉴사우스웨일스주는 '아동 및 청소년 정신보건 서비스(Child and Adolescent Mental Health Services)' 프로그램을 통해 아동 및 청소년 정신질환자와 그 가족을 지원하고 있다. 아동 및 청소년 정신보건 서비스는 대부분 지역사회에 기반한 정신보건 팀에 의해 제공되며, 일부는 병원에서 제공된다. 아동 및 청소년 정신보건 팀은 대체로 아동 정신과의사, 아동 상담심리학자, 전문 사회사업가, 정신치료사, 가족치료사, 그리고 전문 간호사로 구성되어 있다. 이들은 불안장애, 애착장애, 자폐증, 섭식장애, 우울, 임신 및 출산 관련 정신질환, 트라우마, 그리고 자살이나 자해 등에 대한 사정, 교육, 치료 서비스를 제공한다. 아동 및 청소년을 위한 전문적인 정신보건 서비스는 다양하다. 우선 주정부는 '가족 정신보건 회복 프로그램(Family focused recovery)'을 운영하고 있다. 통계에 의하면, 약 4분의 1의 호주 아동은 적어도 부모 중의 한 명이 정신질환 보유자다. 가족 정신건강 회복 프로그램은 가족 구성원 중에 정신질환자가 있는 경우 해당 개인에 대한 개입을 넘어서서 가족 구성원 모두를 위한 서비스를 제공하는 것이 필요하고 효과적이라는 생태학적(ecological) 관점에 기초하고 있다. 예를 들어, 아동 정신질환자를 가진 부모 반대로 정신질환 부모를 가진 아동으로 구성된 가족은 모두 정신질환으로 인한 부담을 안고 있는 것이다.

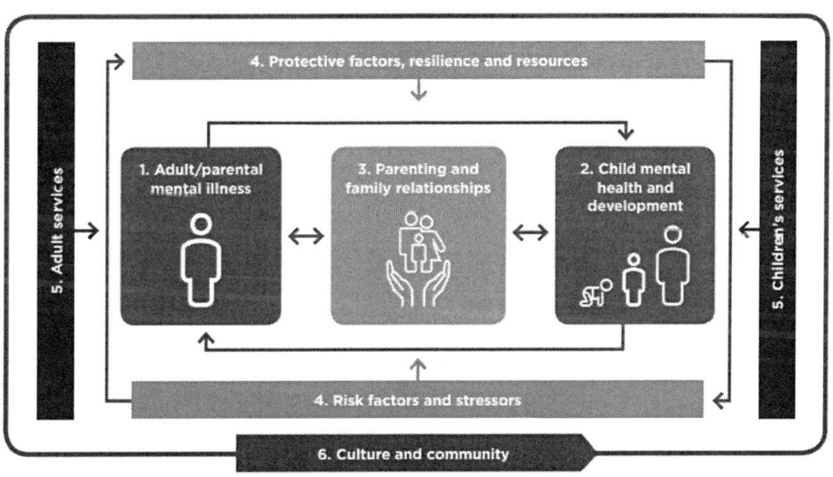


**그림 12.6** 가족 정신보건 회복 프로그램 체계

출처 : NSW Ministry of Health(2020).

주정부는 학교에서도 전문 정신보건 서비스가 작동할 수 있는 체계를 구축하고 있다. '학교연계(NSW School-Link)' 프로그램은 보건부와 교육부가 아동 및 청소년 정신보건을 위해 협력할 필요성에 기초하여 수립되었다. 전문 정신보건 서비스가 정신질환에 조기에 개입하여 더 악화되는 것을 미연에 방지하는 것을 목표로 하고 있다. 학교 내에 정신보건 자문관(consultation liaison)과 임상 돌봄 계획을 통해 개인 및 집단 개입을 실행하고 있다(NSW Ministry of Health, 2014a).

'적시에 올바른 방향으로(Getting on Track in Time-Got it)' 프로그램은 유치원에서 2학년 사이의 학생과 그 부모를 위한 정신보건 프로그램이다. 이 프로그램은 저학년 교사들에 대한 훈련, 부모교육 그리고 학생 선별 등으로 구성된다. 모든 학생들을 대상으로 사회적, 정서적, 그리고 행동상의 어려움이 있는지 '강점과 어려움 검사 도구(Strengths and Difficulties Questionnaire)'를 적용하고, 표적화된 집단 개입(targeted group intervention)을 실행하는 것을 골자로 하고 있다. 학교는 적어도 한 명의 촉진자(학교 상담사 혹은 교사)를 선정해야 하며, 촉진자는 학교연계 프로그램에서 나온 조율자(School-Link Coordinator)와 협업하게 된다(NSW Ministry of Health, 2017a).

'엄마와 아이가 중요해(Mums and Kids Matter)' 프로그램은 중증 정신질환이 있는 엄마를 위한 프로그램이다. 0~5세 아동이 있는 엄마를 대상으로 하고 있으며, 정신질환의 정도에 따라 재가지원서비스나 단기(6~12주) 거주시설 서비스를 제공하고 있다. 서비스 이용자들은 주로 사회경제적 지위가 낮은 편이며, 재가와 시설 이용자가 절반 정도로 나뉜다. 이 프로그램은 비영리 기관(Wesley Mission)에 의해 운영되고 있다(Nous Group, 2016).

이 외에 16~24세 연령대의 정신보건 서비스로서 '청소년 지역사회 생활지원 서비스(Youth Community Living Support Services)'가 운영되고 있다. 이 프로그램은 아웃리치 사례관리 프로그램으로서 회복과 긍정적인 변화를 목표로 사회심리적 지원을 제공하고 있다. 조기개입의 원칙에 따라 도입되었으며, 심각한 정신질환으로 발전될 위험이 있는 사례에 대해 입원 및 장기돌봄을 방지하고 지역사회에서 교육과 고용 참가를 지원하기 위한 서비스를 제공한다. 이 프로그램 역시 비영리기구(Wellways Australia 그리고 Flourish Australia)에 의해 운영되고 있다(NSW Ministry of Health, 2018).

## 참고문헌

Australian Bureau of Statistics. (2008). National Survey of Mental Health and Wellbeing : Summary of Results : Australian Bureau of Statistics.

Australian Bureau of Statistics. (2018). National Health Survey : First results : Australian Bureau of Statistics.

Australian Institute of Health and Welfare. (2015). Australia's welfare 2015 : Australian Institute of Health and Welfare.

Australian Institute of Health and Welfare. (2016). Australian Burden of Disease Study : impact and causes of illness and death in Australia 2011 : Australian Institute of Health and Welfare.

Australian Institute of Health and Welfare. (2020). Mental health services in Australia. Retrieved from https://www.aihw.gov.au/reports/mental-health-services/mental-health-services-in-australia/report-contents/summary-of-mental-health-services-in-australia

Booth, M., Hill, G., Moore, M. J., Dalla, D., Moore, M. G., & Messenger, A. (2016). The new Australian Primary Health Networks : how will they integrate public health and primary care? , 26(1), doi : http://dx.doi.org/10.17061/phrp2611603.

Burdekin, B., Hall, D., & Guilfoyle, M. (1993). Human rights and mental illness : Report of the national inquiry into the human rights of people with mental illness : Australian Government Publishing Service.

Cook, L. (2019). Mental health in Australia : a quick guide : Parliament of Australia.

Department of Health. (2001). First National Mental Health Plan (1993-1998) : Department of Health.

Department of Health. (2009). Fourth national mental health plan : an agenda for collaborative government action in mental health 2009-2014 : Department of Health.

Department of Health. (2010). National standards for mental health services 2010 : Department of Health.

Department of Health. (2017). The Fifth National Mental Health and Suicide Prevention Plan : Department of Health.

Lawrence, D., Johnson, S., Hafekost, J., de Haan, K. B., Sawyer, M., Ainley, J., & Zubrick, S. R. (2015). The Mental Health of Children and Adolescents : Report on the second Australian Child and Adolescent Survey of Mental Health and Wellbeing : Department of Health.

Mental Health Association NSW. (2019). Survey aimed at finding out what NSW needs for its mental health and wellbeing. Retrieved from https://wayahead.org.au/mental-health-survey/

Mental Health Coordinating Council. (2007). Social Inclusion : Its importance to mental health : Mental Health Coordinating Council.

Morgan, V. A., Waterreus, A., Jablensky, A., Mackinnon, A., McGrath, J. J., Carr, V., . . . Saw, S. (2011). People living with psychotic illness 2010 : Commonwealth of Australia.

National Mental Health Commission. (2018). Fifth National Mental Health and Suicide Prevention Plan, 2018 : Progress Report : National Mental Health Commission.

National Mental Health Commission. (2020). National Children's Mental Health and Wellbeing Strategy : National Mental Health Commission.

Nous Group. (2016). Mums and Kids Matter Evaluation Report : Nous Group.

NSW Mental Health Commission. (2014). Living Well : A Strategic Plan for Mental Health in NSW 2014-2024 : NSW Mental Health Commission.

NSW Ministry of Health. (2014a). NSW School－Link Strategy and Action Plan 2014 - 2017 : NSW Ministry of Health.

NSW Ministry of Health. (2014b). Pathways to Community Living Initiative : NSW Ministry of Health.

NSW Ministry of Health. (2017a). Getting On Track In Time — Got It! : NSW Ministry of Health.

NSW Ministry of Health. (2017b). NSW Older People's Mental Health Services : SERVICE PLAN 2017－2027 : NSW Ministry of Health.

NSW Ministry of Health. (2017c). Specialist Mental Health Services for Older People (SMHSOP) Community Model of Care Guideline : NSW Ministry of Health.

NSW Ministry of Health. (2018). Mental health. Retrieved from https://www.health.nsw.gov.au/mental－health/Pages/default.aspx

NSW Ministry of Health. (2020). NSW Family Focused Recovery Framework 2020－2025 : A framework for NSW Health services : NSW Ministry of Health.

Richmond, D. (1981). Inquiry into health services for the psychiatrically ill and developmentally disabled : NSW Department of Health.

Rössler, W. (2006). Psychiatric rehabilitation today : an overview. World Psychiatry, 53(3), 151－157.

Royal Australian and New Zealand College of Psychiatrists. (2016). The economic cost of serious mental illness and comorbidities in Australia and New Zealand : Royal Australian and New Zealand College of Psychiatrists.

Thompson, C., Williams, K., & Masso, M. (2018). Pathways to Community Living Initiative evaluation report 1 : Building the foundation for transformational change : Centre for Health Service Development, Australian Health Services Research Institute, University of Wollongong.

Thornicroft, G., & Tansella, M. (2004). Components of a modern mental health service : a pragmatic balance of community and hospital care : overview of systematic evidence. The British Journal of Psychiatry, 185(4), 283－290.

Vrklevski, L. P., Eljiz, K., & Greenfield, D. (2017). The Evolution and Devolution of Mental Health Services in Australia. Inquiries, 9(10), 1－2. Retrieved from http://www.inquiriesjournal.com/ar－ticles/1654/2/the－evolution－and－devolution－of－mental－health－services－in－australia

여유진, & 정용문. (2011). 호주 사회보장체계 연구 : 한국보건사회연구원.

저/자/약/력

■ **정용문**
경남대학교 사회복지학과 교수

## 사회복지 정책학습

# : 호주 사회보장의 이해

|저자| 정용문

|1판 1쇄| 발행 2024년 10월 31일

|발행인| 김 동 훈
|발행처| 공 동 체

|주소| 경기도 고양시 일산동구 호수로 358-39, 동문타워Ⅰ 905호(백석동)
|전화| 031) 814-3000(대표)
|팩스| 031) 814-3100
|홈페이지| http://www.compub.co.kr
|전자우편| compub@naver.com
|출판등록| 2005년 10월 6일
|등록번호| 제396-2005-36호

|ISBN| 979-11-6725-822-9
정가 21,000원